"十三五"普通高等教育本科系列教材

普通高等教育"十一五"国家级规划教材

U0657876

能源工程管理
（第二版）

主编　任有中

参编　田　雨　洪积渝

主审　顾念祖

中国电力出版社

CHINA ELECTRIC POWER PRESS

内 容 提 要

全书共分七章，主要内容包括能源技术知识（能源知识概述、能源的转换与利用以及节能技术），一般工业企业管理知识，技术经济分析基础，工程项目经济效益的评价原理及项目的可行性研究，并提供了拓展阅读材料，介绍固定资产的折旧及其重置决策、工程项目不确定性分析，可扫码阅读。

本书可作为高等院校能源动力类等专业本科生相关课程的教材，也可作为同类专业高职高专学生、成人教育、函授大学生的教材，还可作为从事能源工程方面的管理人员和工程技术人员的参考用书。

图书在版编目（CIP）数据

能源工程管理/任有中主编. —2 版.—北京：中国电力出版社，2018.10（2025.6 重印）
"十三五"普通高等教育本科规划教材　普通高等教育"十一五"国家级规划教材
ISBN 978-7-5198-1894-4

Ⅰ.①能… Ⅱ.①任… Ⅲ.①能源-工程管理-高等学校-教材 Ⅳ.①TK01

中国版本图书馆 CIP 数据核字（2018）第 066797 号

出版发行：中国电力出版社
地　　址：北京市东城区北京站西街 19 号（邮政编码 100005）
网　　址：http://www.cepp.sgcc.com.cn
责任编辑：周巧玲
责任校对：常燕昆
装帧设计：张　娟
责任印制：吴　迪

印　　刷：三河市万龙印装有限公司
版　　次：2007 年 10 月第一版　2018 年 10 月第二版
印　　次：2025 年 6 月北京第十三次印刷
开　　本：787 毫米×1092 毫米　16 开本
印　　张：15.25
字　　数：372 千字
定　　价：**46.00 元**

前　言

人类社会的可持续发展，能源问题是最重要的制约因素之一。21世纪主要常规能源——矿物燃料将开始进入枯竭期。此外，能源工业的发展必然带来环境的污染。因此，对每一个从事能源相关行业的工程技术人员来说，不仅要学习和了解各种能源的转换与利用技术，而且要学会管理和经济学方面的知识。多年来，无论教学与科研的实践，还是与能源有关的工程项目的计划与实施，都需要有切合实际和适合教学的一本好教材，不仅能满足有关专业的教学需要，而且可以使学生既有专业工程技术的知识，又具有现代经济管理的头脑，培养成既是技术人员又是管理人员的双重人才。

因环境可持续发展的需要，环境法规和环境质量标准在近年来陆续进行了修订，原教材中很多数据和国家标准都已与现实不相适应，在此基础上对原教材进行了修订。

本书第一章概述介绍能源的概念，包括我国能源的概况及能源与社会、经济、环境的关系。第二章介绍各种能源的转换与利用技术，使学生了解能源工业带方向性的技术发展前沿。第三章介绍工业企业主要的节能方案与技术。第四章现代企业管理概论，主要阐述企业现代管理知识。第五、六章介绍有关工程经济学方面的基本理论，培养学生具有工程经济的知识和头脑，掌握技术经济分析基础，能对工程项目的经济效益作评价。第七章介绍项目可行性研究，进一步培养学生掌握编写工程项目投资的可行性研究报告。本教材内容较多，部分内容可以根据实际的课程学时数选用。另附拓展阅读材料，介绍固定资产折旧和项目不确定性分析，可扫码阅读。

本书由任有中主编，田雨、洪积渝参编，顾念祖主审。在本书修订过程中，陶文铺高工提供了近十年来能源工程方面的政策、法规、标准等信息资料，在此表示感谢。

由于编者本人水平所限，编写时间仓促，书中难免存在不妥之处，恳请读者批评指正。

拓展阅读

编　者

2018.5

目　　录

第一章　概　　述

第一节　能源工程管理研究的目的和意义

一、能源工程管理研究的内容

随着现代大工业的产生和发展，企业的组织形式经历着一个不断变化和发展的过程，企业管理工作成为制约生产越来越重要的因素之一。现代化的企业管理知识，已得到了各方面的广泛重视。能源工业企业和一般工业企业既有共性，又有它的特殊性。能源工程管理研究的是能适用于能源工业企业的管理科学知识。

能源工程管理是研究能源技术经济的一门管理方面的学科。近代科学技术的发展，一方面使科学技术的分工越来越细，另一方面又促进了综合性和交叉性科学技术的发展。能源技术和经济学相互交叉的科学——能源技术经济，既是能源科学的一个分支，又是经济科学的一个分支，两者结合称为能源技术经济。该学科既要研究能源技术方面的先进性、可行性，又要研究经济方面的经济效益。

从科学的领域来讲，人类科学构成了自然科学、社会科学和管理科学三大科学体系。能源技术属于自然科学的范畴，而工程经济属于管理科学的范畴，所以能源技术经济是一门跨学科的边缘科学。它以能源技术为基础学科，进而研究能源工程的经济规律。

能源技术，从广义来看是指能源方面的生产和生产能力，包括各种各样的能源设备、能量的资源和从事能源工作人员的技能这三个方面。从总的方面看，它是一个综合能源系统，既包括能源的开发、生产、转换、储存、输送、分配和利用等各个环节，又包括常规能源和新能源、一次能源和二次能源等各种能源。任何能源技术应用于生产实际，都必须消耗大量的人力、财力和物力，因此，能源技术不能脱离经济，能源技术和经济之间有着密切的关系。能源技术经济也就是研究综合能源系统经济规律的一门科学。

工程经济学是能源技术经济中进行经济分析时主要用到的经济学方面的知识。也可以说，能源技术经济是工程经济学在能源工业中的具体应用和紧密结合。在一项工程建设的前期工作中，除了要论证技术上的可行性外，还必须论证经济上的合理性，即进行技术经济分析，也就是研究如何运用工程技术，使投入的资金发挥最大经济效果的一种学问和方法。它为项目的经济评价提供了原理与方法，对决策具有重要的指导作用，是有关工作人员必备的知识。实践证明，要进行工程项目的投入经营，必须把技术因素和经济因素结合起来加以研究。决策人员不懂技术和经济，或技术人员缺乏经济概念，经营人员缺乏工程知识，都是造成失误的重要原因。这就说明了研究工程经济的重要性和必要性。

二、能源工程管理研究的目的和意义

能源是人类赖以生存和发展的主要物质基础。当今能源问题已成为国民经济发展的战略重点。20世纪以来，随着能源科学的发展，人们已掌握了越来越多的能源技术。其中，有许多能源技术可以起到相同的目的并可相互替代。例如，要建设电站，目前可以建设火力发

电站、水力发电站或核能发电站，火力发电站又分为凝汽式火电站和供热式热电站，同时，火电站又可采用燃煤、燃油或燃气等多种不同方案。另外，由于能源科学技术的发展，人们已掌握了各种先进技术，对同一种能源技术方案来说，还可以采用不同的技术参数方案。这样，实际需要的一个能源技术方案可以有多个能源技术方案供选择。所以能源技术经济研究的目的就是要从许多个能源技术方案中寻找出技术上可行、经济上节省且合理的方案，也就是最佳的能源技术方案。

能源技术经济分析有很重要的意义，它能在每项能源技术方案还没有付诸实践以前估算出它们的经济效果和财务效果。分析、比较不同能源技术方案的价值。这种分析和比较，可以帮助我们选用符合本国和本地区能量资源特点和自然经济条件的能源技术，使已成熟的各种能源技术的应用更好地结合实际情况，还可以帮助我们更好地推广经济效果和财务效果好的能源技术，促进能源技术的改革。这种分析和比较也有助于我们判断什么能源技术值得加以重点研究和发展，成为制订能源科学技术研究计划和研究方向的重要依据，从而制订出最佳的能源规划与能源政策。在不断总结实践经验的基础上，可以不断改进技术措施、提高经济效果。总之，能源技术经济是为能源事业发展直接服务，并使之不断向前发展的一门科学。

学习能源工程管理不仅仅在于开展能源技术经济的分析，还要了解经济发展的模式。循环经济概念的提出是在人类物质文明达到空前发达的时代，同时地球的生态环境和自然资源也是遭到最为严重破坏的时代。循环经济和知识经济是当今社会瞩目的两大课题，"知识经济"是将"知识"从传统生产要素中提炼并独立出来。"循环经济"将"环境"由经济外部的制约性因素提升到经济内部的新生产要素。循环经济更新了环境在经济中的位置，由一个外部的制约因素变成经济健康发展的内部促进因素。循环经济和知识经济相辅相成，即科学技术是循环经济的基石，缺乏科学技术实现不了循环经济。循环经济应是我国实施可持续发展战略的恰当的经济发展模式。如选择某一个能源技术方案，从单个方案的经济效果和财务效果来分析它是不好的应该放弃，但从整个生态系统来说是好的，则该方案应采用。学习能源工程管理必须要学习现代管理概论。

从更广义的企业管理学方面来讲，企业就是一种从事经济活动，为社会提供必需商品的同时获得一定的盈利，具有法人地位的经济组织。学习能源工程管理就是为了将来要管理好能源工业企业，最大限度地为社会提供必需的能源，同时又最大限度地获得一定的盈利。

从世界各国来看，能源工业基本上都是由国家所控制的。这不仅因为能源工业需要消耗和占用大量的资金，而且因为它涉及国家的资源、经济命脉和国家安全。由此也可以看出学习能源工程管理的重要性。

三、学习能源技术经济的必要性

能源技术经济是能源技术和工程经济的紧密结合，在本课程中我们必须讲述能源技术的基本知识和工程经济的基本原理和方法。在能源技术方面，作为自然科学范畴内要了解世界上先进的能源利用新技术；在工程经济方面，作为管理科学范畴内要了解现代管理学基础、技术经济分析和工程项目的评估。妥善解决能源问题已成为国民经济发展的战略重点，这个重任落在每一个能源工作者的身上。要很好地解决这个问题，既要精通能源技术，把握技术的先进性、可靠性，又要学习管理科学和工程经济，能评价经济的合理性、有效性。工程项目所采用的技术及所做设计的优劣，直接决定着工程项目的财务和经济效果的好坏，特别是能源工程项目的总负责人和设计人员，只有掌握了有关经济效益分析的理论和方法，才能应用自如。也只有熟悉工程项目总体情况和有关细节的人，才能更完善地加以解决，这是其他人所不能代替的。也只有这样，才能有针对性地不断完善自己的设计方案，或重新确定财务和经济效果更好的方案。为此，作为一个能源工作者，必须牢固地树立技术设计同经济效果不可分割的理念，把项目的设计问题和经济效果问题结合起来，以求最合理和经济地解决能源技术问题。我们不仅要能成为一个能源工业方面的工程技术人员，而且也要能成为一个能源工业方面的管理人员。能源工程项目的决策人员，如果不懂得能源技术经济，就无法进行科学的审批和决断。

第二节　能　量　与　能　源

在人类历史上，技术的重大进步、经济的迅速发展，都有赖于能量的供应与新能源的发现。能量的充分供应与合理利用直接与国家工业化程度和人民生活水平息息相关。

当今，科技人员，尤其是动力、能源工作者，都必须全面考虑能量、经济、生态（Energy、Economy、Ecology）三者（即"3E"）之间的合理关系，必须坚持这样的原则：正确地权衡"3E"，即在有碍生态程度最小的条件下，经济合理地开发能源与利用能源。

一、能量及其分类

（一）能量

能量可分为许多种形式，如机械能、化学能、热能、核能、电能等。当物质运动形式发生转变时，能量的形式也同时发生转变。能量的基本特征是自然界一切常规过程都服从能量守恒和转换定律，即在非微观系统和宇宙系统的常规体系内，各种形式能量的总和是一个常数。能量既不能被创造，也不能被消灭，只能从一种形式转变为另一种形式。

能量的国际标准单位是焦耳（J）。此外，能量通常还用单位时间内的能量功率和时间的乘积来表达，如千瓦时（kWh）。

（二）能量资源

自然界中存在而可能为人类用来取得能量的自然资源称为能量资源，它的范围将随着科学技术的进步而扩大。

能量资源按其来源大致可以划分为四类。第一类是来自地球以外的太阳能，每年直接投射到地球表面的太阳辐射能，按整个地球表面计算，总能量相当于目前全人类能量消耗量的一万倍以上。太阳能与地球表面之间的能流如图 1-1 所示。此外，化石燃料（煤炭、石油、天然气）、生物质能、水能、风能、海洋能、波浪能等资源都间接来自太阳能。第二类是以地热形式储藏于地球内部的地热能，如地下热水、地下蒸汽、干热岩体、岩浆、地震能等。据估计，地热能总量约为地球上储存的全部煤炭能量的 1.7 亿倍。第三类是地球上的铀、钍等核裂变资源和氘、氚、锂等核聚变资源。目前已勘探到的铀、钍矿具有的能量就相当于煤炭储量的几十倍，而从海水中提炼的每克氘在核聚变反应中可释放 10^{15} kWh 的能量。第四类是月球对地球的引力所产生的能量，即潮汐能。

（三）能量分类

对于能量的分类可以有不同的划分方法，按能量的不同形式可分为六大类：机械能、热能、电能、化学能、电磁能和原子核能。

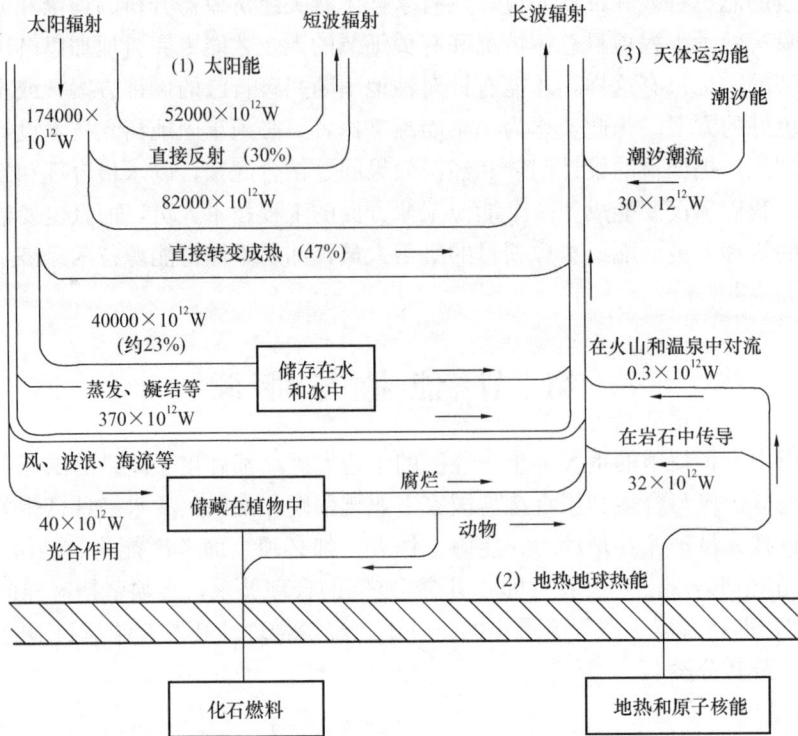

图 1-1 进入和离开地球表面的能量

1. 机械能

机械能既可以势能的形式，也可以动能的形式被储存。势能是由一个定量的物质在力场中所占的位置而拥有的能量。它包括在重力场中的重力势能、在压力下的与被压缩流体相关联的势能、与磁性物质在磁场中的位置相关联的势能及在弹簧或扭力棒中的与弹性变形相关联的势能。动能是一种由一定质量的物质相对于另一物体做相对运动所产生的能量。飞轮就是一种将机械能储存于动能之中的装置。机械能可以有效而便捷地转变为其他形式的能量。

2. 热能

热能是一种分子运动的能量。热能是一种低品位的基本能量形式，所有其他形式的能量都能完全转换为热能形式，但是热能转换为其他形式的能量要受到热力学第二定律的严格限制。热能既可以显热形式储存，也可以潜热形式储存。

3. 电能

电能是和电子的流动与积累有关的一种能量。电能既可以静电场能储存，也可以感应电场能储存。静电场能是类似于由积聚在电容器板上的电子所产生的与不变电场有关的能量。感应电场能有时称作电磁场能，是一种与交替变化的感应电场和感应磁场有关的能量。电能和机械能一样，是一种品位高于热能的很有用的能量，可以有效而容易地转换为其他形式的能量。

4. 化学能

化学能是一种存在于物质中各组分间连接键内的能量，随着化学反应的进行，各组分间键的离合与重新排列就发生能量形式的转变。这种能量形式的转变可以发生在化学能与热能之间，也可以发生于化学能与电能之间，前者如燃烧反应，后者如燃料电池。目前最为常见的是燃烧反应。人类最普遍利用的化学能有燃烧碳和燃烧氢两大类，其化学反应及放出的能量见式（1-1）和式（1-2）：

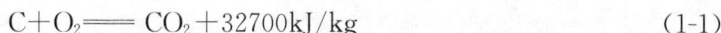

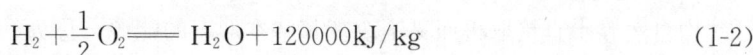

$$C + O_2 = CO_2 + 32700kJ/kg \tag{1-1}$$

$$H_2 + \frac{1}{2}O_2 = H_2O + 120000kJ/kg \tag{1-2}$$

煤、石油和木柴等燃料中的主要可燃元素是碳和氢。氢是燃料中一种有利的元素，燃料含氢越多，越容易着火，燃料性能越好。由反应生成物可知，氢是一种清洁能源，大有发展前途。

5. 电磁能

电磁能是和电磁辐射相关联的能量，这种放射能仅仅以传递（如光速 c 的变迁）能量的形式存在。这种放射波的能量 E 与放射的频率 f 成正比，即

$$E = hf = hc/\lambda \tag{1-3}$$

式中　E——放射的能量，J；

　　　h——普朗克常数，$h = 6.626 \times 10^{-34}J \cdot s$；

　　　f——频率，Hz；

　　　λ——波长，m。

热辐射是一种由原子振动而产生的电磁能。温度为 T 的任何物体所发射的电磁能有如下关系式：

$$E_0 = \sigma T^4 J/(m^2 \cdot s) \tag{1-4}$$

式中　σ——斯蒂芬-波尔兹曼常数，$\sigma = 5.69 \times 10^{-8}J/(m^2 \cdot K^4 \cdot s)$。

上述五种能量都遵守能量守恒定律和质量守恒定律。

6. 原子核能

原子核能是仅以储存能存在的又一种能量的形式，它是由粒子相互作用而释放的能量。原子核反应通常有三种类型，即放射性衰变、裂变和聚变。放射性衰变是相对于多数稳定的原子核而言，仅有一个不稳定的原子核或一种放射性同位素，衰变为更稳定的结构并释放出粒子和能量的过程。裂变反应是原子核反应堆的主要反应过程。这是当一个重质量的原子核吸引了一个中子，然后激发与这个中子结合在一起的原子核，使它分裂为两个或两个以上的原子核，并释放出能量的过程。在聚变反应中，两个轻质量的原子核结合，产生更稳定的结构并释放出能量。对于原子核来说，由于裂变和聚变反应释放的能量是由反应物的一部分质量转化而来的能量。这种转化过程是按阿尔伯特·爱因斯坦（Albert Einstein）1922 年提出的能量质量实际关系方程进行的：

$$E = mc^2 \tag{1-5}$$

式中　E——释放的能量，J；

　　　m——转变为能的实际的质量，kg；

　　　c——光速，$3 \times 10^8 m/s$。

式（1-5）表示的是一个可逆过程，它说明了质量和能量的总和在任何能量的转换过程中，必须保持不变。由式（1-5）可知，一个很小的质量完全消失后，能够产生巨大的能量。一个 600MW 的核电站，全年连续运行，大约消耗 1t 燃料铀，而实际转变为能量的燃料质量仅为 0.64kg。

二、能源分类

能源是指人类取得能量的来源，包括已开采出来可供使用的自然资源，以及经过加工或

转换而得到的能量来源。尚未开采出来的能量资源称为自然资源,不列入"能源"的范畴,应予以区别。能源可按相对比较的方法分类如下。

1. 一次能源与二次能源

由自然界中直接取得而又不改变其基本形态的能源,称为一次能源;由一次能源经过加工转换成另一种形态的能源产品,称为二次能源。例如,煤炭、石油、天然气、风能、地热等为一次能源,电力、煤气、蒸汽及各种石油制品等为二次资源。

大部分一次能源都转换成容易输送、分配和使用的二次能源,以适应消费者的需要。二次能源经过输送和分配,在各种设备中使用,称之为终端能源。终端能源最后变成有效能为人类所利用。

2. 再生能源与非再生能源

在自然界中可以不断再生而得到补充的能源,称为再生能源,如太阳能、水能、风能、生物能、地热能等,它们都可以在短期内再生,不会因其长期使用而减少。经过几亿年形成的、短期内无法补充的能源,称为非再生能源,如煤炭、石油、天然气、核燃料等,随着大规模的开采和利用,其储量越来越少,总有枯竭之时。随着全世界对能源需求的快速增长,特别对我国作为资源短缺型发展中国家,发展可再生能源是解决我国能源不足和环境污染的一条有效途径。可再生能源行业将以惊人的速度发展。

3. 常规能源与新能源

在相当长的历史时期和当前的科学技术水平下,已经被人类长期广泛利用的能源,不但为人们所熟悉,而且也是当前主要能源和广泛应用的能源,称为常规能源,如煤炭、天然气、水力、电力等。一些虽属古老的能源,但只有采用当前先进的方法才能加以利用,或采用最新的科学技术才能开发利用的能源,以及有些仅仅是最近才被人们所重视,才被研究开发出的能源(虽然在目前使用的能源中它们所占的比例很小,但却是很有发展前途的能源),称为新能源,或称替代能源,如太阳能、地热能、潮汐能、可燃冰、核聚变发电等。常规能源与新能源是相对而言的,现在的一些常规能源过去也曾是新能源,今天的新能源将来又会成为常规能源。

从能源性质来看,能源又可分为燃料能源和非燃料能源。属于燃料能源的有矿物燃料或称为化石燃料(煤炭、石油、天然气)、生物质燃料、化工燃料(甲醇、酒精、丙烷以及可燃原料铝、镁等)、核燃料四类。非燃料能源多数具有机械能,如水能、风能等;有的具有热能,如地热能、海洋热能等;有的具有光能,如太阳能、激光等。

从使用能源时对环境污染的大小,又把无污染或污染小的能源称为清洁能源,如太阳能、水能、氢能等;对环境污染较大的能源称为非清洁能源,如煤炭、油页岩等。石油的污染比煤炭小一些,但也产生氧化氮、氧化硫等有害物质,所以清洁与非清洁能源的划分也是相对而言,不是绝对的。通过技术进步可使非清洁能源在能量转换中尽可能地减少对环境的污染,如煤基液体燃料的开发和洁净煤燃烧技术。

三、能源评价

评价能源,应当分析和研究它们的现实性、可用性、经济性,可以从以下几方面进行分析。

1. 能流密度

能流密度是指在一定面积或空间内,从某种能源所得到的能量。一般地说,各种常规能源的能流密度都比较大,如 1kg 标准煤发热量为 29310kJ,1kg 石油发热量为 41868kJ;核燃料的能流密度很大,1kg ^{235}U 裂变时将放出 687×10^8 kJ 能量。如果能流密度很小,就很难作为主要能源。在当前技术条件下，太阳能和风能的能流密度很小，约为 $160W/m^2$。

2. 资源储量

作为能源的一个必要条件是储量足够丰富。我国煤炭、水力资源非常丰富，其他常规能源和新能源储量也不少。与储量有关的评价还有可再生性和地理分布情况。能源的地理分布与它们的使用有很大关系，例如，我国的煤炭资源多偏于西北，水力资源多偏于西南，这将影响它们在全国范围内的使用。

储量又分为探明储量（既不考虑可采率，也不扣除已采出量）、可采储量（按现在或近期技术水平可以开采的储量）和经济可采储量（在最近或不远的将来不仅技术上可开采，而且经济上也合理的储量），且有下列关系：

$$可采储量 = 探明储量 \times 可采率 - 已采出量$$

据最新报道，国际现有的可采率，对石油为 0.5、对天然气为 0.636、对煤炭为 0.4～0.5。

3. 供能连续性与能量可储性

能源的供能连续性是指我们要求它按照需要的多少与快慢连续不断地供应能量；而能量可储性则是指不用时可以储存起来、需要时又能立即供给所需的能量。这对于各种化石燃料和核燃料来说是比较容易做到的，而对于太阳能、风能等目前还不易实现。

4. 能源开发费用和用能设备费用

各种化石燃料与核燃料，从勘探、开采、加工到利用，都需要大量人力和物力的投入（燃烧石油和天然气的设备价格初投资较为便宜），而且有的工序还有一定的危害性和危险性。太阳能、风能等可用很少的运行成本就能得到，但按目前的技术水平，太阳能、风能、海洋能等发电设备，初投资太大，投资的回收也较慢。

5. 能源运输费用与损耗

煤炭的运输较困难，损耗也大；石油和天然气可以比较方便地从产地输送到用户；核燃料的运输要特别重视安全问题，但由于它的能流密度很大，获得同样电能，所占的体积与重量都很小，为运输提供了方便。太阳能、风能和地热能等能源，无需运输，只要因地制宜、合理利用即可。

6. 能源品位

在使用能源时，要适当安排好不同品位能源的合理利用。在热机原理中，热源温度越高，冷源温度越低，则循环热效率就越高。因此，作为热源，温度高的能源称为高品位能源；作为冷源，温度低的能源称为低品位能源。水能可直接转变为机械能和电能，其品位要比必须先经过热转换过程的矿物燃料高。

7. 环境保护

使用能源时，要考虑到环境保护与生态平衡。在开发利用水力资源时，应综合考虑对生态平衡、灌溉与航运等多方面的影响；煤炭在燃烧时所造成的环境污染危害极大；原子能利用可能产生的危害性，大家都很重视，应用时一定会采取各种安全措施。

第三节　世界和中国能源概况

一、世界能源消费现状和趋势

世界的能源构成有一个发展过程。18 世纪 60 年代，始于英国的产业革命，世界能源结构从木柴转向煤炭，发生了第一次大转变。1860—1920 年，世界煤炭产量由 136Mtce（百万吨煤当量）增至 1250Mtce，增加了 8.2 倍。1920 年煤炭占世界能源构成的 87％，居第一位。

从 20 世纪 20 年代开始，世界能源构成发生第二次大转变，即从煤炭转向石油和天然气。到 1959 年，石油和天然气在世界能源构成中的比重，由 1920 年的 11％上升到 50％，首次超过煤炭而占第一位。煤炭的比重则由 87％下降到 48％。

20 世纪 70 年代以来，世界能源结构开始第三次大转变，即从油、气为主向以可再生能源和新能源方向转变。这个转变将经历漫长的过程，从现在起，大约需要一百年的时间。可再生能源主要包括太阳能、风能、水能、生物能、地热能。

1986 年，世界一次能源总消费量为 10810Mtce，其中，石油占 38％，天然气占 20％，煤炭占 30％，水电占 7％，核电占 5％。根据 BP 公司的世界能源统计数据，2004 年年底世界石油探明储量有 11886 亿桶（1619 亿 t），其中，欧佩克国家占 75.13％，俄罗斯占 6.08％，中国和印度分别占 1.44％和 0.47％；天然气探明储量为 179.53 万亿 m^3，其中，俄罗斯占 26.46％，伊朗占 15.32％，中国占 1.28％。2005 年世界石油的消耗量达到 8250 万桶/天，年增长率为 1.3％；天然气、煤炭、核能的年增长率分别为 2.3％、5％、0.6％。世界能源年消费总量约 100 亿 t 标准油。

2015 年，全球一次能源消费保持低速增长。全球一次能源消费仅增长 1.0％，这是自 1998 年以来最低的全球增长率。除欧亚地区外，其他地区消费增速均低于其十年平均值，其中经合组织国家（占全球消费量比 41.9％）增长 0.1％，非经合组织国家（占全球消费量比 58.1％）增长 1.6％。而 2015 年中国能源消费（占全球能源消费量的 23％）增长 1.5％，增速是自 1998 年以来的最低值，其消费量连续五年持续出现增长率下降。虽然中国的消费已进一步放缓，但依然保持连续第十五年世界一次能源消费增长第一。

2015 年，全球能源结构转向更为低碳的能源。过去 10 年间，石油、煤炭在世界能源消费结构当中的占比总体呈下降趋势，水能和核能比重较为平稳，天然气比重稳步上升，可再生能源虽然占比不大，上升幅度却是最大的。在中国，2015 年煤炭在所有能源消费中的比例为 63.7％是历史最低值，说明中国能源结构也在往低碳能源方向转型。

二、中国能源消费现状和趋势

根据《2017 年中国统计年鉴》报道，我国 2015 年能源生产和消费总量按标准煤计量分别是 3620Mtce 和 4300Mtce。我国是个以煤炭为主要能源的产能大国，而人均占有量还处于落后的状态。在以煤炭为主要能源的中国，不会出现能源以油、气为主的时代，我国一直以来并在可以预见的将来都将以煤炭为主要能源。

我国是世界上较早发现并利用煤炭、石油和天然气的国家。1949 年能源产量只有 23.74Mtce，居世界第九位；发电量居世界的第 25 位；石油几乎是空白。1949 年后，能源工业作为基础工业，得到了迅速的发展。到 20 世纪 90 年代后，我国的国民经济和能源工业进入大发展的时期。2000 年全国发电装机容量达 319.32GW，其中水电、火电、核电装机容量分别为 79.35、237.54、2.1GW。到 2015 年我国大陆总装机容量 1650GW，总发电量为 5.99 万亿 kWh，均为世界第一。2005 年我国的一次能源生产量达到 20.6 亿 t 标准煤，是 1949 年的 86 倍。2010 年和 2015 年一次能源消费总量又分别达到 31.13 亿、43 亿 t 标准煤，成为世界第一的能源消费大国。

我国煤炭、原油和总发电量在世界位次的排名从 1949 年以来的变化见表 1-1。2015 年我国原油产量超过伊朗、伊拉克为世界第四，原油消费量为世界第二。

表 1-1　　　　　　　　　　中国能源产量在世界排名的变化

年份	1949*	1957	1965	1978	1985	1990	1995	2000	2015
煤炭	9	5	5	3	2	1	1	1	1
原油	27*	23	12	8	6	5	5	5	4
发电量	25	13	9	7	5	4	2	2	1

* 1950 年的数据。

三、中国的能源分布概括

中国能源分布很不均匀，煤炭探明储量主要集中在华北、西北、东北和西南地区，其中山西、内蒙古、新疆等省区最集中，而东南沿海各省则很少。水力资源的 70% 集中在西南，均远离能源的消费中心。根据 2002 年统计年鉴，中国主要能源矿产资源的地理分布见表 1-2。

表 1-2　　　　　　　　　　　　中国能源资源的地区分布

矿种	分　布　地　区	大　型　矿　区
煤	山西、内蒙古、新疆、贵州、安徽、陕西、河南、云南、河北、黑龙江	鹤岗、双鸭山、鸡西、铁法、阜新、伊敏河、霍林河、元宝山、准格尔、开滦、峰峰、大同、大平、阳泉、西山、神府—东胜、黄陵、宁武、平顶山、兖州、徐州、淮水、淮南、六盘山
石油	西部山间内陆盆地、东部华夏构造体系沉降带盆地	大庆、华北、胜利、吉林、辽河、克拉玛伊、玉门、冷湖、中原、南阳、大港、四川盆地油气田
油页岩	河北、辽宁、吉林、黑龙江、陕西、新疆	抚顺、茂名

到 21 世纪，我国的能源构成发生了较大的改变。随着西部地区水力资源和天然气资源的大力开发，西电东送和西气东送工程的实施，我国能源资源的地区分布和人均资源量都将发生很大的变化。我国的能源构成可总结为以下四句话：我国是以煤炭为主的产能大国；人均能源耗量不多；能源分布不均匀；能源利用率低。各种一次能源的具体情况如下。

1. 煤炭

根据 1980 年能源资源的调查估计，全世界煤炭资源地质总储量为 13600Gt，实际储量为 1960Gt，经济可采储量为 898.7Gt。大约 90% 的地质储量和 60% 的技术可采储量集中在美国、苏联、中国和澳大利亚 4 个国家。

我国煤炭资源储量丰富，产量大，但有一段时间处于全行业亏损状态。1997 年以来，国家实施了关闭各类小煤矿、产量总量调控的政策，并对资源枯竭、长期亏损的国有重点煤矿实行关闭破产。据 2002 年统计年鉴，从 1998 年到 2001 年，全国累计关闭各类小煤矿 5.8 万处，使原有小煤矿总数减少 73%。到 2001 年生产原煤 10.89 亿 t，其中国有重点煤矿生产 6.18 亿 t，国有地方煤矿 2.25 亿 t，乡镇企业煤矿 2.46 亿 t。近年来煤炭行业实施调控政策，2015 年煤炭产量达到 37.5 亿 t，同比减少 3.3%。2015 年煤炭出口量完成 533 万 t，同比下降 7.1%；煤炭进口量完成 20406 万 t，同比减少 29.9%。

2. 石油

据 1980 年资料，世界石油储量约为 300.0Gt，探明储量为 143.2Gt，累计采出量为 63.4Gt，剩余探明可采储量约为 88.8Gt。中国国土面积为 9600000km²，适宜于进行石油勘探的沉积盆地总面积约为 5500000km²。中国陆地和近海大陆架沉积盆地的总体积为

22030000km³，内生油岩体积为 5040000km³。根据全国油、气资源评价，中国的石油总资源量约为 78750Mt。

根据 BP 能源统计，2003 年世界原油产量从 7407 万桶/日上升到 7678 万桶/日。2015年世界上最大的四大产油国为：俄罗斯原油产量达 52170 万 t，沙特阿拉伯原油产量达48615 万 t，美国原油产量达 43165 万 t，中国原油产量达 20980 万 t，其后是伊拉克、伊朗。我国现已建立了中国石油、中国石化、中国海油三大集团公司，在 20 多个省、直辖市、自治区内和近海大陆架建立了一大批石油、天然气生产基地。

3. 天然气

中国是世界上最早开发和利用天然气的国家。公元前 221 年就在四川省自流井气田钻成深度 100m 的天然气井。1949 年以来，我国天然气的勘探与开发进展迅速。全国大陆已发现气田 60 多个。到 1985 年，在四川、渤海湾地区、中原、南疆塔里木盆地和青海柴达木盆地等处已发现一大批气田和含气构造。据 1987 年完成的全国油气资源评价，全国天然气资源量估计为 33300Gm³。1988 年天然气探明可采储量为 922.1Gm³，居世界的第 10 位。已开采量逐年增加，到 2004 年天然气产量达 407.7 亿 m³。"西气东输"工程是改变我国一次能源利用结构的重大工程，至今已向华东地区源源不断地输送优质天然气。据统计年鉴，2004年天然气产量为 407.7 亿 m³。2015 年天然气产量 1350 亿 m³，同比增长 5.6%，排名世界第六；天然气进口量 614 亿 m³，增长 6.3%；天然气消费量 1932 亿 m³，增长 5.7%。

4. 水力

我国水力资源十分丰富，理论蕴藏量达 676GW，其中可开发储量为 378GW，居世界第一位，占世界可开发储量的 16.7%。我国水力资源主要分布在西部地区。据统计，西南地区水力资源约占全国水力资源的 70%，云南、四川、西藏的水力资源均超过 100GW。其次是中南和西北地区，分别占全国水力资源的 10% 左右。东北、华北和华东三个地区总共只占 8%，见表 1-3。

表 1-3　　　　　　　　　　　　　　　中国各地区水能蕴藏量

地　　区	水能蕴藏量		所占比例（%）
	（MW）	（亿 kWh/a）	
西南	473311.8	41462.1	70.0
西北	84176.9	7373.9	12.5
中南	64083.7	5613.8	9.5
华东	30048.8	2632.3	4.4
华北	12299.3	1077.4	1.8
东北	12126.6	1062.3	1.8
全国	676047.1	59221.8	100.0

水力不仅是廉价的可再生性清洁能源，而且还能实现防洪、灌溉、航运及发展渔业等综合利用。但水力资源的开发和利用涉及水中生态，而且存在建设投资大、建设周期长等缺点。长江三峡水电站建成后，水力发电占我国能源结构的比重有所提高。

1949 年底，全国水电装机仅 0.163GW，占全国发电总装机的 8.8%，水电装机总量居世界第 20 位。1949 年后，尤其是改革开放以来，水电事业有了突飞猛进的发展。2003 年底，装机达到 92.17GW，占国内发电总装机的 24.8%。到 2015 年，全国水力发电累计产量为 9959.9 亿 kWh，同比增长了 4.2%；2016 年 1～8 月，累计产量为 7157 亿 kWh，同比增长了 12%。2017 年水力发电量达到 11945 亿 kWh，预计 2017—2021 年的年均复合增长率约为 7.92%，2021 年水力发电量将达到 16010 亿 kWh。

5. 核能

至 2001 年 12 月 15 日，浙江秦山核电站安全运行了十周年。作为我国第一台自行设计建造的核电站见证了我国核电从无到有的成长过程。十年中，秦山核电站累计发电量达到 168 亿 kWh。到 2001 年年底，广东大亚湾核电站（2×980MW 机组）累计发电 840 亿 kWh。秦山二期两台 650MW 机组为国产压水堆，秦山三期两台 728MW 机组为加拿大进口重水堆，江苏田湾两台 1060MW 机组为俄罗斯进口，广东岭澳两台 990MW 机组为法国进口压水堆。2015 年我国核电发电量为 1689.93 亿 kWh，同比增长 29.42%，占全国发电总量的 3.01%。2017 年的核能发电量为 2480.7 亿 kWh，年增长率为 16.3%。截至 2017 年 7 月，共建成投产 37 台核电机组，运行装机容量 3474 万 kW。在建的 20 台机组装机容量 2330 万 kW。根据《电力发展"十三五"规划（2016—2020 年）》，到 2020 年，我国核电装机容量投入运行的达到 5800 万 kW，在建容量达到 3000 万 kW。已投产和在建的核电机组中以压水堆为主。在引进和消化吸收 AP1000 核电技术的基础上，自主研发的 CAP1400 型核电机组目前也已开始试运行并出口国外。已商运的核电站机组多数为第二代压水型反应堆 CNP 系列；在建反应堆中主要以中国改进型压水堆 CPR1000 为主。在"十三五"及其规划的核电站中，有 20～24 座采用先进压水堆 AP1000 堆型。具有自主知识产权的被称为第四代的高温气冷堆已投入建设。

同时，按照自主开发和国际合作相结合的方式，我国正积极探索核聚变反应堆技术。实现可控核聚变反应仍是 21 世纪科学家奋斗的目标。

以上简述了国内一次能源的生产情况，我国电力工业的发展概况大致如下。1949 年我国发电装机容量和发电量分别是 185 万 kW 和 43 亿 kWh，分别居世界上第 21 位和第 25 位。到 1987 年我国发电装机容量达到 1 亿 kW；1995 年超过 2 亿 kW；2000 年跨过了 3 亿 kW 的台阶；而在 2004 年、2005 年和 2006 年分别超过了 4 亿、5 亿和 6 亿 kW 的装机容量，2005 年的总发电量达到 2.48 万亿 kWh。到 2017 年末，全国发电装机容量 177703 万 kW，同比增长 7.6%。其中，火电 110604 万 kW，同比增长 4.3%；水电 34119 万 kW，同比增长 2.7%；并网风电 16367 万 kW，同比增长 10.5%；太阳能 13025 万 kW，同比增长 68.7%；核电 3582 万 kW，同比增长 6.5%。2017 年全国发电量 65000 亿 kWh，增长 5.9%。其中，火电 46627 亿 kWh，增长 5.1%；水电 11898 亿 kWh，增长 0.5%；风电 2950 亿 kWh，增长 24.4%；太阳能 967 亿 kWh，增长 57.1%；核电 2481 亿 kWh，增长 16.3%。

中国拥有比较丰富的能源资源，但人均能源量并不多。中国化石能源的经济可采储量，仅次于美国、俄罗斯，居世界第三位，但人均拥有量仅为美国的 $\frac{1}{9}$。中国供家庭生活消费的能源占能源总消费量的比重很小，人均生活能耗相当低。1989 年全国人均能耗只有 909 kgce，不到世界平均水平的一半；人均油气为 138kgce，只有世界平均水平的 15%；人均发电量为 525kWh，只有世界平均水平的 $\frac{1}{4}$。到 2015 年，我国的人均能耗已达到 3128kgce。

四、我国能源特点

我国能源资源的开发利用，主要有以下特点。

1. 能源生产构成中以煤炭为主

中国拥有丰富多样的能量资源，我国的能源政策主要是依靠本国的能量资源来满足不断增长的能源需求。改革开放以来我国的能源工业逐步融入国际大环境，加入 WTO 以后中国的能源市场和世界的能源市场已越来越密不可分。我国从 1993 年开始成为石油的净进口国，并已有相当的石油战略储备。

能源生产的构成是指生产的能源按品种分类，各类能源在总量中的比重。表 1-4 是中国一次能源产量及其构成变化情况。

表 1-4　　　　　　　　中国一次能源产量（消费量）及其构成变化

年　份	能源产量（消费量）(Mtce)	在总量中的比例（%）				
		原煤	原油	天然气	水电	核电
1955	72.95	95.9	1.9	—	2.2	—
1960	296.37	95.6	2.5	0.5	1.4	—
1965	188.24	88.0	8.6	0.8	2.6	—
1970	309.90	81.6	14.1	1.2	3.1	—
1975	487.54	70.6	22.6	2.4	4.4	—
1980	637.21	69.4	23.8	3.0	3.8	—
1985	855.34	72.8	20.9	2.0	4.3	—
1990	1036.92	74.37	19.07	1.96	4.6	—
2000	1040.65	65.18	22.40	3.54	8.88	—
2005	2060.00	68.7	21.2	2.8	7.3	—
2010	3113.00	70.6	18.6	3.7	6.4	0.7
2015	4310.00	63.7	18.6	5.9	8.5	1.3

注　标准煤折算（标准）比例为：煤炭 0.714t/t，石油 1.43t/t，天然气 1.33t/1000m³，水电按当年火电煤耗折算，电热当量换算为 1 万 kWh＝1.229Mtce。

由表 1-4 可见，我国能源构成有了相当大的变化，已经从基本单一的煤炭结构发展为以煤炭为主，石油、天然气和水电互补的多品种能源结构。这种变化还将继续下去，煤炭占能源总量的比例将进一步缩小。但中国是世界上少数几个以煤为主要能源的国家之一，可以预见，未来煤炭仍将是我国的主要能源。

2. 能源消费构成以工业耗能为主，交通、民用和商业耗能将逐步扩大

能源消费构成是指消费的能源按国民经济各部门分类，各类能源的消费在总消费量中所占的比重。根据 1985 年的统计，我国各部门的终端能源消费构成中工业、运输、民用与商业分别占消费总量的 53.1%、5.5% 和 26.7%；而美国三部分的比例为 30.6%、34.7% 和31.2%。由此可见，我国工业能耗比重偏高，而民用能耗比重偏低。21 世纪后，中国将建设全面小康社会并发展成中等发达国家，其终端能源消费构成也将与国外发达国家靠拢，民用和交通运输的能耗比例必将逐步提高。

3. 农村清洁能源的需求量越来越大

20 世纪，我国有 8 亿人口生活在广大农村。农村生产和生活用能，按其来源可分为三

类：第一类是国家供应的煤炭、油、气和电力等商品能源；第二类是当地小煤矿生产的煤炭和小水电生产的电力；第三类是生物质能和沼气等非商品能源。进入 21 世纪，随着农村乡镇企业的发展和城市化发展水平的提高，以及环境污染问题的重视，农村清洁能源的需求量越来越大。生物质能源已经禁止使用，很多地方不仅用上了电而且也用上了管道煤气。有些地方因地制宜地采用了沼气、太阳能、风能等。

4. 能源利用率低、节能潜力大

能源利用效率是指有效利用能量与能源总量之比，这是衡量能源利用水平的一个综合性指标，直接关系到国民经济的发展。能源利用效率应包括从能源生产、加工转换、运输储存到各部门利用的总效率，即能源加工、转换、输送、储存和分配的效率乘以最终用能部门的平均效率。在 20 世纪 80 年代，我国能源系统总的能源利用率只有 30%，比国外先进水平低近 20 个百分点。根据历年的统计年鉴资料，在表 1-5 中给出了我国近几十年来单位产值的能耗、电耗和人均能耗。

表 1-5 　　　　　　　　中国近几十年来的单位产值的能耗、电耗和人均能耗

年份	tce/万元	万 kWh/万元	kgce/人
1980	13.20	0.66	614
1985	10.10	0.54	730
1990	8.90	0.34	869
1995	4.01	0.31	1065.3
2000	1.46	0.27	1156
2005	1.41	0.16	2005
2010	1.14	0.13	2696
2015	0.97	0.085	3128

从表 1-5 可以看出，随着国民经济的发展和人民生活水平的提高，我国人均能耗在逐步增加，能源利用率也在不断提高。必须说明的是表中数据仅供参考，不仅不同的统计来源数据不尽相同，而且部分统计中采用不变价国内生产总值。采用不变价 GDP 值是为了消除因通胀引起价格变化的影响以比较不同时期的价值。它是把按当期价格计算的 GDP 换算成按某固定期（基期）的不变价价格。不变基期有的时期为 10 年，有的时期为 5 年，详见相关资料。

5. 可再生能源发展势头迅猛

我国的能源构成是以煤炭为主，但也一直注重可再生能源的发展。从表 1-4 中可以看出以前可再生能源占比不大，以水力发电为主。随着太阳能和风能这两种新能源的大力发展，截至 2016 年底，以太阳能、风能、水能发电为标志的可再生能源装机容量占全国电力总装机容量的 34.6%，可见其发展势头迅猛。

第四节　　能源与社会经济发展

当今时代，人们把能源、材料与信息看作推动社会发展的三大支柱，其中能源是基本的物质基础。我国从改革开放以来，经济取得了飞速的发展。能源工业的发展一直以来被确定为国民经济发展的战略重点。

一、能源与社会

任何物质形态的变化都离不开能的变化，随着人口的增长和人均能源消费量的增加，人

类对能源的消费量急剧增加。人类社会的发展史一直是能源利用的发展史，无论是人类社会的生产发展过程，还是当今世界各国的经济发展情况，都充分说明能源是社会和经济发展的必要条件。从现代人类文明史来看，能源发展史有三次重大转折。18 世纪，从发现了煤炭资源和发明了蒸汽机后，引起了世界的产业革命，导致了社会生产的发展。19 世纪 70 年代，由于电的发明和应用，第二次引起了社会的巨大变化，使人类进入了电气化时代，为社会生产和技术发展提供了广阔前景。20 世纪 30 年代起，石油与天然气的开发应用，世界能源由煤炭转向石油，使动力由蒸汽机转向内燃机，既发展了生产力，又推进了技术的发展。这是世界能源发展史的三次重大转折。可见，社会生产力的发展历史伴随着能源的发展过程。

二、能源与经济

能源是发展社会生产和提高人民生活水平的必要条件，是推动国民经济发展的基本保证。能源的产量和国家的国内生产总值（GDP）必然有着一定的联系。根据世界银行《世界发展指标 2005》数据，表 1-6 给出了中国和世界主要发达国家的 GDP 值、人均 GDP 值、一次能源总消费量的比较。从表中可看出我国国民经济有了巨大的发展，但人均 GDP 还很落后，还属于发展中国家。同时一次能源的产量和消费量已处于世界前列（消费量已大于生产量），说明经济的发展离不开能源的消耗。

表 1-6　　　中国和世界主要发达国家的 GDP、人均 GDP 值、一次能源总消费量的比较

项目	年份	中国	美国	日本	德国	法国	英国
国内生产总值 （亿美元）	1995	7927.86	79728	44561.9	17204.6	11516	12298.8
	2001	12979.5	98389	47557.1	19228.3	13552.1	14713.9
	2002	14160.6	10025	47413.1	19258.7	13717.6	14974.1
	2003	15576.7	103300	48032	19258.7	13827.6	15302.7
	2004	17149.9	107638.6	49328.9	19560.9	14148.1	15782.8
	2005	18847.8	111405.9	50660.7	19736.9	14360.3	16066.9
人均国内生产总值 （美元/人）	1995	657.99	29941.64	35524.73	21073.22	19908.64	21113.76
	2001	1020.52	34483.98	37405.3	23354.34	22894.94	24729.12
	2002	1105.95	34759.29	37216.2	23341.67	23016.64	25250.61
	2003	1208.99	35521.48	37650.6	23332.33	23035.3	25683.44
	2004	1323.14	36654.73	38609.25	23705.48	23431.63	26363.16
	2005	1444.83	37574.1	39592.31	23927.79	23641.25	26688.03
一次能源消费量 （百万 toe）	1995	916.4	2119.7	493.8	333.1	235.7	214.4
	2000	966.7	2312.0	514.8	330.5	254.9	223.5
	2001	1000.0	2258.4	513.0	336.2	258.4	227.0
	2002	1057.8	2291.1	510.2	330.1	256.7	221.7
	2003	1228.7	2298.6	510.9	332.1	259.8	225.1
	2004	1423.5	2344.7	520.8	330.7	263.4	227.0
	2005	1554.0	2336.6	524.6	324.0	262.1	227.3

注　GDP 产值按 2000 年不变价计算。一次能源没有包括生物质能、风能、太阳能、地热能。

能源产量与经济增长之间的关系，一般用能源弹性系数或电力弹性系数来表示，即把一次能源或电力产量的年增长率与国民生产总值增长率的比值称为能源弹性系数或电力弹性系数。这一宏观指标能够反映能源与经济发展的长期趋势关系。发达国家和发展中国家能源与经济增长的关系见表 1-7。

表 1-7　　　　　　　　　1950—2030 年发达国家和发展中国家能源弹性系数

项目	年份	1950—1975	1976—2000	2001—2030
发达国家	一次能源年增长率（%）	4.5	2.2~2.9	1.6~2.0
	经济年增长率（%）	4.8	2.8~3.8	1.8~2.5
	能源弹性系数	0.94	0.79~0.76	0.89~0.8
发展中国家	一次能源年增长率（%）	8.6	4.4~5.9	2.9~4.0
	经济年增长率（%）	6.0	3.6~5.2	2.6~3.6
	能源弹性系数	1.43	1.22~1.13	1.12~1.11

由表 1-7 可见，能源与经济增长之间存在着十分密切的关系。工业化初期，能源弹性系数大于 1，而实现工业化后，随着能源利用率的提高以及工业在产值中比重的下降，使能源弹性系数降到 1 以下。

根据电力弹性系数法，用电量的变化可按国民经济增长速度预测。计划期末的用电量为

$$W_n = (1 + KV)^n W_0 \qquad (1\text{-}6)$$

式中　　　　　K——电力弹性系数；

　　　　　　　V——国内生产总值平均年增长速度；

W_0、W_1、…、W_n——计划期间历年用电量。

用电力弹性系数法预测用电量的变化是电力部门常用的长期预测方法。我国因各个时期的方针政策变化，各个时期的电力弹性系数变化也很大。例如，1952—1957 年，电力弹性系数为 2.23；1958—1965 年，电力弹性系数为 5.21；1966—1978 年，电力弹性系数为 1.60。也有按与工业净产值比较计算电力弹性系数的，这样计算出来的电力弹性系数一般要小一些，因工业增长速度高于农业、交通等方面的增长速度。

我国的能源增长与国民生产总值增长的关系（按 1949 年为基数 1 画出两者的关系）如图 1-2 所示。

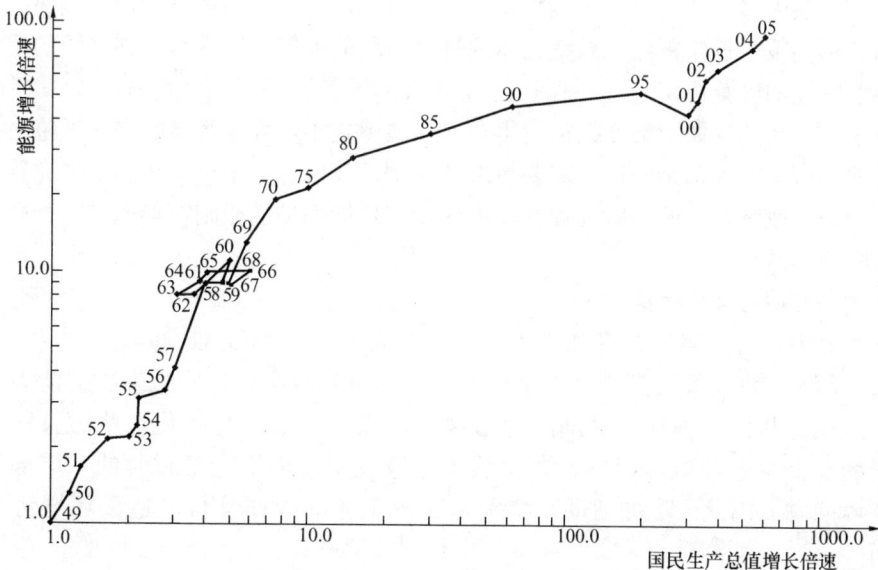

图 1-2　中国能源增长与国民生产总值增长的关系

从图 1-2 可见，能源消费量的增长和国民生产总值的增长基本成正比的关系，二者基本保持同步。从 1949 年以来，经济的发展大致有三个阶段，1949—1978 年，能源弹性系数为 1.2～1.3，这个阶段可以说是建立初步工业化体系的阶段。1978—2000 年，我国改革开放的前 20 多年是国民经济发展特别迅速而能源增长相对缓慢的阶段，该阶段的能源弹性系数为 0.2～0.4。2000—2005 年，我国进入重化工时代同时人民的生活达到小康水平，能源的供应又感到短缺和急需，能源弹性系数大于 1。那么小康水平的人均能耗需要多少呢？在现今世界上，人类维持生存所需的能源，每人每年为 300～400kgce。根据美国布鲁克海文国立实验室对 84 个发展中国家的数据分析，认为人均产值达到 1000 美元时，人均能耗为 1500kgce 可以认为达到完全小康的水平。据统计数据，2015 年我国人均 GDP 达到 49992 元，人均能耗 3128kg 标准煤。我国"十三五"期间提出的目标是全面建成小康社会。

我国能源供应基本上满足了国民经济发展的需要。今后的发展不但要大力加强能源的开发，而且要深入持久地开展节能降耗工作。国际上把节能称为"第五大能源"，已与煤炭、石油和天然气、水电、核能四大能源并列。此外，对环境问题和可持续发展的绿色可再生能源的重视，新能源和可再生能源的发展已提到一个新的高度。我国政府已制订了能源建设的总方针：能源的开发和节约并重，大力发展新能源和可再生能源。能源开发要以电力为中心、煤炭为基础，大力发展水电，积极发展核电，积极开发石油和天然气。同时大力在财政上和资源配置上支持新能源和可再生能源的发展，努力提高能源利用率，减轻环境污染。我国广大能源工作者应该按照能源方针和有关国家能源法规加快我国的能源建设，加强我国的能源管理工作。

第五节　能　源　与　环　境

能源是国民经济发展的需要，是发展社会生产和提高人民生活水平的需要。但人类文明社会的发展，特别能源工业的发展在某种意义上是以消耗资源产生环境污染为代价的。1992 年 6 月在里约热内卢召开联合国环境与发展大会以来，世界各国都开始把环境保护作为可持续发展的基本国策。近年来由于温室气体的排放引起的大气温度升高得到广泛的重视，达成了减排温室气体的巴黎协定。环境保护已经纳入世界各国的国民经济和社会发展的计划之中。近年来全球化的发展浪潮使人类的生存空间愈感狭小，环境污染的问题无论对发达国家或者对发展中国家来说都是个迫切需要解决的问题。我国近年来进一步制定和完善了一系列的法律、法规、政策，按照同时处理好经济建设与环境保护的原则，形成了更为严格的环境保护法律法规体系。

一、生态环境与环境污染

在自然界中，火山爆发、森林火灾、雷电等自然灾害的发生，也会产生粉尘、烟尘、CO_2、CO、SO_2、NO_x 等污染物；但由于大自然本身具有净化这些污染物的能力，即大自然随时在产生这些污染物质，又随时通过物质的循环，消除与净化这些污染物质。地球就是这样的一个生态环境。而且，大自然本身造成的污染毕竟是暂时的、局部的，不至于构成环境问题。因此人类的活动，特别是能源工业的生产是目前造成环境污染的最主要的原因。

环境污染是指由于人类的活动而造成的危及人类健康甚至生存的各种影响。能源的开采、输送、转换、利用和消费都直接或间接地改变着自然界的生态平衡，必然对生态环境产生各种影响，是产生环境污染的根源。例如，对大气的污染威胁人类和动物的健康，也会损害植物生长，破坏水土保持；废水污染影响水生动植物的生存，危害水中生物的生存；温室气体的排放改变了环境的气温，也影响了生态环境；噪声也是一种污染，影响人类的工作和健康。

环境污染已经成为能源科学体系中的一个专门学科，在专业知识的学习中将会详细学习燃烧与污染、洁净煤技术等方面的知识。这里仅简要介绍环境保护方面的基本常识。我国根据生产生活的场所和产生污染的根源综合制定了一系列环境保护法令和条例，合理地确定出一个可以允许的污染程度，这就是环境质量标准。环境质量标准指明了人类和生物维持生存所必需的环境条件。一般是制订各种有害物质在环境中的最高允许浓度，在这个浓度下，人类不会发生急性或慢性中毒，不会引起对人体的危害。在标准中，对一些慢性中毒有害物质，如铅、砷、汞、镉等，其允许浓度限制得严格一些。由于环境污染来自各种污染源的排放，因此，在制订环境质量标准时，必须限制各种污染物的排放量、排放浓度和排放标准。

与能源工程相关的环境质量标准主要有《环境空气质量标准》（GB 3095—2012），《火电厂大气污染物排放标准》（GB 13223—2011），《一般工业固体废弃物储存、处置场污染物控制标准》（GB 18599—2001），《声环境质量标准》（GB 3096—2008）和《污水综合排放标准》（GB 8978—1996）。

首先，国外几个国家的大气质量标准见表1-8。

表1-8　　　　　　　　　　　　几个国家的大气质量标准

污染物	国别	统计参数	最大允许值	
			（μg/m³）	（mg/kg）
二氧化硫	日本	每天时平均值	120	0.04
	加拿大	每天时平均值	180	0.07
	德国	长期暴露	400	0.15
	美国	每天时平均值	365	0.13
	俄罗斯	最大一次测量	500	—
一氧化碳	日本	每天时平均值	12000	10
	加拿大	8h平均值	6000	5
	美国	8h平均值	10000	9
	俄罗斯	每天时平均值	1000	—
烟尘	日本	每天时平均值	100	—
	加拿大	年平均值	60	—
	美国	年平均值	75	—
煤烟	俄罗斯	每天时平均值	50	—
	美国	每天时平均值	100（工业区）	—
	日本	每天时平均值	150	—
光化学氧化剂	日本	1h平均值	120	0.06
	美国	1h平均值	160	0.08

续表

污　染　物	国　别	统 计 参 数	最大允许值	
			（$\mu g/m^3$）	（mg/kg）
砷化合物（As）	俄罗斯	每天平均值	0.003	—
二氧化氮	美国	每天时平均值	—	0.075～0.15
	日本	每天时平均值	40	0.02
	俄罗斯	每天时平均值	85	0.04
	意大利	每天时平均值		0.09
	德国	每天时平均值		0.15
	荷兰	每天时平均值		0.05

根据《环境空气质量标准》（GB 3095—2012）规定，我国划分了二级功能区：一级功能区为自然保护区、风景名胜区和其他特殊保护区；二级功能区为城镇商业、居住区，工业区和农村地区。其标准见表 1-9 和表 1-10，分别表示污染物基本项目浓度限值和其他项目浓度限值。2012 年标准与 1996 年标准比较，最主要的区别是增加了可吸入颗粒物 PM2.5 浓度的标准，并列入基本项目之中。

表 1-9　　　　　　　　环境空气污染物基本项目浓度限值（GB 3095—2012）

污染物名称	取值时间	一级标准	二级标准	浓度单位
二氧化硫 SO_2	年平均 日平均 1h平均	20 50 150	60 150 500	$\mu g/m^3$
二氧化氮 NO_2	年平均 日平均 1h平均	40 80 200	40 80 200	
一氧化碳 CO	日平均 1h平均	4 10	4 10	mg/m^3
臭氧 O_3	日最大8h平均 1h平均	100 160	160 200	
可吸入颗粒物 PM10	年平均 日平均	40 50	70 150	$\mu g/m^3$
可吸入颗粒物 PM2.5	年平均 日平均	15 35	35 75	

表 1-10　　　　　　　　环境空气污染物其他项目浓度限值（GB 3095－2012）

污染物名称	取值时间	一级标准	二级标准	浓度单位
总悬浮颗粒物 TSP	年平均 日平均	80 120	200 300	$\mu g/m^3$
氮氧化物 NO_x （以 NO_2 计）	年平均 日平均 1h平均	50 100 250	50 100 250	
铅 Pb	年平均 季平均	0.5 1.0	0.5 1.0	
苯并芘 BaP	年平均 日平均	0.001 0.0025	0.001 0.0025	

《火电厂大气污染物排放标准》（GB 13223—2011）被称为"史上最严"的新版火电厂大气污染物排放标准，标准调整了大气污染物排放浓度限值，规定了现有火电锅炉达到更加严格的排放浓度限值的时限，取消了全厂二氧化硫最高允许速率的规定，增加了燃气锅炉大气污染物排放浓度的限值，增设了大气污染物特别排放浓度的限值。内容详见表1-11。

表 1-11 　　　火力发电锅炉及燃气轮机组大气污染物排放浓度限值 　　　mg/m³（烟气黑度除外）

序号	燃料和热能转化设施类型	污染物项目	适用条件	限值	污染物排放监控位置
1	燃煤锅炉	烟尘		30	烟囱或烟道
		二氧化硫	新建锅炉	100 200*	
			现有锅炉	200 400*	
		氮氧化物（以NO₂计）	全部	100 200**	
		汞及其化合物	全部	0.03	
2	以油为燃料的锅炉或燃气轮机组	烟尘	全部	30	
		二氧化硫	新建锅炉及燃气轮机组	100	
			现有锅炉及燃气轮机组	200	
		氮氧化物（以NO₂计）	新建燃油锅炉	100	
			现有燃油锅炉	200	
			燃气轮机组	120	
3	以气体为燃料的锅炉或燃气轮机组	烟尘	天然气锅炉及燃气轮机组	5	
			其他气体燃料锅炉及燃气轮机组	10	
		二氧化硫	天然气锅炉及燃气轮机组	35	
			其他气体燃料锅炉及燃气轮机组	100	
		氮氧化物（以NO₂计）	天然气锅炉	100	
			其他气体燃料锅炉	200	
			天然气燃气轮机组	50	
			其他气体燃料燃气轮机组	120	
4	燃煤锅炉，以油、气体为燃料的锅炉或燃气轮机组	烟气黑度（林格曼黑度，级）	全部	1	烟囱排放口

　*　位于广西壮族自治区、重庆市、四川省和贵州省的火力发电锅炉执行该限值。

　**　采用W形火焰炉膛的火力发电锅炉，现有循环流化床火力发电锅炉，以及2003年12月31日前建成投产或通过建设项目环境影响报告书审批的火力发电锅炉执行该限值。

重点地区的大气污染物排放浓度限值按表1-12的标准执行，执行特别排放浓度限值的具体地域范围、实施时间由国务院环境保护行政主管部门规定。

表 1-12　　　　　　　　　　大气污染物特别排放浓度限值　　　　　　mg/m³（烟气黑度除外）

序号	燃料和热能转化设施类型	污染物项目	适用条件	限值	污染物排放监控位置
1	燃煤锅炉	烟尘	全部	20	烟囱或烟道
		二氧化硫	全部	50	
		氮氧化物（以 NO₂ 计）	全部	100	
		汞及其化合物	全部	0.03	
2	以油为燃料的锅炉或燃气轮机组	烟尘	全部	20	
		二氧化硫	全部	50	
		氮氧化物（以 NO₂ 计）	燃油锅炉	100	
			燃气轮机组	120	
3	以气体为燃料的锅炉或燃气轮机组	烟尘	全部	5	
		二氧化硫	全部	35	
		氮氧化物（以 NO₂ 计）	燃气锅炉	100	
			燃气轮机组	50	
4	燃煤锅炉，以油、气体为燃料的锅炉或燃气轮机组	烟气黑度（林格曼黑度，级）	全部	1	烟囱排放口

《声环境质量标准》（GB 3096—2008）替代 GB 3096—1993，变化不大，也把城市区域分为五类，标准见表 1-13。其中，第 4 类区域分 a、b 两个子区域。

表 1-13　　　　　　　　声环境质量标准（GB 3096—2008）　　　　　　（dB）

地 区 类 别		白 天	夜 间
0 类	适用于康复疗养区等特别需要安静区	50	40
1 类	适用于以居住、医卫文教机关为主的区域	55	45
2 类	适用于居住、商业、工业混杂区	60	50
3 类	适用于工业生产区、仓储物流区	65	55
4 类 a	穿越城区道路交通干线、内河航道区域	70	55
4 类 b	铁路两侧区域	70	60

一般工业固体废弃物储存、处置场污染物控制标准、污水综合排放标准参见相关的标准，在此不做介绍。

二、环境污染及其危害

随着我国社会主义现代化建设的不断发展，能源消费量的急剧增长，工业污染造成的危害也日益严重。化石燃料的大量直接燃用，特别是煤炭燃烧是引起酸雨的主要原因；而燃用灰分高的劣质煤又是大气飘尘的主要来源之一。城市中集中了大量的汽车，汽车排气中 CO、NOₓ 和烃类含量甚高，汽车成了城市中重要的污染源。再者，石油运输过程中的泄漏，会造成海洋大面积污染。2005 年 1 月 27 日，联合国在瑞士达沃斯发布世界各国环境可持续指数（ESI），对 144 个国家和地区排名，中国位居 133 位。严重的环境问题将成为制约国家经济和社会健康发展的重要因素，环境污染的问题已引起了我国的高度重视。根据污染的分类，在能源转换与利用过程中，特别是化石燃料（如煤炭）在生产、加工、能量转换与利用过程中，主要产生的污染有大气污染、渣污染、热污染、水污染，下面分别进行叙述。

（一）大气污染

按照国际标准化组织（ISO）的定义，空气污染是指：由于人类活动和自然过程引起某些物质介入大气中，呈现出足够浓度，达到足够的时间，并因此而危害了人体的舒适、健康和福利或危害了环境。工业污染中影响最大的是大气污染，大气污染主要有以下几种：

1. 烟尘与粉尘

煤炭直接燃烧的排放物由烟和粉尘组成，统称烟尘；水泥、钢铁、冶金等行业还有大量的粉尘产生，称为工业粉尘。根据统计，我国 2000 年排放的烟尘量约为 11.65Mt，其中工业污染源排放为 9.53Mt，生活污染源排放 2.12Mt；2000 年排放的工业粉尘约为 10.92Mt。烟尘与粉尘每年每平方千米排放 2～3t，为世界平均烟尘排放量的 2 倍。但是与 1995 年比较，烟尘和粉尘均有明显的降低。到 2008 年，烟尘和粉尘又有所减少，见表 1-15。当初在 1981 年全国 51 个城市中，大气中烟尘含量符合国家标准的只有 20%，其余城市的降尘量都超过国家标准的限额。烟尘和粉尘的排放量在 2015 年又达到 15.38Mt，污染治理的任务还任重而道远。

2. 硫化物

排入大气中的 SO_2 在一定的气候因素下会形成酸雾，成为酸雨，危害更大。据环境监测站统计，全国 30 多个省、市、自治区都出现过酸雨，造成了严重危害。1995 年、2000 年、2004 年与 2008 年的主要大气污染物排放量统计结果见表 1-14。

表 1-14　　　　1995 年、2000 年、2004 年与 2008 年全年大气污染物排放量比较　　　　Mt

年　份	SO_2	烟　尘	粉　尘
1995	23.696	17.436	17.312
2000	19.951	11.654	10.920
2004	21.58	10.49	10.21
2008	23.21	9.018	5.849
2015	18.591	15.38	

3. 氮氧化物

我国每年排入大气的氮氧化物在 20 世纪末为 8Mt，在 2006 年到 2008 年 15～16Mt，到 2015 年排放量达到 18Mt 以上。能源工业中，氮氧化物产生于锅炉燃烧的燃料（燃料氮）及其高温燃烧（热力氮）的烟气。此外，硝酸工厂的尾气、氮肥厂、金属冶炼厂的尾气也产生 NO_x。最主要的 NO_x 污染来自于汽车的尾气，现在全世界有几亿辆汽车，每年排放 NO_x 约 20Mt。

4. 一氧化碳和二氧化碳

一氧化碳是燃料在缺氧条件下不完全燃烧的产物。城市中大气污染物中的 CO 大部分是由汽车排放的，是汽车尾气中含量最大的一种有害气体。世界上每年大约排出 CO 量超过 2 亿 t。1000 辆汽车每天排放 CO 约为 3t。

大气污染危害人体健康。据推测，人类的癌症由病毒引起的仅占 5%，由放射线引起也仅占 5％左右，而由化学物质引起的约占 90％。环境中的化学物质主要来自工业的"三废"。例如，烟气中的三、四苯并芘（C_2OH_{12}）就是致癌物质，它吸附在烟尘上进入肺部导致肺癌，侵入皮肤导致皮肤癌。此外，烟气中的 SO_2 具有促癌作用。目前全球癌症发病率直线上升，每年死于癌症的人约有 880 万人。

二氧化碳气体的污染又称为温室气体的污染。CO_2 不是有毒的气体，而是改变大气环境的有害气体，在后面热污染中再作介绍。

（二）工业固体废弃物污染

现代工业生产过程中产生的工业固体废弃物，种类多，数量大，来源不一。有冶金渣、燃料渣、化工渣、矿山废石和尾矿、废水处理渣等多种固体废物。据统计，我国全年排放工业固体废弃物在 1998 年达到峰值，约为 70Mt，以后不断减少，到 2010 年约为 5Mt。

工业固体废弃物污染的危害：占用土地，损伤地质，破坏土壤，危害生物，淤塞河道，污染水质，还会因尘土飞扬而污染大气。因此，在大型发电厂中灰渣的处理系统也是必不可少的。

（三）热污染

用江河、湖泊水作冷源的火力发电厂，冷却水吸收热量后，以高于原来 5～9℃的温度返回自然水源。由于排热量大，足以使电厂附近水域温度升高几度。这种水温升高以及由此而引起的水中含氧量降低，将影响水中原有生物的生存。

CO_2 是一种温室气体，全球气温变暖问题已引起世界上越来越多人们的关注。CO_2 的吸收光谱主要有三段：$2.64～2.84\mu m$，$4.13～4.49\mu m$，$13～17\mu m$。太阳对地球的热辐射光谱主要在 $0.5\mu m$ 左右，地球对外的热辐射光谱主要在 $10\mu m$ 左右，所以 CO_2 气体对太阳辐射基本上是"透明"的，而对地球的热辐射起着"温室效应"的作用。CO_2 含量越高，就会有更多的热量被阻滞在低层大气中，并使地球表面温度升高。1900 年大气中 CO_2 含量约为 300ppm，1975 年 CO_2 含量上升为 330ppm，据近期测量大气中 CO_2 含量为 380ppm。如果大气中 CO_2 含量达到 600ppm，地球上的平均温度将上升 5℃，这会引起两极冰层大量融化，海洋水位将上升 6～7m。

（四）水污染

水资源是基础自然资源和战略性的经济资源，同时也是生态环境的重要组成部分。人类的生活离不开水，生产活动也离不开水。然而世界上的水源却十分缺乏，尤其是淡水，只占总水量的 3％。淡水资源的日益缺乏是人类面临的主要威胁之一。国民经济的发展离不开水，水资源的可持续利用既要考虑国民经济当前的需要，又要考虑未来发展的需要。随着经济持续发展，社会不断进步，城市现代化水平不断提高，实现水资源的可持续利用、环境质量的不断提高十分重要。所谓绿色 GDP 就是在国内生产总值中扣除自然资本的消耗，得到经过环境调整的国内生产总值。绿色 GDP 更能体现经济发展的可持续性。

能源工业离不开水。煤矿的开采需要水，洗煤需要水，运煤也需要水；石油工业需要大量水，如大庆油田，开采基本上压入 1t 水开出 1t 油；发电厂更是需要大量水，100MW 燃煤火电厂一年用水为 $24×10^6$ t，在矿区难以兴建大型坑口电站的主要原因是矿区缺水，不能兴建水煤浆输送管道的原因之一也是矿区缺水。所以，水对于能源工业确实非常重要。

然而，能源工业又是水污染的重要根源，洗煤污水、矿石污水、焦化厂、煤气炉含酚水等都是重要的陆上污水。巨型油轮的泄漏事故是江河海洋的重要污染源之一。电厂循环水、冲渣用水、冷却用水除引起水污染之外，同时还会引起热污染。可见，能源工业与水资源密切相关。

（五）核污染

由于几次重大核电站安全事故的发生，现在核污染问题已引起人们足够的重视。核污染不仅仅是指在运行过程中发生的核泄漏，广义地讲核反应后产生的核废料也是一项重大的污染源。所以，一方面要杜绝核电站运行时的安全事故，另一方面，对核废料的处理也要引起足够的重视。放射性物质的半衰期是很长的，如^{235}U是7亿年，^{238}U是45亿年，^{239}Pu是2.41万年。核电站用过的乏燃料中有大量各种放射性元素，特别存在着大量的^{238}U，任何一种容器的寿命都无法与核废料的半衰期相比拟。

三、环境污染的治理

为了实现循环经济，增进绿色GDP的增长，环境污染的治理十分重要。我国面临着非常繁重的治理任务。"十一五""十二五"期间主要污染物有所减少。GDP指标与十年前的$10\%\sim8\%$比较，7%左右也成了新常态。为了实现人与自然关系的和谐，我国的经济发展要充分考虑能源资源与环境的约束条件，不能以大量的资源消耗和环境污染为代价。《环境保护法》《水污染防治法》《大气污染防治法》分别在2014年、2008年和2015年通过了全国人大会议的修订，污染物减排的指标将是一个约束性指标。

环境科学是一门综合性科学，环境治理是一项综合性工程。对不同污染物、不同污染载体可分别采用相应的防治措施。

（一）大气污染的治理

1. 烟尘与粉尘治理

由于电除尘器的广泛使用，烟尘和粉尘的排放已大大减少，目前技术的发展需要解决的问题是减少可吸入粉尘污染的排放。

2. 硫化物污染治理

基于我国能源结构的特点，大气中硫化物（主要是SO_2）的形成近90%是由于直接燃煤导致的。硫污染的治理可通过以下几个环节综合治理：

（1）原煤除硫。主要是指煤的洗选和煤的转化，通过洗煤将煤中的高含硫层分离出来，以及通过转化将煤炭气化成煤气或液体燃料。煤的洗选和煤的转化降低了煤的含硫量，从而提高了煤的利用价值，实现洁净煤燃烧技术。

（2）燃烧炉中脱硫。通过在燃烧炉的燃烧过程中加入含钙物质（脱硫剂）生成亚硫酸钙，从而降低烟气中二氧化硫的含量。一般燃烧炉的燃烧温度在$850\sim950℃$，燃烧炉有流化床炉或工业层燃炉。循环流化床锅炉因炉料的不断分离和循环，提高了钙的利用率，是目前炉内脱硫的最理想的炉型。工业锅炉量大面广，在煤中掺加脱硫剂制成型煤，通过"型煤燃烧"的技术也能实现燃烧炉中脱硫。

（3）烟气脱硫。烟气脱硫技术是指对燃烧后产生的烟气进行脱硫处理。烟气脱硫方法有湿法、干法、半干法等方法。如湿法脱硫主要采用石灰-石膏法，用生石灰、消石灰、石灰石作为吸收剂，并取得石膏为副产品的脱硫方法。湿法脱硫中还有双碱法、氨水脱硫法、氢氧化钠-芒硝法等。半干法和干法脱硫有石灰喷雾法、活性氧化锰法、旋转喷雾法、NID法等。其他还有电子束照射法、脉冲电晕等离子法等。

3. 氮氧化物污染治理

能源工业的发展使 NO_x 的排放量也在逐渐增加。据调查，我国 NO_x 的排放，燃油锅炉为 600 ～ 1400mg/m³，固态排渣煤粉炉为 600 ～ 1200mg/m³，液态排渣炉为 850～1150mg/m³，旋风炉为 1000～1500mg/m³，均比国外电站机组的排放量高。氮氧化物污染治理主要有低 NO_x 燃烧方法和烟气脱硝法。

（1）低 NO_x 燃烧方法。低燃烧方法有分级燃烧法、再燃烧法、浓淡偏差燃烧法和烟气再循环法。如分级燃烧法是指将空气分阶段送入的燃烧方法。这些方法主要目的是减少燃料周围的氧浓度，燃料在氧气浓度较小的条件下使燃料中的 N 不易生成 NO_x，而在过量空气的地方使炉温降低，如采用烟气再循环等。

（2）烟气脱硝法。烟气脱硝有湿法和干法，湿法的原理是将 NO 通过氧化剂氧化成 NO_2，然后用水或碱性溶液吸收的方法。干法脱硝分氨催化还原法和无催化还原法两种。

4. 温室气体污染治理

从人类发展的角度看，《巴黎协定》将世界上所有国家都纳入了呵护地球生态、确保人类发展的命运共同体当中。《巴黎协定》是 2015 年 12 月 12 日在巴黎气候变化大会上通过、2016 年 4 月 22 日在纽约签署的应对气候变化的协定。2016 年 4 月 22 日在《巴黎协定》开放签署首日，共有 175 个国家签署了这一协定。协定指出，各方将加强对气候变化威胁的全球应对，把全球平均气温较工业化前水平升高控制在 2℃ 之内，并为把升温控制在 1.5℃ 之内努力。只有全球尽快实现温室气体排放达到峰值，21 世纪下半叶实现温室气体净零排放，才能降低气候变化给地球带来的生态风险以及给人类带来的生存危机。《巴黎协定》在联合国气候变化框架下，在《京都议定书》、"巴厘路线图"等一系列成果基础上，按照共同但有区别的责任原则、公平原则和各自能力原则，进一步加强联合国气候变化框架公约的全面、有效和持续实施。常用的二氧化碳回收及净化再利用技术有以下几种：

（1）溶剂吸收法。使用溶剂对二氧化碳进行吸收的方法，只适用于低浓度二氧化碳气体的回收，处理成本高。

（2）变压吸附法。采用固体吸附剂吸附废气中的二氧化碳，此法用于化肥厂变换气中脱除二氧化碳。

（3）有机膜分离法。利用中空纤维膜在高压下分离二氧化碳，此法适用于气源干净、需用浓度不高于 90% 的场合。

（二）其他污染的治理

相对于大气污染，其他的水污染、热污染、渣污染在能源工业中污染程度小得多，相对来讲治理问题也不大。如发电厂的粉煤灰综合利用在上海等发达地区已基本上全部解决。

思 考 题

1. 何谓能量、能源？能量分哪几类？能源如何分类？
2. 如何评价能源？我国常规能源有哪些特点？
3. 什么是能源弹性系数？什么是电力弹性系数？
4. 能源与发展国民经济的关系怎样？
5. 能源的转换与利用与生态环境有何密切关系？

第二章　能源的转换与利用

能源的转换与利用技术是人类开发利用能源的手段。能源在一定条件下能够转换成人们所需要的各种形式的能量。例如，由燃料的化学能转换成为热能。人们可以直接用热取暖；也可以用热生产热水或蒸汽，进而用蒸汽推动蒸汽机转变为机械能；也可以推动汽轮发电机转换为电能。电能又可以通过电动机、电灯或电灶等设备转换为机械能、光能或热能。可见，人类利用的各种形式的能量都是由一次能源转换而来的。

进入 21 世纪后，我国的能源构成影响到国家安全战略，在国家中长期科学和技术发展规划纲要（2006—2020）中指出，到 2020 年我国能源科学技术发展的总体目标是：自主创新能力显著提高，科学技术促进能源发展和保障国家能源安全的能力显著增强，为构筑稳定、经济、清洁的能源供应体系提供强有力的科技支撑；能源前沿技术研究取得重大进展，新能源技术发展和应用进入世界先进行列。具体技术目标是：煤炭高效清洁开发利用和多联产技术产业化；大型清洁燃煤发电技术普遍应用；煤基液体燃料产业初具规模；油气资源开发技术取得新突破，油气可采储量和采收率进一步提高；第三代核电技术装备基本实现自主化；可再生能源低成本规模化开发，建立较完善的可再生能源产业体系；超大规模输配电和电网安全技术取得新发展。

能源和环境是当今人类面临的两大问题，随着煤炭、石油、天然气这类传统的常规能源的日益枯竭和人类对环境保护意识的增加，新能源和可再生能源越来越受到重视和关注。2006 年 1 月 1 日《可再生能源法》正式颁布实施后，可再生能源以惊人的速度发展，人们现已认识到发展可再生能源是解决我国能源不足和保护环境的一条有效途径。

第一节　蒸汽动力循环

本节介绍的通过蒸汽动力循环把燃料的化学能转变为电能是世界上最早大规模商业性生产电能的发电技术。应该说所以其他能源都可以通过蒸汽动力循环来发电，这里主要介绍了用常规能源的转换发电技术，常规能源一般是指煤炭、石油、天然气这些矿石能源（或称为化石能源）。蒸汽动力循环发电也俗称为火力发电。

一、能量转换的原理

蒸汽动力循环的能量转换是首先通过燃料的直接燃烧把燃料的化学能变为工质的热能，然后再由工质通过朗肯循环把工质的热能变为蒸汽轮机的机械能，最后变为电能输送出去。

所有蒸汽动力循环均应属外燃系统，这是与内燃机循环相比最显著的区别。简单蒸汽动力设备循环——朗肯循环的设备、$p\text{-}v$ 图、$T\text{-}s$ 图（见图 2-1）。

从图 2-1 可见，一个简单实用的蒸汽动力循环——朗肯循环，由锅炉、汽轮机、冷凝器、水泵及其辅助设备构成。燃料在锅炉中释放出热量，水在锅炉的蒸发受热面内定压地吸

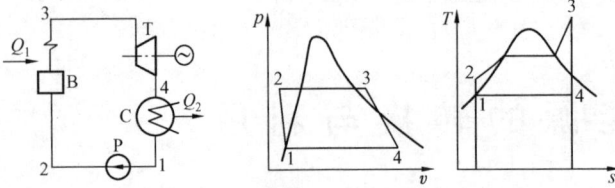

图 2-1 朗肯蒸汽动力循环

B—锅炉；C—冷凝器；P—水泵；T—汽轮机

热，汽化成饱和蒸汽，再在过热器中进一步吸热成为具有一定压力和温度的过热蒸汽；然后，进入汽轮机冲击叶片和膨胀做功。至此，才把燃料的化学能经过热能转换成机械能。汽轮机的排汽在冷凝器中放出热量凝结为水。再由水泵送回锅炉，完成一个循环。朗肯循环的热效率为

$$\eta_{th \cdot m} = 1 - \frac{Q_2}{Q_1} = 1 - \frac{h_4 - h_1}{h_3 - h_2} \tag{2-1}$$

式中　　Q_1、Q_2——循环过程的总吸热量和放热量；

h_1、h_2、h_3、h_4——p-v 图和 T-s 图中各点状态的水蒸气焓。

二、空气燃料比和过量空气系数

在燃料与空气直接燃烧释放出化学能的过程中，一个十分重要的技术参数是空气燃料比。无论燃烧固态、液态或气态的矿物质燃料，在化学反应中，有三种可燃元素（即碳、氢、硫）分别转化为二氧化碳（CO_2）、水蒸气（H_2O）和二氧化硫（SO_2）。根据化学反应方程式可以计算出 1kg 碳、氢、硫完全燃烧需要的氧气分别为 2.66、7.94、0.998kg。燃料的燃烧过程都依靠空气作为氧的来源。在燃烧计算中，空气的组成大体是：按体积或摩尔数计，21%的氧和79%的氮；按质量计，则为 23.2%的氧和76.8%的氮。

每千克燃料中所有可燃元素完全燃烧时所需的最小空气量，称为理论空气量。实现良好燃烧的条件是 CATTM，即反应物浓度（C）、足够的空气（A）、足够的温度（T）、足够的反应时间（T）和反应物的充分混合（M）。为了使燃料在有限的时间内能够尽量燃烧完全，减少不完全燃烧的损失，只能靠供给燃烧过程以过量的空气，以求达到良好燃烧。所以，实际供给的空气量通常都大于理论空气量。对于给定的燃烧过程，可用下述方法计算燃料与空气的数量关系。

1. 理论空气燃料比

理论空气燃料比，即为燃料完全燃烧所需的最小空气需要量。它可以是质量之比，或摩尔比，也可以是其他单位。

理论（干）空气燃料质量比可用式（2-2）表示：

$$(A/F)_{th} = \frac{2.66[C] + 7.94[H] + 0.998[S] - [O]}{0.232} \tag{2-2}$$

式中　[C]、[H]、[S]、[O]——燃料中碳、氢、硫、氧各元素的质量份额（≤1）。

对气体和液体燃料，可用摩尔（mol）单位。若将 1mol 燃料中已知元素的摩尔数计为 Z，则摩尔理论空气燃料比可用式（2-3）表示：

$$(A/F)_{th \cdot m} = \frac{Z_C + 0.25Z_H + Z_S - 0.5Z_O}{0.21} \tag{2-3}$$

式中的 Z 连同其下标 C、H、S、O 分别表示每摩尔燃料中碳、氢、硫、氧各元素的摩尔数。

对固体燃烧的理论空气燃料比，有时也表达为每千克燃料需要多少立方米标准状态空

气，即用（m^3/kg）单位表示的理论空气燃料比

$$V^0 = \frac{1.866[C] + 5.55[H] + 0.7[S] - 0.7[O]}{21} \tag{2-4}$$

2. 实际空气燃料比

燃烧过程的实际空气燃料比，通常得由烟气成分的实验实测结果计算出来。烟气是一种混合气体，对混合气体中各种气体成分浓度进行实验分析的仪器已有许多种，如气相色谱仪、红外分析仪、奥氏（Orsat）烟气分析仪等。

燃烧气体燃料和液体燃料时，只要知道烟气成分，就可确定摩尔实际空气燃料比。摩尔实际干空气燃料比按式（2-5）计算：

$$(A/F)_{act} = \frac{\frac{[N_2]}{[CO_2]+[CO]}Z_C - 0.5Z_N}{0.79} \tag{2-5}$$

当燃烧固体燃料时，还需要补充一个残渣分析结果。此时，实际干空气燃料比可按式（2-6）计算：

$$(A/F)_{act\cdot m} = \frac{\frac{28.016 \times [N_2]}{12.01([CO_2]+[CO])}[C_b] - [N_{ar}]}{0.768} \tag{2-6}$$

$$[C_b] = [C_{ar}] - [C_r]$$

$$[C_r] = [G_r] - [A_{ar}]$$

式中　　$[CO_2]$、$[CO]$、$[N_2]$——由仪器分析得到的烟气中的二氧化碳、一氧化碳和氮气的体积百分数，%；

　　　　$[N_{ar}]$、$[C_{ar}]$、$[A_{ar}]$——燃料收到基氮、燃料收到基碳和燃料收到基灰分，%；

　　　　　　$[C_b]$、$[C_r]$——每千克煤中已燃烧掉的碳量和炉渣中残留碳含量，%；

　　　　　　　　$[G_r]$——每千克煤燃烧后的残渣量，%；

　　　　　$[Z_C]$、$[Z_N]$——每摩尔燃料中碳原子的摩尔数和氮原子的摩尔数，mol。

3. 过量空气系数

过量空气系数是指燃烧 1kg 燃料实际供给的空气量与理论空气量之比。在锅炉等燃烧设备中，空气量以体积计，过量空气系数常表示为

$$\alpha = \frac{V_k}{V^0} \tag{2-7}$$

式中　V_k、V^0——实际供给的空气量和理论空气量，m^3/kg。

如空气量以质量计，过量空气系数常表示为

$$\alpha = \frac{l}{l_{min}} = \frac{(A/F)_{act}}{(A/F)_{th}} \tag{2-8}$$

式中　l、l_{min}——实际消耗的空气量和理论空气量，kg/kg。

对于完全燃烧所需的理论空气量，柴油的 $l_{min} = 14.3$kg/kg，汽油的 $l_{min} = 14.8$kg/kg。

过量空气系数是燃烧设备经济运行的重要参数，是衡量燃烧设备配风的一个尺度。对于不同煤种和不同燃烧方式的锅炉，过量空气系数在 1.15～1.45 范围内。在满负荷时，内燃机 α 值的一般范围如下：

低速柴油机　$\alpha = 1.8 \sim 2.0$
高速柴油机　$\alpha = 1.2 \sim 1.5$
增压柴油机　$\alpha = 1.7 \sim 2.2$
汽油机　　　$\alpha = 0.85 \sim 1.1$

对锅炉或内燃机,可根据排出的烟气成分确定过量空气系数,计算公式为

$$\alpha = \frac{21}{21 - 79 \frac{[O_2]}{[N_2]}} \tag{2-9}$$

$$[N_2] = 100 - [RO_2] - [O_2] - [CO]$$

式中　　$[O_2]$、$[N_2]$、$[RO_2]$——由烟气分析测知的干烟气中氧气、氮气和三原子气体的
　　　　　　　　　　　　　　　　体积百分数,%。

$[RO_2]$ 主要是指 $[CO_2]$,而 $[SO_2]$ 可忽略不计。如完全燃烧 $[CO] = 0$,$[N_2] = 100 - [RO_2] - [O_2] \approx 79$,则式(2-9)可写为

$$\alpha \approx \frac{21}{21 - [O_2]} \tag{2-10}$$

【例 2-1】　一台柴油机耗油 30kg/h,柴油的基本成分为 $[C] = 85\%$,$[H] = 15\%$,耗用空气为 20℃ 和 0.9×10^5 Pa 时的空气流量 530m³/h。求此发动机的过量空气系数。

解　空气密度为

$$\rho_1 = \rho_0 \frac{pT_0}{p_0 T} = 1.293 \times \frac{0.9 \times 10^5}{1.013 \times 10^5} \times \frac{273}{293} = 1.07$$

实际消耗空气量为

$$l = \frac{V\rho_1}{B} = \frac{530 \times 1.07}{30} = 18.90$$

理论空气量为

$$V^0 = 8.89 \times [C] + 26.5 \times [H] = 11.53$$

$$l_{min} = 11.53 \times 1.293 = 14.91$$

所以,过量空气系数为

$$\alpha = \frac{l}{l_{min}} = \frac{18.90}{14.91} = 1.27$$

【例 2-2】　用奥氏仪测知发动机的废气成分为 $[CO_2] = 6\%$,$[O_2] = 10\%$,求过量空气系数。

解　由于实测干燥的废气只包含 CO_2、O_2 和 N_2,所以

$$[N_2] = 100\% - [CO_2 + O_2] = 100\% - (6 + 10) = 84\%$$

过量空气系数为

$$\alpha = \frac{1}{1 - 3.76 \frac{[O_2]}{[N_2]}} = \frac{1}{1 - 3.76 \times \frac{10}{84}} = 1.81$$

三、蒸汽动力循环的发展趋势

可以说蒸汽动力循环的发展趋势也就是电力工业的发展趋势。电力工业是发展国民经济和建设物质文明、精神文明的重要物质基础,是先行工业。为了给国民经济提供充足的电力,要采用当代先进的科学技术。蒸汽动力循环的发展趋势主要有以下几点。

1. 向大容量、高参数方向发展

在 20 世纪 80 年代中期，世界上最大的火力发电厂的装机容量为 4600MW，单机最大机组，单轴 1000MW，双轴 1300MW。近 30 多年来，由于材料强度的限制，单机容量方面发展不大。同样，蒸汽温度参数也提高不大。目前，我国已有多台大容量超临界压力的直流锅炉在运行。很多小容量、低参数的机组已实行了逐步退役。除供热机组外，我国已经全部淘汰了小于 50MW 的中小型次高压发电机组和大部分 125MW 的发电机组。

2. 向高度自动化方向发展

国外普遍建立了以计算机为中心的安全监测和经济调度系统，具有双重化超级小型机和多微机的前置机，全图形屏幕显示和微机远方终端组成的集散控制系统。运行控制人员越来越少，基本都要求达到工程师的上岗职称。

3. 高水平的运行技术指标

与国外先进国家相比，我国的电力工业还存在着经济效益低、劳动生产率低、供电可靠性低的现状。但近年来有了显著的变化，一些技术指标已达到世界先进水平。举例来说，供电煤耗 1985 年我国平均为 0.431kg 标准煤/kWh，2000 年我国平均为 0.394kg 标准煤/kWh，而国外先进国家平均煤耗为 0.33kg 标准煤/kWh。到 2016 年全国煤电机组平均供电煤耗为 0.312kg 标准煤/kWh，同比每度电降低 3g，其中 100 万、60 万 kW 机组煤耗为 285.32、306.61g。2016 年全国发电机组等效可用系数为 95.61%，主要辅机等效可用系数为 96.31%，主设备完好率 99.89%。除了技术经济指标外，在环保方面也达到世界先进水平，2016 年火电机组脱硫装置安装率、投入率分别为 100% 和 99.88%；脱硝装置安装率、投入率分别为 100% 和 98.57%。全国煤电机组二氧化硫排放绩效 0.08g/kWh，氮氧化物排放绩效 0.166g/kWh。我国在能源工业方面的发展，不仅在数量上达到了世界第一的地位，而且在质量上也达到了世界一流的水平。

第二节 煤气化技术

煤的气化除了作为化肥工业、化工工业等原料来源外，从能量的角度来看还是燃料的化学能转变为化学能，只是分子结构产生一些分裂。但煤的气化产生的煤气是一种洁净燃料，用先进技术集中处理燃料用煤，使量大面广的中小用户使用清洁的煤气也是一种常规能源转换利用的新技术。这里主要介绍煤部分燃烧干馏的发生炉煤气和以水蒸气为气化剂的水煤气生产过程中的物质和能量的转变，以及基本技术参数。

一、发生炉煤气的物质和能量的转变

发生炉煤气主要是指煤部分燃烧干馏的气化，即通过煤的不完全燃烧进行部分化学反应来制造煤气。煤气的主要成分是 CO、H_2、CH_4 等。根据在燃烧与气化反应过程中煤的运动状态，可以分为层状料层（移动料床）和混合料层（沸腾料床和悬浮料床）的燃烧过程和气化过程。煤的层状料层气化过程原理如图 2-2 所示。根据炉内所进行的气化过程，可将煤层自上而下分为干燥带、干馏带、还原带、氧化带和灰层。在干燥带和

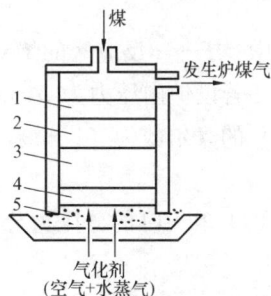

图 2-2 气化过程示意

1—干燥带；2—干馏带；3—还原带；4—氧化带；5—灰层

干馏带中煤被加热而放出水分和挥发分，剩下的焦炭在还原带和氧化带中进行气化反应。当用空气作气化剂时，气化区的主要反应有

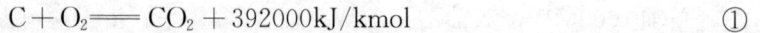

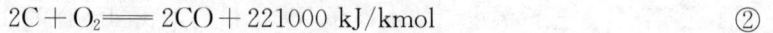

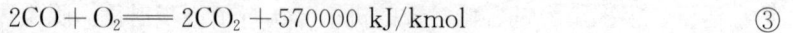

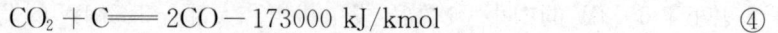

$$C + O_2 = CO_2 + 392000kJ/kmol \qquad ①$$

$$2C + O_2 = 2CO + 221000 \ kJ/kmol \qquad ②$$

$$2CO + O_2 = 2CO_2 + 570000 \ kJ/kmol \qquad ③$$

$$CO_2 + C = 2CO - 173000 \ kJ/kmol \qquad ④$$

在理想的完全反应情况下，合成总反应方程为

$$2C + O_2 + 3.762N_2 = 2CO + 3.762N_2 \qquad (2-11)$$

也就是说，若 C 全部转化为 CO，则所得到的理想煤气成分为

$$[CO] = \frac{2}{2+3.762} \times 100\% = 34.7\%$$

$$[N_2] = \frac{3.762}{2+3.762} \times 100\% = 65.3\%$$

即 1kg 纯碳的煤气产生率为

$$U = \frac{(2+3.762) \times 22.4}{2 \times 12} = 5.37m^3/kg$$

煤气发热量为

$$Q_D = 12723 \times \frac{34.7}{100} = 4415kJ/m^3$$

气化效率（即生成气体燃料的热值与煤炭热值之比）为

$$\eta = \frac{4415 \times 5.37}{32650} \times 100\% = 72.6\%$$

由于上述反应④是可逆反应，反应进行的完全程度受温度、压力和浓度等外界条件的影响，其反应程度取决于平衡常数

$$K_p = \frac{p_{CO}^2}{p_{CO_2}} \qquad (2-12)$$

式中 p_{CO}、p_{CO_2}——CO 和 CO$_2$ 的气体分压力。

根据布杜阿尔的研究，这一反应的平衡常数可用式（2-13）计算：

$$\ln K_p = 21.4 - \frac{4200}{2T} \qquad (2-13)$$

式中 T——反应区的绝对温度。

若设炉内压力为 p，已进行反应的 CO$_2$ 的摩尔数为 a，则从反应④知，未进行反应的 CO$_2$ 的摩尔数为（$1-a$），所生成的 CO 的摩尔数为 $2a$，炉内气体分子的摩尔数为

$$1 - a + 3.76 + 2a = 4.76 + a \qquad (2-14)$$

即 CO$_2$ 和 CO 的分压力分别为

$$p_{CO_2} = \frac{1-a}{4.76+a}p \qquad (2-15)$$

$$p_{CO} = \frac{2a}{4.76+a}p \qquad (2-16)$$

将此分压力值代入平衡常数式（2-12），得

$$K_p = \frac{4a^2}{4.76 - 3.76a - a^2} \tag{2-17}$$

由反应区的温度 T，用式（2-11）求出平衡常数 K_p，进而由式（2-17）求出 a 值，从而可求出该反应条件下煤气的成分 CO、CO_2 和 N_2。

二、水煤气的物质和能量的转变

为了进行较精确的物料平衡和热平衡计算，E J Hoffman 介绍了下面的一种计算方法，他认为以水蒸气为气化剂的气化反应中下面四个反应是独立的主要反应，其他反应是非独立的中间反应，所以可按以下反应作物料平衡和热平衡计算：

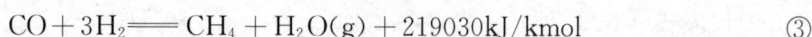

$$C + H_2O(g) \Longrightarrow CO + H_2 - 134596 kJ/kmol \qquad ①$$

$$CO + H_2O(g) \Longrightarrow H_2 + CO_2 + 38456 kJ/kmol \qquad ②$$

$$CO + 3H_2 \Longrightarrow CH_4 + H_2O(g) + 219030 kJ/kmol \qquad ③$$

$$C + O_2 \Longrightarrow CO_2 + 395135 kJ/kmol \qquad ④$$

计算时，以 1kmol 的 C 按①式进行反应作为计算基准，从而根据热平衡和对反应要求的条件来计算其他各反应所占比例，于是有

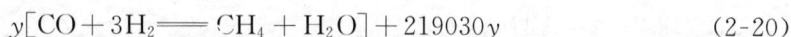

$$C + H_2O \Longrightarrow CO + H_2 - 134596 \tag{2-18}$$

$$x[CO + H_2O \Longrightarrow H_2 + CO_2] + 38456x \tag{2-19}$$

$$y[CO + 3H_2 \Longrightarrow CH_4 + H_2O] + 219030y \tag{2-20}$$

$$z[C + O_2 \Longrightarrow CO_2] + 395135z \tag{2-21}$$

总的反应式可写成

$$aC + bH_2O + cO_2 \longrightarrow dCO + eH_2 + fCH_4 + gCO_2$$

即

$$(1+z)C + (1+x+y)H_2O + zO_2 \longrightarrow (1-x-y)CO$$
$$+ (1+x-3y)H_2 + yCH_4 + (x+z)CO_2 \tag{2-22}$$

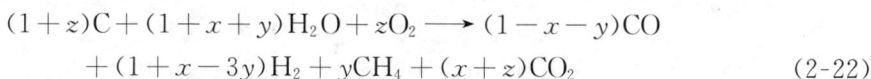

$$\Delta H = -134596 + 38456x + 219030y + 395135z \, kJ \tag{2-23}$$

由此，可以按对气化的要求和热平衡（ΔH 值的大小）的要求来决定 x、y、z 值，进而确定供给物料的比例。求 x、y、z 值的三个联立方程可以是：

（1）要求煤气中两种成分的比例，如定 H_2、CO 两种成分的比例为 2∶1。

（2）根据气化压力、温度条件可查出反应的平衡常数，得出产物中 CH_4 的含量。

（3）理想状态放热量等于吸热量，即 $\Delta H = 0$。

【例 2-3】　设计一座气化炉，以纯氧和蒸汽作气化剂，进行高压气化，其压力为 2.4MPa，反应区温度为 1000℃，要求煤气成分比为 H_2∶$CO = 2$∶1。

解　根据对煤气成分比要求

$$\frac{H_2}{CO_2} = \frac{1+x-3y}{1-x-y} = 2 \tag{2-24}$$

可得

$$3x - y = 1 \tag{2-25}$$

根据气化条件（压力、温度）可查出可逆反应式

$$CO + 3H_2 \rightleftharpoons CH_4 + H_2O$$

的平衡常数 K_p，进而算出产物干基成分中 CH_4 含量为 10%，则

$$\frac{y}{总煤气体积} = \frac{y}{2+x-3y+z} = \frac{1}{10}$$

即

$$x - 13y + z = -2 \tag{2-26}$$

为保证总反应的实现，必须供给反应所需的热量。若按理想状态（放热反应等于吸热反应），$\Delta H = 0$ 来计算，即

$$-134596 + 38456x + 219030y + 359135z = 0$$
$$0.186x + 1.63y + 2.93z = 1 \tag{2-27}$$

由式（2-25）～式（2-27）可得

$$x = 0.4, y = 0.2, z = 0.2$$

于是总反应式（2-22）为

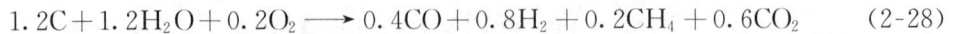

$$1.2C + 1.2H_2O + 0.2O_2 \longrightarrow 0.4CO + 0.8H_2 + 0.2CH_4 + 0.6CO_2 \tag{2-28}$$

脱水后的干基煤气成分为

成分	摩尔数（mol）	百分数（%）
CO	0.4	20
H_2	0.8	40
CH_4	0.2	10
CO_2	0.6	30
总计	2.0	100

供给反应区的炉料为

$$O_2 : C = 0.2 : 1.2 = 1 : 6$$
$$O_2 : H_2O(g) = 0.2 : 1.2 = 1 : 6$$
$$O_2 : 总气量 = 0.2 : 2.0 = 1 : 10$$

也就是说，当供给炉内的物料为 1kmol（即 12kg）碳时，应同时相应供给氧为 $\frac{1}{6}$ kmol（即 $3.74m^3$），蒸汽为 1kmol（即 $22.4m^3$）。换言之，每产生 $10m^3$ 的这种煤气，应当供给炉子 $1m^3$ 的氧气和 $6m^3$ 的蒸汽。通常为了保证反应充分进行，可适当多供给 20%～30% 的蒸汽，即每生产 $10m^3$ 的煤气相应供给 7～$8m^3$ 的蒸汽。

三、煤气化技术的发展前景

煤的液化和气化是煤炭能源利用的新技术，也是煤炭洁净燃烧最清洁的方法。国外发达国家把它作为煤炭能源利用的发展方向。煤的加氢液化至今还没有到商业运行的阶段，但早有研究成果见报道。几十年前已经有商业运行的煤气厂在各大中城市中建成。今后发展的方向是地下煤层的可控气化。到 22 世纪，石油和天然气资源耗尽后如实现了地下煤层的可控气化，现在还无法开采的煤炭资源将能十分简单地转换成煤气来满足社会的需要。地下煤层的可控气化还处在实验研究阶段。

煤炭地下气化是一项很有诱惑力的洁净煤技术，它是将地下高分子结构的煤在原地高温下转变为低分子结构的燃气，再输送到地面的化学采煤方法，与传统的矿井开采方法相比，具有经济效益和环境效益显著等特点。国际上对煤炭地下气化技术的研究已有近百年的历史，中国在 20 世纪 50 年代也曾进行过类似实验，但一直没有突破。20 世纪 80 年代末、90

年代初以来，中国分别在徐州和唐山进行了半工业性和工业性实验，"九五"期间进行工程化研究，集中解决了前期实验中尚未解决的几项关键技术。

煤炭地下气化的关键环节是如何应用先进的探测技术了解地下燃烧状况，调整供风量和气化剂量并适时地将供风点移动，防止因冒顶严重，导致供风系统中断而失败。根据国内外应用地球物理方法圈定煤层自燃区边界的成功经验，及在徐州和唐山等地所做的应用物探方法进行煤炭地下气化监测的实验表明，建立基于地球物理方法的煤炭地下气化监测系统，在技术上是可行的。

第三节　燃料电池

一、燃料电池的发电原理

燃料电池是将石油、天然气、煤等转换成氢气，以氢作为在燃料电池中的燃料，通过电化学反应过程由氧化作用释放出的化学能直接转换为电能的一种发电装置。它属于一种洁净的能源转换，是一种效率较高的直接发电方式，是一种很有发展前途的新能源。燃料电池的工作原理是利用催化的作用让燃料和氧化剂分别在两个不同的电极上发生氧化还原反应，燃料在阴极失去电子，电子通过外接电路及负载流向阳极，氧化剂在阳极得到电子，如此形成连续电流。燃料电池单个组件原理见图 2-3。传导离子的电介质层置于中间，在其两侧夹装有多孔质燃料电极（阳极）和氧化剂电极（阴极），形成夹心状构造。

图 2-3　燃料电池发电原理示意
1—氢气；2—剩余氢气；3—氢气通道；4—阳极；5—电解质；6—阴极；7—空气通道；8—生成水蒸气和剩余空气；9—空气

以磷酸作电解质的电池，其化学反应如下：

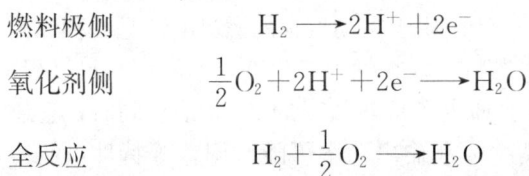

燃料极侧　　　　$H_2 \longrightarrow 2H^+ + 2e^-$

氧化剂侧　　　　$\frac{1}{2}O_2 + 2H^+ + 2e^- \longrightarrow H_2O$

全反应　　　　　$H_2 + \frac{1}{2}O_2 \longrightarrow H_2O$

从阴极向阳极流动的电子，形成负载电路，其最大输出电能等于氢燃烧反应 Gibbs 自由能的变化（ΔG^0）。因此，单位电池的端电压 E^0 为

$$E^0 = \frac{\Delta G^0}{Q} = \frac{\Delta G^0}{nN_0 q} \tag{2-29}$$

式中　E^0——单位电池的端电压，V；

ΔG^0——Gibbs 自由能的变化，在 25℃生成水时的 $\Delta G^0 = 235.3kJ/mol$；

n——H_2 分子放出的电子数；

N_0——1mol H_2 的分子数，即阿佛伽德罗常数，$N_0 = 6.02 \times 10^{23}/mol$；

q——基本电荷，$q = 1.6 \times 10^{-19}C$。

于是有

$$E^0 = \frac{\Delta G^0}{Q} = \frac{\Delta G^0}{nN_0 q} = \frac{235.3 \times 10^3}{2 \times 6.02 \times 10^{23} \times 1.6 \times 10^{-19}} = 1.22V$$

即一个 $H_2 - O_2$ 电池的单电池开路电压为 1.22V，在 100cm² 的电极上可能得到 10~20A 的电流。

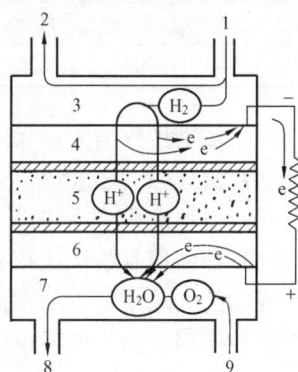

这里可利用的 Gibbs 自由能为 235.3kJ/mol，看起来比 H_2 直接燃烧得到的反应热 ΔH（在 25℃时）＝285.2kJ/mol 要少，但反应热 ΔH 在品位上属于低质能，要变为电能，其转换效率最大为 40%，而在燃料电池中，这一能量则几乎全部直接转变为电能，因此还是后者转换效率高。

为了获得更高的电压，可将若干个单电池串联起来；为要增大功率，可将若干个电池块并联，组成燃料电池动力装置，这样，燃料电池便可稳定持续地运行。

二、燃料电池的特点

(1) 能量转换效率高。燃料电池直接发电而不像蒸汽动力循环那样受卡诺定理的制约。发电效率高达 40%～50%。如将排热再加以有效利用，则综合效率可提高到 83%（25℃时），比火力发电的最高效率 40% 要高出一倍。

(2) 理论比能量高。表 2-1 列出了各种电池的理论比能量。

表 2-1   各种电池的理论比能量

电池类型	H_2-O_2	CH_3OH 空气	N_2H_2-空气	铅蓄电池	Zn-MnO_2	Cd-NiOOH
理论比能量(kWh/kg)	3.65	6.08	5.48	0.18	0.36	0.21

(3) 污染排放物少，噪声低，振动小；排水可利用干式冷却塔作为循环水使用。

(4) 负荷应变速度快，启动时间短。

(5) 占地面积小，建设工期短。燃料电池发电设备的构件小，可全部积木化。

(6) 辅助控制系统比较复杂，包括燃料和氧化剂储存系统、电解液循环和冷却系统、反应生成物的去除系统、功率控制系统等，一般都要用昂贵的白金催化剂；有待进一步提高效率，延长使用寿命，增强单位面积的输出功率。

近年来，燃料电池技术已经取得了重大的进展。在开发的燃料电池已朝着集成部件和减少部件成本的方向努力，并已取得了显著进步。广泛应用于电动汽车的燃料电池是一种称为质子交换膜的燃料电池（PEMFC），它以纯氢为燃料，以空气为氧化剂，不经历热机过程，不受热力循环限制，因此能量的转换效率高，是普通内燃机热效率的 2～3 倍。同时，它还具有噪声低、无污染、寿命长、启动迅速、比功率大和输出功率可随时调整等特性，使得 PEMFC 非常适合用作交通工具的动力源。

第四节　核　能　发　电

主要以化石燃料为一次能源的常规能源是不可再生能源，按现有的能源消耗速度计算，在不久的将来化石燃料将被耗尽。要实现人类社会的持续发展必须掌握新能源利用的技术。

核能是目前比较理想的新能源，核电站已经达到技术上成熟、经济上有竞争力、工业上可以大规模推广的阶段。1938 年德国的哈恩和斯特拉斯曼首先发现铀的核裂变现象后，到 2000 年世界上已有 50 多个国家的 400 多座核电站在运行。

一、核电站一般工作原理

利用核能发电的电站称为核电站。核电站系统示意如图 2-4 所示，核燃料在反应堆内进行核裂变的链式反应，产生大量热量，由冷却剂（水或气体）带出，在蒸汽发生器中把热量传给水，将水加热成蒸汽来转动汽轮发电机发电。冷却剂把热量传给水后，再回到反应堆里去

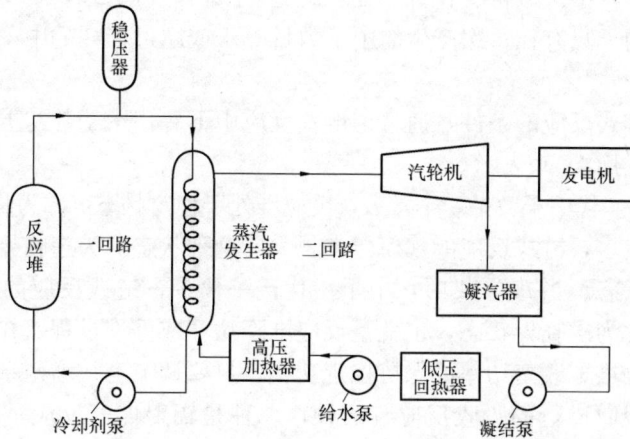

图 2-4　核电站系统示意

吸热，不断地把反应堆中释放的热能引导出来。核电站中的反应堆和蒸汽发生器相当于火电站中的锅炉，所以有人把它称为原子锅炉。核电站的其他设备与火电站基本相同。核电站反应堆按照反应堆中采用的中子慢化剂和冷却剂工质的不同可分成多种类型。目前常用的有轻水反应堆、重水反应堆、石墨气冷堆和不用慢化剂的快中子增殖堆四大类，详细分类见表 2-2。

表 2-2　　　　　　　　　　　　　　核电站反应堆分类

堆　　型		燃　料	慢　化　剂	冷　却　剂
轻水堆	压水堆	浓缩铀	轻水	轻水
	沸水堆	浓缩铀	轻水	轻水
重水堆	重水冷却型	天然铀	重水	重水
	轻水冷却型	天然铀、浓缩铀、钚	重水	轻水
石墨气冷堆	天然铀气冷堆	天然铀	石磨	二氧化碳
	改进型气冷堆	浓缩铀	石磨	二氧化碳
	高温气冷堆	浓缩铀、钍	石磨	氦
快中子增殖堆		浓缩铀＋钚	无	钠

用中子轰击铀核引起核裂变时，^{235}U 原子核发生分裂后又能释放新的中子。实验测定，一般可以放出 2～3 个中子（一般定为 2.5 个中子），新放出的中子叫第二代中子，它们和原来的中子一样，又能使别的 ^{235}U 原子核发生裂变。裂变过程这样继续下去，能量就一下子释放出来，这就是原子弹爆炸的原理。但在核反应堆中不能让它一下裂变掉，而是通过控制办法，按照人们的要求，按一定数目的裂变逐步地释放出能量。

从链式裂变反应过程可知，由于裂变后产生的中子数目要比原来引起裂变所消耗的中子数目多，因此可以不依靠外来的中子补充就能持续地裂变下去，称为自持链式反应。在实际的反应堆中（以压水堆来说），有可裂变的核燃料 ^{235}U；不裂变的再生核燃料 ^{238}U；作为中子慢化及带走热量的冷却剂——普通水；以及堆芯内作为结构材料的不锈钢、铝合金等材料。中子在有限的区域内运动，从中子数目来说将有下列四种情况：①中子被 ^{235}U 核吸收发生裂变；②^{235}U 吸收中子不发生裂变变成 ^{236}U；③中子被慢化剂、冷却剂、结构材料、裂变碎片及其他杂质吸收损失；④中子的泄漏损失，有相当一部分中子跑到堆芯外面去了。因此，在实际反应堆中，中子数目变化并不是按理想的由 1→2.5→6.25→15.6…这样一连串增加，而是有损失的。只有在每次产生的中子数目等于或超过消耗的中子总数时，才能实现自持链式反应。

为了说明自持链式反应的条件，通常把链式反应中下一代中子数与上一代中子数的比值称为有效增殖系数，用 k_{yr} 来表示。

当 $k_{yr}=1$ 时，每一代中子数是一个常数，反应堆处于稳定状态，称为临界状态。当 $k_{yr}>1$ 时，中子一代比一代多，链式反应的规模越来越大，这种状态称为超临界状态，也就是反应堆启动和功率提升状态。当 $k_{yr}<1$ 时，中子一代比一代少，链式反应的规模越来越小，直到停止，这种状态称为次临界状态，也就是反应堆降功率或停堆过程。在实际的反应堆运行中，要实现开堆、停堆、改变功率或保持稳定功率，只要调节有效增殖系数 k_{yr} 就行了。

中子被 ^{235}U 核吸收进行的吸收反应有两种，一种是辐射俘获反应，被轰击的原子核吸收轰击它的中子，并以 γ 辐射的方式放出多余的能量。这样，原子核的核子数，也就是它的质量数 A 增加 1。另一种是裂变反应，吸收中子后分裂为两个碎片，同时放出 2～3 个中子和释放出裂变能，其典型的反应式为

$$^{235}_{92}U + ^1_0n \longrightarrow A + B + 2.5^1_0n + E_1 \tag{2-30}$$

式中　　A、B——质量数为 74～160 的裂变产物。

在此反应中有 0.215～0.219 质量单位的质量亏损，故裂变能 E_1 约 200MeV。其中可利用的裂变碎片动能 167MeV 将变成热能被冷却剂吸收。1 克 ^{235}U 有 2.6×10^{21} 个原子，能产生的最大能量为

$$Q = 2.6\times10^{21}\times167 = 434.2\times10^{21}\,\text{MeV}$$

即　　　　　$Q = 434.2\times10^{21}\times1.6\times10^{-16}/3600 = 1.93\times10^4\,\text{kWh}$

由于核燃料中铀以其氧化物的粉末烧结陶瓷状态存在，即使元素铀中 ^{235}U 也只占质量的一部分，而 ^{238}U 是不产生核裂变的，实际计算核燃料消耗量时要考虑这些因素。

二、反应堆控制原理

反应堆只有处在临界条件时，也即有效增殖系数 $k_{yr}=1$ 时，才能实现自持的链式反应。堆内中子保持一定数目，核裂变才能不断地释放能量。但是，这种临界状态随着反应堆的运行、功率输出、燃料消耗和其他各种原因而发生变化，临界状态很快就变为次临界。因此，在实际设计反应堆时，为了保证反应堆长期运行的要求，反应堆堆芯开始燃料初装量远远超过最小临界装料量。例如，压水堆采用 3‰^{235}U 浓缩铀作燃料，其最小临界装料量约为 15kg，而电功率 30 万 kW 的压水堆，为了满功率运行 400 多天，堆芯燃料初装量约为 1000kg^{235}U。这样初始建造的反应堆，其有效增殖系数是大于 1 的。但是，随着反应堆的运行，有效增殖系数会不断发生变化，其总的趋势是下降的，其变化的原因如下：

(1) 可裂变物质 ^{235}U 不断裂变而减少，称为燃耗，它使有效增殖系数下降。

(2) 堆芯内原来非裂变燃料如 ^{238}U，经过吸收中子后生成新的可裂变物质 ^{239}Pu，使有效增殖系数上升。

(3) 裂变产物的积累，有些裂变产物对中子产生强烈的吸收，称为反应堆的"中毒"、"结渣"，它使有效增殖系数下降。

(4) 堆芯内温度、压力等变化，使堆内中子的吸收和漏失几率发生变化。

由于上述这些原因，有效增殖系数自反应堆开动时起在整个运行过程中是不断变化的。

图 2-5 表示反应堆有效增殖系数随运行时间变化的
曲线。反应堆在满功率下连续运行直到 $k_{yx}=1$ 的
时间称为反应堆燃烧周期，或称反应堆工作期。
反应堆到工作期末需重新更换堆芯内核燃料才能
再启动。

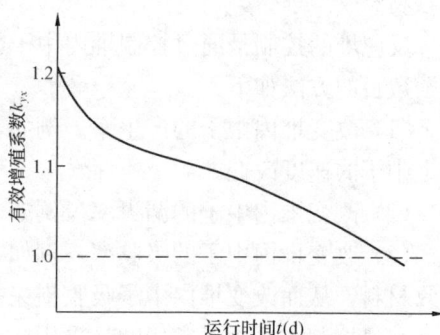

图 2-5　有效增殖系数随运行时间的变化

为了了解反应堆内反应性的变化，首先介绍
反应堆内核燃料的消耗过程。对于一座以低浓铀
为核燃料的反应堆，它的核燃料燃烧过程大致由
下面三部分组成。

（1）可裂变核燃料裂变消耗。核燃料中 ^{235}U
吸收中子引起核裂变后成为两块裂变碎片放出能
量，同时释放 2～3 个新中子。但其中有一小部分的 ^{235}U 吸收中子后不裂变而发生辐射俘获
反应，即放出 γ 射线而变成 ^{236}U 稳定元素。

（2）非裂变核燃料的核反应。非裂变核燃料 ^{238}U 在反应堆中除了少量由于吸收快中子
引起裂变外，大部分是吸收中子放出 γ 射线变成 ^{239}U 同位素。^{239}U 经过一系列的衰变生成新
的可裂变核燃料 ^{239}Pu。^{239}Pu 在堆内继续吸收中子发生裂变，有一部分吸收中子释放 γ 射线变
成 ^{240}Pu 同位素。^{240}Pu 在堆内吸收中子又可生成另一种新的可裂变核燃料 ^{241}Pu。^{241}Pu 在堆内
一部分吸收中与发生裂变，另一部分吸收中子而变成 ^{242}Pu 同位素。^{242}Pu 由于吸收中子能力
很小被认为是稳定元素。

（3）裂变产物的积累。铀核分裂产生裂变碎片，这些裂变碎片及它们衰变产物随着反应
堆的运行逐渐积累起来，而这些裂变产物中有些元素具有很大的中子吸收能力，因此留在堆
内使中子的有害吸收增加，从而使反应堆的有效增殖系数下降。根据这些裂变产物的衰变寿
命长短可分为两大类：一类衰变寿命较短，经过放射性衰变以后变为稳定的元素，如 ^{135}Xe、
^{133}Xe、^{83}Kr、^{131}I 等，这些寿命较短的裂变产物所引起的反应堆内中子有害吸收的影响，称为
反应堆"中毒"。另一类是放射性衰变寿命较长或稳定的同位素，它们在反应堆中所引起的
中子有害吸收称为反应堆"结渣"。属于渣的同位素有 20～30 种，其中最主要的是 ^{149}Sm、^{155}
Sm、^{157}Y、^{113}Cd、^{155}Eu 等，不仅产额多，而且中子吸收能力大，对反应堆的影响也大。由于
这些裂变产物在反应堆运行中无法取出，所以随着反应堆的运转而不断积累。

由此可见，在反应堆运转到一定寿命期限之后，由于核燃料的消耗和毒渣的积累而使反
应堆再也达不到临界条件，反应堆也就熄火。反应堆的熄火，并不是反应堆内核燃料都烧完
了，此时反应堆内仍有不少可裂变的核燃料，只是因为堆内中子的有害吸收过多，中子数目
达不到平衡，自持链式反应已无法进行了。此时必须开启反应堆更换核燃料才能继续运转。
为了衡量一座反应堆核燃料燃烧的好坏，通常引用燃耗深度这一物理量。燃耗深度表示每吨
燃料连续发出多少电能，其单位是兆瓦日/吨燃料（MWd/t）。这个量是表征动力堆设计先
进性的重要指标之一，燃耗深度越大，电能成本就越低。因此，在动力堆的设计中，燃耗深
度要尽可能大。几种热中子动力堆的燃耗深度指标如下：

天然铀重水堆（坎都型）　　　　　　　8000MWd/t

压水堆　　　　　　　　　　　　　　　30000MWd/t

沸水堆　　　　　　　　　　　　　　　25000MWd/t

　　高温气冷堆　　　　　　　　　　　　　　　　100000MWd/t

　　反应堆的控制是通过控制堆内中子数目以改变反应堆核裂变的办法来进行的。调整堆内中子数目的方法如下：

　　(1) 改变堆内中子的产生率。例如，改变核燃料的浓度，改变核燃料中的裂变物质，使产生中子的速度改变。

　　(2) 改变堆内中子的漏失率。例如，调整堆芯周围中子反射层，改变中子的漏失数目。

　　(3) 改变堆内中子的吸收率。例如，在堆芯内插入中子吸收物质，在冷却剂内加入中子吸收材料，从而改变堆内中子吸收损失率。

　　上述控制方法中最常用的是采用插入控制棒的方法。控制棒一般用镉（Cd）、铟（In）、铪（Hf）、硼（B）等制成的。根据需要可制成圆柱形、平板形、十字形等，直接通过快速传动机构插入或抽出堆芯来改变堆内的中子数目。若反应堆要启动或提升功率时，只要将控制棒逐步从堆芯中抽出，使有效增殖系数略大于 1，即反应堆处于超临界状态。随着堆内中子数目增加，核裂变增多，功率也就上升。直到达到所要求的功率值时，再将控制棒回插一部分，使反应堆处于临界状态 $k_{yx}=1$，堆内中子数目就维持平衡，反应堆就维持在一定功率水平的临界状态。若反应堆要降低功率或停堆时，只要将控制棒逐渐插入，使 $k_{yx}<1$，反应堆就处于次临界状态，堆内中子数目很快下降，直到核裂变全部停止为止。

　　如果反应堆在运行时发生事故或出现某种紧急情况，则可利用控制系统迅速地将控制棒插入堆内，约在 2s 内就可将反应堆关闭，确保反应堆的安全可靠。为了适应反应堆的不同运行状态的需要，控制棒又分三种类型，即安全棒、补偿棒和调节棒。各类控制棒的传动机构也相应地具有不同的特点。安全棒的作用是当反应堆运行中发生事故需要紧急停堆时使用，以保证反应堆的安全。因此，安全棒要有较强的中子吸收能力，其特点是：当反应堆运行时它们全部抽出堆芯，一旦反应堆发生事故，安全棒靠重力或弹簧作用迅速插入堆芯，使反应堆迅速停堆，以保证安全。补偿棒的作用是用来补偿由于燃耗、中毒和温度效应等引起的反应性降低。反应堆运行初期，补偿棒插入堆芯，抵消一部分后备反应性。在反应堆运行中，随着燃耗的加深和裂变产物毒性的增强等变化，补偿棒逐渐抽出堆外，它的移动速度是比较慢的，而中子吸收能力比较强。调节棒是用来调节反应堆的功率，使之达到并保持在所需水平。调节棒的作用是抵消反应堆运行时各种因素引起的波动，要求移动灵敏，中子吸收能力可比安全核和补偿棒小些，为保证调节过程的动态品质较好，对传动机构及调节系统都应有相应的要求。

　　反应堆的控制方法与堆型及装卸料方式有密切的关系。例如，在轻水堆中，为了保证有足够长的燃耗周期（一年或更长一点），必须有相当大的后备反应性，需要大量的控制棒来补偿。在重水堆中，由于采用不停堆连续换料方式，由燃耗引起的反应性减少，完全可以由更换燃料来补偿，可移动的控制棒数量很少。

　　在核电发展战略方面，一方面坚持发展百万千瓦级先进压水堆核电技术路线，另一方面按照热中子反应堆—快中子反应堆—受控核聚变堆"三步走"的步骤积极探索聚变反应堆技术。

三、核聚变技术

　　现有的核电站都是指核裂变，未来的能源将主要依靠核聚变来获得。所谓核聚变就是指由轻原子核聚合成较重的原子核的一种核反应过程。将氢的同位素氘和氚加热到很高的温度，使它们聚合成较重的元素，可释放出非常巨大的能量，如

$$_{1}^{2}\text{H}+_{1}^{3}\text{H}=\!=\!=_{2}^{4}\text{He}+\text{n}\quad\text{或}\quad_{1}^{2}\text{H}+_{1}^{2}\text{H}=\!=\!=_{2}^{3}\text{He}+\text{n}$$

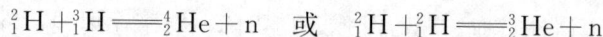

以上反应中，$_{1}^{2}\text{H}$ 和 $_{1}^{3}\text{H}$ 分别称为氘（又可记为 D）和氚（又记为 T），都是氢的同位素。前一个反应称 D－T 反应，后一个反应称 D－D 反应。核聚变反应能释放出比核裂变更大的能量，如 D－T 反应放能 17.6MeV，平均每个核子放能 3.5MeV，约为铀核裂变中每个核子放能的 4 倍。核聚变是宇宙中大量恒星能量的来源，地球上存在大量 $_{1}^{2}\text{H}$，是人类十分重要的潜在能源。2007 年 3 月 21 日科技日报头版头条《"聚变"带给我们巨变——记全超导核聚变实验装置的攻坚团队》报道我国等离子体研究所建成了世界第一个具有非圆截面的全超导托卡马克装置。该托卡马克核聚变实验装置（EAST），于 2017 年 2 月 3 日在实验过程中成功获得 5000 万℃、时间 102s 的超高温长脉冲等离子体放电。这标志着世界上新一代超导托卡马克核聚变实验装置已在中国首先建成并正式投入运行。2050 年以后可控核聚变将进入商业化阶段，将使核能成为取之不尽的绿色能源，最终解决人类的能源供应问题。

四、核电站安全性

1979 年 3 月 28 日，美国三里岛上的 TMI-2 核电站（压水堆，880MW）发生了核电行业中第一次重大核事故。原因是某卸压阀动作后未能回座形成一个小破口失水事故，其后反应堆冷却剂汽化而水位指示失真，最终导致堆芯裸露而部分熔化。1986 年 4 月 26 日，苏联切尔诺贝利核电站 4 号机组的事故是核动力史上最严重的事故。事故使堆芯全部被毁，厂房在蒸汽的爆炸作用下损毁并起火，6% 的放射性物质向外释放。事故使得 31 人急性死亡，因辐射诱发癌症死亡人数有几千人，11 万多人紧急撤离。其原因是一连串的违章操作和设计缺陷，使控制棒插入没能实现停堆反而导致正反应引入，诱发功率急剧增加。2011 年 3 月 11 日，日本发生地震和海啸导致福岛县两座核电站反应堆发生故障，其中一座反应堆发生核蒸汽泄漏。福岛核电站是一个技术上现在已经没人用的单层循环沸水堆，冷却水直接引入海水，由于应急冷却系统故障，反应堆内冷却水平面一度下降，并导致堆芯裸露。冷却不足使燃料棒外壳温度超过锆-水反应极限温度，从而发生锆-水反应生成大量氢气并发生爆炸。根据 2011 年 3 月 28 日检测到的数据显示，此次日本核泄漏已经达到切诺贝利核电站的污染水平。核事故的发生是个反面教材，从中也能获得有益的经验教训，证明我国在核电站的堆型选择和技术措施上是安全可靠的。

核安全技术的研究先要从其原理上探讨。核裂变过程会直接产生放射性裂变产物，裂变过程中生成的中子与反应堆材料相互作用后也要产生附加的放射性同位素。为了确保运行人员和附近居民不受有害影响，必须对这些放射源加以限制和防护。关于安全问题的评价，一般分为两类：一类是在反应堆正常运行条件下放出的放射性物质，其排放量必须保持在远低于环境中的天然放射性本底的水平；另一类是事故情况下可能放出的放射性量，此时放出的放射性量可能比正常条件下的排放量大若干个数量级，因此必须采取适当的措施，以保证在所有可能发生事故的情况下具有足够的安全余量。

辐射对人体的危害分躯体效应和遗传效应两种。前者出现在受照射者本人身上，而后者则出现在受照者的后裔身上。躯体效应又分急性效应和远期效应。急性效应只在短时间内受到大剂量射线时发生；远期效应通常是在受到较低剂量照射后，经过一定时间的潜伏期才出现。

为了保证安全，国际辐射防护委员会规定，放射性工作人员的最大容许剂量当量的标准为 5rem/a。照射剂量在 25rem 以下，没有观察到临床效应，即使到 100rem 对人体的伤害也是很轻微的，只有受到更高的剂量时才有可能出现明显的效应。射线引起人体的远期效应主要包括白血病和再生障碍性贫血、恶心肿瘤、白内障。对于 γ 射线，5rem/a 这个标准相当于在 2.5mR/h 或 0.69mR/s 的照射下每周持续工作 40h。通俗些说，就是在这种剂量照射下，五十年也不会损害健康。目前国际上广泛采用这个标准。

对放射性工作场所的邻近地区居民的限制剂量当量规定为放射性工作人员最大允许剂量当量的十分之一。我国规定为百分之一，即 50mrem/a。这个限制是十分安全的。作为对比，地球上居民平均每人接受的天然本底辐射剂量为 100~150mrem/a；身体经过一次 X 射线透视检查所受的剂量可达到 100~200mrem/a；电视机和夜光表带来的额外照射为 1~2mrem/a。

核电站在运行过程中产生大量的放射性物质。放射性物质的主要来源是燃料元件的裂变产物、结构材料和冷却剂的活化等。一座 100 万 kW 压水堆核电站，其放射性储存量的分布大致如下：堆芯，1.4×10^{10} Ci；一次冷却系统，10^5 Ci；废气储存罐，9.3×10^4 Ci；废液储存罐，95Ci。核电站的安全性应包括放射性固体废物、废液、废气的三废处理，因它们不属于核电站运行范围之内，此处不做介绍。

核电站厂址的选择除考虑满足常规电站的基本要求外，还要考虑如下原则：①厂址周围环境不存在能引起反应堆发生事故的隐患；②万一发生重大事故，可能导致事故扩大的趋势要小；③居民容易疏散等。为此，核电站的厂址选择应尽量避开多地震区；尽量避开可能对核电站有严重危害的工业设施，如炼油厂、石油化工厂、炸药制造厂和仓库、飞机场等；避开大型牧业区、鱼类等水生生物繁殖场、饲养场及高放射性本底的地区；保证在发生历史记载的最大风暴、洪水、潮汐和海啸时，核电站的安全不受影响。核电站应远离人口集中的城镇并坐落在城镇主导风向的下风向。核电站厂址一般分为三区，即厂区（非居民区或称隔离区、控制区）、低人口区和居民区。这些区域的半径，根据所建核电站的堆型、功率大小以及所采取的保安措施的完善程度，分别为数百米、数千米至数十千米不等。

核电站安全的最根本的任务，就是保证核电站在正常运行以及发生各类事故时，核电站内外的任何人所受的辐照剂量小于相应的规定值。为了保证核电站的安全，通常设有"二道屏障"和多种安全设施来确保其不发生事故，或者即使万一发生严重事故，放射性物质也不致外逸或尽可能少逸和迟逸。核电站的几项关键性安全设施包括快速停堆信号系统、堆芯危急冷却系统和紧急停堆系统。

无论哪种堆型，安全壳及其附属设备的设置，都是考虑核电站万一发生最严重事故时能有效防止裂变产物放射性物质向环境大量逸出。对于可能泄漏出来的放射性物质和射线，主要采用辐射屏蔽和辐射监测两种防护管理措施，以保证正常运行时的人身安全。

反应堆系统设备发生故障或损坏以及操纵人员的误操作等均称为事故，但并不是所有事故都会导致放射性物质逸出。与放射性物质逸出有关的事故基本上可分为两大类。一类是只导致一次冷却系统中的放射性物质逸出的事故，如回路管道或阀门漏水；蒸汽发生器管子破裂等。这类事故较频繁，但泄漏出的放射性物质数量不大，并且由于安全壳的封闭作用，以及废气、废液处理系统的净化，对环境的放射性物质排放量一般都可以控制在正常允许水平以下。另一类是可能导致燃料元件的严重过热或燃料芯体熔化的重大事故，例如失水事故和瞬间发生超临界事故。最为严重的事故即全堆熔化事故。这种事故只有在反应堆失去全部冷却能力，且所有事故冷却系统和安全壳喷淋系统均失灵时才会发生。此时，元件包壳损坏，在元件气隙中的裂变产物迅速逸出；其次，当事故继续扩大至全堆熔化时，元件块内的气态和挥发性裂变产物迅速逸出；若融熔堆芯与水相接触，则可能发生蒸汽爆炸现象，这时，一些挥发性不强的裂变碎片也可大量逸出；最后，当安全壳底部被融熔芯体烧穿时，大量放射性物质向环境释放。

利用事故规律统计方法，每一亿人在一百年中可能只有 10 个人因反应堆发生如此严重的事故而死亡；因原子能电站及其燃料的制造和后处理工厂有放射性物质排出受害致病死亡的人数大约是每一亿人中每年不超过 4 人。在汽车最多的国家里，每十万人中每年被汽车撞死 27 人。相比之下，原子能电站的事故率是很低的。人们可以期待，随着核电站安全措施的进一步完善，核电即将成为人类重要的清洁能源。

第五节 太 阳 能 发 电

一、太阳能的基本知识

太阳能是指太阳辐射出的能量。太阳能是地球上万物生长的条件，也是地球上主要能量的来源，包括矿物燃料能、风能、水能等。太阳实际上是一个巨大的核聚变反应堆，其直径为 1.39×10^6 km，表面有效温度约为 6000K，中心区域的温度为 $8 \times 10^6 \sim 40 \times 10^6$ K，压力约为 1.96×10^{13} kPa。在这样高的温度和压力下，太阳内部持续不断地进行着核聚变反应，最重要的一种是氢聚合反应。上述的聚合反应可以持续数千亿年，同时太阳能的获得无须人工的输送，所以太阳能实际上是取之不尽用之不竭的可再生的清洁能源。太阳总辐射功率约为 3.75×10^{26} W，地球在一年中从太阳获得的能量（考虑到地球大气层的吸收和散射）约为 6×10^{17} kWh，这份能量只是太阳发出的总辐射能中十分微小的一部分。

太阳、地球间的距离在一年中随着季节的变化而改变。轨道上距太阳最近的点称近日点，距离太阳最远的点称远日点，当日地距离为 149597870km 太阳的视角为 $31'59''$ 时，称为日地间的平均距离，也被称为一个天文单位距离。单位面积单位时间内所截获的太阳辐射能称为太阳辐射通量，用 W/m^2 或 J/(m$^2 \cdot$ h) 来表示。由于太阳本身的特点和它与地球之间的空间关系，使得地球大气层外的太阳辐射强度几乎为一定值。因此，当日地距离为平均日地距离时，在大气层上界，垂直于太阳辐射表面上的太阳辐射通量称为太阳常数 I_0。目前公认太阳常数标准值为 1353W/m^2 或 1.940J/(m$^2 \cdot$ h)。在知道了太阳辐射在大气层中衰减的规律和几何方位、天文、气象等因素的影响之后，就可以算出到达地面上的太阳辐射通量。

太阳光是由一系列波长不同的射线所组成，各种波长射线的光谱辐射通量变化很大，太阳射线有一个标准光谱。到达地面上的太阳辐射不等于大气层上界的辐射，而要受到一些因素的影响。大气层对太阳辐射的减弱作用是因为大气层与其他介质一样不是完全透明介质，它对太阳辐射产生削弱作用。大气层对太阳辐射的减弱可以归结成三种形式：①吸收作用；②散射作用；③漫反射作用。

太阳辐射中单色光经过大气层后的减弱服从 Beer 或 Bouguer 定律：

$$i_{\lambda m} = i_{\lambda 0} e^{-C_\lambda m} \tag{2-31}$$

式中 $i_{\lambda m}$——波长为 λ 的单色光穿过 m 个大气质量后的单色辐射强度；

C_λ——考虑大气对于波长为 λ 的单色光的吸收、散射和漫反射作用的减弱系数；

m——大气质量。

大气质量 m 是表征大气透明度的一个参数，它的定义式如下：

$$m = \frac{1}{\sin\theta} \tag{2-32}$$

θ 为太阳斜射角即太阳射线与地平面的夹角。所以斜射时大气质量是直射时的 m 倍。这说明斜射时太阳光线在大气中穿过的行程增加，受到更多的减弱。如北极在夏至时，太阳斜射角为 23.5°。这时虽然 24h 内都有太阳照射，但因斜射时大气质量很大，能够到达地面的辐射并不多，这正是北极终年积雪的原因之一。θ 与时间、日期及地理位置有关，即和自转角度 ω 和太阳在天球上的赤纬角 δ 及观察者的地理纬度 ϕ 有关。它们之间的关系式如下：

$$\sin\theta = \sin\phi\sin\delta + \cos\phi\cos\delta\cos\omega \tag{2-33}$$

式 (2-33) 是计算任何纬度 (ϕ)、任何赤纬角 (δ)、任何自转角度 (ω) 太阳高度的公式。赤纬角 δ 按式 (2-34) 计算

$$\delta = \left(23 + \frac{27}{60}\right) \times \sin\left(\frac{360d}{365.25}\right) \tag{2-34}$$

式中　d——北半球自春分之日算起到该计算日的天数。

　　式 (2-41) 中北半球 ϕ 取正值，南半球 ϕ 取负值；天球赤道面以北 δ 为正，反之为负。ω 以中午 12 时为 0°，地球自转每小时 15°，上午为负下午为正。为了获得最大的太阳能入射辐射，必须使入射角为零。但太阳与地球相对位置一直在改变，要使入射角为零就必须连续地调整倾角和方位角，但这将使追踪设备复杂、造价高昂。为此工程上常采用倾角、方位角固定不变的装置，要在这种不变装置上保证一年中能得到最多的入射辐射，存在所谓最佳倾角 α 及方位角 ψ。

　　太阳能利用的革命性变化是石墨烯的开发利用，随着 1954 年第一个实用性的半导体太阳能电池的问世，标志着太阳能利用的发展开始起步。石墨烯是理想的太阳电池导电电极材料，通过在太阳能电池中引入石墨烯材料，有效地提高了太阳能电池的光电转换效率。全球石墨烯太阳能电池专利技术主要集中在染料敏化电池、半导体薄膜电池、硅基电池技术。

二、太阳能集热器

　　除了光伏发电直接把太阳能转换成电能外，多数太阳能利用是先转换成热能。收集太阳能是进行热电转换的第一步，它可以把太阳能转化为载热介质的热能。因此集热器是太阳热发电装置中最重要设备之一。它通常可分为平板型和聚焦型，目前在热发电中多用聚焦型，民用太阳能设备用平板型集热器为多。

1. 平板型集热器

　　平板型集热器的结构非常简单，见图 2-6。它不必跟踪太阳，省去了造价高昂、机构复杂的跟踪设备。因此平板型集热器的主要优点是使用、维修简单方便，投资少。此外，它既可以接收直接辐射又可以接收天空散射辐射。不过这种集热器不能提高辐射强度，只能提供中、低温载热介质，所以多用在供暖、空调等方面。在小型热发电装置上也有应用。

　　平板型集热器的吸收元件是由吸收板和焊在上面的管子所组成，元件表面多覆盖有对太阳辐射吸收率高、对红外辐射发射率低的涂层，以期获得更高的温度。我国的平板集热器在吸热元件表面多涂以 $\alpha = 0.91$ 的黑板漆，它只适于低温场合。吸热元件材料除钢材外还可使用铜、铝。吸热元件下面和集热器四周都是绝热材料层，以减少集热器的热损失，我国多用超细玻璃棉，其导热系数为 0.0349W/(m·℃)。吸热元件上方罩以玻璃盖，它的作用是减少集热器顶部对大气的对流和辐射热损失。为此选用的玻璃应该对太阳辐射有最大的透过

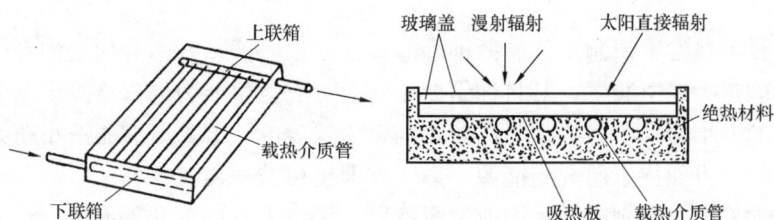

图 2-6 平板型集热器

率，而对红外辐射有最大的反射率，此外还应有较高的机械强度、不易破碎。有的平板集热器使用多层玻璃以尽量减少热损失。

通过计算热损失就可得出平板型集热器的热转换效率，其热损失有集热器背面热损失和顶部热损失。集热器背面热阻由绝热材料导热所引起，对环境对流及辐射放热的热阻通常可假定为零。顶部热损失可根据 Klein 和 Woertz 提出的经验公式或查图线计算。计算结果表明吸热元件是否有选择性涂料和玻璃盖层数对热损失的影响最大。没有选择性涂料时顶部辐射热损失是主要的，有选择性涂料时以顶部对流热损失为主。双层玻璃盖比单层玻璃盖好。

2. 聚焦型集热器

投射到地面上的太阳能的能量密度是很低的，如北京地区在夏日晴天无云的天气，中午 12 时前后投射到垂直于光线的平面上的直接辐射不过 0.941kW/m² 左右。因此，平板型集热器所能达到的温度受到很大限制，而且平板集热器越大其热损失越多、效率越低，使用平板集热器的热发电装置的理论效率只不过 3%～5%。所以对于适宜在高温条件下运行的太阳能热发电站仅用平板型集热器是不合适的，应采用能增大能量密度的聚焦型集热器。聚焦型相对于平板型也有它的缺点，这就是结构复杂、造价昂贵，多数聚焦型不能收集占总辐射 20%～40% 的漫射辐射部分。

聚焦型集热器通常由聚光镜和接收器所组成。聚焦型集热器聚光方法有反射聚光和折射聚光，形成的焦像可分为点焦和线焦。提高聚焦型集热器集热效率的途径在于选择反射镜面、接收器罩、接收器材料，提高反射镜面的反射率、接收器罩的透射率和接收器材料的吸收率。

太阳能热发电装置中的集热器都采用跟踪装置以求尽可能多地截获投入辐射。当然，在采用跟踪装置的同时，使集热器结构复杂化，制造成本提高，使太阳能装置的经济性下降。所以跟踪装置的选择和设计应依照该地区年平均辐射量的具体情况而研制。集热器的光学跟踪装置大致上可分为四种：①焦线按南北方向倾斜布置，东西跟踪型；②焦线按南北方向水平布置，东西跟踪型；③焦线按东西方向水平布置，南北跟踪型；④全跟踪型。

三、太阳能热力发电站

太阳能发电主要有两种方式，即热力发电和光发电。光发电是利用光电效应把太阳能直接转换成电能，从长远观点看这是很有前途的发电方式。随着石墨烯的应用，该发电方式越来越得到重视。主要有民用和工商业用的自发自用光伏发电系统以及民用和工商业用的全额上网发电系统。热发电方式与常规热力发电方式基本相同，从目前达到的技术水平看，虽比光发电便宜，但成本还是比较高的。从长远看，太阳能不会长久地停留在辅助能源阶段，尤其是能源短缺状况日益加剧，世界上许多工业发达国家都在不惜工本地开展太阳热发电的研制工作。

目前，世界上热发电研制工作有两种趋势，一是以美国、日本为代表的专门研制高温高压大功率太阳能热力发电装置，其目标是要以商业上有竞争能力的价格提供电力，作为未来解决能源短缺的一个途径。另一类是以西欧国家为代表的，着重研究制造小功率的太阳热发电装置，目的是一方面探索研究新能源，另一方面也可技术出口。

太阳能热力发电装置现已投入商业运行阶段，大体上有以下几种形式：定日镜阵水蒸气工质太阳能热电站、液体钠太阳能热电站、分散布置曲面聚焦发电站和平板型集热器热电站。

为了提高低温热源的热能利用程度，平板型集热器电站还可采用低沸点工质方式。低沸点工质在环境温度下易于蒸发，常温下其工质往往为正压，因此整个系统可以在正压下运行，而免去抽气装置。而且低沸点工质涡轮机尺寸紧凑小巧、造价比低压汽轮机低。所以平板型集热器热电站常用低沸点物质为工作介质，如正丁烷、异丁烷、氟利昂等。对于这种发电方式须注意整个系统的密封性，以防工质泄漏。采用低沸点工质的电站效率比用水为工质的要高些。

我国属于太阳能资源丰富的国家之一，全国总面积的 2/3 以上地区年日照时数大于2000h，年辐射量在 $5000MJ/m^2$ 以上，相当于 24000 亿 t 标准煤的储量。近年来，太阳能光伏发电在国内和国际上都有飞速的发展。我国在 2017 年，太阳能发电量 967 亿 kWh，比2016 年增长 57.1%。全年新增装机 53GW，其中分布式装机 19.4GW，占比接近 40%。太阳能发电的高速发展，是基于我国光伏发电技术进步迅速、成本和价格不断下降，以及光伏设备制造产业化不断发展的基础之上。特别是分布式光伏、"光伏＋"应用和光伏扶贫的大力推广，极大地推动了太阳能发电的发展。全球光伏装机总量截至 2017 年底已超过400GW。其中 2017 年全球光伏新增装机约 102GW，比 2016 年同比增长约 40%。

第六节　风　能　发　电

风能发电也是属于再生能源。在太阳向地球投射的太阳辐射中，大约有 20%（约 2×10^{16} W）被地球大气层所吸收，这能量使大气加热，并促成大气的对流运动。按照 Willett 的估算风能约为 2×10^{13} W，这相当于 1972 年全世界能量消耗的三倍。如果这一能量的 1/100 可利用，则相当于世界能量消耗率的 3%，如把它用于发电，则可生产世界总发电量的 8%～9%。可是实际上能够被利用的风能，目前仍很有限。

一、风力发电的特点和优势

1. 风力发电的特点

（1）风能的随机性大。风能随着大气的压力、温度、环流、气象条件以及太阳辐射等的变化而有较大的变化，是随机和不可控制的。从而风机叶片上的风能和发电机输出的机械功率也存在一定的不可控性。

（2）风能的能量密度低。由于空气的质量小，能量密度低，要获得比较大的功率，风机的叶轮直径要做得很大，风机装置就显得较为庞大。

（3）风机的转动惯量大。由于风机叶轮大，风机叶轮具有较大的转动惯量。

（4）风轮机和发电机采用柔性连接。因为一般采用升速齿轮装置连接风轮机和发电机以配合较低的风轮机转速和较高的发动机转速，所以一般对风轮机和发电机间采用柔性连接。

（5）风力发电机一般采用异步发电机直接并网。因为风能的不断变化，风力发电机注入电网的有功功率和无功功率也不断变化，从而引起电网电压的变化和波动，所以风电系统采用交流励磁发电机使风力发电系统具有较好的动态和静态特性。

2. 风力发电机的优势

（1）风力是一种清洁的自然能源，它的发电方式不会造成环境污染。

（2）风力发电运行完全无需运行人员值守。

（3）风力发电运行投资费用低。风力发电占地少，对地形要求低，厂房和监控运行要求的投资低，建设周期短，因此建造风力发电造价低。

二、风力发电概况及其发展趋势

自从 19 世纪末丹麦建成世界上第一个风力发电装置以来，世界风力发电装置的容量增长非常迅速。世界风力发电累计容量和年增长率见表 2-3。

表 2-3　　　　　　　　　　　世界风力发电发展概况

年　份	1991	1993	1995	1997	1999	2001	2003	2006	2015
装机容量（MW）	2160	2980	4840	7640	13930	24930	40300	50000	432419
平均增长率（%）	19	31	26	37	35	26	19	25	22

我国的风力发电发展也十分迅速。特别是近十年来，风电新增装机容量在 2000、2005、2010、2015 年容量分别为 77、507、18929、30753MW，达到中国风电新增装机历史最高水平。中国风电累计装机容量在 2000、2005、2010、2015 年分别为 342、1250、44734、145360MW，世界排名已升至第一位。中国风电产业发展战略是将我国风能资源划分为三种类型，即资源丰富区、资源较丰富区和资源可利用区。东南沿海、广东沿海及其岛屿为风能资源丰富区，风能密度在 $200W/m^2$ 以上，大于 3.5m/s 风速 4000h 以上，如在长三角浅海沙洲为中心将构建风力发电的"中国绿色能源之都"。在山东、华北、东北、西北地区及青藏高原北部地区为风能资源较丰富区。在风能密度 $50\sim150W/m^2$ 的范围内可认为是风能资源可利用区。

目前国内外风能发展的方向有两个方面。一是着重于中小容量风能发电装置的研制，这种机组多是为农村或分散的孤立用户而设计，其特点是工作风速范围大（从每秒几米到十几米），可用于各种恶劣气候条件下，能防砂、防水，维修简便，寿命长。一般说这类机组较成熟，已成批生产进入商业市场。另一方面是发展可与火电并网运行的大型风能发电机组，以缓和能源紧张局势。从技术上看德国、丹麦、法国更优于美国，安装在德国盖斯林根的100kW 斯坦顿试验机组在设计、结构和自动化水平上都很突出。丹麦装在法斯特岛的盖德瑟 200kW 机组，一度曾是世界上最大的运行机组，1958 年实现并网连续运行。

三、风能发电装置

风能发电装置主要由风轮机、传动变速机构、发电机等组成。风轮机是发电装置的核心，大体上可以分为两种类型：一种是叶片绕水平轴转动的翼式风轮机，它又可以分为双叶式、三叶式、多叶式，它也可以按叶片相对于气流的情况分为顺风式和迎风式，此外近年来提出的扩散器式、集中器式也属于这一类型；另一种类型是绕垂直轴转动的 S 形叶片式、S形多叶片式、Darrieus 透平、太阳能风力透平、偏导器式等。

　　风能发电装置按容量大小大致可分为两类。一类是用于孤立偏远地区的中小容量发电机，容量为几百瓦到几十千瓦。它采用直流发电，带有备用机组及蓄电池来稳定电压。另一类机组容量在几十千瓦至 100kW 以上。这类机组与当地供电系统并列运行，部分电能系由风能发电装置供电，无风时由其他电站供电。发电装置的特点也根据此两类不同容量机组，有不同的特点。

　　1. 中小容量风能发电装置的特点

　　(1) 由于风能的不稳定，因此多采用直流发电机-蓄电池的配套装置。

　　(2) 小机组的输出电压都较低，这就要求负载离发电站不远，最好是就地使用。

　　(3) 风力发动机必须用钢索固定好，以抗大风和减少振动。风轮机塔应高于周围树木和建筑物，塔身应有足够的高度（至少在 10~12m 以上）。不允许把风轮机装在建筑物的顶上。

　　(4) 这种装置中所用的风轮机多为双桨叶或三桨叶风轮机，风轮机的转速应调整在发电机的许可转速范围内。

　　(5) 所用直流发电机通常都是分激的，激磁线圈与电刷并联。但有的发电机还另装附加电刷，以使激磁电压低于发电机电压。使得即使在发电机转速变化时，充电电流也可保持不变。

　　(6) 当风速减小，风轮转速降低时，发电机的电压可能低于蓄电池电压，为了防止电流由蓄电池流向发电机，应装设逆流继电器。

　　2. 大容量风能发电装置的特点

　　(1) 大容量机组发电机为交流发电机，都是与利用其他能源的电站并列运行或并网运行。

　　(2) 采用变桨距和变速恒频技术。变桨距和变速恒频技术为大型风力发电机的控制提供了技术保障，其应用可减小风力发电机的体积重量，节约成本，增加发电量，提高效率和电能质量。

　　(3) 从成本分析看风轮直径越大，单位投资越少。从目前技术条件看风轮直径可以做到 91m，但这时在制造上已相当困难。如果超过 91m，齿轮箱的制造极为困难，这是因为翼端线速度的限制，风轮转速很低，而且转矩很大。

　　(4) 风轮机塔架能随风向改变而转动，并能承受巨大风压的作用。风能发电的发展趋势是风车叶片更轻便耐用，以玻璃钢代替金属材料，风车头更小巧；单机容量从 20 世纪 80 年代的 100kW 以下到现在的 1000kW 以上，风车高度达 120m 以上；自动化程度更高，不管从哪里来风都能保持旋转；发电成本更低。

　　但到目前为止风力发电上网电价还是比煤电高，投资建设一座 50MW 的风电场大致是 4.6 亿元，在北方年均风速 6.5m/s 的风电场一度电的成本不低于 0.45 元。今后的发展风力发电成本将逐渐接近煤电的价格，当然煤的清洁燃烧发电成本也会有所提高。

第七节　生物质能和城市有机废弃物能源的利用

　　生物质能是人类利用最早的能源之一，它具有分布广、成本低等优点。生物质能在我国的能源结构中占有重要的地位，特别是在广大农村地区。生物质能和水能、风能、太阳能、海洋能、地热能等都属于可再生能源。城市有机垃圾是人类日常生活和生产中所排放的固体废弃物，它将造成大气、土壤和地下水的污染，最终将威胁人类的健康。但城市有机垃圾又是潜在的生物质能源，通过适当的技术加以有效利用，不仅能消除它对环境的危害，而且回收了其中的能源。

一、生物质燃料发电

生物能源是解决地球能源危机、实现能源可持续发展和改善生态环境的唯一出路。地球上丰富的植物是太阳能和化学能的天然仓库，不管是人为栽培，还是野生繁殖，这种数量巨大的可再生资源称为生物质能。由于植物生长时从大气中吸收碳，燃烧时释放出碳，总的来说是"碳中性"的，它是一种不会向大气排放额外二氧化碳的可再生能源。到目前为止，生物质能的利用仍占世界总能耗的 14%，相当于 1257Mt 石油，仍有近 25 亿人口用生物质作为燃料用于煮饭、取暖和照明。生物质燃料的转换和利用大致可分为直接燃烧、热化学转换技术、生物化学转换技术、液化技术、固体废弃物转换技术。这里仅介绍热化学转换技术和液化技术。热化学转换技术主要介绍干馏气化技术和闪速热解制油技术；液化技术主要介绍生物质醇化技术。

1. 生物质干馏气化技术

生物质干馏气化技术是指将生物质在高温干馏气化炉中采用空气或水蒸气进行气化产生低热值煤气的一种技术。利用此技术可提供民用或发电，也还可以产生半焦副产品。该技术特别适用于农村，山东研制的农作物秸秆固定床气化炉和四川、江苏生产的稻壳气化炉均已分别向村民供气和发电。

生物质闪速热解制油技术将固态的生物质通过热裂解转换为酚、醇、苯、醛、酮等有机物，可以增加其容积热值，从而减少生物质利用过程中的运输、储存方面的费用。同时热解产物得到更大附加值的利用，不仅可用在机械动力装置中作为燃料，而且可用于提炼有重要价值的化工产品。随着石油资源的进一步减少及石油危机的出现，生物质油的重要性将日益突出。

2. 生物质醇化技术

生物质醇化是将生物质经过发酵等过程，液化成乙醇燃料的技术。从能量转换的角度来看，生物质能的利用是首先植物通过光合作用生成纤维素，然后纤维素降解成为糖，糖发酵成为乙醇，它是一种可再生能源。

生物燃料一直被人们视为"绿色能源"，荷兰是世界公认的发展生物燃料的先行者，荷兰大量利用自东南亚进口的棕榈油生产生物燃料。巴西总统卢拉 2007 年 2 月 8 日签署的一项法令表明，在未来 10 年内巴西将每年投资 10 亿雷亚尔（约 5 亿美元）发展与生物技术有关的农业、医药和能源项目。巴西拥有全球 20% 的生物种类以及面积辽阔的森林。这项法令的目的就是开发这种潜力。到 2020 年，西方工业国家 15% 的电力将来自生物能发电，而目前生物能发电只占整个电力生产的 1%。

2017 年 9 月 13 日，国家发改委、国家能源局、财政部等十五部门联合印发《关于扩大生物燃料乙醇生产和推广使用车用乙醇汽油的实施方案》，提出到 2020 年全国范围基本实现车用乙醇汽油全覆盖。它不仅是推广一种新能源的技术，而且是在推广更清洁的燃料。当然在推广过程中要解决"与人争粮"的问题，以玉米、木薯为原料的第一代生物燃料乙醇生产技术比较成熟，以秸秆等农林废弃物为原料的第二代生物燃料技术也具备产业化条件。

二、城市垃圾发电

近几十年来，随着工农业生产的发展和人们生活水平的提高，固体废弃物排放量越来越大，全世界年产垃圾约 450 亿 t，且每年以 8％～9％的增长率递增。我国垃圾的增长率与世界平均值基本持平。据统计数字表明我国从 1980 年到 2001 年积存垃圾已超过 60 亿 t，侵占土地 0.5 亿亩。很多资料显示世界各地的城市垃圾的成分及其发热量，一个有意思的规律是垃圾量和热值与经济发展水平有很大的相关关系。发达国家的城市垃圾有机物含量高热值为 6300～10000kJ/kg，中等收入国家和低收入国家，垃圾热值约低于 4200kJ/kg。

　　垃圾处理的基本方向是减量化、无害化和资源化。从能源角度来讲资源化的利用就是回收其有机物的能源用来发电。我国目前每年有近 1.2 亿 t 的城市废弃物通过填埋制气和直接焚烧发电。用焚烧法处理城市生活垃圾能实现减量化、无害化和资源化的目的，是一种有效先进的方法。国务院印发的《"十三五"生态环境保护规划》中显示到 2020 年大中城市垃圾焚烧处理率达到 40％。垃圾焚烧炉的类型有炉排炉、沸腾炉和旋转燃烧室炉三种。炉排炉中又可分成水平炉排炉、倾斜往复炉排炉、马丁炉排炉和滚筒炉排炉四种。我国已经建成几千家垃圾焚烧发电厂。

第八节　地热能和海洋能

一、地热能发电

　　地球内部每天向地表传递的热能相当于全人类一天使用能量的 2.5 倍。特别在当今人们日益关注全球气候变化和各种环境污染问题的形势下，地热能作为一种清洁能源而备受关注。地热资源的估算按以下三级进行：第一级称为"可及资源基数"，指地表 5km 以下的总热量；第二级称为"资源"，指在 40～50 年内可望有经济价值的热能；第三级称为"可采资源"，指在 10～20 年内即可具有经济价值的热能。全球地热能按上述三个级区分分别有 140 $\times 10^6$、5×10^6、500BJ/a。

　　早在 1904 年意大利首先在拉德瑞罗建立了世界第一座天然蒸汽试验电站，1913 年拉德瑞罗的 250kW 地热电站正式运行，这是地热发电的开端。以后许多国家也都相继投资开发地热资源，各种类型的地热电站不断出现。到 1997 年，世界上地热直接利用的主要国家装机容量及年产能量见表 2-4。

表 2-4　　　　　　　　　　世界主要国家地热发电装机容量

国　　别	中国	美国	冰岛	日本	匈牙利	意大利	法国	新西兰	俄罗斯
装机容量（MW）	1914	1905	1443	1159	750	314	309	264	210
年产能量（GWh/a）	4717	3971	5878	7500	3286	1026	1359	1837	673

　　根据国外经济分析，按照目前的技术水平和价格，地热发电的电价只高于水力发电的电价。因此在拥有地热资源的国家，地热发电在商业上竞争能力很强。美国盖瑟尔斯地热电站的资料表明，无论地热电站规模如何都比利用其他燃料发电的电价低廉。诚然，地热发电量在世界整个发电量中所占比重还很小，但这并不能说地热能在世界能源结构中是个可以忽视的无足轻重的部分，相反，它已越来越被人们所重视。

　　地热发电对环境污染是有影响的，它散发出的 CO_2、HS 等有害气体、含盐废水、噪声、大地的下沉等也会造成公害。可是情况并不严重，这些不利因素借助于回灌的方法能局部地得到解决。

我国也很重视地热资源，曾在全国范围内进行了广泛的勘探。仅从热水资源看，据不完全统计，各地陆续发现具有各种温度的温泉近 2000 处，成为世界上温泉最多的国家之一，这说明我国地下蕴藏着丰富的地热资源。从温泉的分布看广东、福建、台湾及云南省的温泉最多最集中，以上四省的温泉总数大约是全国温泉总数的 46%，热水温度多在 50℃ 以上，最高的达到 97℃。其中最有名的西藏羊八井等地的温泉温度高达 81.5～94℃。而地热钻井水温就更高了。羊八井地热电站目前总装机容量有 25.18MW。

地热资源可以分为四种类型，即水热资源、地压资源、干热岩和熔岩地热资源。截至目前，地热资源的利用主要是水热资源的开发。不过近年来，美国等少数国家在着手进行干热岩的试验性开发研究，而地压资源、熔岩资源的利用还处于设想阶段。

地热发电的基本形式有以下几种。

1. 背压式汽轮机循环

背压式汽轮机循环中，地热蒸汽经净化分离器后除去挟带的岩粉等固体杂质进入汽轮机中膨胀做功，乏汽压力等于大气压力而直接排往大气。这种发电方式是不经济的，因为大气压力以下还有许多焓降未能利用。所以只有在蒸汽中含有大量不凝结气体（CO_2、N_2、H_2S、O_2 等）以致不能在真空条件下经济运行的场合，才可以考虑采用这种方式。这种电站的容量一般都较小，5MW 以下的背压机组可以安装在临时基础上成移动式装置。

2. 凝汽式汽轮机循环

凝汽式循环可以部分利用大气压力以下的蒸汽热焓。实际上，许多大容量地热电站中 50%～65% 的出力是在低于大气压之下发出的。井口流体如为汽水混合物，则经过净化后的湿蒸汽先进入汽水分离器，分离出的蒸汽再到汽轮机中膨胀做功。由于地热蒸汽中通常挟带有相当多的不凝结气体，它们随蒸汽经过汽轮机之后，往往积聚在凝汽器中，使汽轮机背压升高。因此，地热凝汽式电站都配备有比常规火电站容量大得多的抽气器，以抽除这些不凝结气体保持凝汽器内的真空度。常用的抽气器是射汽抽气式。凝汽器是混合式，排汽与冷却水直接混合接触而使蒸汽凝结。凝汽器排水经过凝汽器排水泵送至冷却塔或冷却水源。

3. 二次蒸汽循环

由于天然蒸汽挟带着各种杂质和某些导致腐蚀的气体，因此发电装置的金属设备会遭到腐蚀，而某些盐类又会引起蒸汽管道的结垢、腐蚀等。为此采用所谓二次蒸汽循环，它是使天然蒸汽通过换热器来再次蒸发凝结水，在较低的压力下产生纯净的蒸汽。由于二次汽来自凝结水，故二次汽中不含有气体，从而避免了天然蒸汽携带的气体进入汽轮机和它们所导致的腐蚀。但是应该指出这种系统实际上是把腐蚀转嫁给热交换器了，另外热交换器中的温降相当于损失了潜在电力，使经济性降低。

4. 减压扩容蒸汽循环

来自地热井的地热水首先进入减压扩容器，扩容器中维持着比热水压力低的压力，因而得到闪蒸蒸汽并送往汽轮机膨胀做功。如地热井口流体是湿蒸汽，则先进入汽水分离器，分离出的蒸汽送往汽轮机做功，分离出的水再进入扩容器，扩容后得到的闪蒸蒸汽也送往汽轮机做功。可见，对于湿蒸汽来说减压扩容法比单纯的凝汽式循环好，因为分离器排水中的热焓得到进一步的利用。此种循环是主要的发电方式，系统较简单，运行和维护较方便。

5. 低沸点工质循环

低沸点工质循环克服了蒸汽比体积大的缺点。地热水流过热交换器时把热量交给低沸点工质。然后带着溶解在水中的气体和固体物质重新被注入回灌井。而低沸点工质在热交换中被加热、蒸发和过热后则进入涡轮机膨胀做功，排汽用冷凝器把它冷凝成液体，由工质泵从新打入热交换器重复这一循环。由于工质泵消耗动力很多，因此用另一涡轮机驱动它是有利的。常用的低沸点工质有一氟三氯甲烷（沸点为 23.7℃）、一氯乙烷（沸点为 12.4℃）。低沸点工质循环的主要优点是涡轮机的尺寸异常紧凑小巧、造价低；避免了地下热水中气、固杂质所导致的腐蚀问题；可以适应各种不同化学类型的地下热水；没有大气污染的弊病。但是这种循环也有缺点：工质的价格贵、来源不广，有的低沸点工质还有毒性、易燃和易爆，因此低沸点工质回路的各处密封要求高；热交换器增加了传热温差所引起的不可逆热损失，换热面积较大。

二、海洋能发电

海洋能发电属于再生能源。在地球表面海洋面积约占 71%。北半球海洋约占 61%，南半球约占 81%。海洋能有两种不同的利用方式。一种是利用海水的动能，如潮汐、海流有规则的动能和无规则的波浪动能；另外一种是利用海洋不同深度的温差通过热机来发电。理论上它们的储量都很大，但限于目前的技术水平，尚处于小规模研究开发阶段。

1. 潮汐能发电

出于月亮和太阳引潮力的作用，使整个海洋里的大量海水不断地做周期性的往复运动。据初步估计，世界上的潮汐能共约有 10 亿 kW 以上，这巨大的能量绝大部分集中在近岸浅海、海峡和海湾地带。我国据粗略估计有 1.9 亿 kW 以上，约占世界总蕴藏量的 1/6 强。

1967 年建成第一座商用价值的潮汐发电站是以法国郎斯河口的电站。该电站位于法国西北部英吉利海峡边上的布里塔尼半岛上的郎斯河口，最大潮差 13.5m，是世界著名的大潮差地点之一。共有 24 台 1 万 kW 灯泡型水轮发电机组，总装机容量 24 万 kW，于 1968 年初全部装好发电，年发电量超过 5 亿 kWh。我国第一座单库双向式潮汐电站——浙江温岭县江厦潮汐电站总装机 3200kW 现已投产。由于潮汐电站的建设是一项新的能源利用技术，还有一些问题需要进一步研究解决，其中最突出的是泥沙淤积和海工结构物的防腐蚀，以及防止海生物附着的问题。

2. 波浪能发电

波浪具有很大的能量。波浪能与波浪高度的平方和周期的乘积成正比。因此，当波高为 2m，周期为 6s 时，则每米宽的波浪能为 24kW。波的高度和周期同海面的风速有关。在 10m/s 的风速下，每米宽的波浪能为 24kW；风速为 12m/s 时，每米宽的波浪能为 59kW；当风速为 15m/s 时，每米宽的能量达 247kW。从理论上讲，这个能量和风速的六次方成正比。

目前波浪能发电装置就原理来说大致分为三种：①利用海面波浪的上下运动产生空气流或水流而使轮机转动；②利用波浪装置前后摆动或转动产生空气流或水流而使轮机转动；③把低压大波浪变为小体积高压水，然后把水引入某一高位水池积蓄起来，使其产生一个水头，从而冲动水轮机。波浪能发电装置按其位置不同分为海岸式和海洋式两类。

3. 海洋温差发电

海洋温差发电是以海洋受太阳能加热的表层海水（25～28℃）作为高温热源，而以 500～1000m 深处的海水（4～7℃）作为低温热源，用热机组成热力循环进行发电的系统。从高温热源到低温热源，可能获得总温差 15～20℃ 的有效能量，最终可能获得具有工程意义的 11℃温差的能量。海水热能实际上是太阳能的一种存在形式。太阳辐射到地球表面的能量相当于 80 万亿 kW，平均每平方米从太阳接受的能量有 1kW 左右。而海洋占整个地球表面积的 71％，海洋从太阳得到的能量达 57 万亿 kW 左右，因此，可以说海洋是一个巨大的太阳能储存库。

1926 年，法国研究院克劳德对海洋温差发电进行了小型实验，于 1930 年在古巴海边建成 22kW 电能的实验装置，采用开式循环，用直径 2m 的钢管，离海岸 2km 的海洋 650m 深处吸取冷海水，当温水温度 27.5℃，冷水温度 13℃时，功率达到 22kW。因开式循环的效率低，目前海洋温差发电普遍采用闭式循环方式。循环以低沸点工质来替代水蒸气，通过这种低沸点工质的循环，即可持续地利用海洋温差连续发电。

洛克希德公司设计的海洋温差电站由四个动力舱组成，电站容量为 16 万 kW。该种电站的单位造价估计为 2660 美元/kW，几年以后可能下降到 2070 美元/kW。电站的一个动力舱在 1981 年以前进行试验，带四个动力舱的电站于 1986 年投入运转。

海洋温差发电系统由蒸发器、冷凝器、汽轮发电机、泵、海洋构筑物、取水管和定位设备所组成。热交换器（蒸发器和冷凝器）是海洋温差电站的关键设备，占总费用的 55％。提高传热系数是技术的关键，它的进步能大大降低电站的成本。

第九节　页岩气和天然气水合物的利用

近年来在非常规的新能源利用方面有显著影响的是页岩气的开发利用和天然气水合物的开发利用，在此做简要介绍。

一、页岩气的开发利用

页岩气是从页岩层中开采出来的一种非常重要的非常规天然气资源，页岩气的形成和富集有其自身的规律，它往往分布在盆地内厚度较大、分布广的页岩烃源岩地层中。页岩气在富有机质泥页岩及其夹层中以吸附和游离状态为主要存在方式。它成分以甲烷为主，具有较高的工业经济价值。美国进行页岩气开发大约有 80 多年的历史，现已对密西根、印第安纳等 5 个盆地的页岩气进行商业性开发，2005 年美国页岩气产量达到 198 亿 m^3，成为一种重要的天然气资源。

世界页岩气资源量为 457 万亿 m^3，同常规天然气资源量相当，其中可开采资源量为 187 万亿 m^3。全球技术可开采量前五位的国家分别是中国（36 万亿 m^3，约占 20％）、美国（24 万亿 m^3，约占 13％）、阿根廷、墨西哥和南非。随着煤炭资源的消耗和对清洁能源的日益重视，中国必然会加大对页岩气的开发利用。到 2012 年，中国页岩气开发处于初步开发试点阶段。2012 年 11 月国家出台了对开发页岩气的企业实行了财政补贴的政策，这将刺激页岩气的开发和消费，促进页岩气的开发利用。

美国采用了水力压裂法技术使得近年来页岩气发展迅猛。该技术将页岩层压裂，从而释放出其中的天然气，这种开采方式降低了页岩气的价格，为美国等国家的能源市场带来了革命性巨变。

我国页岩气的开发从 2012 年 9 月 10 日国土资源部发布第一轮页岩气探矿权招标公告算起，历经近 5 年时间页岩气工业生产已呈现规模之势。我国首个大型页岩气田——重庆涪陵页岩气田累计供气突破 100 亿 m^3。我国页岩气的开发到 2020 年力争实现页岩气产量 300 亿

m^3，2030 年实现页岩气产量 800 亿～1000 亿 m^3。

二、天然气水合物的开发利用

在自然界中气体的水合物有很多，就是一些小气体和水结合时形成一种笼状的晶体物质。我们这里关心的是甲烷气水合物，或称为天然气水合物，通俗的讲也就是"可燃冰"。它天然地存在于高压低温的条件下，如 300N（30kgf）以上，3℃以下温度的海洋底部的地层中；或一个大气压零下 76℃以下的冻土带中。地下天然气水合物可以说是大自然给我们的最后的天然能源。"可燃冰"的成因有生物成因和热成因两种，生物成因是沉积物中的有机物氧化掉以后产生二氧化碳，二氧化碳被甲烷菌吃掉而转化成甲烷并和周围水在合适的温度压力条件下形成的。热成因是地层深部分解出来的甲烷和部分乙烷、丙烷在地层中的上升过程中遇到合适的条件而形成的。据专家估计全球天然气水合物的储量相当于石油、天然气、煤总和的两倍。

20 世纪 60 年代，苏联在西伯利亚冻土带开采过水合物，那是在开采天然气时发现水合物而偶然开采的。至今，世界范围"可燃冰"还没有进行商业性开采。其关键原因是开采过程中的气化和泄漏问题，甲烷的温室效应是二氧化碳的 24 倍，跑出来后一是破坏海洋环境，消耗海水中的氧气，二是引起全球气温升高和海水温度升高，三是破坏沉积层的机械稳定性。可以相信在技术进步到能解决以上问题时，就会迎来开发天然气水合物的新时代。

思 考 题

1. 从一次能源煤炭转换为二次能源电力可以有哪几种方法？各有什么特点？
2. 试述煤炭的完全燃烧与不完全（部分）燃烧的本质区别和在能源转换中的应用。
3. 蒸汽动力循环的发展趋势是什么？
4. 燃料电池与其他发电方式比较，有什么特点？
5. 什么是核反应的有效增殖系数，反应堆中有效增殖系数为什么随反应时间变化？
6. 燃耗深度指标有什么意义？哪一种反应堆的燃耗深度大？
7. 地面上单位面积集热器吸收太阳能的大小与哪些因素有关？
8. 太阳能热电站有哪些类型？
9. 氢能有什么优点？有哪些制取方法？
10. 地热资源分哪几类，较容易开发的是哪种？地热发电装置有哪几种基本形式？
11. 海洋能可以怎样利用？
12. 中小型风能发电装置与大型风能发电装置各有哪些特点？

习 题

1. 一种天然气的摩尔成分为 $[CH_4]=87.0\%$，$[C_2H_4]=3.0\%$，$[CO]=5.0\%$，$[CO_2]=0.5\%$，$[N_2]=4.5\%$。在高炉中燃烧后的烟气分析数据为 $[CO_2]=9.39\%$，$[O_2]=3.88\%$，$[CO]=0.83\%$。试求：①摩尔理论空气燃料比，摩尔实际空气燃料比；②过量空气系数。

2. 蒸汽锅炉的燃煤成分为 $C_{ar}=61.78\%$，$H_{ar}=4.29\%$，$S_{ar}=0.37\%$，$N_{ar}=1.01\%$。

$O_{ar}=4.52\%$，$A_{ar}=21.66\%$，$M_{ar}=6.37\%$。锅炉排烟成分分析：$[CO_2]=14.91\%$，$[CO]=0.15\%$，$[O_2]=3.67\%$。炉渣可燃物为 $[Cr]=0.18\%$。试求：①理论空气燃料比；②实际空气燃料比。

3. 核反应堆的燃耗深度为 30000MWD/T，反应堆的发电功率为 500MW，核燃料中 ^{235}U 含量为 30%，一个 ^{235}U 核裂解有 167MeV 为产生的热能用于发电，发电效率 35%。问 1t 核燃料能用几天，达到燃耗深度时，有百分之多少 ^{235}U 发生了裂变反应？

4. 北纬 30° 地面水平放置集热器，在春分、秋分时的上午 10 点，吸收太阳能的大气质量 m 是多少？冬至时集热器与地面夹角多少时为最佳？夏至时又是多少？

第三章 节 能 技 术

我国人口众多，能源资源相对不足，人均拥有量低于世界平均水平。一段时间以来，我国正处在工业化和城镇化加快发展阶段，能源消耗强度较高，消费规模不断扩大，特别是高投入、高消耗、高污染的粗放型增长方式，加剧了能源供求矛盾和环境污染状况。能源是国民经济和社会发展的重要战略资源，能源问题已经成为制约经济和社会发展的重要因素。长期以来，党中央提出把节约能源作为一项基本国策，加快建立资源节约型社会。要落实节约资源基本国策，坚持开发与节约并举，把能源节约放在首位，以提高能源利用效率为核心，以技术创新求节能，强化管理抓节能，结构调整促节能，实现经济社会可持续发展。

节能是缓解能源约束，减轻环境压力，保障经济安全，实现全面建设小康社会目标和可持续发展的必然选择，体现了科学发展观的本质要求，是一项长期的战略任务。

我国能源利用率已有大幅提高，但还有节能的潜力。衡量一个国家能源利用率的高低可以查阅各种工业产品的单产能耗，还有最宏观的全面指标是单位国内生产总值的能耗，即每万元 GDP 的能耗。我国单位国内生产总值的能源消费量，在 2000 年，按 1990 年可比价 GDP 计算是 2.89tce/万元，按 2000 年可比价计算是 1.47tce/万元；到 2010 年，按 2005 年可比价计算是 1.13 tce/万元，按 2010 年可比价计算是 0.87 tce/万元；到 2014 年，按 2010 年可比价计算是 0.75 tce/万元。除了我国自身的纵向比较外，还可以与世界各国进行横向比较。我国的国内生产总值电耗按 2005 年可比价计算，在 2005、2010、2013 年分别为 1.03、1.01、0.94kWh/$。世界平均在 2005、2010、2013 年分别为 0.37、0.38、0.38kWh/$。作为发达国家的世界经合组织成员国平均国内生产总值电耗在 2005、2010、2013 年分别为 0.28、0.27、0.25kWh/$。以上比较可以看出我国在近十多年来，国内经济取得了高速的发展，现已成为世界第二大经济体。在经济体量迅速增大的基础上，单位产值能耗还是有明显成倍的降低。

近年来，我国的能源加工转换效率也有很大的提高。在 2000、2010、2014 年，能源加工转换总效率分别为 69.38%、72.52%、73.49%，发电及电站供热效率分别为 37.78%、41.99%、43.55%，炼焦效率分别为 96.2%、96.38%、95.07%，炼油效率分别为 97.32%、97%、97.54%。从火力发电供电煤耗来看，我国 2000 年为 392gce/kWh，2005 年为 370gce/kWh。到 2015 年，在淘汰 6000kW 小火电机组等落后产能之后，煤耗达到 315gce/kWh。而发达国家的供电煤耗大致是 335gce/kWh，从这项技术指标来看已经达到并超过国际先进水平。

1980—2000 年，我国累计节约能源 1145Mtce，其中约 70% 是依靠结构变化实现的，依靠技术进步降低单耗实现的技术节能量仅占 30% 左右；2002 年，我国单位产品能耗降速加快而单位产值能耗又有所上升，凸显出技术节能的重要性和持续性。技术节能是实现节能降耗的根本途径，据目前分析估计，技术进步对节能贡献率已达到五成左右（结构节能下降到三成、管理节能占二成）。

节能技术按能源使用环节来分类，可分为能源开采节能技术、能源加工转换和输送节能技术、能源终端利用节能技术；按能量形式来分类，主要有热能节约技术、电能节约技术、机械能、化学能和光能节约技术等；按技术原理来分类主要有能量梯级利用技术、燃烧节能技术、传热（蓄热、换热）和绝热节能技术、余热和余能回收利用技术、电力电子节能技术、能源（包括高能耗的原材料）替代技术、能量系统优化技术等；按使用领域来分类，有工业节能、交通节能、建筑节能、生活节能等。国家《节能中长期规划》提出的十大重点节能工程，其中有八项涉及技术节能范围，它们分别是：燃煤工业锅炉（窑炉）改造、区域热电联产、余热余压利用、节约和替代石油、电机系统节能、能量系统优化、建筑节能和绿色照明。本章着重介绍余能利用和热能梯级利用方面的内容。

第一节 余 能 的 利 用

输入系统的总能量在利用过程中可分为已利用的有效能和未能利用的损失能。对有效能的重复利用和损失能的部分回收利用总称为可回收的能量，简称余能。余能是由于技术、经济和社会条件所限，造成不能被充分利用的能源，一旦条件发生变化，就能逐渐获得利用。余热是余能的主要形式。

一、余能资源种类

（一）按余能资源的能量形式分类

按余能资源的能量形式来分类可分为可燃性余能、载热性余能和有压性余能。

1. 可燃性余能

可燃性余能指可以作为燃料利用的可燃物，包括排放的可燃废气、废液、废料等，如高炉气、焦炉气、转炉气、炼油气、油田伴生气、矿井瓦斯气、炭黑尾气、纸浆黑液、甘蔗渣、可燃垃圾等。

可燃气体的余能量可按式（3-1）计算：

$$Q_g = V_g(12636[CO] + 10798[H_2] + 35818[CH_4]) \tag{3-1}$$

式中　　　　　　　V_g——每小时产生的可燃气体量，m^3/h（标准状态下）；

$[CO]$、$[H_2]$、$[CH_4]$——一氧化碳、氢气、甲烷在可燃气中的容积百分数，%。

2. 载热性余能

载热性余能就是余热，包括各种排汽、产品、物料、废物、工质、冷却水等所带出的高温热，如锅炉和窑炉的烟道气，燃气轮机、内燃机的排气，焦炭、熟料、炉渣等的高温物理热等。

高温烟气余热可按式（3-2）计算：

$$Q_{ex} = BV_{ex}t_{ex}c_{ex} \tag{3-2}$$

式中　B——单位时间燃料平均耗量，kg/h 或 m^3/h；

V_{ex}——单位燃料燃烧产生的烟气量，m^3/kg 或 m^3/m^3；

t_{ex}——烟气排出时的平均温度，℃；

c_{ex}——t_{ex}温度对应的烟气平均比热，$kJ/(m^3 \cdot ℃)$（标准状态下）。

高温产品余热可按式（3-3）计算：

$$Q_p = G_p c_p (t_p - t_0) \tag{3-3}$$

式中　G_p——高温产品产量，kg/h；

　　　c_p——高温产品平均比热，kJ/（kg·℃）；

　　　t_p——高温产品的温度，℃；

　　　t_0——环境温度，℃。

3. 有压性余能

有压性余能通常又称为余压，它是指某些排气、排水等有压力或有落差流体的能量。利用有压流体可以驱动机械做功或发电。

利用有压流体的低位能发电的功率可按式（3-4）计算：

$$W = \frac{\rho g G H}{102} \eta = \frac{1000 G H}{102} \eta = 9.81 G H \eta \tag{3-4}$$

式中　G——通过水轮机水的流量，m³/s；

　　　H——水轮机工作水头，m；

　　　η——水轮机的效率，%。

（二）依据余热资源载热体形态分类

（1）固态载体余热资源：包括固态产品和固态中间产品的余热资源、排渣的余热资源及可燃性固态废料。

（2）液态载体余热资源：包括液态产品和液态中间产品的余热资源、冷凝水和冷却水的余热资源、可燃性废液。

（3）气态载体余热资源：包括烟气的余热资源、放散蒸汽的余热资源及可燃性废气。

（三）余热资源等级划分

余热资源等级按余热利用投资回收期划分。根据余热资源回收利用的可行性与紧迫性，余热资源分为一、二、三等余热资源，其中，一等余热资源应优先回收，二等余热资源应尽快回收，三等余热资源可视情况回收，详见表3-1。

表3-1　　　　　　　　　　　　余 热 资 源 等 级

余热资源等级／余热资源等级判据	余热利用投资回收期(a)	常见余热资源举例
一　等	<3	可燃性废气、废液、废料；供热系统中的冷凝水；400℃以上温度的烟气；砖瓦窑炉中用于干燥坯体的低温烟气
二　等	3~6	250~400℃温度的烟气；80℃以上的冷却水；可利用的高温排渣
三　等	>6	250℃以下温度的烟气；可利用的中温排渣

（四）余热资源量计算方法

余热载体下限温度按技术可行、经济合理的原则确定，当余热利用设备排出的介质温度低于表中的余热载体下限温度时，其余热资源量的计算应按该排出温度为余热载体的下限温度。

余热载体下限温度见表 3-2。

表 3-2　　　　　　　　　　　　余 热 载 体 下 限 温 度

余热资源种类		余热载体下限温度（℃）
固态载体余热资源	固态产品、中间产品、排渣可燃性固态废料等	500
	水泥熟料	300
	砖瓦、陶瓷	100
液态载体余热资源	液态产品、中间产品、冷却水、可燃性废液等	80
	冷凝水	环境温度
气态载体余热资源	烟气、可燃性废气	180
	放散蒸汽	100

余热资源量按式（3-5）计算：

$$Q_y = \sum_{i=1}^{n} m_i \left[Q_{di}^y + (h_{1i} - h_{2i}) \right] \tau_i \qquad (3\text{-}5)$$

式中　Q_y——年余热资源量，kJ/a；

　　　m_i——第 i 种余热载体流量，kg/h 或 m³/h；

　　　Q_{di}^y——第 i 种单位余热载体中可燃成分完全燃烧释放的热量，kJ/kg 或 kJ/m³；

　　　h_{1i}——第 i 种余热载体排出状态下的比焓，kJ/kg 或 kJ/m³；

　　　h_{2i}——第 i 种余热载体在下限温度时的比焓，kJ/kg 或 kJ/m³；

　　　τ_i——排出第 i 种余热载体的设备年运行小时数，h/a；

其中，$i=1, 2, \cdots, n$，n 为余热载体种类数目。

化学反应余热（如生成热、溶解热、吸收热等）可以将热量直接代入，流体余压的能量用焓来表示，也可应用上述计算方法。

二、余能的利用方式

余能的利用方式有两种：一种是当热源使用，如通过燃烧器、换热器等设备来预热空气、烘干产品，产生热水或蒸汽，进行供热或制冷等；另一种是动力利用，即把余能通过动力机械转换为机械功，带动转动机械，或带动发电机转换为电力。各种余能利用的基本方式见表 3-3。

三、余能利用系统

余能利用系统有很多种类，这里仅按工艺过程冷却水、工业炉冷却水和催化裂化装置再生烟气利用为例，举出三种余能利用系统。

1. 干法熄焦余热利用系统

经高温加热过程出来的产品（如焦炭、钢锭、钢坯、砖瓦陶瓷、耐火材料等）和炉渣，都含有大量显热可供利用。现以干法熄焦余热利用为例，说明显热的利用方法。

焦炭是由煤在炼焦炉中经高温加热释放出挥发分而生成的产品。炼焦炉排出的焦炭，其温度高达 1000℃ 左右。常规采用湿法熄焦，将冷水喷淋赤焦进行冷却，这样不但赤焦显热全部浪费，而且造成大气热污染。干法熄焦则是用惰性气体经密封的熄焦室，对赤焦进行冷却。被加热的高温气体送入余热锅炉作热源，产生蒸汽用于工艺需要或发电。

表 3-3　　　　　　　　　　　　　　　主要工业余热利用方法

余热种类	形 态	回收方式	回收产物	余热用途
产品、炉渣的显热	固体载热	固-气换热器、固-水换热器	热风、蒸汽、热水	供热、干燥、采暖、发电、动力、制冷
锅炉、窑炉、发动机的排气	气体余热	空气预热器、热管换热器、热泵、余热锅炉	蒸汽、热风、热水	内部循环、干燥、供热、发电、动力、采暖、制冷、海水淡化
工艺过程冷却水	液体余热	换热器、热泵、蒸汽发生器	热水、蒸汽	锅炉给水、供热、采暖、制冷、
副产可燃气体	化学潜热	余热锅炉	燃料、蒸汽、热水	发电、动力、供热、采暖、制冷
工艺过程的余压	余压能	水轮机、燃气轮机		发电、动力

干法熄焦余热利用的生产流程如图 3-1 所示。温度约 1000℃的赤焦出炼焦炉后，由盛焦桶 1 吊至干熄焦室 2 内，被循环气体冷却到 200℃后，由排料装置 3 送至带式运输机 4 运往储焦槽。作为熄焦用的惰性气体由循环风机 5 将冷风从干法熄焦室底部鼓入，流过赤焦层被加热到 800～850℃，进入沉降室 6，除去大粒焦粉后送入余热锅炉 7 作热源。从余热锅炉尾部排出的气体降温至 200℃左右，经除尘器 8 除去焦粉后，用循环风机打入熄焦室继续循环使用。循环气体来源于空气，当其在循环冷却过程中，空气中的氧与焦炭作用生成 CO、CO_2 后，就形成惰性气体，其成分为 N_2（70%～75%）、H_2（2%）、CO（8%～10%）、CO_2（10%～15%）。因此操作中要加强检测，控制 CO 含量不超过 18%，以免发生爆炸危险。给水预热后用给水泵 10 打入余热锅炉，用循环水泵 11 进行炉水的强

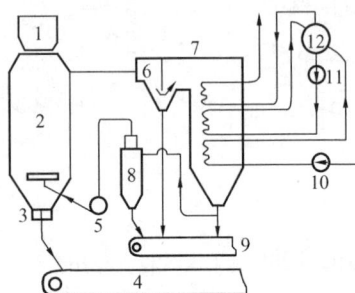

图 3-1　干法熄焦余热利用系统
1—盛焦桶；2—干熄焦室；3—排焦口；
4—带式运输机；5—循环风机；6—沉降室；
7—余热锅炉；8—除尘器；9—焦粉输送机；
10—给水泵；11—循环水泵；12—汽包

迫循环。从汽包 12 产生的饱和蒸汽，经继续加热后变成过热蒸汽，可供发电使用。沉降室及除尘器排出的焦粉，由焦粉输送机 9 送至粉槽。

一般情况下，1t 赤焦从干法熄焦室可供利用的显热为 1200×10^3 kJ。考虑给水预热到 150℃，则余热锅炉可产生 39×10^5 Pa、440℃的过热蒸汽为 0.3～0.4t/h。对每小时熄焦 70t 的熄焦室，可配置 6000kW 凝汽式汽轮发电机组。我国宝钢焦化厂引进干法熄焦装置，设计产焦炭 171×10^4 t/a，干法熄焦装置约可产蒸汽 70×10^4 t/a。

2. 工业炉冷却水热量利用系统

图 3-2 所示为工业炉冷却水热量利用系统。对于一般工业炉 1（冶金炉），其冷却水套的水

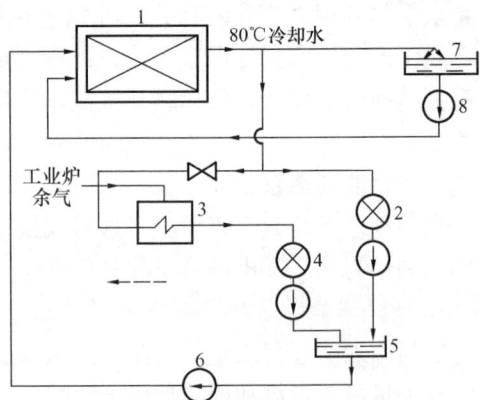

图 3-2　工业炉冷却水热量的利用系统
1—工业炉；2—热用户；3—余热加热器；
4—热用户；5—水箱；6—水泵；7—水池；8—水泵

温可达 80~90℃，这些热水可直接供给热用户 2，也可经余热加热器 3 提高温度后供给热用户 4。用户排出的水集中在储水箱，然后由泵 6 将冷水供给工业炉 1 的水冷套使用。为了保护工业炉的冷却要求，配有辅助冷却系统，它将部分高温水在散热池 7 中冷却降温，然后用泵 8 将低温水供给工业炉冷却用。

3. 炼油厂催化裂化装置再生烟气余能利用

催化裂化装置是现代炼油厂的重要设备之一，可大大提高轻油的产量。催化裂化装置中的催化剂在工作过程中表面上会沉积碳粒、微量的重金属和硫，使效率降低。为了使催化剂再生和恢复活力，需要不断地烧掉催化剂表面沉积的碳粒。因此，需要用一台风机供应燃烧空气。风机用电动机或汽轮机带动，耗能很多。但是，燃烧后产生的再生烟气却含有大量的能量，烟气的温度为 550~760℃，绝对压力为 250~320kPa。应用膨胀透平可以很好地利用这一部分能量。一般讲，膨胀透平产生的机械功可以驱动主风机，有时还有一些剩余功率可以用来发电，节能效果非常明显。

催化裂化装置排出的高温烟气首先通过三级旋风除尘器进行净化除尘，然后再进入膨胀透平膨胀做功。膨胀透平的排气温度还比较高，再送入余热锅炉进一步回收利用。膨胀透平带动主风机，向催化裂化装置供应压缩空气。多余的功率带动电动机/发电机发电，电力送入电网。电动机/发电机是一台交流感应电机，正常运转时，其转速高于相应的同步转速，处于发电机工作状态，向电网送电；但当整个催化裂化装置启动时，电机与汽轮机一道用来驱动主风机，起电动机作用。此时，其工作转速低于相应的同步转速，处于电动机工作状态。

其他的余热或余能利用的技术改造有很多，不再一一介绍。

第二节 热 能 的 梯 级 利 用

除了电力生产及拖动机泵需要高温高压的蒸汽外，一般工业部门的各种工艺加热过程中只需要较低压力和温度（或饱和温度）的工业蒸汽。为了有效地利用工业蒸汽，应当对用汽设备按所需的温度水平进行适当的分级和组合，并从高温高压到低温低压按质逐级串用或套用工业蒸汽。使用低压蒸汽能满足要求的，就不要用高压蒸汽；可以用饱和蒸汽的，就不要用过热蒸汽。降压运行将严重影响蒸汽品质，进而会影响蒸汽的使用效果及降低锅炉的使用质量；增压运行可能造成锅炉的爆破事故，进而影响蒸汽系统的供汽和生产的正常进行。应首先充分利用高压蒸汽的势能（如余压发电装置、拖动机泵等），其次用于高压用汽设备，继而再套用到低压用汽设备。必要时，也可以通过减压装置来获得需要的低压蒸汽，但是从有效利用工业蒸汽的观点来看，这是很不合理的。

能量中可用能占的比例越大，能级越高，能的转化性越强，能的品位也就越高。按照热能的不同能级用能，就可使热能的可用能得到较好的利用，这种技术称为热能梯级利用技术，典型的例子是热电联产，热、电、冷联产，热、电、煤气三联供技术，燃气-蒸汽联合循环，多效蒸发等。

一、热电联产技术

热电厂是在发电的同时，还利用汽轮机的抽汽或排汽为用户供热的火力发电厂。燃煤电厂、燃油电厂、燃气电厂都可建成热电厂。一般火电厂都采用凝汽式机组，只生产电能向用

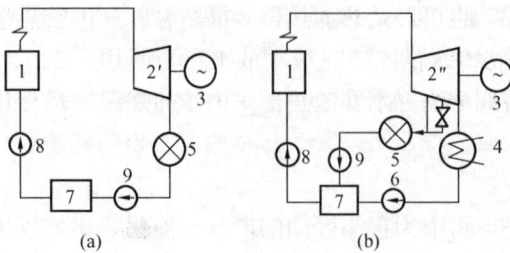

图 3-3　热电联产系统

(a) 背压式；(b) 抽汽式

1—锅炉；2′—背压汽轮机；2″—抽汽式汽轮机；

3—发电机；4—凝汽器；5—热用户；6—凝结水泵；

7—水箱；8—给水泵；9—回水泵

户供电；工业生产和人们生活用热则由特设的工业锅炉及采暖锅炉房单独供应。这种能量生产方式称为热、电分产。在热电厂中则采用供热式机组，除了供应电能以外，同时还利用做过功（即发了电）的汽轮机抽汽或排汽来满足生产和生活上所需热量。这种能量生产方式称为热电联产。

图 3-3（a）所示为采用背压式供热机组的热电联产热力系统。

图 3-3（b）所示为采用抽汽式供热机组的热电厂的热力系统。这种电厂中只有抽汽供热部分才是热电联产，而凝汽发电部分则不是。可见抽汽式供热机组实质上是背压式供热机组和凝汽式发电机组的组合。

在背压式热电联产系统中，既将热力循环的冷源损失和汽轮机中不可逆膨胀过程的损失用来供热，又用高效率的大锅炉取代低效分散的供热锅炉，大大提高了热能利用率。在背压式热电联产系统中，其发电量是由热用户的热负荷来决定的，即严格按照以热定电的原则运行，而在热负荷变化幅度较大的地区，则采用抽汽式汽轮发电机组的热电联产系统更为有利。

从能源利用效果考虑，热电分产对能源使用很不合理：一方面热功转换过程（凝汽式机组发电）必然产生低品位热能损失（汽机排汽在冷源中放热），另一方面让高品位热能（锅炉提供的蒸汽热量）贬值地用于低品位供热。在热电联产中，燃料化学能则转变为高品位热能先用来发电，然后使用做过功的低品位热能向用户供热，这符合按质用能和综合用能的原则。所以热电厂的特点是，一次能源利用得比较合理，做到按质供能，梯级用能，能尽其用。

供热方式有分散供热和集中供热两大类。在用户处就地分散供热，因供热规模限制，只能采用低参数热效率不高的小型锅炉（一般热效率不大于 65%）。然而由热电厂供热则形成地区集中供热。由于供热规模大，可以采用高参数高效率的大型锅炉（热效率为 85% 以上），从而使能源利用效益得到较大的提高，节省了燃料。

在环境污染方面，由于热电厂集中供热而使用煤量减少，排污量也减少，城区内运煤除灰的麻烦也减少了，而且大容量锅炉备有高效除尘器设备和高烟囱，使环境污染程度大为降低。

二、热电联产系统的经济性

我国现有 50 万台工业供汽和民用采暖的工业锅炉，每年耗煤 3 亿 t 左右，这些分散的小锅炉热效率低，污染严重。如果将其中的 10%～15% 改为热电联产系统，可使热能利用率由凝汽发电的 30%～40% 提高到 60%～70%。实现热电联产后，估计每年节约原煤 1700 万 t。节能效果和经济收益十分显著。从下面一个实例的计算对比，可见热电联产系统的节能效果。

我国 1995 年单机 6000kW 以上供热机组 898 台，供热机组容量 1700 万 kW，占同容量的火电机组总容量的 11.4%，年供热量 864×10^6 GJ。

假定某工程的热源是一台由 35t/h 增容改造成 50t/h 的工业锅炉，汽轮机进口的蒸汽压力为 3.43MPa，蒸汽温度为 435℃，而热用户的平均蒸汽用量为 45t/h，所需蒸汽压力为 0.98MPa，温度为 300℃。汽轮机采用 3MW 的背压机，下面对热电联产和分产方案的效果进行比较。

1. 热电联产方案

假定汽轮机进汽压力为 3.43MPa，蒸汽温度为 435℃，而背压为 0.98MPa。汽轮机的相对内效率为 $\eta_{0i}=0.7$，其热力系统示意及工况如图 3-4 所示。图中 $h_1=h_4=3305$kJ/kg，$h_2=3054$kJ/kg，$h_3=2962$kJ/kg，$t_1=435℃$，$t_4=419℃$，$t_3=258℃$，$t_2=300.5℃$。

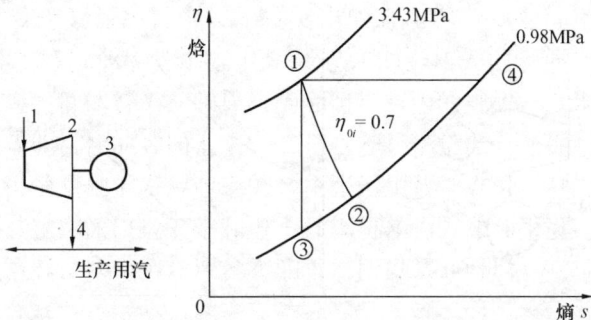

图 3-4 热电联产的热力过程
1—新蒸汽；2—汽轮机；3—发电机；4—生产用蒸汽

锅炉生产的新蒸汽，通过背压式汽轮机做功（过程①→②）后，膨胀到 0.98MPa，300.5℃，由管网输送到用户，由用户排出的是 0.98MPa 的饱和水，其焓值为 $h_2'=759$kJ/kg，假定凝结水没有回收，各项指标计算如下：

汽耗率
$$d=\frac{3600}{(h_1-h_2)\times\eta_1\eta_2}=\frac{3600}{251\times0.97\times0.96}=15.40\text{kg/kWh}$$

设锅炉的 45t/h 蒸汽都可用来发电，则发电功率为 $P=45\times10^3/15.40=2922$kW。故选用背压汽轮机的功率为 3000kW，则每千瓦时电的热耗率为

$$q=d(h_1-h_2)=15.40\times251=3865\text{kJ/kWh}$$

每千克蒸汽被用户利用的热量为

$$h_2-h_2'=3054-759=2295\text{kJ/kg}$$

总的能源利用率为

$$\eta=\frac{h_1-h_2'}{h_1-h_1'}\eta_1\eta_2\eta_3\eta_4\eta_5$$

$$=\frac{3305-759}{3305-125.9}\times0.97\times0.96\times0.85\times0.98\times0.95$$

$$=59\%$$

式中　η_1——汽轮机的机械效率；

η_2——发电机效率；

η_3——锅炉热效率；

η_4——管道效率；

η_5——用户热效率；

h_1'——30℃下锅炉补给水的焓值。

2. 热电分产方案

（1）单独供汽方案。通过绝热节流过程使新蒸汽从 3.43MPa、435℃降压、降温至 0.98MPa、419℃（过程①→④），然后将此蒸汽供给用户，由用户排出的是 0.98MPa 下的饱和水。因绝热节流过程是一个等焓过程，故 $h_4=h_1=3305$kJ/kg，系统总的热效率为

$$\eta=\frac{h_4-h_2'}{h_1-h_1'}\eta_3\eta_4\eta_5$$

$$=\frac{3305-759}{3305-125.9}\times0.85\times0.98\times0.95=63.4\%$$

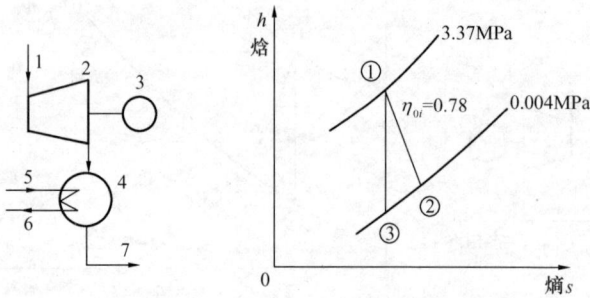

图 3-5 单独发电系统及热力过程

1—来自锅炉的新蒸汽；2—汽轮机；3—发电机；
4—凝汽器；5—循环水；6—去冷却水池；7—凝结水

由此可见，在单独供热的情况下，虽然从能的数量上来看，能源利用率与第一方案比较没有下降，甚至稍有提高，但是却损失了 2922kW 对外做的功。

（2）单独发电方案。来自锅炉的新蒸汽全部用在凝汽式透平中膨胀、做功，其热力过程如图 3-5 所示，过程①→②代表在汽轮机中的膨胀过程。①点对应进汽压力 3.37MPa，①点的焓值 $h_1=3305$kJ/kg，①点的温度 $t_1=435℃$，总之①点的参数与图 3-4 中①点的参数相同。在汽轮机中膨胀终了的压力为 0.0042MPa，状态点②对应的焓值 $h_2=2555$kJ/kg，对应的温度 $t_2=30℃$，此处假定汽轮机的内效率 $\eta_{0i}=0.78$。

汽耗率
$$d=\frac{3600}{(h_1-h_2)\eta_1\eta_2}=\frac{3600}{750\times0.97\times0.96}=5.155\text{kg/kWh}$$

功率为 3000kW 的汽轮机所需汽耗量
$$D=dP=5.155\times2922=15062\text{kg/h}$$

冷凝器损失
$$h_2-h_2'=2555-125.9=2429.1\text{kJ/kg}$$

每发 1kWh 的电力所消耗的热能
$$q=d(h_1-h_2')=5.155\times(3305-125.9)=16388\text{kJ/kWh}$$

系统热效率
$$\eta=\frac{h_1-h_2}{h_1-h_2'}\eta_1\eta_2\eta_3\eta_4\eta_5$$
$$=\frac{3305-2555}{3305-125.9}\times0.97\times0.96\times0.85\times0.98\times0.95=17.4\%$$

该方案虽然汽耗率下降，但总能源利用率仅有 17.4%，远远低于方案 1 的 58%。由此可见，在需要低参数生产用汽的情况下，采用热电联产方案是最经济的。

三、热、电、冷联产技术

热、电、冷联产是指同时发电、供热和供冷的能量转换生产过程。它是在热电厂发电的同时，用汽轮机抽汽供热、制冷，满足用户对电、热、冷负荷的需求。由于供暖负荷只有在冬季才有，夏季用汽量减少，热电厂供汽能力过剩，其节能潜力不能充分发挥。但用户对供冷和降温除湿的要求大增，而压缩式制冷机是用电大户，特别是在用电高峰的夏季，往往会因电力不足而停机。因此，在电力不足而企业又有热源时，用溴化锂吸收式制冷以汽代电优势十分明显。

近年来，空调制冷技术不断地得到改进和发展。人工制冷设备主要有机械压缩式、溴化锂吸收式和蒸汽喷射式三种。由于压缩式制冷机需耗用大量电能，因此应首先考虑使用热源制冷。实际上，用于热、电、冷联产的制冷方式大多采用溴化锂吸收式制冷。从㶲分析的角度来讲，电能是高品位能而热能是低品位能，用热能替代电能来制冷是完全合理的。

溴化锂吸收式制冷的工作原理基于溴化锂水溶液具有的特殊性质：在常温下能强烈地吸

收水蒸气；在高温下又极易释放所吸收的水分；水在真空状态下（约 1.0kPa），具有较低的蒸发温度（约 7℃）。在溴化锂吸收式制冷中，水为制冷剂，溴化锂为吸收溶剂。

溴化锂吸收式制冷机主要由蒸发器、吸收器、发生器和冷凝器 4 部分组成，其制冷过程如图 3-6 所示。在吸收器中的稀溴化锂溶液，由发生器泵经回热器加热送至发生器，该稀溶液在发生器中由热电厂送出的抽汽（或热水）加热，其中水分气化为冷剂水蒸气，进入冷凝器，经冷却水冷却而冷凝为冷剂水。冷剂水经节流器节流降压，进入蒸发器后即迅速吸热蒸发再次成为冷剂水蒸气，致使冷冻水降温，达到制冷目的。为使冷剂水在蒸发器中蒸发均匀，设置蒸发器泵，将其循环喷淋。蒸发器中的冷剂水能够稳定连续蒸发，关键要维持约 1.0kPa 的真空环境，该功能由吸收器完成。在吸收器中，能将蒸发器中刚蒸发的冷剂水蒸气迅速连续地加以吸收，使溴化锂浓溶液变为稀溶液，从而保证稳定的真空度。

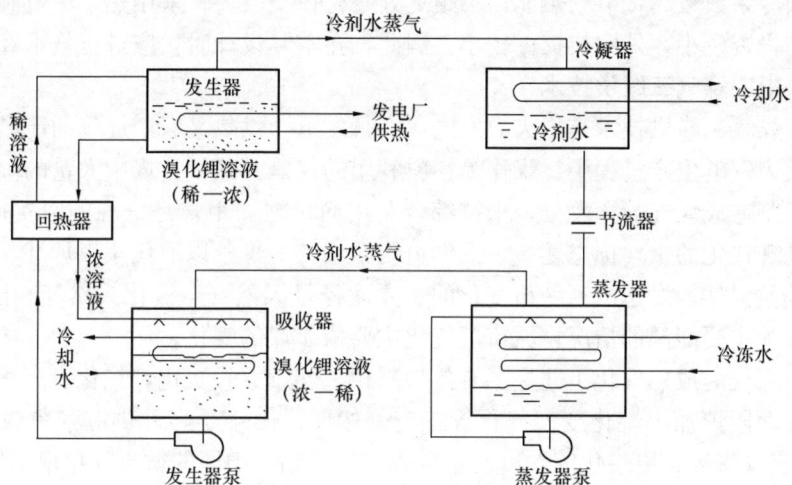

图 3-6 溴化锂吸收式制冷原理流程图

某棉纺织厂采用 SXZ-150 双效溴化锂吸收式制冷机替代氨压缩式制冷机，使吨棉纱电耗从 1360.3kWh 下降到 1306.2kWh，全年空调节电 35.8 万 kWh。具体的技术经济分析比较见表 3-4。

表 3-4 　　　　　　　　　　　两种制冷方式的技术经济比较

项 目	氨 压 缩 机	溴 化 锂 机
型 号	8S-12.5	SXZ-150
数量（台）	3	1
制冷量（kJ/h）	628	628
主机投资（万元）	9.5×3＝28.5	27.5
装机容量（kW）	115×3＋48＝393	11.25
占地面积（m²）	200	150
用电量（kW）	251.52	7.2
用热量（t/h）	—	2.5
节电率（%）		97

区域供热供冷系统分集中式和分散式两种。冷源（制冷机）与热源、发电厂设置在一起，分别由热力网和冷冻水网将热能、冷能输送至用户的为集中式；冷源靠近用户，其发生

器的加热量由热源通过热力网供给，称为分散式。集中式系统适用于供冷范围较小地区；分散式系统适用于供冷规模较大地区。

对于集中式系统，制冷机热媒一般为蒸汽；而分散式系统，制冷机热媒可为蒸汽也可为热水。对于蒸汽制冷。由于蒸汽温度较高，通常采用双效制冷机，制冷系数 ζ 可达 0.9。对于热水制冷，其热水温度一般应高于 110℃，最低不应小于 90℃，通常采用单效制冷机，制冷系数为 0.7。所谓单效、双效，是对发生器而言的。单效制冷机只有一个发生器；双效制冷机由高压和低压两个发生器组成。高压发生器的加热量由热源提供；低压发生器的加热量由高压发生器产生的冷剂水蒸气提供。由于增加了在低压发生器中的冷剂水蒸气量，进而提高了制冷量，即提高了制冷系数。

在区域供热供冷系统的方案设计中，一个重要内容是确定制冷热媒：采用蒸汽双效制冷，优点是制冷系数较高，节约热能，不足之处是初投资较大；采用热水单效制冷，制冷系数较低，但初投资较小，外网热损失较小。因此，在实际设计时，应进行技术经济比较。

四、热、电、煤气三联供技术

热、电、煤气三联供技术是指火力发电厂实行发电、供热又联产煤气的能量转换生产过程。在现有火力发电生产过程中，煤作为燃料利用的仅是其热量。煤中大量的宝贵物质，例如煤炭中易于制造成煤气的挥发分，未被综合利用而付之一炬，是资源的浪费；另一方面，城市气化率是现代化的重要标志之一，人们迫切希望获得煤气以取代小煤炉灶，气化的节能效果和环境效益俱佳。发达国家城市气化的主要途径是天然气、液化天然气和液化石油气。根据中国以煤为主要能源的情况，城市煤气化主要依靠煤的气化。

生产城市煤气的成熟气化工艺主要有焦炉气化、连续立式炭化炉气化、高压富氧鲁奇炉气化、水煤气两段炉加甲烷化变换气化等工艺。然而，由于受煤种供应（焦煤数量、粒度等）、设备投资（富氧、甲烷化等）以及运行费用等限制，中国的城市气化率很低。

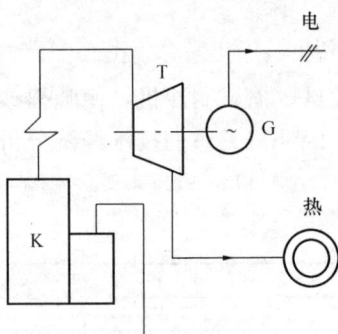

图 3-7　热、电、煤气三联产
工艺流程简图

热、电、煤气三联产工艺实现了煤燃烧之前先经热解制取煤气，达到了综合利用目的，又由于热电联产减少了冷源损失，因而有更高的发电效率。由于三联产中采用了循环流化床煤气-蒸汽联产工艺，其煤种适应性很广，可应用从褐煤到烟煤的各种动力用煤，所用煤的粒度小于 15mm，无需使用焦煤及块煤。所产煤气（标准状况）热值大于 12600kJ/m³（＞3000kcal/m³），CO 含量小于 12%，无需经过变换可直接作城市煤气用。

图 3-7 中所示为热、电、煤气三联产工艺流程简图。图中 K 为煤气蒸汽联产炉，T 为蒸汽透平。其发电、供热系统与常规的热电联产相同，所不同的是由循环流化床煤气蒸汽联产炉代替常规电站的锅炉，用以联产煤气。

煤气蒸汽联产炉主要由循环流化床燃烧室、流化床（或移动床）气化室和高温分离器组成。煤被破碎到一定粒度，例如粒度小于 3.2mm，进入气化室，并在厌氧条件下热解气化，生成煤气和半焦。煤气经净化处理后送往储气柜储存，供应城市煤气，半焦送回燃烧室燃烧。热解气化温度根据煤种不同，在 650～800℃范围内变化。为了保证半焦的燃尽率和热解气化温度，组织了从燃烧室经高温分离器、气化室返回燃烧室的大量热（细）物粒循环，即组织起循环流化床燃烧和流化床气化工艺。燃烧室温度控制在 850～950℃，以利于脱硫及低 NO_x 排放。

五、燃气—蒸汽联合循环

由燃气轮机与汽轮机共同组成的联合循环，是布雷顿（Brayton）循环与朗肯（Ran-kine）循环的组合。此循环中，汽轮机的蒸汽通常是以燃气轮机的排气作为高温热源加热产生的。燃气-蒸汽联合循环装置是动力界普遍采用的一种总能系统，它把两种不同工作温度区间的动力循环联合在一起，得到了更高的效率。燃气轮机在高温区工作，循环的最高工作温度已超过 1250℃；但排气温度高达 500℃ 左右，放热损失太大。汽轮机能在较低温度区工作（冷凝式汽轮机可在接近环境温度下排热），但蒸汽最高工作温度一般不超过 630℃，大大低于燃烧各种燃料所能达到的最高温度，远远没有利用好高温区的工作能力。所以这两种动力循环单独运行时，供电效率最高也只有 40% 上下。如果把这两种循环联合起来各在自己合适的温度区间工作，即使仍然用原有的燃气轮机和汽轮机装置而不做重大改动，也可以获得较高的效率。以燃油或天然气为燃料的燃气-蒸汽联合循环装置，其供电效率一般都在 45% 以上，最好的已超过 55%。

各种燃气-蒸汽联合循环中，实用最多、效率最高的是余热锅炉型联合循环。其基本流程和在温-熵坐标图上理想循环的示意见图 3-8 和图 3-9。图 3-8 中的 1～9 表示与图 3-9 中温-熵坐标相对应。

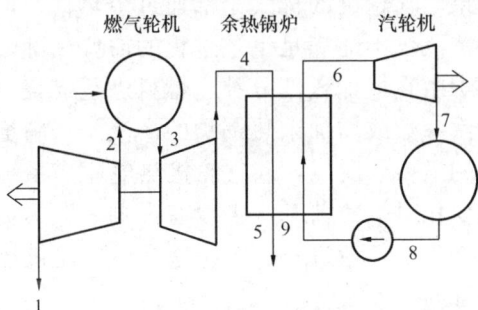

图 3-8　常规联合循环流程

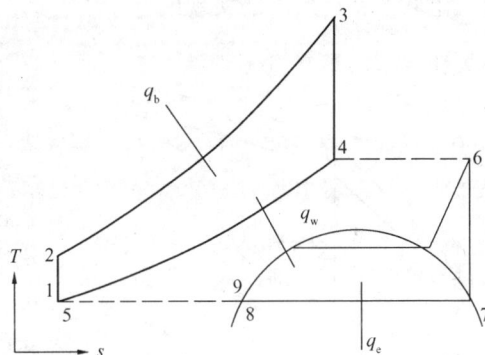

图 3-9　常规联合循环理想温-熵坐标

燃气轮机排气通过余热锅炉产生蒸汽供汽轮机之用，两个循环的结合点是余热锅炉，故得此名。图中燃气与蒸汽循环都是最简单的布置，实际上都可以复杂化以提高效率，如图 3-10 所示。

燃气轮机热电联产系统国外常称为"总能系统"。所谓"总能系统"，即从单一的原动机产生一个地区或一种工艺流程所需要的全部能量，也就是原动机可以按照比例同时提供电力和热量。如果在燃气轮机的排气管路上加一台余热锅炉，将燃气轮机的排气通入余热锅炉，产生工艺

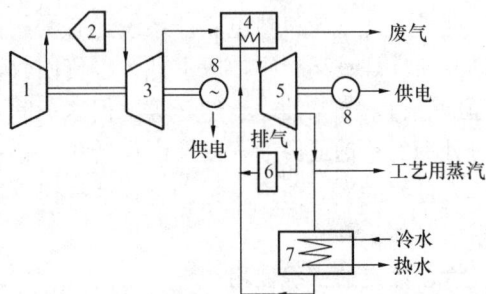

图 3-10　燃气-蒸汽联合循环热电联产流程

1—压气机；2—燃烧室；3—燃气轮机；4—废热锅炉；
5—蒸汽轮机；6—冷凝器；7—热交换器；8—发电机

过程用蒸汽或供暖蒸汽，便构成燃气轮机热电联产系统，如图 3-11 所示。

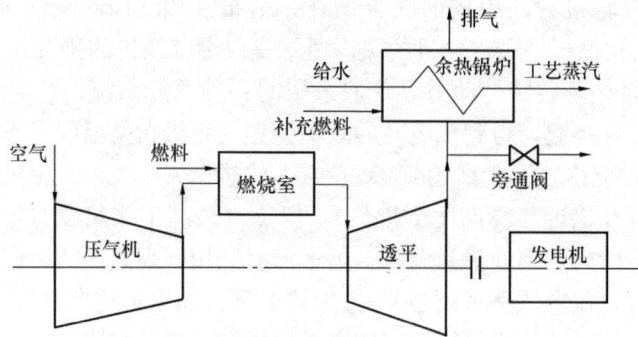

图 3-11　燃气轮机热电联产系统

燃气轮机发电机组的排气全部通过余热锅炉，所能提供的热能约为输出电力的两倍。当热负荷比较低时，可以旁通掉一部分燃气轮机的排气，以减少供热量。当热负荷为零时，可以使燃气轮机的排气全部旁通掉，仍能保持正常供电，发电效率可以维持不变，这是一般汽轮机热电联产系统所不能实现的。

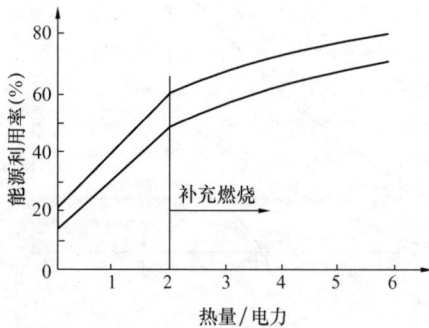

图 3-12　系统的能源利用率
与热量/电力比的关系

如果燃气轮机的排气全部通过余热锅炉，所产生的蒸汽仍不能满足工艺过程的需要，可以向余热锅炉中直接加入部分补充燃料进行燃烧，以提高蒸汽参数或增加余热锅炉的产汽量，满足工艺过程的需要。所以，燃气轮机热电联产系统的热负荷变化对电负荷基本上没有影响，即热负荷可以独立于电负荷进行调节。这是燃气轮机热电联产系统的一大优点。

燃气轮机热电联产系统的热负荷增加，表示燃气轮机排气余热的利用程度提高，因此，整个系统的能源利用率也随之提高。图 3-12 所示为该系统的能源利用率与热量/电力比的关系。

此外，燃气轮机热电联产系统还有结构简单、投资少、安装建造周期短、排气污染少、机动灵活性好、运行维护成本低、投资回收快等优点。目前存在的唯一问题是该系统需要烧干净的燃料，如柴油、天然气等。但这一问题是可以解决的，现在有许多燃气轮机已经能烧经过处理的重油或原油，以及由煤转化的各种中、低热值煤气。所以，燃气轮机热电联产系统具有良好的发展前途，特别是在油气田、海上采油平台、边远地区和环境需要特别保护的风景区等地。

六、蒸汽的梯级使用

1. 蒸汽串用

根据不同加热设备和工艺对蒸汽压力的要求，采取蒸汽串用是工业蒸汽按质利用的一个重要措施。图 3-13 所示为木材加工厂的蒸汽串用示意。锅炉生产的高压（2.5MPa）新蒸汽首先用于木材热压设备，排出的蒸汽再逐级应用于各级烘干设备和生产设施。这个蒸汽套用系统，比分别使用新蒸汽可节汽 15%～20%，相当于节约标准燃料 10% 以上。

2. 多效蒸发

在化工、石油、制药、轻工等行业中，较多采用蒸发工艺使溶液中的溶剂汽化，以提高溶液的浓度或使溶质析出。

蒸发过程是复杂的传热和传质过程，溶剂由液态变成气态，需要吸热且立刻排除，否则，蒸汽与溶液达到平衡状态，使蒸发不能进行，故要不断地供应蒸发器热量，同时要及时排出溶剂蒸汽。

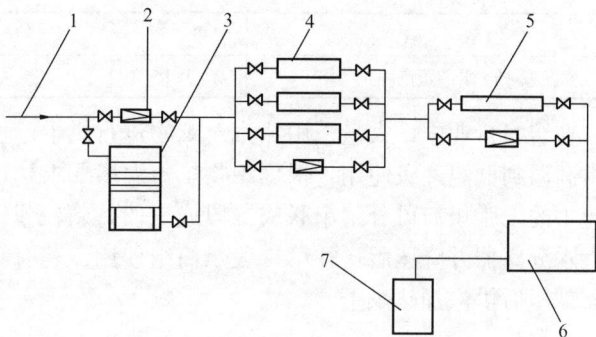

图 3-13　木材加工蒸汽套用系统示意
1—新蒸汽；2—减温减压装置；3—热压机；4—高温干燥机；
5—低温烘干机；6—烘房；7—生活用汽设施

工业上被蒸发的溶液多为水溶液，蒸发后的溶剂是水蒸气，为与加热蒸汽及凝结水的二次蒸汽相区别，将前者简称为水蒸气，水蒸气具有很大的热量，这部分热量可以在本身蒸发系统中加以利用和重复使用。具体措施是将其引入下一个压力较低的蒸发器作为加热蒸汽，以减少新蒸汽的耗量。这种多个蒸发器的串联系统，通常称作多效蒸发系统。

化工厂蒸发原料液要耗用较多的加热蒸汽，往往占全厂蒸汽总耗量的 70% 左右。为了节约用汽，经常采用多效蒸发系统。图 3-14 所示为某化工厂的三效蒸发系统示意。

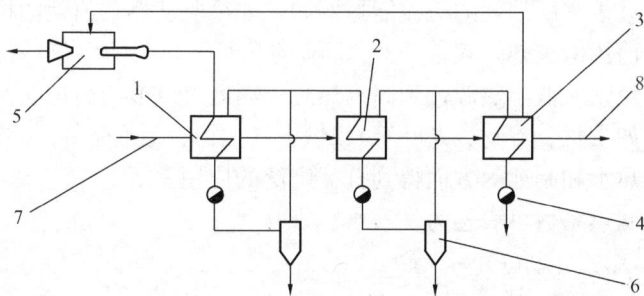

图 3-14　三效蒸发设备带蒸汽喷射压缩系统示意
1、2、3—一效、二效、三效蒸发器；4—疏水器；5—泵；
6—扩容分离器；7—原料液进蒸发器；8—完成液出蒸发器

三个蒸发器采用串联系统，原料液首先进入第一效蒸发器，并供入新蒸汽。为了节约蒸汽，生产中有将第三效产生的水蒸气通过喷射泵与新蒸汽混合后供入第一效蒸发器的。利用第一效蒸发器中原料液的水蒸气及凝结水产生的二次蒸汽作为加热热源供入第二效蒸发器。原料液在第二效蒸发器中进一步被浓缩，产生的更浓原料液送入第三效做最后处理，而水蒸气与二次蒸汽对第三效蒸发器继续加热。最后，在第三效蒸发器中，料液被加工成合格的产品，凝结水被回收，料液产生的低压水蒸气被送至第一效蒸发器。

多效蒸发器系统中，各效（除末效外）蒸发器的料液水蒸气及凝结水二次蒸汽都作为下一效蒸发器的热源，这样就节省了加热蒸汽的耗量，使热量得到重复使用，对于相同的料液总蒸发来说，采用多效时所需的加热蒸汽消耗量将远小于单效蒸发器。各效蒸发器加热蒸汽消耗量的经验值示于表 3-5。

表 3-5   各效蒸发器加热蒸汽耗量

效 数	单 效	双 效	三 效	四 效	五 效
每蒸发 1kg 水的蒸汽耗量（kg）	1.1	0.54	0.35	0.25	0.22

在纺织行业中，大量采用蒸汽对织物进行烘干。可以将多个烘筒式干燥机进行串联，蒸汽由高温到低温逐级使用，根据织物烘干温度要求，可使其与蒸汽的流程同向或逆向。造纸行业中的纸张烘筒可分组串联成二段或三段，新汽供入第一段（高压段）；第一段的排汽通过汽水分离器并降压后送往第二段烘筒组使用。若有第三段，同样通过前一段排汽的汽水分离器减压后供汽加热烘干。

第三节　余热利用新技术

一、热泵

当前热能利用中的突出浪费是"降级使用"，即普遍把煤炭、石油、天然气直接燃烧，来取得所谓低温热介质，以用于采暖、空调、生活用热水及造纸、纺织、食品、医药等工业部门。在工业生产中会产生大量的低温余热，未经充分利用而排到周围环境中，不但使大量的低温余热被白白浪费，对环境也会造成不利影响。

热力学第二定律揭示了热量只能自发地从高温物体传递到低温物体，但不能自发地沿相反方向进行传递，即指出了只有靠消耗一定能量（如机械能、电能）或使一定能量的能位降级，才能使热量由低温热源传递到高温热源。这种利用逆向热力学循环将热量从低温热源转移到高温热源的装置，称作热泵。恰当地运用热泵，就可以把低品位热能（如空气、土壤、水中所含的热能、太阳能、工业废热等）转换为可以利用的高品位热能。热泵虽然消耗了一定的高位能，但热泵的供热量却远大于它所消耗的机械能，例如，如果驱动热泵消耗的机械能为 1kW，则供热量为 3~4kW，而用电加热，仅能产生 1kW 的热量。热泵的供热一部分是由机械能转换而来，另一部分热量则从低温热源传到高温热源，因此可以节约高位能。

热泵已在采暖、空调、干燥（如木材、谷物、茶叶等）、烘干（如棉、毛纸张等）、食品除湿、电机绕组无负荷时防潮、加热水和制冰等方面得到日益广泛的应用。

按逆卡诺循环运行的热泵，其制热系数可表达为

$$\text{COP}_{(h)}^{\max} = \frac{Q}{W} = \frac{T_2}{T_2 - T_1} \tag{3-6}$$

式中　T_1——低温热源（蒸发器中吸热）的绝对温度，K；

　　　T_2——高温热源（冷凝器中放热）的绝对温度，K；

　　　Q——向外供出的热量，kJ/h；

　　　W——循环所消耗的外功，kJ/h。

实际热泵循环的制热系数为

$$\text{COP}_{(h)} = \eta \text{COP}_{(h)}^{\max} \tag{3-7}$$

式中　η——热泵有效系数，一般为 0.45~0.7，概算时可取为 0.6。

（一）热泵的分类

热泵按其工作原理可分为压缩式热泵、吸收式热泵、化学式热泵三大类。化学式热泵是近年来正在研究的一种装置，目前还处于探索、研究阶段，它的工作原理是利用两个可逆的

化学反应，使部分低品位热能转换成高品位热能。还有一种热电式热泵，它利用具有热电效应的材料［热电偶冷结点补偿的实现是利用 Seebeck（塞贝克）效应，为热能转换为电能的过程；Peltier（珀耳帖）效应与此相反，为电能转换成热能的过程］，既可以用来发电又可以制冷，而且装置结构紧凑，没有移动件，工作时无噪声，寿命长，无污染等，其应用领域非常广泛。

（二）压缩式热泵

压缩式热泵按其介质的循环方式可分为开式热泵和闭式热泵。不同类型热泵的工作原理是不相同的，压缩式热泵按其工作原理又可分为机械压缩式和蒸汽喷射压缩式两种。视带动压缩机的原动力不同，又可分为电动热泵、燃气轮机热泵和柴油机热泵，其中电动热泵应用最广。

1. 机械压缩式热泵的工作原理

低温蒸汽通过压缩机吸收外功后，提高其温位者称机械压缩式热泵。由于压缩机的压缩比一般都比较大，故余热温位可以得到较大提高。这种热泵属温度提高型热泵，其工作原理如图 3-15 所示。机械压缩式热泵的主要部件有蒸发器 2、压缩机 3、冷凝器 4、膨胀阀（节流阀）6 等。所用循环工质均为低沸点介质，如氟利昂、氨等。机械压缩式热泵系统的工作过程如下：低沸点工质流经蒸发器时蒸发成蒸汽，此时从低温位处吸收热量，来自蒸发器的低温低压蒸汽，经过压缩机压缩后升温升压，达到所需温度和压力的蒸汽流经冷凝器，在冷凝器中，将从蒸发器中吸取的热量和压缩机耗功所相当的那部分热量排出。放出的热量 Q 就传递给高温热源 5，使其温位提高。蒸汽冷凝降温后变成液相，流经节流阀 6 膨胀后，压力继续下降，低压液相工质流入蒸发器，由于沸点低，因而很容易从周围环境吸收热量而再蒸

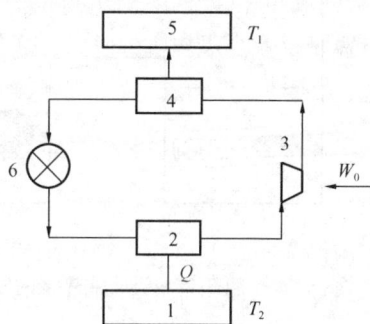

图 3-15　机械压缩式热泵的工作原理图
1—低温热源；2—蒸发器；3—压缩机；
4—冷凝器；5—高温热源；6—节流膨胀阀

发，又形成低温低压蒸汽，如此循环往复不断，就能使低温热量连续不断地传递到高温热源处，以满足工艺和其他方面的需要，从而使难以直接利用的低温位热能得到有效的利用，达到节能目的。

2. 蒸发喷射压缩式热泵

蒸汽喷射压缩式热泵是利用高温位热量 Q_H（温度 T_1）为代价，通过蒸汽喷射器，将低温热源 Q_L 的温度 T_2 提高到用户所需要的热位 Q（温度 T），其工作原理如图 3-16 所示。

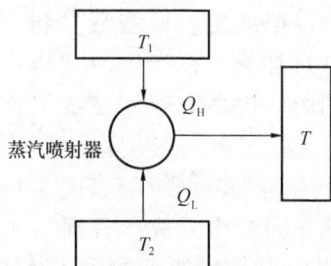

图 3-16　蒸汽喷射压缩式热泵

这种热泵可取得较好经济效益，除喷射器造价低、操作简便外，作为高温热源的动力蒸汽通常为 5～15 MPa，在此压力范围内的蒸汽，一般中小型企业都有，有的甚至还节流降压，有效能量未做功而降级使用，造成浪费。若用此高温热源通过蒸汽喷射压缩式热泵，可使低温位余热获得充分利用。喷射式热泵装置最大特点是没有（或很少）有转动部件，这是机械压缩式热泵所做不到的。

（三）吸收式热泵

　　吸收式热泵是利用吸收液（通常用溴化锂）吸收水蒸气时的发热作用而工作的，其热传递原理是非挥发性物质溶解水时沸点上升。吸收式热泵的原理见图 3-17。

　　图 3-18 所示为吸收式热泵的系统图。工作介质是两种流体的混合物，一种是挥发性的冷冻剂，另一种是液态吸收剂。冷冻剂在蒸发器中吸热蒸发，经过中间冷却器进入吸收器，在吸收器中冷冻剂蒸气被吸收剂吸收成为浓溶液，并放出溶解热 Q，然后该溶液经泵升压后，通过换热器进入发生器。向发生器中加入热量 Q，使溶液中的冷冻剂蒸发，与吸收剂分离。剩下的冷冻剂在吸收剂中的稀溶液，经换热器降温和经节流阀减压后，返回吸收器，完成了吸收剂的循环。冷冻剂蒸汽离开发生器后进入冷凝器，向冷却介质放出热量 Q 后冷凝成液态。然后，液态冷冻剂经中间冷却器进一步降温和经节流减压后进入蒸发器，开始一次新的循环。

　　由于浓度-压力曲线的不同，吸收式热泵又可分为如下两种。

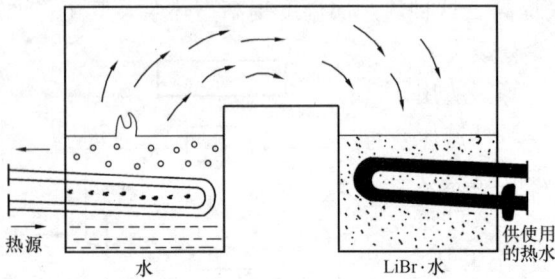

图 3-17　吸收式热泵的原理

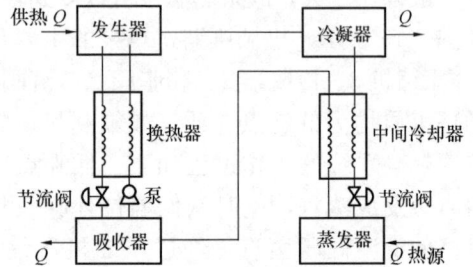

图 3-18　吸收式热泵系统图

1. 第一种吸收式热泵

　　这种热泵与常规的吸收式制冷机相同，是以蒸汽或燃料加热发生器，利用难以利用的低温热源生产热水。也就是说通过消耗一部分高温热量将低温热量的温度提高到可以利用的程度，最高可达 90℃。这种热泵所获得的热量包括消耗的热量，其性能系数大于 1（见图3-19）。

　　在图 3-19 中，首先蒸发器内的喷洒装置把冷介质（水）喷洒在传热管上，吸收管内流过的热源水的热量而汽化。另一方面，吸收器内的喷洒装置把溴化锂浓溶液喷洒在传热管上，吸收管表面上的冷介质蒸汽——溴化锂变成稀溶液，此时，产生的吸收热把供使用的水加热到接近吸收管表面冷介质温度。然后，把溴化锂稀溶液送到发生器进行加热，在产生冷介质蒸汽的同时，提高浓度而变成溴化锂浓溶液。另外，发生器内所产生的介质蒸汽，在冷凝器内进一步加热，同时冷凝成冷介质后再流回蒸发器。与压缩式热泵相同，蒸发器回收余热，在吸收器和冷

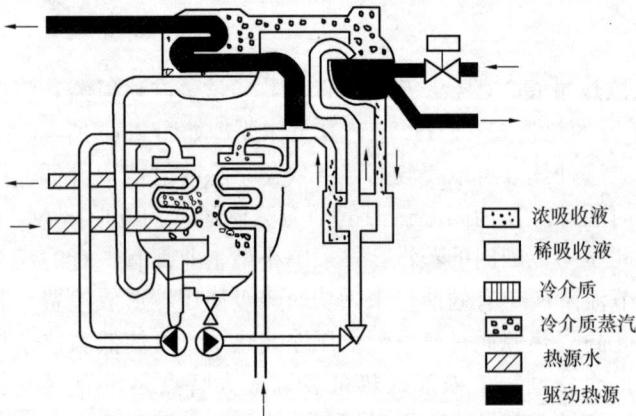

　　□ 浓吸收液
　　□ 稀吸收液
　　▥ 冷介质
　　▨ 冷介质蒸汽
　　▨ 热源水
　　■ 驱动热源

图 3-19　第一种吸收式热泵流程图

凝器中取出有用能。

评价第一种吸收式热泵节能效果用的性能系数 COP 由式（3-8）表示

$$COP = (Q_e + Q_g)/Q_g = 1 + Q_e/Q_g$$

(3-8)

式中　Q_g——发生器加入热量；

　　　Q_e——蒸发器加入热量。

第一种吸收式热泵具有水的温升范围大的特点，所以这种热泵用于取代热水供应系统或锅炉补给水加热系统或用于锅炉给水的预热处理是较为理想的，其工作原理见图3-20。

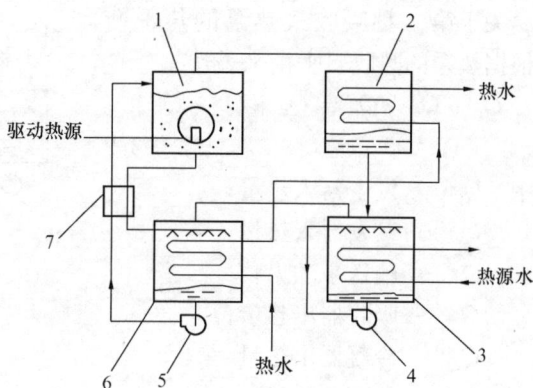

图 3-20　第一类吸收式热泵的工作原理

2. 第二种吸收式热泵

第二种吸收式热泵的循环与第一种热泵的循环相反。此类热泵能有效利用的热水，只是从吸收器中获得，而且不必使用工作热源。也就是说，这种热泵不需要消耗高温热能就能使低温热量的温度有所提高。但是，一部分无法利用的热能必然放弃，因此与第一种热泵相反，其性能系数小于1。第二种热泵循环如图3-21所示。

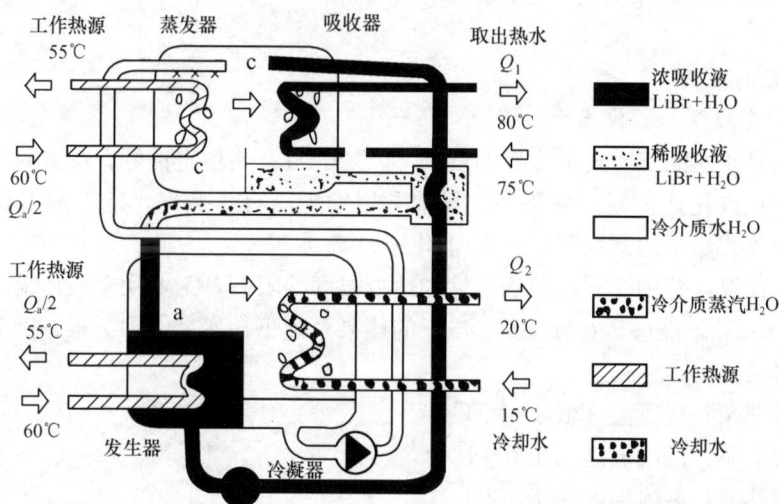

图 3-21　第二种吸收式热泵流程图

首先，溴化锂稀溶液流入发生器，由传热管内流过的余热水或余热蒸汽对其加热而产生冷介质蒸汽，因而吸收液的浓度提高，变成溴化锂浓溶液流入。然后，流入发生器中的吸收液储液器，再由泵送入吸收器。另一方面，所产生的冷介质蒸汽在冷凝器内由冷却水冷凝成冷介质液后，由泵送入蒸发器。该冷介质液，由喷洒装置喷洒到传热管上，被管内流过的余热水或余热蒸汽加热蒸发后，再流向吸收器。

溴化锂浓溶液被送到吸收器内的喷洒装置中，由此喷洒到传热管上，吸收从蒸发器来的冷介质蒸汽，导致溴化锂浓度降低，同时产生吸收热，其工作原理见图3-22。

关于第二种吸收式热泵的热平衡，可根据热泵的热收支平衡来表达

$$Q_g + Q_e + Q_p = Q_a + Q_c + Q_L \qquad (3-9)$$

式中 Q_g——发生器入热量；

Q_e——蒸发器入热量；

Q_p——输送泵动力；

Q_a——吸收器出热量；

Q_c——冷凝器出热量；

Q_L——热泵散热量。

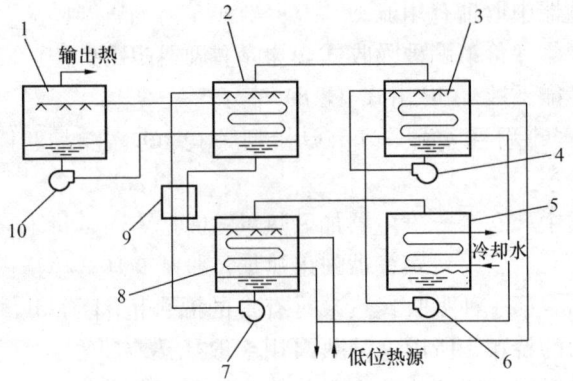

图 3-22 第二类吸收式热泵的工作原理

在式（3-9）中，因 Q_p 和 Q_L 这两部分热量比较小，可忽略不计，则以热平衡式（3-9）可写为

$$Q_g + Q_e = Q_a + Q_c \qquad (3-10)$$

由于这种热泵在输入余热水之类的热量时，只能从吸收器获得有效利用的热量。因此，有效利用的热量与加入热量的比值所得出的性能系数小于 1，即

$$COP = \frac{Q_a}{Q_e + Q_g} = 1 - \frac{Q_c}{Q_e + Q_g} \qquad (3-11)$$

第二种吸收式热泵输入的热量是余热水或余热蒸汽，此类热泵应用到生产工艺过程中有很大价值。

（四）热泵的应用

1. 热泵的工质及其工作温度范围

压缩式热泵使用的工质要求临界温度高（>120℃）；热稳定性好，高温时不分解；与润滑剂不起反应；汽化热大；比体积小。目前常用的工质有水蒸气，冷冻剂 R12、R114，含氯烷烃等。吸收式热泵的常用工质有水-溴化锂、氨-水等。

热泵的工作温度范围受其高温稳定性和冷凝温度的限制，工业用蒸汽压缩式热泵的最高温度为 120～130℃，能够运行在 160℃ 以下的热泵系统正在研究之中。根据冷凝器工作温度可以将热泵分为三类。

（1）低温热泵：冷凝温度低于 100℃。

（2）中温热泵：冷凝温度为 100～130℃。

（3）高温热泵：冷凝温度高于 130℃。

2. 热泵的应用实例

工业中存在着大量的低温余热，如蒸发、蒸馏过程中的低温蒸汽，来自退火、热处理、淬火油槽、电焊机、空气压缩机的冷却水，用于计算机房、消毒器、灭菌器的冷却塔水等。要回收利用这些低温余热，可以用换热器，也可以用热泵。但应用换热器时，供热温度必须低于热源温度；应用热泵时，供热温度却可高于热源温度，即热泵可以升高余热的品位进行供热，这是热泵的一大特点。

工业上应用热泵供热时，一般应具备下述条件：有适当的余热可以利用；供热温度和余热温度的温差不太大；供热温度不太高，对于闭式压缩热泵系统应低于 120℃，但用水蒸气为工质的开式热泵系统可高达 250℃。下面举几个闭式热泵系统的例子。

（1）建筑物空调。图 3-23 所示
为用于建筑物空调的热泵系统图。由
于热泵循环本身是制冷循环，所以该
系统冬天可用来加热，夏天可用来冷
却，只需适当切换阀门。用作加热
时，换热器代替冷凝器向循环空气放
热；用作冷却时，换热器代替蒸发器
从循环空气吸热。如该系统用于加
热，总体制热系数 COP＝3.5 左右，
当室外环境温度为－10℃时为 2.5 左
右，即比直接用电力加热效率要高
2.5～3.5 倍。国外产品要再高一些。

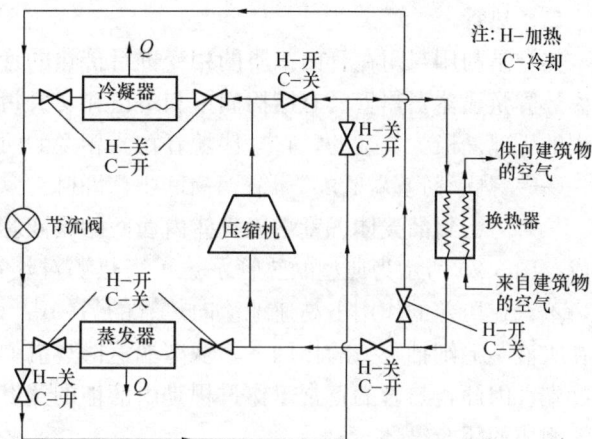

（2）用于干燥过程。在热泵用于

图 3-23　热泵用于空调的系统图

木材干燥过程的系统中，热空气进入干燥室使物料干燥，吸收大量水分后排出。一般干燥系
统为了降低循环空气的湿度，需要将一部分潮湿的热空气排掉，再吸入一些新鲜空气，因而
损失了不少热能。应用热泵以后，可以让一部分湿空气通过热泵的蒸发器，使温度降到露点
以下（蒸发温度 25℃），空气中的水汽凝结并被去除。剩下的大部分湿空气进入热泵的冷凝
器加热（冷凝器温度 70℃），然后，加过热的空气和已去湿的空气相混合，再进行一次新的
干燥循环。偶尔也利用加热器做一点补充加热。通过冷凝器的空气流量比通过蒸发器的空气
流量大，这减少了冷凝器和蒸发器之间的温差，可改善热泵的性能系数。

（3）利用热泵产生蒸汽。国际研究及发展有限公司（IRD）制成了由发动机驱动的高
温工业热泵，它能从 60～80℃ 的废液中吸收热量，产生 110℃ 的蒸汽。发动机耗能
242kW，获得的蒸汽能量为 358kW。图 3-24 所示为这种热泵的系统图。用发动机直接驱
动，可以利用发动机排气和冷却的热量。与用电动机驱动的热泵相比，减少了由机械能
变换成电能和由电能再变换成机械能的两次转换损失，故统一折算到一次能源消耗时，
由发动机直接驱动的热泵性能系数比较高。图 3-24 还标出了系统中各部位的温度和传递
能量的数据。

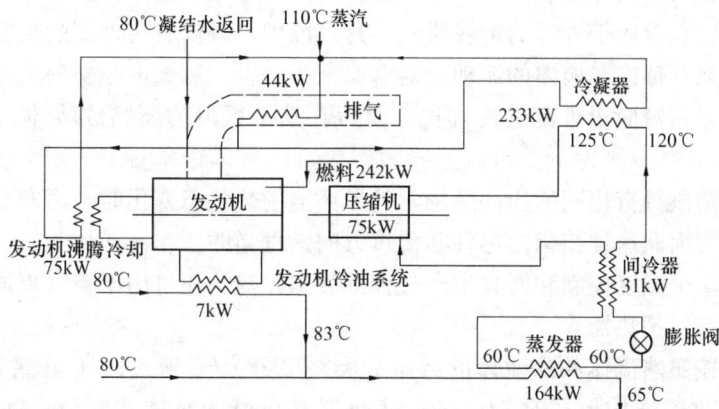

图 3-24　用发动机驱动的热泵系统图

二、热管

热管是利用封闭在管内工质的相变进行传热的管状换热元件，由多根热管组成的换热装置称热管换热器，热管具有结构简单和不存在交叉污染等特点，但是热管的物理过程和流动过程的机理是极为复杂的，它是伴随着物质相变的两相流动传热传质过程。

（一）热管的基本原理

热管由密封的壳体、紧贴于壳体内表面的吸液芯和壳体抽真空后封装在壳体内的工作液组成。图 3-25 所示为典型的热管示意。当热源对热管的一端加热时，工作液受热沸腾而蒸发，蒸汽在压差的作用下高速地流向热管的另一端（冷端），在冷端放出潜热而凝结。凝结液在吸液芯毛细抽吸力的作用下，从冷端返回热端。如此反复循环，热量就从热端不断地传到冷端。因此，热管的正常工作过程是由液体的蒸发、蒸汽的流动、蒸汽的凝结和凝结液的回流组成的闭合循环。

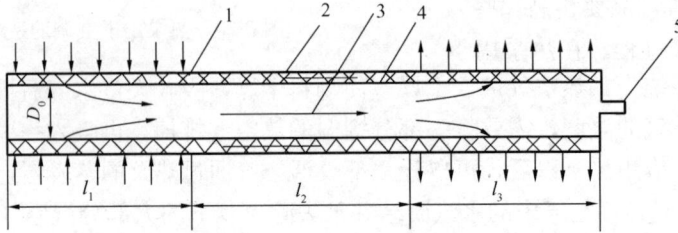

图 3-25　热管的工作原理

1—壳体；2—液体；3—蒸汽；4—吸液芯；5—充液封口管；

l_1—加热段（蒸发段）；l_2—绝热段（传热段）；l_3—冷却段（凝结段）

从热管与外界的换热情况来看，可将热管分成三个区段。

（1）加热段：热源向热管传输热量的区段。

（2）绝热段：外界对热管没有热量交换的区段，这一段并不是所有热管都必需的。

（3）冷却段：热管向冷源放出热量的区段，即为热管本身受到冷却的区段。

从热管内部工质的传热传质情况来看，热管也可分为三个区段。

（1）蒸发段：它对应于外部的加热段。在这一段中，工作液体吸收热量而蒸发成蒸汽，蒸汽进入热管内腔，并向冷却段流动。

（2）输送段：它对应于外部的绝缘段。在这一段中，既没有与外部的热交换，也没有液汽之间的相变，只有蒸汽和液体的流动。

（3）凝结段：它对应于外部的冷却段。蒸汽在这个区段内凝结成液体，并把热量传给冷源。

蒸发段和凝结段具有相同的内部结构，外界环境的热状态变化时，蒸发、凝结两个工作段完全可以互换，因此这种结构的热管其传热方向是可逆的。

常温热管运用于温度控制和回收生产过程的废热。热管还可用于空气干燥器、加热、通风、空调设备和空气预热器等。

热管换热器按照热流体和冷流体的状态分类，可分为气-气式、气-液式、液-液式、液-气式；从热管换热器结构形式来看，热管换热器又可分为整体式、分离式、回转式和组合式。

（二）热管的特性

热管具有许多优良的性能。

1. 极好的导热性能

热管利用了两个换热能力极强的相变传热过程（蒸发和凝结）和一个阻力极小的流动过程，因而具有极好的导热性能。相变传热只需要极小的温差，而传递的是潜热。一般潜热传递的热量比显热传递的热量大几个数量级。因此在极小的温差下热管可以传输极大的热量。

2. 良好的均温性

热管内腔的蒸汽处于汽液两相共存状态，是饱和蒸汽。此饱和蒸汽从蒸发段流向凝结段所产生的压降甚微，这就使热管具有良好的均温性。热管的均温性已在均温炉和宇航飞行器中得到了应用，另外也可以通过热管来均衡机床的温度场，减少机床的热变形，提高机床加工精度。

3. 热流方向可逆

热管的蒸发段和凝结段内部结构并无不同，因此当一根有芯热管水平放置或处于失重状态时，任何一端受热，则该端成为加热端，另外一端向外散热就成为冷却端。若要改变热流方向，无需变更热管的位置。热管的这种热流方向的可逆性为某些特殊场合的应用提供了方便，如用于某些需先放热后吸热的化学反应，或用于室内的空调。在冬天换气时，热管式空调器通过热管利用排出室外的热空气加热从室外吸入的新鲜冷空气；由于热管传热方向的可逆性，夏天吸入的新鲜空气又被排往室外的冷空气冷却。同一种设备两种用途，起到自动适应环境变化的目的。而重力热管则无此性能。

4. 热流密度可变

在热管稳定工作时，由于热管本身不发热，不蓄热，不耗热，所以加热段吸收的热量 Q_1 应等于冷却段放出的热量 Q_2。若加热段的换热面积为 A_1，冷却段的换热面积为 A_2，则它们的热流密度分别为 $q_1 = \dfrac{Q_1}{A_1}$，$q_2 = \dfrac{Q_2}{A_2}$；因为 $Q_1 = Q_2$，由此得 $q_1 A_1 = q_2 A_2$，这样通过改变换热面积 A_1 和 A_2 即可改变热管两工作段的热流密度。

有些场合需要将集中的热流分散冷却，如某些电子元件体积很小，工作时发热强度高达 $500 \mathrm{W/cm^2}$，即加热端换热面积很小，热流密度很高。若采用空气冷却，冷却段只能达到很小的热流密度。若采用热管，只需将冷却段换热面积加大即可较好地解决这一矛盾。

另外利用热管的上述性质，加大加热段的换热面积也可以把分散的低热流密度收集起来变为高热流密度供用户使用。热管太阳能集热器就是应用了这一原理制成的。

5. 适应性较强

与其他换热元件相比，热管有较强的实用性，表现在以下几点：

（1）无外加辅助设备，无运动部件和噪声，结构简单、紧凑，质量轻。

（2）热源不受限制，高温烟气、燃烧火焰、电能、太阳能都可以作为热管热源。

（3）热管形状不受限制，形状可以随热源、冷源的条件及应用需要而改变。除圆管外，还可以做成针状、板状等各种形状。

（4）既可用于地面（有重力场），又可用于空间（无重力场）。在失重状态下，吸液芯的毛细力可使工作液回流。

（5）应用的温度范围广，只要材料和工作液选择适当，可用于 $-200 \sim 2000℃$ 的温度范围。

（6）可实现单向传热，即只允许热向一个方向流动的所谓"热二极管"。如依靠重力回流工作液的无芯重力热管（热虹吸管），其热源只能在下端，产生的热蒸汽在上端凝结后，工作液靠重力回流到下端，即热只能由下端传至上端，反向传热则不可能实现。

（三）热管的类型

热管的类型很多，通常按工作温度、工作液回流方式或热管形状不同进行分类。

1. 按工作温度分类

（1）极低温热管：工作温度低于−200℃。

（2）低温热管：工作温度为−200～50℃。

（3）常温热管：工作温度为 50～250℃。

（4）中温热管：工作温度为 250～600℃。

（5）高温热管：工作温度高于 600℃。

应根据热管的工作温度范围选用工作液，保证工作液处在汽液共存的范围内，否则热管不能运行。表 3-6 给出了热管常用的工作液与使用温度范围。

表 3-6   热管常用的工作液与使用温度范围

工作液	熔点（℃）	10^5Pa 下沸点（℃）	工作温度范围（℃）	工作液	熔点（℃）	10^5Pa 下沸点（℃）	工作温度范围（℃）
氦	−272	−269	−271～269	庚烷	−90	98	0～150
氮	−210	−169	−203～160	水	0	100	30～320
氨	−78	−33	−60～100	导热姆 A	12	257	150～395
氟利昂-11	−111	24	−40～120	汞	−39	361	250～650
戊烷	129.75	28	−20～120	铯	29	670	450～900
氟利昂-113	−35	48	−10～100	钾	62	774	500～1000
丙酮	−95	57	0～120	钠	98	892	600～1200
甲醇	−93	64	10～130	锂	179	1340	1000～1800
乙醇	−112	78	0～130	银	960	2212	1800～2300

2. 按工作液回流的原理分类

按工作液回流的原理，主要可以分为以下几类：

（1）内装有吸液芯的有芯热管。吸液芯是具有微孔的毛细材料，如丝网、纤维材料、金属烧结材料和槽道等。它既可以用于无重力场的空间，也可以用在地面上。在地面重力场中它既可以水平传热，也可以垂直传热，传热的距离取决于毛细力的大小。

（2）两相闭式热虹吸管，又称重力热管。它是依靠液体自身的重力使工作液回流的。这种热管制作方便，结构简单，工作可靠，价格便宜。但它只能用于重力场中，且只能自下向上传热。

（3）重力辅助热管。重力辅助热管是有芯热管和重力热管的结合，它既依靠吸液芯的毛细力又依靠重力来使工作液回流到加热段。只限于在地面上应用，加热段必须放在下部，在倾角较小时用吸液芯来弥补重力的不足。

（4）旋转热管。热管绕自身轴线旋转，热管内腔呈锥形，加热段设在锥形腔的大头，冷却段设在锥形腔的小头。在冷却段被凝结的液体依靠离心力的分力回流到加热段，其工作原理如图 3-26 所示。

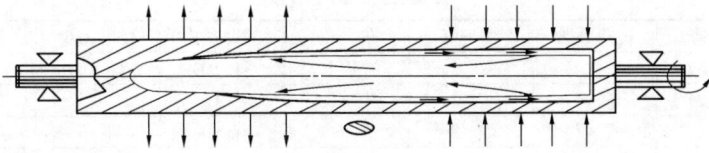

图 3-26 旋转热管工作原理图

（5）工作液回流的其他方法。依靠静电体积力使液体回流的电流体动力热管；依靠磁体积力使液体回流的磁流体动力热管；依靠渗透膜两边工作液的浓度差进行渗透使液体回流的渗透热管等。

3. 按形状分类

热管按形状不同，可以分为管形、板形、室形、L形、可弯曲形等，此外还有径向热管和分离形热管。径向热管的内外层分别为加热段和冷却段，热量既可沿径向导出，也可以由径向导入。

普通热管是将加热段和冷却段放在一根管子上，而分离热管是将冷却段和加热段分开（见图 3-27）。工作液在加热段蒸发后产生的蒸汽汇集在上联箱中，经蒸汽管道至冷却段，在冷却段放出热量凝结成液体，通过下降管回流到加热段。这种分离式热管为大型发电厂和冶金工业、化学工业的热能利用开辟了广阔的前景。

（四）热管在废热回收中的应用

热管技术的发展到今天，热管已经商品化，并有标准系列。较有名的有美国休斯飞机公司生产的 T40、T50、T70、T100 四个系列的热管；日本昭和铝公司制造的 VTC、ITC、STC 三个系列的热管。我国也根据钢、铜、铝不同管材及

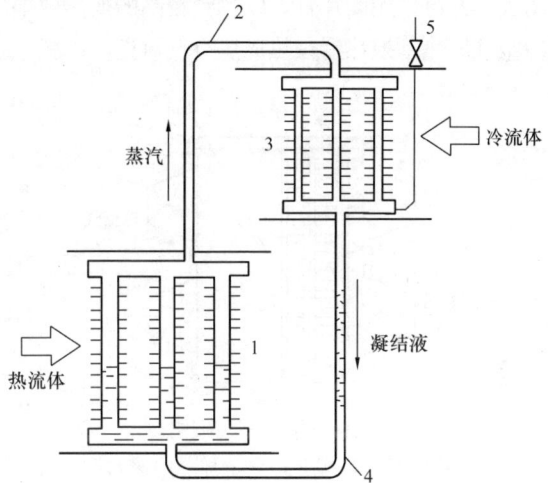

图 3-27 分离型热管的原理图
1—组合蒸发段；2—汽导管；3—组合冷凝段；
4—汽液管；5—排汽阀

水、丙酮等不同工质分有 RGS、RTS、RLB、RTB 等不同的系列产品。

早在 1976 年年底，美国休斯飞机公司已制造了 3000 多套热管器件，用于包括废热回收在内的各个领域。一般地说，在废热回收系统中使用热管换热器，其投资可通过燃料费的节约，在 1～2 年内全部收回。

表 3-7 对热管换热器和各种换热器进行了全面的比较和评定。只有板翅式换热器的综合指标比较接近热管换热器（表中数字为品质因素，最理想为 5，最差为 0）。但在传热系数相同时，板翅式换热器的压差要高 2～4 倍，这意味着需要大得多的动力消耗。

热管换热器作为热回收设备的主要优点如下：①热回收率高，一般可达到 70%；②无运动部件，使用寿命长；③压降低，不需要外部动力；④结构简单，质量轻，紧凑性好，拆装方便；⑤维修量小，介质不互串；⑥灵活性大，传热具有可逆性。

表 3-7 各种换热器的比较

类 型	压 降	传热系数	维 修	价 格	辅助动力	交叉污染	比面积	总 计
再生式	中 (3)	高 (4)	高 (2)	高 (2)	有 (0)	有 (0)	高 (4)	15
管壳式	高 (2)	高 (4)	中 (3)	中 (3)	无 (5)	无 (5)	低 (2)	24
辅助流体式	低 (4)	低 (2)	高 (2)	高 (2)	有 (0)	无 (5)	中 (3)	18
板翅式	低 (4)	中 (3)	中 (3)	高 (2)	无 (5)	无 (5)	很高 (5)	27
热管式	低 (4)	高 (4)	很低 (5)	中 (3)	无 (5)	无 (5)	高 (4)	30

热管在采暖通风、空调工程和工业余热利用等方面得到广泛的应用。各热管元件彼此可以组合，又可以分开，在设计上具有很大的灵活性。在维修时更换起来也很方便。所以，热管换热器是一种很有前途的新型换热器。典型的应用实例如烟气余热的热管换热器，它的结构如图 3-28 所示。热管按一定管距组合成管束，所有热管均被中间隔板隔成两段，即加热段与放热段。根据使用场合与传热的不同要求，两段的长度比例可以调整。两种冷、热流体被完全分开。这种结构将冷、热两流体的流道平行紧贴，使管道布置十分紧凑，安装方便。由于冷、热流体都对管束做横向冲刷，使热管外部的放热系数都能增大。如气流不含灰尘，或是不黏结性灰尘，则气流速度可以增大，并可采用肋片管，以达到较高的换热效果。图3-29所示为热管换热器烟气废热回收系统。将冷空气经热管换热器预热成热空气再送入炉膛，以提高燃烧效率。

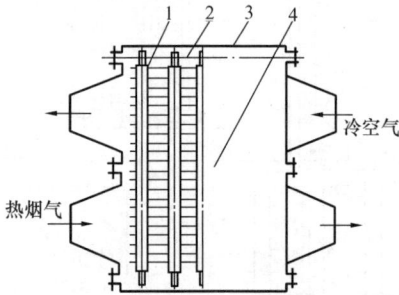

图 3-28 热管空气预热器

1—热管元件；2—端板；3—壳体；4—密封板

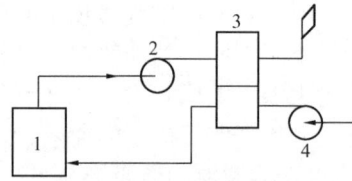

图 3-29 热管换热器烟气废热回收系统

1—工业锅炉；2—引风机；

3—热管换热器；4—送风机

三、热轮

热轮由多孔和高比热容的材料制成，是一种蓄热型回转式气-气换热装置，有转盘式和转鼓式两类结构形式。当热轮的转盘和转鼓低速旋转时，热气体的热量传递给热轮。如热轮继续旋转，它便将所获得的热量传递给进入的冷空气。热轮的热传递效率现已达到 75%～80%，应用温度也可达 870℃ 左右，有些热轮的直径达 21m，其空气处理能力可高达 1130m³/min。

早在 20 世纪初，热轮首先应用在电站锅炉空气预热技术中，由于它的热效率高，目前已应用在暖通、空调系统、石油化工、轻纺等部门。

(一) 热轮的工作原理

热轮的工作原理如图 3-30 所示。

热轮是依靠蓄热元件来传递热量的。热轮运行时，利用转子低速转动，以 1～10r/min 的速度旋转，并在转子内充填蓄

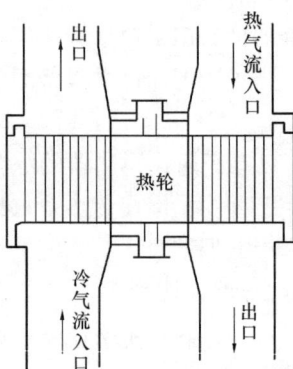

图 3-30 热轮工作原理图

热元件，转子的一部分通过冷气流，另一部分逆向通过热气流。在加热期内，蓄热元件吸收并储存热量，使自身温度升高，随着转子的低速转动，在冷却期，蓄热元件处于冷气流中，冷气流得到预热，自身温度降低。转子每旋转一周即完成冷热气流热量交换的一个循环。转子周而复始地运转，使冷、热流体获得连续的换热。

（二）热轮的优缺点

1．热轮的优点

（1）装置体积小，传热效率高。热轮在回收废气余热时温度效率可达 80％。

（2）结构紧凑、成本低廉。热轮转子蓄热元件每立方米容积内具有 $2000\sim3000\,m^2$ 的传热面积；外形尺寸仅为管式换热器的 $\frac{1}{10}$，金属耗量约为管式换热器的 $\frac{1}{3}$。

（3）具有自吹灰能力，传热面不易积灰。

（4）由于蓄热元件的温度较高，可减轻热气流对它的低温腐蚀。

（5）蓄热元件不但允许有较大的磨损，而且更换也比较方便。

2．热轮的缺点

（1）结构复杂并有转动部件。

（2）运动部件需要消耗能量，低负荷运行时不经济。

（3）漏风率大，为 15％～20％。

（4）冷热流体流动的压力损失为 $1000\sim2000\,Pa$。

由于热轮结构的原因，会有少量的废气进入气管内，因而产生一定程度的污染。若污染量超过许可限度，则可附加清洗段来减少污染程度。

从表 3-8 中可以看到，热轮是一种较理想的气-气换热的节能装置。

表 3-8　　　　　　　　热轮与其他气-气换热器的比较

形式 项目	管壳式和板式换热器	热管换热器	热轮换热器
废热回收方式	空气预热器	空气预热器	空气预热器
传热效率（％）	40～60	60～70	80～90
维修	大多需整体拆换	部分更换	更换部分填料
使用年限（a）	2～4	5～7	6～8
酸腐蚀影响	大	中	小
NO_x 发生量	增加	增加	减小
漏风动力消耗	无	无	有
	无	无	有
清洗难易	难	难	易

（三）热轮的节能效果

1．热轮在工业生产余热回收中的应用

用于工业窑炉的余热回收。工业窑炉的排烟温度较高，一般应选用高温热轮，某家工厂的玻璃熔炉上安装了一台转子蓄热元件为陶瓷材料的高温热轮，利用 $700\sim800℃$ 的高温排气来预热空气，空气从常温被加热到 $550℃$ 以上，热轮的温度效率为 80％，整个系统的投资费用可在两年左右得到回收。

2．热轮在空调系统中的节能应用

在空调系统中，热轮可以用作回收排气中的热量（冬季）和冷量（夏季）如图 3-31 所示。

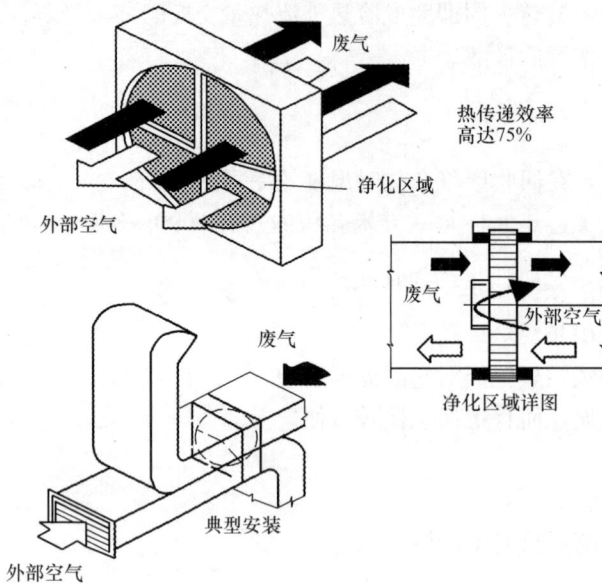

图 3-31　热轮在空调系统应用简图

目前在空调系统中使用的热轮，按其蓄热元件的类型来分，主要有两种：一种是用特制的纸质浸透氯化锂溶液后制成的多孔的蓄热元件，它除了传递排气的显热外，还可以传递排气中的水蒸气的潜热，并进行湿度调节；另一种是铝片表面涂一层对水蒸气有吸附和解吸作用的膜，这种材料制成的蓄热元件。热轮由异步电机、链轮和链条带动旋转，转速可以通过温度控制器自动进行调节，这种热轮的温度效率和湿度效率可大于 85%。在空调系统中安装该种热轮可增加空调设备的能力，节省空调开支 25%～40%，回收排风废热的 80%，适用于工厂厂房、医院、办公楼、宾馆、剧场、商业中心等需要充分换气的场合，节能效果十分显著。

第四节　企业能量平衡管理

在工业企业管理中，很重要的一个工作是企业能量平衡管理。能量平衡是能源技术经济的基础工作，是对能量转换和利用进行定量分析的一种科学方法。专业知识较强的内容，将在其他课程如锅炉原理、热力发电厂中介绍，这里仅简要地提一下。

一、能量平衡及分类

所谓能量平衡，就是分析一个系统（设备、车间、企业）的输入能量、有效利用能量和损失能量之间的平衡关系。通过能量平衡，衡量能量的利用水平，分析用能过程中各个环节的影响因素，找出能量损失的原因、节能潜力与途径，从而有针对性地制订出切合实际的技术改造措施和改进方案，以提高系统的能量利用率。本书所指的能量平衡的工作，主要是指在能量转换和利用中注意提高热能利用水平，所以，能量平衡主要指热平衡。在企业管理中除热平衡外还有电平衡、汽水平衡等必要时也需进行电和汽水方面的平衡工作。因为按能量种类可分为热平衡、电平衡，此外还有载能工质的平衡，如汽平衡和水平衡等。

能量平衡指的是能量的数量平衡，不涉及能量品质的问题。如要研究能量品质的问题，需进行烟平衡计算，该内容已在热力学方面的书籍中有所论述，在此不再作论述。

能量平衡有别于能源平衡，后者通常指能源的产、供、销诸环节之间的平衡，主要用于进行能源预测、计划和规划，或用于进行能源市场分析，以保持供需平衡。所以，国家和地区及其市场需要进行能源平衡，而对设备、车间、企业则主要是进行能量平衡。能量平衡按生产对象可分为设备能量平衡、企业能量平衡，根据不同的对象可建立不同的热平衡模型。

1. 热平衡系统

热平衡系统是指进行热量平衡的考察范围，且具有明确的空间边界线。系统的选择、边界线的划定，应符合所考察范围的要求，并考虑到测试、计算的方便。

热平衡系统用框图表示称为热平衡系统模型（见图 3-32），方框为系统边界，箭头指向边界者为输入系统的能量，箭头离开边界者为系统向外输出的能量。同时，用箭头的分支表示能量的分流或汇合。

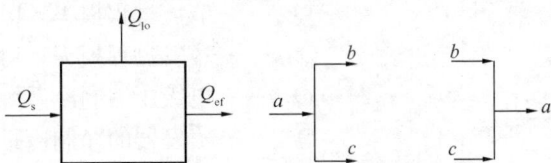

图 3-32 热平衡系统模型

2. 热平衡方程

热平衡是能量的数量方面的平衡。对于正常工作的热设备，热平衡都是在设备处于热工况稳定的状态下进行的，此时系统本身储存的能量不再变化，则

$$输入系统的能量＝由系统输出的能量＝有效利用能量＋损失能量$$

即热平衡方程式为

$$Q_s = Q_{ef} + Q_{lo} \tag{3-12}$$

对于所观察或研究的具体系统，可以写出相应的具体的热平衡方程式。

对蒸汽锅炉

$$Q_r = Q_1 + Q_2 + Q_3 + Q_4 + Q_5 + Q_6 \tag{3-13}$$

对内燃机

$$Q_b = Q_{ef} + Q_{co} + Q_{ex} + Q_{su} \tag{3-14}$$

对单级压缩式蒸汽制冷机，能量平衡式为

$$W = W_{min} + Q_{comp} + Q_{cond} + Q_{exp} + Q_{evap} \tag{3-15}$$

单级制冷循环中的冷量平衡可表达为

$$Q_{o.s} = Q_{e.ef} + Q_{e.1} + Q_{c.1} + Q_{p.1} \tag{3-16}$$

式(3-12)～式(3-16)中　Q_r——1kg 燃料带入锅炉的热量，kJ/kg；

Q_1——锅炉有效利用热量，kJ/kg；

Q_2——排烟热损失，kJ/kg；

Q_3——气体不完全燃烧热损失，kJ/kg；

Q_4——固体不完全燃烧热损失，kJ/kg；

Q_5——锅炉散热损失，kJ/kg；

Q_6——灰渣物理热损失，kJ/kg；

Q_b——内燃机中每小时燃料所发出的热量，kJ/h；

Q_{ef}——转化为有用功的热量，kJ/h；

Q_{co}——传给冷却介质（冷却水、冷却空气和润滑油等）的热量，kJ/h；

Q_{ex}——随废气排出而损失的热量，kJ/h；

Q_{su}——余项损失（从燃料总热量中除去上述三项损失外的各项损失之和），kJ/h；

W——单级实际压缩式蒸汽制冷循环所消耗的功，kJ/h；

$W_{\min}$——完全可逆的逆卡诺循环所消耗的功，kJ/h；

Q_{comp}——压缩过程损失，kJ/h；

Q_{cond}——冷凝过程损失，kJ/h；

Q_{exp}——节流过程损失，kJ/h；

Q_{evap}——蒸发过程损失，kJ/h；

$Q_{o.s}$——单级压缩制冷系统的总制冷量，kJ/h；

$Q_{e.ef}$——蒸发器的净制冷量，kJ/h；

$Q_{e.1}$——蒸发器本身的跑冷损失，kJ/h；

$Q_{c.1}$——载冷剂系统的跑冷损失，kJ/h；

$Q_{p.1}$——泵或风机消耗的功率所转化的热量，kJ/h。

对于所研究体系的热效率，一般表达式与能效率表达式相同。但在制冷循环中，能量转换的能效率表达式是一个大于 1 的制冷系数 ε，而表示热效率的指标是热力完善度 η。作为经济指标的制冷系数 ε 和热力完善度 η 的表达式为

$$\varepsilon=\frac{Q_0}{W}=\frac{q_0}{w} \tag{3-17}$$

$$\eta=\frac{\varepsilon}{\varepsilon_c}=\frac{W_{\min}}{W}=1-\frac{\sum Q_i}{W} \tag{3-18}$$

卡诺循环制冷系数 ε_c 为

$$\varepsilon_c=\frac{Q_0}{W_{\min}}=\frac{T_0}{T-T_0} \tag{3-19}$$

在能量转换、传递和利用过程中总会有损失，即 $\dfrac{Q_{l0}}{Q_s}>0$，故 $\eta<1$（或 $\eta<100\%$），所以降低损失，就可提高热效率，就能节能；哪里有损失，哪里就有节能的潜力。节能效益通常指采取某种节能措施前、后（在可比条件下）能耗指标的比较，如节能量 ΔQ 和节能率 e_r 表达为

$$\Delta Q=Q_{s0}-Q_s \tag{3-20}$$

$$e_r=\frac{b_0-b}{b_0}=1-\frac{b}{b_0} \tag{3-21}$$

或

$$e_r=1-\frac{\dfrac{B}{G}}{\dfrac{B_0}{G_0}}=1-\frac{B}{B_0} \quad （条件：G_0=G） \tag{3-22}$$

式中　Q_{s0}、Q_s——采取节能措施前后的输入系统的能量；

　　　　G_0、G——采取节能措施前后的产品产量，即老（以下标"0"表示）、新系统的产品产量，一般为了可比性节能措施前后二者相同；

　　　　b_0、b——老、新体系（无下标）的单位产品能耗；

　　　　B_0、B——G_0、G 产量时的能源耗量。

对于热平衡体系因降低损失提高效率而得到节能的情况用节能率表达，即为

$$e_r = \frac{Q_{s0} - Q}{Q_{s0}} = 1 - \frac{Q}{Q_{s0}} \tag{3-23}$$

节能量为
$$\Delta Q = Q_{s0} - Q_s = \varepsilon Q_{s0} = Q_s \left(\frac{e_r}{1 - e_r} \right) \tag{3-24}$$

满足可比条件的 $Q_{ef} = Q_{ef0}$（表示新、老系统的有效利用能量相等），将 $\eta = \frac{Q_{ef}}{Q_s}$，$\eta_0 = \frac{Q_{ef0}}{Q_{s0}}$ 代入式（4-16），可得热效率与节能率之间的数量关系为

$$e_r = 1 - \frac{\eta_0}{\eta} \tag{3-25}$$

$$\Delta Q = Q_s \left(\frac{\eta}{\eta_0} - 1 \right) = Q_{s0} \left(1 - \frac{\eta_0}{\eta} \right) \tag{3-26}$$

对于某一台锅炉，采取技改措施后带来的节煤效果可用节煤率 e_c 表示，即

$$e_c = \left(1 - \frac{\eta_0}{\eta} \right) \times 100\% \tag{3-27}$$

式中　e_c——节煤率，%；

　　　η_0——技改前锅炉热效率，%；

　　　η——技改后锅炉热效率，%。

【例 3-1】 一台 4t/h 链条炉，改造前，锅炉热效率为 69%；技改后，锅炉热效率为 78%。求技改后锅炉的节煤率。

解　锅炉的节煤率

$$e_c = \left(1 - \frac{69}{78} \right) \times 100\% = 11.54\%$$

若锅炉原耗煤量为 600kg/h，则技改后，这台锅炉的节煤量为

$$\Delta B = 600 \times 11.54\% = 69.24 \text{kg/h}$$

节煤量（或节煤率）仅反映某台锅炉的节煤效果，只能用于同一台锅炉的不同工况比较。

二、热平衡的技术指标

热平衡的技术指标是用来衡量企业（或设备）的耗能是否合理，用能水平和能源科学管理完善程度的指标。由于行业不同，设备繁多，一般采用下面三类指标。

（一）能耗

能耗用来表示单位产品产量或净产值的耗能量，可分为单耗、综合能耗和可比能耗。

1. 单耗

单位产量能耗等于某种能的总耗量与产品总产量（或净产值）相除所得。这里的某种能系指某一种一次能源（煤、石油、天然气等）或某一种二次能源（电、蒸汽、焦炭、煤气及石油制品等）。

2. 综合能耗

单位产值综合能耗等于各种能的总耗量与产品总产量（或净产值）相除所得。这里的各种能的总耗量是指企业实际消耗的各种能源的总耗量，包括一次能源、二次能源以及耗能工质（水、氧气、压缩空气等）所消耗的能源总量。各二次能源应折算到实际生产它们时所需要的一次能源量，称为该二次能源的等价热量。等价热量为二次能源具有的能量与转换效率相除所得，这里的转换效率应该是国内生产该二次能源的平均效率。

综合能耗仅包括生产该产品时直接消耗的能量，称为直接能耗。另一方面，用于该产品的各种原材料在被生产出来时也消耗能量。这部分能量随原材料转入该产品中，称为间接能耗。间接能耗与直接能耗之和称为该产品的全能耗。

3. 可比能耗

用可比能耗可在同行业中实现能耗的比较，有的部门（冶金、石油等）已采用可比能耗。可比能耗等于各种能的总耗量与标准产品产量相除所得。这里的标准产品系指行业所规定的基准产品，如单位质量的某种标号的水泥、单位质量的某种规格的纸张等。以该产品的能耗为基准，制订出其他不同规格产品的能耗折算系数，然后进行产品产量的折算。这种可比能耗算法，在工艺过程相近，而产品种类多样化的行业使用较方便，如轻工、纺织等。

各种能的总耗量也可以是指标准工序过程的总耗能量，标准工序是指某行业所规定的基本工序，以此标准工序为基准计算能耗。实际工序与标准工序不同时，其缺少的工序能耗必须予以补足。补足时或按行业统一标准规定的平均能耗计算，或按供应厂的实际能耗计算。多余工序能耗应加以剔除，剔除时按实际能耗计算。这种算法在产品种类比较单一，而工序差别较大时可以使用，如在冶金部门可以使用。

（二）利用率

利用率主要用来反映一台设备、一套装置或一个企业的用能水平，它分别用设备热效率、企业能源利用率及装置能量利用率来表示。

1. 设备热效率

设备热效率用来反映供给某设备的能量被有效利用的程度。对能量转换设备和大多数用热设备，如锅炉、煤气发生炉、各种换热设备等，均可采用热效率来表示。

设备热效率等于有效热与供给热相除所得，即

$$\eta_t = \frac{Q_{ef}}{Q_s} \tag{3-28}$$

或

$$\eta_t = 1 - \frac{Q_{lo}}{Q_s} \tag{3-29}$$

式中　Q_{ef}、Q_s、Q_{lo}——有效热、供给热和损失热。

对于热能转换设备，有效热为工质出、入口的热量（焓）差；对于用热设备，有效热为工艺有效热。供给热是指煤炭、石油和天然气等燃料的一次能源热和电、蒸汽、焦炭和煤气等二次能源热以及化学反应放热量。由环境或冷源提供的能量只有在制冷机和热泵中才存在。对于制冷机和热泵这样的用能设备，其用能水平的衡量指标已有习惯用法，仍加以沿用，如制冷机的制冷系数 ε 等。

2. 企业能源利用率

企业能源利用率是衡量整个企业用能水平的指标，即企业能源利用率等于用能设备总有

效热与总能源供给热相除所得，即

$$\eta_s = \frac{\sum Q_{ef}}{\sum Q_s} \tag{3-30}$$

式中　$\sum Q_s$——企业的所有能源供给热，包括煤、油和天然气等一次能源，以及电、蒸汽、
　　　　　　煤气等二次能源的等价热量代数和。

显然，企业能源利用率的高低同本企业能源转换设备的热效率、蒸汽管道的输送效率、
用能设备的热效率等因素有关。

3. 装置能量利用率

对于石油、化工、建材等行业的某些企业，由于工艺过程中有较多化学反应热和已利用
能（有效热）的多次重复利用，不同于一般工艺有效热和设备热效率。为此，采用装置能量
利用率作为指标，即装置能量利用率等于有效热与全部输入热相除所得，即

$$\eta_{e.r} = \frac{\sum Q_{ef}}{Q_{all}} \tag{3-31}$$

（三）回收率

回收率是反映企业内部由于能量回收利用所带来的节能效果指标，它可表达为回收率等
于回收利用能与全部输入热相除所得，或回收利用能与供给热和回收利用能之和相除所
得，即

$$\eta_{re} = \frac{Q_{re}}{Q_{all}} = \frac{Q_{re}}{Q_s + Q_{re}} \tag{3-32}$$

可见，回收率表明了由于能量回收而带来的能量消耗节约率。

由上述技术指标可知，节能分为下面几个环节：

（1）提高用能设备的能源利用率就会直接减少能耗，这是节能的根本任务，这一环节称
为技术节能。

（2）采用新工艺，以降低单位产品的有效能耗（即生产单位产品在工艺上所必须消耗的
有效能），这一环节称为工艺节能。

（3）节约原材料，以降低间接能耗，这一环节称为间接节能。

（4）发展优质产品工业，开发低能耗工业，发展技术密集型或劳动密集型工业等，均可
降低总能耗。这一环节称为结构节能。

三、工业企业热平衡计算示例

企业热平衡是以企业或车间为对象，研究其能量的消耗与有效利用及损失之间的关系。
为了求得企业热平衡的各项技术指标，通用的方法有统计计算法和测算法。测算法对用能设
备进行热平衡测试，以求取各项技术指标，掌握能量消耗的各个去向。计算的具体步骤
如下。

（一）编制热平衡表

通过测算得出企业的能源转换设备和各主要用能设备的能量收支数据后，编制热平衡表
（各项能量的单位必须一致）。由表 3-9 可见，本企业拥有加热炉、蒸汽锅炉、蒸汽管道，以
及甲、乙两台用汽设备。企业消耗能量具体分配及收支情况见表 3-9。

表 3-9　　　　　　　　　　　　　　企 业 热 平 衡 表　　　　　　　　　　　　10^6 kJ/h

名称	加热炉		蒸汽锅炉		蒸汽管道		用汽设备 甲		乙		企业总计			
收支	收入	支出	收入	支出	收入	支出	收入	支出	收入	支出	收入	%	支出	%
煤	50		30								80	84.2		
蒸汽				26	26	24	20		4					
工艺有效热		10						9		8			27	28.5
冷凝水热量				5				3		2	(5)	5.3	(5)	5.3
废热锅炉产汽热量		10							10		(10)	10.5	(10)	10.5
其他热损失		30		9		2		8		4			53	55.7
合计	50	50	35	35	26	26	20	20	14	14	95	100	95	100
设备热效率	20%		70%		92.3%		45%		57%					

企业能源利用率 η_s	$\dfrac{27}{80}\times100\%=33.75\%$
企业回收利用率 η_{re}	$\dfrac{15}{80+15}\times100\%=15.79\%$

注 括号内的数字为回收热量。

（二）求取设备热效率

1. 加热炉

工艺有效热量为 10×10^6 kJ/h，供入热量为 50×10^6 kJ/h，所以，加热炉热效率为

$$\eta=\frac{10\times10^6}{50\times10^6}\times100\%=20\%$$

加热炉的废气热量由废热锅炉回收产生蒸汽供用汽设备乙使用，既未增加加热炉的工艺有效热，也未减少加热炉的燃料消耗，故不改变加热炉的热效率。

2. 锅炉

锅炉属能源转换设备，有效利用热量为汽与水的热量差，故其热效率为

$$\eta=\frac{(26-5)\times10^6}{30\times10^6}\times100\%=70\%$$

3. 管道

蒸汽管道热效率为　　　　　　　$\eta=\dfrac{24\times10^6}{26\times10^6}\times100\%=92.3\%$

4. 用汽设备

设备甲　　　　　　　　　　　$\eta=\dfrac{9\times10^6}{20\times10^6}\times100\%=45\%$

设备乙　　　　　　　　　　　$\eta=\dfrac{8\times10^6}{14\times10^6}\times100\%=57\%$

（三）企业能源利用率与回收率

企业共消耗一次能源（煤）80×10^6 kJ/h。全企业各用热设备共产生的工艺有效热量为 27×10^6 kJ/h，热损失为 53×10^6 kJ/h。由于蒸汽是自产自用，故在表 3-9 中的企业收支栏内

不予列出。为了表明回收热量的多少，在表中加以注明。企业能源利用率按式（3-30）计算，即

$$\eta_s = \frac{\sum Q_{ef}}{\sum Q_s} = \frac{27 \times 10^6}{80 \times 10^6} \times 100\% = 33.75\%$$

回收率按式（3-32）计算，即

$$\eta_{re} = \frac{Q_{re}}{Q_s + Q_{re}} = \frac{(5+10) \times 10^6}{(80+5+10) \times 10^6} \times 100\% = 15.79\%$$

由于在多数企业中存在用热设备之间的回热利用，设备的供给热中常包含有外设备来的回收热，有时，本设备中含有化学反应热等，因此企业的能源利用率应按定义式求取，而不可由各设备的热效率直接相乘得到。

企业能源利用率可以反映该企业能源转换设备和用能设备的效率的高低，以及企业能量回收利用的水平；同时也能体现出企业生产管理的完善程度。因此，能源利用率是衡量一个企业用能水平的综合指标，对同行业和不同行业都具有可比性。

用同样的列表、计算方法，也可以分析装置热平衡和设备热平衡，进而求得它们的热效率，如锅炉热效率、内燃机热效率、制冷设备制冷系数和热力完善程度等。因在各专业的教科书有详细论述，在此不再做叙述。

思 考 题

1. 何谓余能？余能有哪几类？有哪些利用方式？
2. 热管换热器的优点是什么？
3. 热电联产为什么能提高能源利用率？
4. 试分析用热泵装置节能的特点。
5. 什么是热平衡体系？有什么实用意义？
6. 如何建立热平衡方程式？一个热平衡方程式至少包括哪几项？
7. 锅炉热平衡计算要计算哪几项热损失？

习 题

一台工业锅炉，技改前、后的热效率分别为 $\eta_1 = 70\%$，$\eta_2 = 78\%$，技改前，耗煤量 1800kg/h，年运行 5000h，当地煤价为 250 元/t。试求：①技改带来的节能率、年节煤量；②技改带来的年节煤收益。

第四章 现代管理概论

第一节 管理科学的形成和发展

一、管理的必要性

人们以有限的生命和个人微小的力量，与无限的大自然做斗争，主要依赖于集体力量的发挥。而要形成集体力量，就必须把人们组织起来，明确目标，规定职责，分工协作，共同努力，建立一定的相互关系和秩序。由此可以看出，管理是社会生产所引起的，是生产发展所必需的。管理的必要性主要表现在以下几点：

1. 管理是人类社会不可缺少的基本活动

我们知道从开始有生产活动起，就同时产生运用科学技术知识与合理安排生产的管理问题。管理与技术一样，是伴随着生产同时产生的，是随着生产的发展而发展的。管理活动可以追溯到古老的年代。我国在历史上生产发展得很早，在技术上、管理上都有丰富的经验和历史遗产，如万里长城、都江堰水利工程、京杭大运河等古代的伟大工程，它们既表现了我国古代的灿烂文化和精湛技艺，又反映了当时社会的管理工作水平和计划组织能力。

2. 现代化大生产更加需要科学管理

随着科学技术的迅速发展，劳动规模的扩大，劳动分工与协作的精细化和复杂化，生产经营在空间上和时间上的联系越来越密切，组织管理工作就显得更为重要，经营决策尤其要正确可靠。在社会化大生产的条件下，科学的决策可以给社会带来巨大的经济利益；反之，错误决策所造成的损失也是十分惨重的。

例如，美国的曼哈顿工程是一个庞大复杂的开发原子武器的生产计划，动员了 15 万科技人员，耗资 20 亿美元，历时三年，于 1945 年制造出世界上第一颗原子弹。该工程负责人物理学家奥本海默说："使科学技术充分发挥威力的是科学的组织管理。"又如，埃及的阿斯旺高水坝是埃及自修建金字塔以来进行的一项最大的公共工程。水坝建成之后，过去给农民带来灾难的水旱灾害现在不再发生了，不但埃及农业得到了改造，工业领域也用上了水坝发出的电力。但由于决策时没有充分考虑到负面效果，水坝也给这个国家带来不少忧患。过去，每年尼罗河水泛滥，给沿岸农田留下 2000 万 t 泥沙，河水退去时，可把土壤里的盐分冲走。现在农田泥沙没有了，土壤肥力减弱，盐分除不掉，农作物减产。入海泥沙减少造成海浪冲蚀堤岸，尼罗河口的村庄，有的已陷入海中。

3. 管理是提高经济效益的重要途径

经济繁荣是社会发展的基础，而振兴经济必须依靠科学技术的进步，可是，如果没有科学的管理，即使有了先进的科学技术，也难以发挥应有的作用，取得良好的社会经济效益。

与经济发达的国家相比，我国有些相同类型的企业，在设备、工艺、厂房等条件上，相互之间并无区别，但是生产效率和经济效益却相差很大。如钢材利用率，我国机械行业平均在 60% 左右，而国外一般达到 80%。究其原因，主要是组织管理没有跟上。如果加强管理把钢材利用率提高到国外同行的先进水平，仅此一项每年就可节省钢材 100 万 t 以上，价值达几亿元。

因此，管理是促成社会经济发展最基本、最关键的因素。发展中国家技术落后，管理更落后。技术落后，可以通过购买专利、引进设备等方法加以解决；管理落后却没有现成的模式可供搬用。美国的麦克纳马拉曾经指出，发展经济要"三分靠技术，七分靠管理"。这个论点对我们是有启示的。今天，一个国家、一个民族乃至一个企业经济发展的程度，反映了管理的水平和成熟程度。

研究管理科学是为了实现循环经济，使经济的发展能以人为本、自主创新和可持续发展。特别是面对我国日益严峻的能源形势，为保障能源和经济安全，实现构建资源节约型和环境友好型社会的战略目标，研究管理科学必须首先研究经济增长方式。循环经济是一种新的生产方式，是在自然资源利用最大化、环境污染最小化、自然生态系统和谐发展的前提下追求社会经济效益最大化。循环经济也是在不断改善人类生存品质的条件下，达到人类社会的可持续发展。

循环经济的 3R 概念是减量化（reduce）、再利用（reuse）、再循环（recycle），循环经济全过程必须做到无害化和无毒化。循环经济的广义内涵为在向自然生态运行模式学习并与之相适应的条件下，建立产业经济理论平台，并建立生态教育、生态法制、生态政治外交、生态道德伦理等一系列上层建筑理论平台。循环经济的狭义内涵是在人、自然资源、科学技术的系统中，在资源投入、企业生产、产品消费及其废弃的全过程中按自然生态系统物质循环和能量循环规律重构经济系统，使经济系统和谐地纳入到自然生态系统的循环过程中，这种新形态的经济就是循环经济。其具体的内容主要有以下三点：

（1）经济活动按自然生态系统的模式组织成"资源—产品—再生资源"的闭环型循环流动的过程。实现资源的高效利用、重复利用和循环利用。

（2）充分利用可再生能源，实现各种能源的优化利用和能源载体的循环利用。

（3）从源头防治可能造成污染的生产、消费方式。

循环经济的实质是一种生态经济，倡导一种与环境和谐发展的经济模式，要求经济活动对自然环境的影响降低到尽可能小的程度。发展循环经济是实现可持续发展的重要途径，同时也是保护环境减少污染的根本手段。

二、中国传统文化中的管理思想

中国有 5000 年的文明历史，文章典籍浩如烟海。一谈到管理，人们总想到西方管理，这有其合理性，但是具有悠久文明史的中国，早已孕育了丰富的管理思想，不少研究已经证明，西方管理学者的一些观点就是从中国学去的。管理学家斯蒂芬曾经说，如果你给人一条鱼，你仅供养他一天；如果你教会他捕鱼，那么你将是供养他一生；而中国早就有"授人以鱼，不如授人以渔"。西方的 ABC 其实就是中国的"二八律"，抓住少数的关键，兼顾多数的一般。管理跨距在孔明的《将之器》中已有反映。《孙子兵法》中的"智、信、仁、勇、严"被韩国尊崇为企业家五德。据报载："日本有几家大公司，在训练行政管理人员时，曾规定行政管理人员须熟读中国古典文学中的《孙子兵法》《三国演义》和《西游记》，理由是从事企业管理的人一定要具备多方面的知识，尤其是军事和哲学常识，读孙子可以吸收理论上的观点，读三国可以得到实践上的事例，再加上西游记海阔天空式的幻想和创造性。"但是，遗憾的是中国传统文化中的管理思想虽然博大精深，但并未形成管理理论，管理理论最先出现在西方，而且时至今日，仍未形成中国特色的管理理论，但研究中国传统文化中的管理思想仍具有重要的意义。

1. 顺应天时、借助地利、营造人和——管理的基本原则

"天不变其常，地不易其则，春秋冬夏不更其节"（《管子·形势》），说明管理也要遵循自然规律，遵循自身的规律；"地者，政之本也……地可以正政也，地不平均调和，则政不可正也"（《管子·乘马》），说明管理要从具体环境出发，因地制宜；"得贤人，国无不安；民无不荣；失贤人，国无不危，民无不辱"（《吕氏春秋》），"争天下，必先争人"（《管子·霸言》），"终身之计，莫如树人"（《管子·权修》），都说明了人才在成就一个组织中的特殊作用，也说明管理的重点在于管好人，运用好人。

2. 修身、齐家、治国——管理的思想基础

"物格而后知至，知至而后意诚，意诚而后心正，心正而后身修，身修而后家齐，家齐而后国治，国治而后天下平"（《礼记·大学》）。"为政以德，譬如北辰，居其所而众星共之"（《论语·为政》）。说明一个管理者要培养高尚的道德，做个仁者，培养无私之心，做个讲公道的人；战胜外界诱惑，战胜自我弱点，做个敢于挑战自我的人；言而有信，做个讲诚信的人。

3. 穷究事理，先谋后事——强调预测和洞察在管理中的重要作用

"事无备则废"（《管子·霸言》），"事前定，则不困"，"道前定，则不穷"，"人无远虑，必有近忧"（《资治通鉴》）；"先谋后事者昌，先事后谋者亡"（吕尚语）。凡事必须有预见性，备患于无形；一切竞争和对抗的活动，都必须统筹规划，必须有预见性，正确研究对策，以智取胜。"工欲善其事，必先利其器"（《论语·卫灵公》），说明建立和健全管理的基础工作的重要性；"他山之石，可以攻玉"（《诗经·小雅·鹤鸣》），说明管理要善于借鉴他人经验；"见兔而顾犬，未为晚；亡羊而补牢，未为迟也"（《战国策·楚策四》），说明管理要善于反馈信息，及时修正谬误。

4. 恩威并举，刚柔相济——管理方法论

"道之以德，齐之以礼，有耻且格"《论语·为政》；"宽以济猛，猛以济宽，政是以和"（孔子语）。管理者在处理问题时，要善于处理好刚与柔、宽与严、德与刑、硬与软的对立统一关系，把握好"势"，才会实现最佳管理效果。

5. 知人善任，赏罚分明——人力资源管理的基本原则

"为政之要，惟在使人"（《贞观政要》）；"才者，德之资也；德者，才之帅也……是故才德全尽谓之圣人；才德兼亡谓之愚人；德胜才谓之君子，才胜德谓之小人"（《资治通鉴》），说明了人才的重要性，以及评价人才的标准。"无求备于一人"（孔子语）；"水至清则无鱼，人至察则无徒"（《大戴礼记·子张问入宫》）；"以人之长续己之短，以人之厚补其之薄"（《晏子春秋佚文》）；"任人之道，要在不疑。宁可艰于择人，不可轻任而不信"（欧阳修《论任人之体不可疑札子》），提供了管理者使用人才的方法。

6. 事在四方，要在中央——组织管理的重要原则

"事在四方，要在中央。圣人执要，四方来效"（韩非子·扬权）；"威不两错，政不二门"（《管子·明法》）；"开直言之路，以利国也"（资治通鉴）；"兼听则明，偏信则暗"（《贞观政要》）。这些都说明了一个组织要建立一个强有力的核心，实现广开言路，政令统一的重要性。

7. 不诐不渎，上下同欲——培养良好的组织风气和人际关系

"君子上交不诐，下交不渎"（《周易·系辞下》）；"君子之交淡如水，小人之交甘若醴"（《庄子·山木》）；"君子周而不比，小人比而不周"（《论语·为政》）。士气是组织兴旺的关键，"夫惟义可以怒士，士以义怒，可与百战"（苏洵《心术》）；"上下同欲者胜"（《孙子兵法·谋攻篇》）。这些都说明一个组织要努力培养清正廉洁的组织风气。

三、管理科学发展的历史

随着社会协作的不断扩大，分工日益细化、复杂化，组织管理的发展历史也不断地按层次规律从简单到复杂、从低级向高级发展。管理科学发展的历史，大致上经过三个阶段，即传统管理阶段、科学管理阶段和现代管理阶段。

（一）传统管理阶段

从 18 世纪下半叶资本主义工厂制度出现，到 20 世纪初资本主义自由竞争阶段结束为止，这一百多年的时间，称为传统管理阶段。那时，生产规模小，生产技术和劳动分工比较简单，而市场急速地增大，出售的产品不论其数量多少，品质优劣均可获得高额利润，因此，经营管理的合理化问题未受重视。管理工作一般由业主（产权所有者）进行集中管理，业主既是资本家又是管理者。这一阶段主要沿用小生产的传统管理方法。以手工劳动为主，"凭经验办事"是这一阶段的基本特征。亚当·斯密的理论是建立在个人技能和经验的基础上的。这个阶段的特点是工人凭自己的经验来操作，没有统一的操作规程。资本家凭自己的经验来管理，没有统一的管理办法。工人和管理人员的培训也只靠师傅传授自己的经验和技艺，而没有统一的标准和要求，经营效率取决于劳动者熟练的操作技能和其努力程度。所以严格地说，这一阶段的管理还没有成为科学，这一阶段的管理特点是：没有职能分工；实行家长式的管理；缺乏管理规程。

（二）科学管理阶段

20 世纪初，随着资本主义向垄断资本主义过渡，资本主义社会生产力发展和生产关系起了重大的变化。劳资矛盾日益尖锐化，企业规模不断扩大，生产技术更加复杂，生产量增大，使市场日趋饱和状态，竞争日益加剧，所有这些都要求提高企业管理水平。为提高生产效率、降低成本，经营管理的重要性开始受到重视。资本家单凭个人的经验已不能有效地管理企业，生产工人凭个人的工作技能也不能保证高效率的协作生产，要求将过去积累的管理经验系统化、标准化，以科学的方法代替经验法则。科学管理的理论也就应运而生。

1. 泰勒制

科学管理的最初代表人物是美国的泰勒（F. W. Taylor）。他于 1911 年发表了《科学管理的原理》一书，这是世界上第一本以工业生产的组织管理为研究对象的书籍。他被西方称为"科学管理之父"。他在工业企业中创立的一种科学管理制度，后人称之为泰勒制。他是最早认为管理是一门科学的人。他首先提出："科学的方法能够而且必须应用于一切管理问题，而完成工作的方法应该由企业的管理部门通过科学调查来确定。"他的研究成果主要有以下几个方面：

（1）以科学的作业方法代替任何个人的经验。泰勒本人从事"时间与动作的研究"，对劳动过程中的所有事件加以汇总、研究分析，从而制订"标准作业"和"标准时间"，定了工时定额，继之又将工具、机械、材料及作业环境加以标准化。

（2）工人与管理人员之间要有恰当的分工。企业中的职能分为（管理者的）计划职能和

（劳动者的）执行职能，并且由计划职能帮助推行实施执行职能。

(3) 用科学的方法对工人进行选择和培养，代替工人的自由发展。

(4) 为保证工作按照科学设计的程序进行，需要工人与经理之间进行协作。

泰勒的以上原理奠定了科学管理的基础，他的这套科学管理方法收到了很大的效果。

2. 福特制

福特（H. Ford）提出了生产标准化和创立了流水作业线的组织形式，从而解决了工序同期化的问题，提高了整个企业的效率，使成本降到最低限度。福特生产标准化的内容如下：

(1) 产品标准化：减少产品类型，以便实行大批量生产。

(2) 零件规格化：以求提高零件的互换性。

(3) 工厂专业化：不同的零件分别有专门的工厂或车间制造。

(4) 机器工具的专门化：以提高工作效率，并为自动化打下基础。

(5) 作业专门化：各种工人反复地进行同一种简单的作业。

福特制的最大特点是引用传送带，使原料、材料在机械的传送过程中由工人制造成零部件，并装配成产品，这就使得生产率大幅度提高，生产成本大幅度下降。工厂每天所完成的作业和产品的数量不再由工人自由地决定，而是由传送带的速度决定。这对生产的计划工作也带来了很多方便。但是另一方面，这种制度使工人受到机器的强迫控制，必然不受工人欢迎，而且工人成年累月从事同一种单调的作业，容易感觉疲劳和厌倦。

这一时期的特点是管理开始形成一门独立的科学。在解决管理作业的执行问题上达到了方法科学化和程序标准化的水准。在管理组织上管理业务专业化，设立专业管理部门。

（三）现代管理阶段

第二次世界大战之后，科学技术和工业生产迅猛发展，工程规模和产品复杂程度不断扩大，企业之间的协作和联合日益深化，生产社会化程度更加提高，市场竞争十分激烈。所有这些，都促进了管理科学的发展，形成以经营战略为重点，重视创造性劳动，进行综合开发的现代管理。在这一阶段有以下主要特点：

(1) 突出经营决策，面对用户和市场，进行环境分析，制定经营战略，实行目标管理，力求提高企业的盈利水平，提出"管理的重心在经营，经营的重心在决策"的观点。

(2) 实行以人为中心的管理。吸收职工参加管理，采用激励手段调动职工的积极性，进行智力开发投资，重视在职教育，对管理人员尤其是厂长（经理）的素质要求越来越高，提出"人的因素第一"的观点。

(3) 以产品开发、质量保证为核心。对生产经营中的市场调查、产品设计、生产制造、销售服务等各个环节，实行全过程的综合管理，提出"以质量求生存，以品种求发展"的观点。

(4) 广泛运用现代的科技成就。运筹学、数理统计、投入产出分析、电子计算机等现代化方法和手段的应用，使管理工作从定性走向定量化，促进管理的精确度和工作效率的提高。

(5) 实行系统管理。企业管理作为一个开放的系统，要适应外部环境，寻找机会或减少风险，创造一个有利的发展条件。同时，从系统理论的优化原则出发，对企业内部的各个子系统进行综合平衡，全面管理。

随着现代管理的发展，涌现出许多管理学派。其中，比较突出的有两派。一是行为学派，它是在心理学、社会学、文化人类学等社会科学基础上发展起来的。从人的需要、动机、行为等不同角度，研究人的个体行为、群体行为、领导行为和组织行为的规律，以调动人的积极性，把人们的行为导向到实现企业目标的方向上来。二是管理科学学派，又称为数理学派。它是在数学、微电子学等自然科学基础上发展起来的，主张运用数学方法，对管理问题建立模式，通过演算找出最优方案。这一派以运筹学和电子计算机作为方法和手段，使管理工作日益精确化。从管理的二重性来看，这两个学派各有侧重，所以从20世纪70年代起，新的管理理论已经把两派进行了综合。

四、现代管理科学

管理科学的内容十分丰富。它是以传统的管理科学为基础，吸收了经济学、数学、电子计算技术乃至生理学、心理学等许多学科的新成就而逐步建立起来的。近年来，这门学科的发展速度是惊人的，而且仍在以惊人的速度向前发展。

现代管理科学主要包括以下几个方面的内容：

1. 工业工程学（IE）

工业工程学主要是对各种生产程序中动作和时间的研究。其目的是使工业企业的工作效率和资源利用达到最优结果。根据美国工业工程师协会1955年公布的定义，工业工程学的研究内容是：对由人、材料、设备组成的系统，进行设计、改进和配置。它利用数学、物理学和社会科学领域的专门知识和技能，以及工程分析和设计的原理、方法，对其获得的效果，给以说明、预测和评价。20世纪50年代后又进一步发展为人体工程学，即研究人和机器及环境的相互作用，它从人的生理和心理角度研究人与机器设备、人与劳动环境的关系；研究人机总体设计的问题。也就是说，人机系统中人和机器的职能如何合理分工和相互配合，如何通过人工智能来提高机器系统的性能；同时也提高人的安全、高效、舒适程度。

2. 质量控制或全面质量管理（TQC）

质量控制是管理的一项重要职能。全面质量管理产生于20世纪60年代，是指从调查研究、设计、制造到用户使用的全过程，运用数理统计方法为基本手段，分析、改进产品和工作质量，并对生产过程进行控制的一整套确保产品质量的管理工作系统。它包含着质量的保证、预防、提高、协调和为用户服务的广泛含义，是把经营管理、技术和统计方法密切结合起来的一套科学管理方法。

3. 运筹学

运筹学是运用数学方法对人力、物力进行合理的筹划和运用，寻求最优解决的科学方法。管理方法的定量化主要是依靠运筹学，因此，运筹学已成为管理科学的核心。运筹学的内容还在不断地扩展和丰富，它目前包括线性规划、非线性规划、整数规划、动态规划、网络计划技术、博弈论、排队论、搜索论、库存论、可靠性理论等。由于运筹学在管理工作中起着十分重大的作用，有时狭义地提到管理科学时，往往就是指运筹学。

4. 预测和决策技术

预测和决策技术是现代管理技术的重要组成部分。工业企业进行生产经营活动，从整个企业的长远规划到每一项具体的管理活动，都有一个正确的选择和科学的决策问题。根据工业企业的生产目的，使企业的生产经营活动能更好地满足社会需要，必须进行定期的和专项的需求预测。正确地决策必须以科学的预测为前提，而各种预测活动的目的正是让企业高层管理者做出好的决策。管理手段的现代化使预测、决策的内容更为丰富。

5. 技术经济分析

技术经济分析主要是研究技术政策、技术措施和技术方案的经济效果等问题，也就是对技术的经济效果进行评价，衡量它在经济上是否合理；研究如何用同样的劳动消耗，获得更大的经济效果；或者用更少的劳动消耗，获得同样的经济效果。技术经济的研究范围很广，在后面一章专门介绍技术经济分析基础。

6. 价值工程（VE）

价值工程是 20 世纪 40 年代后期发展起来的一种技术经济分析技术，与工业工程、质量管理、系统工程等管理技术是相辅相成、互为补充的。价值工程是节约资源、降低成本的有效方法，并以其实用、灵活和行之有效等特点引起世界各国的重视。它通过对产品及其组成部分的功能分析，求得功能与成本间的最佳组合。目前，我国不少企业和部门推广应用价值工程，经济效果是十分显著的。这部分内容在现代企业管理相关的书籍中有所介绍。

7. 行为科学

行为科学是 20 世纪 20 年代到第二次世界大战期间在美国产生并逐步形成的一门学科，50 年代后十分盛行，并广泛应用于美、日等发达国家的企业管理，成为现代管理科学中不可缺少的组成部分。组织行为科学是研究企业组织中人群行为规律的科学。它运用心理学、社会学、社会心理学和人类学等理论，研究人们行为的动机、人们对外界刺激的反应等，以求在企业内部妥善处理人事关系，减少冲突，发挥人的主观能动性。

8. 系统工程

系统工程是 20 世纪 60 年代以后发展起来的一种管理组织技术。虽然一些基础理论和方法，如运筹学、信息理论、控制论等早在第二次世界大战时就已出现。但系统工程作为一门专门的学科，并被有效地应用于企业管理，则是近 40 年来才逐步形成的。系统工程的典型方法和顺序：模拟——综合各种复杂因素，模拟事物的具体情况；优化——用最佳的方法来实现目标；评价——通过各种方法来评定，并判定或修正原来的计划。系统工程有统筹全局的性质，因此这种现代管理方法，可以广泛地应用于系统工程的各个阶段（系统分析、系统规划、系统设计等）。

9. 管理信息系统

信息是管理的"眼睛"，在企业中，应用计算机建立管理信息系统，是企业管理现代化的发展方向。管理信息系统的基本功能是向企业各部门提供各种信息，其任务是识别信息、采集与存储信息、检索信息，并提供给使用者。

五、企业管理理论的新发展

近些年来，国际上不断出现新的管理经验和管理理论，可归纳为十个主要方面。

1. 创新管理

所谓创新管理，一是指管理创新的内容，二是人人都是创新者，三是建立创新机制。

创新型管理把创新贯穿于整个管理过程，使管理随着技术、市场等环境的变化而变化，但它也要求整个组织及其组成人员是创新型的，把创新作为其活动的主旋律。

2. 知识管理

在信息社会，主要的资源是知识。知识密集型的产品、企业、产业和经济不仅在增加，而且不断显示出它们的相对优势，是知识企业获取效益的主要手段。知识生产力已经成为社会经济发展的关键性因素。

知识作为无形资产日益变得重要起来，声望、商誉、商标、专利、注册设计、联系网络及员工的经验与技能等知识、资产或智力资本都需要评估和管理。

3. 快速的应变能力

当今社会瞬息万变，并且变化速度日益加快，如何跟上时代的步伐，唯一的答案是快速反应，提高应变能力。

围绕着提高快速反应能力，首先要大大提高管理工作的效率；其次必须以敏锐的洞察力，时刻面对未来，抓住时机，果断决断；再次，必须建立效率高、适应性强的生产体系，以适应多样化的市场需求；最后，每个组织结构都应有应急处理意外变化的能力。

4. 权力结构的转换

将正金字塔型组织变为倒金字塔型。首先，员工的知识、能力、技术持续性提升，获得了独立处理问题的管理才干；其次，组织的分权；再次，真正的顶层是广大用户。由正金字塔型转为倒金字塔型组织，管理层次会大大减少。

5. 弹性系统

企业面对经营环境的快速变化，要求具有更大的弹性，更快速的经营反应能力，要求提高组织整体的综合效能。

为此，必须突破部门分工的严格界限，为实现某一特定目标和任务，实现功能的重新组合，建立跨功能的机动团队，增强企业的活力、效能与系统整体合力。

6. 全球战略

国际国内市场的竞争更加激烈，最突出的是产品竞争、技术竞争和规模实力的竞争。在经济全球化时代大背景下，面对开放的世界，全球化的竞争压力和机遇，每一个企业都应有强烈的竞争意识和危机感，认真思考自己的全球竞争战略。

7. 降低互动成本

互动成本是指个人或者企业在交换产品、服务或者思想时所花费的时间和金钱。目前，大多数工业企业已经能够将生产成本降到极低的水平，大部分都花在了人与人的互动上，谁能降低这一部分的成本，谁就是竞争的赢家。

8. 跨文化管理

随着知识经济时代的到来，由于经济全球化和信息化，各国经济相互渗透，相互依存，无国境、无国籍的世界企业越来越多，这就使管理文化的交流融合、取长补短更有可能和必要，跨文化管理将是一种必然的趋势。跨文化管理，是在保持本土优秀文化的基础上，兼收并蓄，博采众长，不断创新，自成一家。

9. "四满意"目标

所谓"四满意"目标，是指顾客满意、员工满意、投资者满意和社会满意。"为顾客服务"早已被许多企业奉为信条。未来的企业，首先应把顾客满意度作为第一目标。

作为现代企业，不仅要能创造出一流的产品、一流的服务、一流的营销，同时还要塑造企业良好的形象；不仅要创造出经济效益，同时也要创造社会效益，为人们生活质量、环境质量的提高和社会、科学、教育、文化等事业的发展做出应有的奉献。

10. 没有管理的管理

所谓"没有管理的管理"，是使管理进入更高的层次和更高的境界。为此应做到：全员参与管理；以人为本，顺应人性，尊重人格；通过管理文化，创造一种高度和谐、友善、亲切、融洽的氛围，使企业融为一体；顺应形势、顺应社会经济运行的自然法则，使管理成为一个自然的历史过程。

第二节 管理的概念与职能

一、管理的概念

管理就广义而言是指导人类达到目标的一种有意识的活动。具体说，管理是在特定的环境下，对组织所拥有的资源进行有效的决策、计划、组织、领导、监控、协调，使之发挥最大的效果，以实现预期的组织目标的过程。

二、管理的职能

（一）决策

决策是管理者为了达到一定目标，在掌握一定信息和对有关情况进行必要的分析基础上，用科学的方法拟定、评估各种方案，并从中选出合理方案的过程。

决策贯穿于企业经营管理中的各个方面和全过程，决策对各级领导者和组织者都十分重要。正确的决策产生正确的行动，并得到好的结果，可以达到预期的目标；反之，不做调查研究，不讲究科学方法，盲目错误的决策，会产生错误的行动，不会带来好的效果。实践证明，往往在同样条件下，不同的决策水平，会得到不同的结果。有时在有利条件下，决策错误也会造成失败；反之，有时在不利条件下，决策正确，也会变不利为有利，得到好的效果。决策的好坏直接决定一个企业的成败。因此，决策是企业经营活动的前提，是企业经营管理的关键，是决定企业前途命运的决定性条件。

由于决策是针对未来情况而确定当前所要采取的行动，而未来情况是通过预测估计出来的，它必然包含许多目前不能确定的因素，因此，任何行动方案都必然带有一定的风险，决策技术的分析方法，可以帮助决策者寻求风险较小、利益较大的方案。目前，决策技术已成为高级管理者十分重要的必修内容。

1. 决策的内容

决策贯穿于企业经营管理的各方面和全过程，其内容非常广泛，对电力工业其主要内容如下：

（1）经营战略决策：主要研究电力发展规划方面的决策，具体包括电力发展速度、电站建设与布局、电网结构、基本建设项目投资、企业组织构成等决策。

（2）电力生产决策：包括生产计划、电力电量平衡、调度指挥、技术改造更新、生产组织、生产控制等决策。

（3）电力销售决策：包括电力（热力）销售计划、价格定价、销售组织与服务、销售业务等决策。

（4）财务方面的决策：包括目标利润与目标成本、财务收支平衡、资金与信贷、采购与库存、财务计划与结算等决策。

（5）人事方面的决策：包括电网体制、各级干部人选、职工培训、劳动与人事计划、工资、奖励等决策。

2. 决策的分类

决策所要解决的问题是多种多样的，因此可以从不同的角度进行分类。

（1）按照决策的层次划分，决策可分为战略决策、管理决策、业务决策。

1）战略决策。战略决策是指与确定企业发展方向和远景有关的重大决策，是属于全局性、长期性的大政方针方面的决策，它较多注意企业的外部环境，如电网规划、项目投资、电网体制、调度指挥、价格、干部人选与配备、组织机构调整等。战略决策决定着企业的成败，最高管理层应侧重于战略决策。

2）管理决策。管理决策是属于执行战略决策过程中的具体战术决策，是在管理和组织工作中合理选择和使用人力、物力、财力等方面的决策，如生产计划、利润计划、资金平衡、电力电量平衡、设备更新改造等。中级管理层应侧重于管理决策，同时参与战略决策和业务决策。

3）业务决策。业务决策是在日常生产活动中，为提高业务效率以及更好地执行管理决策所实行的具体决策，如部门之间的经营协作、生产组织的局部调整、日常定额的制订、生产的日常调度与控制、资金的划拨等。初级管理层大都从事业务决策。

以上三类决策对于企业各级管理层来说，应该各有侧重。

（2）按照决策的重复性来划分，决策可分为程序化决策和非程序化决策。

1）程序化决策。程序化决策又称战术性决策或常规决策，是对经常重复发生的例行公事所做的决策。这种决策问题出现时，不必重新再实施新的决策，可按原来设立的一定方式进行工作。这种决策可以标准化、程序化，利用计算机来进行，如原材料的采购、工资的发放、日常的生产等。这类程序化的决策工作，主要由中、下层管理人员来承担，一般采用定量的分析方法。

2）非程序化决策。非程序化决策又称非常规决策，属战略性决策，是一种对于需要新规定的、一次性的或不经常重复发生的、非例行活动所做的决策。这类决策活动一般都较重要，不能按固定的标准进行，需要最高管理者亲自参与。例如，新产品开发、重大的技术革新和改造、企业规模的扩大、企业发展多种经营等决策。这类决策的制订，除采用定量分析方法外，还常采用定性的分析方法。

（3）按照决策的可靠程度来划分，决策分为确定型决策、风险型决策和非确定型决策。

1）确定型决策。指决策的每一个备选方案的条件都是已知的，只有一种数值，是完全肯定的，决策的任务就是找出结果最好的方案。例如，某电厂要进行技术改造，可以向两家银行申请贷款，而贷款利率不同，甲银行利率为8％，乙银行利率为7.5％，通过比较，很容易决定，从乙银行贷款的方案为最佳方案。确定型决策问题，看起来似乎很简单，但可能决策者面临的方案中相关数量很大，从中选出最优方案并非容易，常需借助数学方法来解决。

2）风险型决策。决策的每一个备选方案受许多不能肯定的外部环境状态的影响，但这些状态出现的概率可以预测出来，按这些概率来进行决策，就要冒一定的风险，故称风险型决策。这里的概率是指某件事情可能发生的程度。任何一件事情出现的概率总是在0～1之间，出现机会越多概率值越高。

3）非确定型决策。和风险型决策问题相比，如在环境自然状态下各种可选方案出现的概率完全不能肯定也不能预测，这种决策问题称为非确定型决策。

3. 风险型决策的分析方法

风险型决策的分析方法主要有损益期望值准则、决策树法、矩阵法和最大可能性准则。

这里仅介绍损益期望值准则。

(1) 决策的依据和方法。

在概率条件下计算的损益值，称为损益期望值，常用 $E(A)$ 表示。

损益期望值准则就是：计算出每个行动方案在不同自然状态下的损益期望值，以损益期望值的大小选择最佳方案。

【例 4-1】 某项电力建设工程，管理人员要决策下月是否开工。如果开工后天气好，可为国家节约 5 万元施工费，但若天气不好，将造成 1 万元损失；若不开工，不管天气好坏都将造成窝工损失费 1 千元。根据气象资料，预测下月天气好的概率是 0.2，天气坏的概率是 0.8，将上述资料及各种状态下的损益值列于表 4-1。这个决策问题就是风险型决策问题，因为不论选择哪个方案都要担负一定的风险，可能遭受一定的损失。

表 4-1　　　　　　　　　　　　　　损　益　值　表　　　　　　　　　　　　　　千元

状态及概率	天气好　$p_1=0.2$	天气坏　$p_1=0.8$
A_1　开工	50	−10
A_2　不开工	−1	−1

解　根据表 4-1 所列各种状态概率和损益值，计算每个行动方案的损益期望值 $E(A_i)$。

开工方案　　$E(A_1)=50\times0.2+(-10)\times0.8=2$（千元）

不开工方案　$E(A_2)=(-1)\times0.2+(-1)\times0.8=-1$（千元）

通过上述计算可见，若决策开工方案，可期望得到 2000 元的收益，而决策不开工方案将损失 1000 元，故合理的决策应是开工方案。

(2) 决策的步骤。

1) 收集与决策问题有关的资料，找出可能出现的自然状态。

2) 列出各种可能的行动方案。

3) 根据历史统计资料，确定各自然状态出现的概率。

4) 计算各行动方案在不同自然状态下相应的损益值。

5) 计算出各行动方案的损益期望值，根据损益期望值的大小，选择最佳方案。

(二) 计划

计划就是选定组织的目标，对未来所发生的事情进行预测，并围绕组织的目标，预先制定行动方案，对组织活动的过程进行详细的统筹规划，使组织的计划及实际行动与之相适应。

计划的具体内容一般有六项：组织的目标、具体活动与内容、人员安排、活动的地点、时间、手段与方法。计划不是一劳永逸的，而是一个连续不断的过程。由于组织的内外环境在不断发生变化，原有的计划就会不断地被修改、更新，不断被新的计划所取代。只要组织存在，计划工作就会循环往复，一直进行下去。

计划的种类，按企业计划期的长短可分为长期（5～10 年）、中期（3～5 年）和短期（月、季、年）三种。长期规划和中期计划规定企业较长时间的发展方向和任务，短期计划是指导一年的行动纲领，是通过编制作业计划，将企业经营目的加以具体化。

计划工作应遵循科学性、统筹、明确重点、富有弹性、创新等原则。

现代常用的计划技术与方法主要有投入产出分析法、滚动计划法、计划评审技术。

（三）组织

组织是指建立一个适当的管理系统，把企业拥有的人力、物力、财力合理地组织起来，保证供应、生产、销售等各个环节相互衔接。组织是达到目的、完成计划的保证。

企业组织工作是管理的基本职能之一，也是企业领导关心的主要工作之一。所谓组织工作，是指为了有效地实现企业的目标，把所必需的各种业务活动加以分类和组合，设置必要的部门和单位；把管理工作的各种业务活动所必需的职权授予各部门的管理人员，并规定企业结构中上下左右的相互配合协调关系。通过组织工作应使每个人都知道应该做什么，谁对什么后果负责，并能排除由于混乱和多变所造成的故障。企业组织工作的根本任务在于：为在企业中工作的全体人员保持一个能使他们完成预定目标和任务的工作环境，更好地发挥他们的才能。

实际上，组织工作是由于人类需要协作而产生的。人类为了实现各种目的，不得不进行协作，以突破人类生理的、心理的和社会的种种限制。合理的分工协作，有效的组织，能完成多人简单相加所不能完成的工作，并具有更高的效率和较低的成本，这就是组织的效用。为此，要有与协作范围相应的有效组织。所谓有效组织，在本质上是指按工作目标及性质划分部门（作横的划分），同时依据权责关系（作纵的划分）将企业中的各种资源配合在内，使成员为共同目标贡献出最大努力的一种资源分配结构。因此，有效组织应具有如下特点：①共同的目标；②工作的划分与联系；③权责的划分与联系；④指令传输与反馈的系统；⑤满足成员的需求及激励成员的努力。

为此，企业组织工作必须研究建立有效组织的指导原则，它包括以下几个方面：

（1）目标一致的原则。任何一种协作都必定是为了达到一定的目标。一个组织结构，如果能使个人的贡献有利于实现企业的目标，就是有效的。为使目标一致，就要有一个系统的、为人们所明确理解的企业目标，以及为实现该目标所制订的战略和计划。

（2）效率原则。一个组织结构，如果能使人们以最低限度的失误或成本实现目标，就是有效的。效率原则要注重整体效率，如在建立一个组织结构时，只注意到设置一个服务部门可能带来的节约，而没有估计到在该部门以外会因此而增加的许多其他费用，则其整体效率就不高。例如，将有关统计汇总的业务全部分配给一个中心部门，虽然可以使统计资料工作成本降低，但是由于它不适合各主管人员的需要，这些统计资料的价值可能会降低。

（3）用人原则。组织结构规定的业务工作分类和职权要考虑人员的因素，这并不是说组织设计要因人设事，而是要围绕着目标及相应的业务工作来设计。工作是要由人来完成的，使用什么样的人是组织设计的一个重要因素。从职工的角度看，一个有效的组织，要使本人对工作满意，必须有明确的职权范围，职责要求严格，允许适当地参与问题的处理，能提供安全和地位，提供个人发展的机会等。

（4）动态原则。组织工作不是僵化的，必须反映和适应它的环境条件，组织的、技术的、政治的和社会的环境条件是企业组织结构设计的前提。不同社会制度、不同生产技术，以及不同的时期，有效的组织结构也往往随之不同。

（四）用人

由于智力开发是当前提高劳动生产率的主要源泉，所以现代化的大企业无不十分注意人才的培养和发现，这种培养不仅是根据当前的需要，也要针对未来长远的需要。这里，用人的总概念是指对人员的选择、任用、考核、提拔，保证人尽其才，充分发挥人的效能。

（五）领导

指挥是促使他人能恰当地执行其职务而施行的有效领导，或指管理人员根据决策的要求对下级单位和个人进行指导和监督。指挥的原则，一是目的协调的原则，也就是使每个成员的工作意愿和企业的计划目的相协调，围绕着实现计划的目的而做好本职工作；二是命令一元化的原则，即一件具体事项只有一个指令，避免多头指令所引起的混乱。

（六）控制功能

控制是为了实现经营的目标与计划，它具有检测与更正的性质。控制是以目标与计划为基准，测定生产的进展是否与既定计划、指标相符合。通过对计划与实践差异的分析，找出问题，加以纠正，以实现计划目标。

为了达到既定目标，管理人员必须对生产各方面的工作，包括产量、质量、材料消耗、机械维修、成本等小指标规定一定的标准。如果实际执行的结果偏离了原定标准，那就要立即分析原因，采取行动，纠正偏差。为了有效地进行控制，必须建立信息反馈制度。所谓信息反馈就是指把输出的信息再输送回来，同原来规定的目标值进行对比，及时发现偏差，加以纠正而调节输出。

（七）协调

协调是为了有效地达成已定的经营目的，在执行计划的过程中，对各部门生产活动加以统一和调整，建立内、外、纵、横的协调一致的良好工作关系，防止各方面发生矛盾或出现重复、脱节的现象。

协调可分为对外和对内协调。前者是企业与外部环境之间的协调，后者是企业内部的协调活动。既要保证各个单位和职工的主动性和创造性充分发挥，又要把他们的行动统一地纳入企业总目标的轨道。为了达到协调的目的，就要使全体职工清楚地了解经营活动的目的、政策、方针和标准。协调功能贯穿于经营管理的全过程，它是企业经营管理中带有综合性、全局性的功能。

第三节　电力企业的管理工作

一、电力企业管理工作的特点

现代化企业管理的基础工作是一项面广、量大、多变、要求高的工作，具有科学性、群众性、经常性、变动性等特点。电力企业的管理工作除这些共同特点之外，还有自己的行业特点，这些特点大致可表述为以下三点。

1. 科学理论性

由于电力生产的重要性和高度现代化，电力的管理不能依靠直观、原始的手段和方法，而必须依靠先进的科学技术手段和科学理论方法。因此，电力企业管理的各项工作也就必然要建立在这些现代的科学理论基础之上。电力企业管理工作要同现代科学理论知识的普及和应用相联系。

2. 技术先进性和综合性

由于电力工业所具有的技术经济特点，决定了它必然要广泛地、综合地利用现代科学技术的各种成就。现代化的技术，必然要有现代化的管理与之相适应，才能变为先进的生产力。现在高参数、大容量机组与高电压大电网的发展涉及现代控制工程、远动技术、通信技术、信息工程、核能应用等现代最新技术，它们都在电力工业中得到广泛应用。这种情况必然要反映到管理工作中，因此，在电力企业管理中应特别关心和重视正在世界范围兴起的新技术革命的动态，积极慎重地研究和吸收最新科技成就，以不断提高管理基础工作的科学技术水平。

3. 专业统一性和长远性

电能作为一种特殊的商品，具有产、供、用的同时性以及电网覆盖区域的市场垄断性。在整个国民经济和社会生活中，它又具有极大的通用性。因此，电网的发电设备、送变电设备、配电设备和用电设备必然地向着标准化、系列化的方向发展。但是另一方面，它在电力工业的技术方案和选择上，在电力设备的选型定型上，以至在企业管理的方式方法上，都将带有国家统一性和发展长远性的特点。在电力系统中，任何子系统的优化都必须在全系统的优化中去解决。在电力企业各项管理工作的建立与加强中，特别注意要树立专业统一的全局观点和长远观点。

电力工业现代化与电力企业管理现代化对电力企业管理的基础工作提出了更高的要求。电力企业要从实际出发，根据自己的特点，做出系统的研究与规划，把电力企业管理现代化建立在坚实的基础工作之上，使电力企业管理不断地进入新的水平。

二、电力企业管理工作的内容

1. 以责任制为核心的规章制度

电力企业分工细密，不仅生产具有高度的连续性，技术要求严格，协作关系复杂，而且具有产、供、销的同时性与互相依存不可分割的特点。要把电力职工群众甚至广大的用户和各个机构环节的积极性调动起来，使电网的生产运行和经营管理系统正常运转，并取得良好的经济效益，就必须正确处理人们的相互关系，以及人与技术装备、能源物质资源之间的关系。这就必须建立、建全统一的、严格的、以责任制为核心的规章制度，使各个环节协调配合，以保证整个电力系统正常运转。

电力企业逐步形成了一套以《电力工业技术工管理法规》为指导的电力生产安全、设备及技术管理的规章制度，称为电力企业的"三规十制"。三规是指：安全规程、运行规程和检修规程。十制是指：①各种人员的岗位责任制；②运行管理制度；③检修管理制度；④设备管理制度；⑤安全管理制度；⑥技术培训制度；⑦备品配件管理制度；⑧燃料的能源管理制度；⑨技术档案与技术资料管理制度；⑩合理化建议与技术改进管理制度。随着现代科技的发展与管理水平的提高，"三规十制"不断吸收了新的内容，例如可靠性管理、设备综合工程学、全员生产维修管理、全面质量管理、系统工程等。

2. 标准化工作

标准化工作是指对技术标准和管理标准的制订、执行和管理工作。标准是对某一项事物所做的应该达到的统一尺度和必须共同遵守的规定。

技术标准包括产品质量、工艺要求、操作规范、维修要求、事故调查统计、劳动保护等方面的标准。管理标准则是对企业重复出现的管理业务所规定的工作程序和工作方法。它一般涉及程序、岗位、信息、责任四方面的内容。管理标准是通过对现实管理的分析、改进、在提高工作质量和工作效率的基础上制定的。做好管理标准化工作对于建立正常管理秩序，提高管理水平，使企业各级领导干部从日常事务中摆脱出来，为企业管理现代化的实现多做努力等具有重要的作用。电力企业应形成全行业包括技术标准、电力产品标准、管理标准在内的完整的标准化管理系统。

3. 定额工作

企业的生产经营活动中，需要一定的人力、物力、财力的消耗和占用。在一定的生产技术组织条件下，对这些消耗和占用制订一个定量的标准，称为技术经济定额。有了先进合理的定额基础，企业管理工作才能走上定量分析的科学轨道。定额方法经过近百年的应用和发展，现已成为企业管理中不可缺少的有效手段和科学支柱。定额在企业管理的各个领域中，得到了广泛的应用。定额是编制计划的依据，是科学地组织生产的手段，是进行经济核算与提高经济效益的有效工具，也是贯彻按劳分配原则的尺度。企业要坚持定额水平的平均先进性，积极采用科学方法制订、修订和完善各类定额，提高定额管理工作的水平。

4. 原始记录和统计、计量工作

原始记录是企业生产技术经济活动情况的最初的直接记录与真实写照。它包括原始的报表、凭证、单据、自动记录的曲线和数据、运行记录、运行日志、维修记录等。原始记录是建立各种统计，编制统计报表和进行统计分析的依据，是企业进行全面管理的重要条件，也是企业基层车间、班组进行日常生产管理的工具。统计则比原始记录进了一步，它是按生产经营活动及上级管理机关的需要，对原始记录资料进行综合分析、分类、汇总、计算，以获得比较完整、系统的资料依据，以反映生产经营动态，并从中发现问题，预测发展趋势。原始记录是统计工作的基础。统计工作则是原始记录的加工和提高。

企业的原始记录和统计工作应该具有全面性、系统性、准确性和及时性。记录和统计工作要健全机构，培训人才，加速现代化、信息化、电子化的步伐。

计量工作包括测试、检验以及采样测定和分析等工作。原始记录反映出来的数量有些是通过计量手段产生出来的。计量工作是企业生产经营活动中取得量和质的技术经济数据的重要手段。它直接关系到企业的产品质量。安全生产，环境保护和经济效益。

电力工业向大电网、高电压、大容量、高参数、自动化发展，对计量工作的要求更加严格。现代科学技术的发展使激光技术、红外技术、微电子学、纤维光学、遥测遥感技术等日益广泛地深入电力企业的计量工作中。电力企业的计量工作要实现检测手段和计量技术的现代化。要严格按照《全国工业企业计量工作定级、升级标准》的要求，搞好计量标准的传递。做到计量器具、手段齐全完备，计量工作准确、完善，保证计量的准确性，工作的全面性，管理的统一性。

5. 信息化工作

在生产经营过程中，企业的人力、物力、财力不断地流动，这种所谓"人流""物流""财流"是否畅通，在很大程度上决定着企业生产经营的好坏。但是，流动畅通的前提条件是信息流的通畅。所谓信息是指生产过程的各种数据、指标、报表，组织生产的图纸、决议、规定等。信息是系统内各组织之间、系统与系统之间相互联系的特殊形式。人力、物力、财力、设备和技术，被称为企业管理的五项基本资源。而对五项资源的管理，都是通过有关的信息来实现的。随着企业管理水平的提高和现代化程度的发展，信息数量日益增加，管理信息在企业生产经营的各个环节上，都是不可缺少的基本要素。信息已经与人力、物力、财力、设备和技术并列成为重要的管理资源。衡量一个管理组织系统是否健全的重要标志之一，就是企业外部和内部的信息的传递是否准确和迅速。例如，产品滞销的信息如果不能及时地传递到企业，必然造成企业盲目生产、产品积压的不良后果。

在现代化的大生产中，信息流的问题越来越重要。随着生产技术和企业管理水平的提高，以及电子技术和系统方法的普及与推广，信息系统在企业管理中的重要地位和作用正日益明显地表现出来。国外的现代化大企业几乎无例外地都利用电子计算机建立了管理信息系统。管理机构的信息系统如同人的神经系统，信息传递失灵，就会使机构处于瘫痪状态。

现代化生产的电力部门，其生产系统和组织管理系统基本上都已经使用了计算机数据采集、分析、传送和管理系统。信息的收集、处理、储存、检索等工作，已逐步纳入电脑管理的轨道，企业内外各种信息渠道将连成网络。

6. 职工教育

这是指对在职工作人员，包括工人、工程技术人员、管理干部、领导人员的继续教育，包括职业道德教育，技术业务教育和企业管理基础知识教育，以及各级人员的岗位培训与思想教育。企业的各项工作是由人去做的，人的素质是企业最重要的基本素质。

第四节　市场营销管理

本节介绍的营销管理知识主要是指一般的产品营销，关于电力营销中电力产品与服务策略、电价策略、电力促销策略等知识参见有关专门书籍。

一、营销管理工作的一般思路

企业的营销工作一般可以依据以下 11P 的内容或方法来开展。

（1）Probe（探查法）：指对市场进行调查、预测。

（2）Prirtion（细分法）：指对市场进行细分（market segmentation）。

（3）Priorization（择优法）：指在市场细分的基础上，确定目标市场（target market）。

（4）Position（定位法）：指市场定位（market positioning）。

（5）Product（产品）：指企业确定应生产或提供什么样的产品或服务，以满足市场需要。

（6）Price（价格）：包括价目表价格（list price）、折扣（discount）、折让（allow-ance）、支付方式、支付期限和信用条件等，所以又称为定价（Pricing）。

（7）Place（地点）：通常又称为分销（distribution）或渠道（channel），指企业确定通过什么途径来销售产品或服务。

（8）Promotion（促销）：企业通过人员和非人员的方式，沟通企业与消费者之间的信息，引发、刺激消费者的消费欲望和兴趣，使其产生购买行为的活动。

（9）Power（权力）：指企业寻求得到政府在政策、法规、税收、投资机会等方面的支持或扶持。

（10）Public Relation（公共关系）：指通过各种传播媒介，提供有说服力的材料，面向公众开展一些活动，以树立企业的良好形象，为企业营造一个和谐的内外环境，从而促进产品销售的一种活动。

（11）People（人）：包括理解人和向人们提供产品、服务等。

二、市场调查

市场调查的内容很广泛，包括市场及其环境的调查，消费者和消费行为的调查，产品和销售情况的调查，技术发展的调查和竞争情况的调查。在某地要建立一座新电厂时，必须要对当地电网电能需求量进行市场预测，也称为电力市场的调查和电力需求的预测。

（一）市场及其环境的调查

市场情况调查的主要目的是了解市场对商品的需求量，发现潜在市场，确立目标市场。对一般产品要调查以下三方面：

（1）市场对整个行业或同类产品的总需求量及需求量的发展趋势。

（2）本企业产品在同类产品市场中的占有率及其在某地区某城市的占有率。

（3）市场上有无替换产品，本产品有无开辟潜在市场的可能性。

市场是极其庞大复杂的，受到社会政治、经济、文化的影响，因此，还应当了解影响市场变化的各种社会因素。从政治、经济方面看，要调查国家的有关政策、法令，人口增长趋势，地理分布，家庭及个人的收入水平、消费水平，能源及各种资源的状况。从文化风俗习惯方面看，要调查消费者的文化教育程度、风俗习惯、宗教信仰等。

（二）消费者和消费行为的调查

现代市场营销观念认为，消费者的需求是企业一切活动的中心和出发点，因此，消费者和消费行为的调查是市场发展的基础，是市场调查的主要部分。具体内容如下：

（1）现有顾客的数量及情况，如民族、年龄、性别和地区分布。

（2）消费者的购买欲望和购买动机。例如，影响购买者做出购买决定的有哪些主要因素，各不同阶层的消费者各有什么不同要求，消费者愿意或不愿意购买本企业产品的原因。

（3）消费者的购买习惯，如购买地点、时间、数量。

（4）调查和发现潜在顾客。

（三）产品和销售情况的调查

这方面的调查内容相当广泛，又可分为以下几个方面。

1.产品方面

（1）消费者对本企业新老产品的评价、意见和要求。对新产品在设计、功能、用途和使用操作方面的评价。对老产品在质量、性能、价格、交货期限方面的意见和要求。

（2）对本企业产品生命周期的调查。分析产品处于生命周期的哪个阶段，何时投放新产品，何时淘汰老产品。

（3）对产品的外观、包装、厂牌和商标的研究。

（4）对老产品的改进和发现新用途的调查。

（5）产品售前、售后服务工作的调查。

2.价格方面

（1）消费者对产品价格变动的反应，产品最适宜的售价为多少。

（2）新产品的定价策略和老产品价格调整。

（3）替换产品的价格。

（4）如何决定产品的批发价格、零售价格。

3.销售推广和销售渠道的调查

（1）推销方式的调查。如人力推销和非人力推销效果的调查。

（2）广告媒体与效果的调查。如广告媒体的比较与选择、广告公司的选择、广告效果的调查。

（3）展览会、展销会和橱窗、陈列室的情况和效果的调查。

（4）销售服务方式的调查。如分期付款、折扣、设立修理网点、代培技术力量等，采用何种服务方式。

（5）中间商销售情况调查。如销售额、利润及中间商所在地区的产品市场占有率等。

（6）对各地区零售网点的调查。如网点密度、消费者对零售商的印象等。

（7）产品的包装、储存、运输情况的调查。

（四）技术发展情况的调查

（1）新技术、新工艺、新材料的发展趋势和发展速度。

（2）新产品的技术现状、发展趋势和发展速度，应用新技术、新工艺、新材料的情况。

（3）新产品的国内外先进水平。

（五）竞争情况的调查

包括对竞争对手的调查，对竞争产品情况的调查，如对手的生产成本、质量、性能、用途、包装、价格、商标及交货期限等。

三、市场预测

（一）市场预测的概念和可能性

市场预测就是根据得到的各种信息和资料，运用一定的方法或数学模型，对与市场有关的未来状况做出估计和判断。市场预测为企业的经营决策提供可靠的、客观的依据。市场预测的基础则是市场的调查研究。

随着经济全球化的发展，加上科学技术迅速发展和新产品不断涌现，企业间的竞争日趋激烈。企业为了生存和发展，为了在竞争中立于不败之地，不仅要立足于现在，更要着眼于未来，要密切注视市场需求的发展趋势。企业在经营决策时，不仅要考虑市场目前的状况，而且必须考虑市场未来的发展。社会需要促进人们重视预测，也促进了人们对预测方法的研究。这样，预测技术作为一门新兴的学科，在 20 世纪 40 年代逐步形成和发展起来了。

预测之所以能得到迅速发展，是因为科学技术的突飞猛进，市场已成为企业一切经营活动的出发点和落脚点。企业生产产品的数量和质量都必须由市场需求决定，产品生产出来后又要到市场上去销售。企业的各项经营活动都离不开市场，而市场又处于经常不断的变化之中，只有通过市场预测，掌握需求量变化的发展规律，企业才能取得经营的主动权，才能做出科学的决策。

市场预测是估计市场的未来，而未来充满着我们所不能认识的东西。那么，人们能不能对它的发展趋势做出科学的预测呢？回答是肯定的。这是因为市场预测依据了以下三条基本原则：①连贯的原则，这就是市场是一个连续发展的过程，将来的市场是过去和现在的继承；②相关的原则，对市场需求的变化存在着各种相关的因素，当我们知道影响需求量的因素发生变化时，就可以预测出需求量的增减；③类推的原则，世界上许多事情的发展，存在着相似性和类同性，市场预测也可利用这一原则进行。

（二）定量预测的方法

定量预测是利用历史资料或者经济现象相关联变量之间的关系，选择适当的数学模型进行预测，得到预测值，然后再根据企业内部和外部的变化情况，加以修正，从而得到最终的预测值。

为了叙述的方便，在介绍各种方法时，我们都以销售量为例进行说明。实际上，对于其他各种预测，如价格、利润、销售额等，方法本身都同样是适用的。

1. 时间序列法

时间序列法就是将市场需求量、销售量、价格、利润等同一变数的一组观察值，按时间顺序加以排列，构成统计的时间序列，然后运用一定的数学方法使其向外延伸，预计市场未来的发展变化趋势，确定市场预测值。因此，时间序列法也称为历史延伸法或外推法。

(1) 算术平均法和加权平均法。

算术平均法是用观察期的实际销售量的算术平均数作为下一时期的预测值。运用算术平均数做预测，可以有两种方法。第一种方法是利用资料中最后一年的每月平均值，或数年的每月平均值，作为次年的每月预测值。第二种方法是以观察期各相同月份实际销售量的平均值作为预测期对应月份的预测值。这种方法主要适用于市场销售量有明显的季节性变动的情形。由于简单平均法把实际销售单的波动当作随机因素来处理，因此，它有一定的局限性，仅适合于观察期资料没有明显升降趋势变动的情形。

加权平均法是根据观察期各资料的重要性的不同，分别给以不同权数后加以平均作为预测值的方法。其特点是，所求得的平均数预测值已包含长期变动趋势。计算公式为

$$Y = \frac{\sum\limits_{i=1}^{n} W_i Y_i}{\sum\limits_{i=1}^{n} W_i} \tag{4-1}$$

式中 Y——销售量预测值；

   Y_i——第 i 期的实际销售量；

   W_i——第 i 期的加权数。

加权平均法的关键是确定适当的权数，但权数的确定没有一定的方法，只能凭经验判断而定。一般来说，越是近期的销售量，越能表明市场需求的趋向，所用的加权数也越大，越远期的销售量所用的加权数也就越小。当历史数据变动幅度较大时，权数之间由近而远的级差要大一些；如果历史数据变化较平稳，权数之间的级差则可以小一些。通常把各权数之和设为 1，这样可以简化运算程序。

(2) 移动平均法。移动平均法用靠近预测期的各期实际销售量的平均值作为销售量的预测值。随着时间的推移，计算平均值所用的各个时期也是向后移动的。移动平均法的特点是，对于具有长期趋势变动的观察期资料，尤其是对于数值特别大或特别小的观察期，经过移动平均后，可以消除不规则的变动。移动平均法反映的准确程度，取决于求平均的期数（即每一个分段的数据个数）。

(3) 指数平滑法。指数平滑法是对移动平均法的改进，它主要是根据近期销售量来推算，且减少了数据的储存量，只需要最近一期的预测值和该期的实际销售量，即可以推算下一期的预测值，其计算公式为

$$S_n = \alpha Y_{n-1} + (1-\alpha)S_{n-1} \tag{4-2}$$

式中 S_n、S_{n-1}——第 n、$n-1$ 期的预测值；

   Y_{n-1}——第 $n-1$ 期的实际销售量；

   α——平滑系数（$0 \leqslant \alpha \leqslant 1$）。

从式（4-2）可以看出，只需有上期的预测销售量 S_{n-1} 和实际销售量 Y_{n-1}，就可以预测本期的销售量 S_n。

2. 因果关系预测法

市场的发展变化是由多种因素决定的，市场的变化同各种影响因素的变化之间又存在一定的依存关系，即因果关系。经济现象之间的因果关系，有的可以运用确定性的函数关系来表达，还有的是非确定的函数关系，如居民对某种个人消费品的需求和收入水平之间的因果关系，某种生产资料的需求量同工业产值之间的因果关系等，不能建立确定性的函数关系，只能利用统计方法找出它们之间的回归关系。在市场预测中，非确定性的因果关系是大量的，主要是运用回归分析法。回归分析法分一元回归分析法和二元线性回归分析法。

一元回归分析法就是只用一个自变量对因变量进行预测的方法。一元回归分析是利用历史资料导出两个变数之间的关系式，建立回归方程式。在市场预测中，两个变数之间的关系一般是线性关系，其形式为

$$Y = a + bX \tag{4-3}$$

根据 X、Y 现有的实验数据或统计数据，把 X、Y 作为已知数，求得 a、b 两个回归系数，确定回归方程；再根据已确定的回归方程和市场变化的 X 值，预测 Y 值。利用回归分析法进行预测，要求我们拥有的实际统计数据点个数应多一些，至少要 20 个以上，数据少了预测不易准确。

二元线性回归分析法可以同时研究两个影响因素（X_1、X_2）对预测值 Y 的影响，其基本公式为

$$Y = a + b_1 X_1 + b_2 X_2 \tag{4-4}$$

式中　　Y——因变量的预测值；

X_1、X_2——自变量；

a、b_1、b_2——回归系数。

二元线性回归系数的计算方法较为复杂，一般是利用计算机来完成的。

四、营销 STP 战略

满足市场需求是现代市场营销所推崇和强调的，任何一个企业要想生存和发展，其生产的产品或服务必须是能满足市场一部分需求的。市场需求具体体现在顾客群体的需求上，因为市场是由购买者（即顾客）组成的。顾客是一个庞大且复杂的群体，顾客个体由于在受教育程度、经济收入、消费心理与购买习惯、风俗习惯以及自身所处的地理环境、人文环境等诸多方面存在差异，导致其在需求方面差异显著。这样，一方面顾客的需求永无止境且千差万别，另一方面任何一个企业所拥有的资源都是有限的，所以，任何一个企业都无法满足所有顾客的需求，也无法满足一个顾客的全部需求，它只能满足部分顾客的部分需求。为此，企业就必须依据科学的方法和科学的划分标准，将整体市场划分为若干个子市场（即细分市场），然后针对各子市场的特点和企业自身的情况，从中选择一个或部分子市场作为自己的目标市场，并制订有针对性的市场营销战略和策略，唯有如此，企业才能更好地满足市场需求，自身也才能更好地生存和发展。

但是，企业应如何去细分市场？在对市场进行细分后，如何确定自己的目标市场和应采用怎样的市场战略？如何在选定的目标市场中塑造出本企业产品与众不同的鲜明个性或形象

并传递给目标顾客，使该产品在细分市场上占有强有力的竞争位置? 这三个问题将由市场细分（segmentation）、目标市场选择（target market）、市场定位（positioning）三大营销战略来解决，通常将其称合称为 STP 战略。

(一) 市场细分

1. 市场细分的概念

所谓市场细分是指企业在市场调研的基础上，根据整体市场上顾客需求的差异性，以影响顾客需求和欲望的某些因素为依据，将一个整体市场划分为两个或两个以上的消费者群体的营销工作过程。

经过市场细分，每一个需求特点相类似的消费者群就构成一个细分市场（或子市场），而各个不同的细分市场，即消费者群之间则存在明显的需求差别。

市场细分的目的是从中找到适合自己的目标顾客群，然后针对其特点，制订最佳营销策略，以求获得最佳的收益。科学的市场细分对企业在新产品开发、产品定位、价格制订、广告策略、包装设计、营销组合策略的制定等方面均有着重要的指导意义。

应注意，市场细分不是按产品分类划分，如汽车市场、服装市场、机床市场等，而是按照顾客需求的差别划分，求大同存小异，分为不同的市场。

2. 消费者市场细分的标准

消费者市场的细分标准可归纳为地理环境因素、人文因素、消费心理因素和消费行为因素四大类。这些因素有些相对稳定，多数则处于动态变化中。

(1) 地理环境因素。即按照消费者所处的地理位置、自然环境来细分市场。具体变量包括：国家、地区、城市规模、气候及人口密度等。

(2) 人文因素。具体变量包括国籍、种族、民族、社会阶层、宗教、受教育程度、职业、收入、性别、年龄、婚姻、家庭人数、家庭生命周期等。

(3) 消费心理因素。即按照消费者的心理因素细分市场，具体变量包括个性、生活格调、生活方式、追求的利益等。与地理细分或人口细分相比，依据消费心理因素细分市场通常能产生更好的市场细分结果。因为，心理细分使营销者能够真正了解潜在消费者的内心世界，有利于开发出能激发目标市场消费者共鸣的营销组合。

(4) 消费行为因素。即按照消费者的购买行为细分市场，包括消费者进入市场的程度、使用频率、偏好程度等变量。

1) 按消费者进入市场程度细分。通常可以划分为常规消费者、初次消费者和潜在消费者。

2) 按消费者对产品的使用频率细分。在常规消费者中，不同消费者对产品的使用频率也很悬殊，可以进一步将其细分为大量使用者、中量使用者和少量使用者。

3) 按消费者对产品的偏好程度细分。消费者对产品的偏好程度是指消费者对某品牌的喜爱程度，据此可以把消费者市场划分为四个群体，即绝对品牌忠诚者、多种品牌忠诚者、变换型忠诚者和非忠诚者。

3. 产业市场细分的标准

(1) 用户的地理位置。除国界、地区、气候、地形、交通运输等条件外，产业布局、自然环境、资源等也是很重要的细分变量。按用户地理位置细分市场，有助于企业将目标市场选择在用户集中地区，提高销售量，节省推销费用，节约运输成本。

（2）用户规模。包括大用户、中用户、小用户、其他用户等。不同规模的用户，其购买力、购买批量、频率、购买行为和方式都可能不同，要求供应商提供的服务水平也不同。因此，用户规模是产业市场的又一细分依据。

（3）用户的行业类别。包括农业、食品、纺织、机械、电子、冶金、汽车、建筑、金融服务等等。用户的行业不同，其需求有很大差异，即使对同一种产品其具体需求也可能会有很大差异。因此，营销人员可以以用户行业为依据进行市场细分，针对各用户的不同需求特点，采取不同的营销组合策略。

（4）购买行为因素。包括追求利益、使用率、品牌忠诚度、使用者地位（如重点户、一般户、常用户、临时户等）、购买方式等。

4. 市场细分的原则

进行市场细分必须具备一定的条件，否则将事倍功半。一般来说，实行市场的有效细分，必须具备如下几个条件：

（1）可衡量性。指表明该细分市场特征的有关数据资料必须能够加以衡量和推算。例如，市场总容量估计是多少？各细分市场的市场容量预计能达到多少？目标顾客群的购买力预计能达到多少？当然，将这些资料进行量化是比较复杂的过程，必须运用科学的市场调研方法。

（2）可进入性。指企业对该细分市场能有效进入和为之服务的程度。市场细分后，至少其中的部分子市场必须是企业有可能进入并能占有一定份额的，如果细分的结果是发现已有很多竞争者，自己无力与之抗衡，无机可乘；或虽有未满足需要的，有营销机会，但企业因缺乏原材料或技术，货源无着，难以生产经营；或受政策、法律限制无法进入，则这样的市场细分对该企业来说就没有现实意义。

（3）可盈利性。指细分市场有足够的需求量且有一定的发展潜力，能保证企业获得足够的盈利。市场细分并不是分得越细越好，而应该科学归类，保持足够容量，使企业有利可图。此外，预期市场细分所得收益应大于因细分市场而增加的生产成本和销售费用，否则细分就没意义。应当注意的是：需求量是相对于本企业的产品而言的，并不是泛指一般的人口和购买力。

（4）可区分性。指不同的细分市场的特征可清楚地加以区分。例如，女性化妆品市场可依据女性消费者的年龄和肌肤类型等变量加以区分，肉食品、糕点等产品可按汉族与回族细分，而大米、食盐就不必按民族细分。

（5）稳定性。有效的市场细分所划分的子市场必须具有相对稳定性。如果市场变化太快，变动幅度又很大，企业还未来得及实施其营销方案，目标市场就已面目全非了，则这样的细分也是毫无意义的。

（二）目标市场战略

1. 目标市场的概念

所谓目标市场，是指企业打算进入并实施相应营销组合的细分市场，或打算满足的具有某一需求的顾客群体，也是企业为满足现实或潜在需求而开拓和要进入的特定市场。

2. 目标市场选择的模式

目标市场选择的模式通常有以下五种：

（1）市场集中化：指企业从众多的细分市场中只选取一个作为自己的目标市场，且只生产一类产品,进行集中营销,以满足这部分目标顾客群的需求。

(2)选择专业化:指企业从众多的细分市场中选取若干个作为自己的目标市场,而对每一个选中的细分市场只生产、提供相对应的一类产品,以满足这部分目标顾客群的需求。

(3)产品专业化:指企业试图只生产一类产品,以满足全部顾客群的需求。

(4)市场专业化:指企业专门针对某一顾客群生产各种产品以满足其消费需求。

(5)市场全面化:指企业生产多种产品去满足各种顾客群体的需要。

3. 目标市场战略

(1)无差异性营销战略。指企业把整体市场看作一个大的目标市场,不进行细分,用一种产品、统一的市场营销组合对待整体市场。例如,在 20 世纪 60 年代前,美国可口可乐公司一直奉行典型的无差异战略,以单一的品种、标准的瓶装和统一的广告宣传,长期向所有的消费者销售。

无差异营销策略对市场上大多数产品都是不适宜的,它只适宜于企业资源雄厚,产品通用性、适应性强,差异性小,以及市场类似性较高且具有广泛需求的产品,如通用设备、标准件以及不受季节、生活习惯影响的日用消费品。

(2)差异性营销战略。是把整体市场划分为若干细分市场,然后根据企业的资源及营销实力选择两个以上甚至全部细分市场作为目标市场,并为各目标子市场分别设计生产不同的产品,采取不同的营销组合手段,制订不同的营销组合策略,有针对性地满足不同细分市场顾客的需求。如宝洁公司就是长期采取差异性营销策略的典范,它的洗发水、洗衣粉、护肤品都有许多品种,针对不同顾客的需要。

差异性市场营销战略适合多数企业。

(3)集中性营销战略。集中性营销战略也称为"弥隙"战略,即弥补市场空隙的意思。它是指企业在将整体市场划分为若干细分市场后,只选择其中某一细分市场作为目标市场,或将几个性质相似的小型市场归并为一个细分市场,为该市场开发一种理想的产品,实行集中营销。

集中性营销战略特别适合于资源有限的小企业,或刚刚进入某个新领域的企业,往往会成为新企业战胜老企业,或小企业战胜大企业的有效战略,并获得很大成功。

(三)市场定位

1. 市场定位的概念

市场定位是指根据竞争者现有产品在细分市场上所处的地位和顾客对产品某些属性的重视程度,塑造出本企业产品与众不同的鲜明个性或形象并传递给目标顾客,使该产品在细分市场上占有强有力的竞争位置。市场定位也被称为产品定位或竞争性定位。

2. 市场定位的策略

(1)针锋相对式定位。这种定位策略是指企业根据自身的实力,为抢占较佳的市场位置,不惜与市场上占支配地位的、实力雄厚或较强的竞争对手进行正面竞争,以使自己的产品进入与竞争者相同的市场位置,同竞争者争夺同一细分市场的策略。

(2)取而代之式定位。这种定位策略就是将竞争者赶出原有位置,并取而代之。一些实力雄厚的大企业,为扩大自己的市场范围,通常会采取这种策略。

(3)与竞争者并存式定位。这种定位策略是将本企业的产品位置确定在目标市场上现有竞争者的产品旁。一些实力不太雄厚的中小企业大都采用此策略。

（4）填空补缺式定位。这是一种不与竞争者直接冲突，将企业产品定位在目标市场的空白处，去开拓新的尚未被占领但为许多消费者所重视的潜在市场的策略。

（5）另辟蹊径式定位。这是一种避开强有力的竞争对手、突出自己与众不同个性的定位策略。

（6）二次定位。企业产品的市场定位，不是一成不变、一劳永逸的。随着市场情况的变化，有些产品就需要重新定位，即对产品进行二次或再次定位。

3. 市场定位战略

差别化是市场定位的根本战略，具体表现在以下四个方面：

（1）产品差别化战略。产品差别化战略指企业从产品质量、产品款式、产品功能等方面寻求与竞争对手的产品有所不同来实现差别。

（2）服务差别化战略。服务差别化战略是指向目标市场提供与竞争者不同的优异服务。企业的竞争力越能体现在顾客服务水平上，市场差别化就越容易实现。如果企业把服务要素融入产品的支撑体系，就可以在许多领域建立"进入障碍"。因为，服务差别化战略能够提高顾客总价值，保持牢固的顾客关系，从而击败竞争对手。

（3）人员差别化战略。人员差别化战略是指通过聘用和培训比竞争者更为优秀的人员以获取差别优势。市场竞争归根结底是人才的竞争。一个受过良好训练，具有较高素质的员工可以帮助企业赢得消费者的青睐。

（4）形象差异化战略。形象差异化战略是指在产品的核心部分与竞争者类同的情况下塑造不同的产品形象或企业形象以获取差别优势。联想公司的"人类失去联想，世界将会怎样?"、海尔公司的"真诚到永远!"、美的公司的"原来生活是可以更美的!"等广告成功地塑造了这些企业与众不同的形象，这些都为相应的企业带来了很好的营销业绩。

五、营销组合策略

所谓营销组合，就是企业对自己可以加以控制的各种市场营销策略的综合运用。营销组合策略通常包括产品策略、定价策略、分销策略、促销策略。

市场营销组合策略的基本思想在于：从制订产品策略入手，同时制订价格、促销及分销渠道策略，组合成策略总体，以便达到以合适的商品、合适的价格、合适的促销方式，把产品送到合适地点的目的。企业经营的成败，在很大程度上取决于这些组合策略的选择和它们的综合运用效果。

（一）产品策略

一般来说产品是指能满足消费者或用户某一需求和欲望的任何有形产品和无形的服务，但从现代市场营销的角度来看，产品必须作为一个整体来理解。

1. 整体产品概念

整体产品包括核心产品、形式产品、期望产品、延伸产品、潜在产品五个层次。

（1）核心产品：是指向顾客提供的产品的基本效用或利益。任何产品都必须具有反映顾客核心需求的基本效用或利益，否则就不会被顾客接受。

（2）形式产品：是指核心产品借以实现的形式，包括产品的品质、式样、特征、商标、包装等。

（3）期望产品：是指顾客在购买该产品时期望得到的与产品密切相关的一整套属性和条件。

（4）延伸产品：是指购买形式产品和期望产品时附带获得的各种利益的总和，包括产品说明书、质保书、送货、安装、维修、技术培训等。

（5）潜在产品：是指现有产品可能发展成为未来最终产品的潜在状态的产品，如彩色电视机可发展为电脑终端机等。

在现代营销环境下，企业销售的产品不仅仅是单纯的功能，而必须是产品整体概念下的一个系统。在竞争日益激烈的市场环境下，没有整体产品概念，就不能建立现代营销观念。固守传统的产品观念，忽视消费者对一种产品的多样化的需求，就不可能获得经营上的成功。

2. 产品生命周期

产品生命周期是指某一个产品从完成试制、投放市场开始，到最后被淘汰退出市场为止的全部运动过程。典型的产品生命周期包括四个阶段：投入期、成长期、成熟期和衰退期。

（1）投入期。投入期是指新产品试制成功、投放市场销售，销售额缓慢增长的阶段。在这一阶段常用的营销策略有以下四种：

1）快速掠取策略，即以高价格、高促销费用推出新产品。

2）缓慢掠取策略，即以高价格、低促销费用推出新产品。

3）快速渗透策略，即以低价格、高促销费用推出新产品。

4）缓慢渗透策略，即以低价格、低促销费用推出新产品。

（2）成长期。成长期是指新产品在市场上迅速为顾客接受，产品销售量迅速增长的阶段。这一阶段营销策略的重点是要突出一个"快"字，它是企业产品发展的黄金阶段。企业在这一时期应抓住机会，迅速扩大生产能力，开拓新的市场，创造新的用户，以取得最大的经济效益。

（3）成熟期。成熟期是指产品已被大多数顾客接受，销售增长缓慢或开始出现下降的阶段。在这一阶段可采取的营销策略一般有以下三种：

1）市场改良策略，即设法开发新市场，寻求新客户。

2）产品改良策略，即改进产品的品质或服务后再投放市场。

3）营销组合改良策略，即通过改变定价、销售渠道、促销方式等来提高产品的销售量或销售额。

（4）衰退期。衰退期是指产品市场寿命已逐渐老化，销售额急剧下降的阶段。在这一阶段可采取的营销策略一般有以下三种：

1）集中策略，即把资源集中使用在最有利的细分市场、最有效的销售渠道和最易销售的品种、款式上，以赢得尽可能多的利润。

2）维持策略，即保持原有的营销组合策略，把销售维持在一个低水平上，待到适当时机便退出市场。

3）榨取策略，即通过大幅度降低销售费用，以达到增加眼前利润的目的，最终退出市场。

（二）定价策略

1. 影响产品定价的因素

制订价格策略，首先要了解影响和制约产品价格的因素。这方面的因素主要有定价目标、产品成本、市场需求情况、市场结构与竞争状况、产品的市场特点等。

2. 定价目标

定价目标即企业通过定价所要达到的主要目的。企业常见的定价目标有维持生存、追求利润最大化、扩大市场份额、产品质量最优化四种。

3. 产品定价方法

企业常用的有以下三种产品定价方法：

（1）成本导向定价法。企业在产品总成本（包括生产成本、管理费用、销售费用等在内的总成本）的基础上，加上企业可以接受的利润额，或乘上一个利润率，便确定了产品的价格。

（2）需求导向定价法。它是一种以市场需求强度及消费者感受为主要依据的定价方法，包括认知价值定价法、反向定价法、需求差异定价法（或称差别定价）三种。

1）认知价值定价法就是企业根据顾客对产品的认知价值来制订价格的一种方法，它与现代市场定位观念相一致。

2）反向定价法是企业依据顾客能够接受的最终销售价格，计算自己从事生产经营的成本和利润后，逆向推算出产品的批发价和零售价的一种方法。

3）差别定价法是区分具有不同需求、不同情况的顾客群，对他们采取不同的价格的一种方法。

（3）以竞争为中心的定价方法。这类定价方法主要根据市场上竞争者产品的售价作为自己定价的依据，随竞争状况的变化调整价格水平。

4. 定价的基本策略

（1）折让价格策略。这种策略是指给顾客一定折扣，以降低产品定价，甚至以赠予部分产品的方式来争取顾客。其主要方式如下：

1）现金折扣。这种方法是指对按规定付现金的顾客，给予一定的折扣优待；对提前付款的顾客，给予更大的折扣优待。目的是鼓励顾客及时或提前偿付货款，加速资金周转。

2）数量折扣。它是指对购买商品达到一定数量的顾客给予一定的折扣优待。购买量越多，给予的折扣就越大，以鼓励顾客大量购买。

3）交易折扣。它是指生产企业根据中间商在产品分销过程中所处的环节、功能、责任和风险的不同，给予其不同的价格折扣，以鼓励中间商执行某种营销功能、努力销售本企业的产品。

（2）差别定价策略。主要有以下几种形式：

1）顾客差别定价。同样的产品或同样的服务，对不同的顾客制定不同的价格。

2）产品形式差别定价。对不同型号的产品制定不同的价格，但价格的差别并不与成本的差别成比例。

3）销售时间差别定价。在产品销售的旺季与淡季、节假日与平时分别制定不同的价格。

4）产品部位差别定价。企业对于处在不同位置的产品或服务分别制定不同的价格。

5）地理位置差别定价。在定价中灵活反映运输、装卸、仓储、保险等费用，对不同地区的顾客制定不同的销售价格，但该价格并不一定与供货成本成固定比例。

（3）心理定价策略。这种策略是运用心理学原理，根据不同类型的顾客在购买商品时的不同心理需求来制订不同的价格心理定价策略主要有整数定价、零头定价、声誉定价、幸运数字定价、投标定价、拍卖定价、期货定价等形式。

（4）新产品定价策略。

1）高价策略（撇脂定价策略）。这种策略是在产品生命周期的开始阶段以高价投放市场，把产品卖给收入较高、对价格不太敏感又急需的顾客，以攫取最大利润的定价方法。这种策略的目的是尽快收回新产品的高额研制费和生产初期的偏高成本，获得超额利润，为企业提供扩大再生产所需资金。

2）低价策略（渗透定价策略）。这种策略是把新产品的价格制定得较低，以便用最快的速度渗入市场，提高市场占有率，从而获得对市场一定程度的控制。这种定价策略的主要优点是能够吸引更多的消费者，迅速打开产品销路，同时使竞争对手难以参加竞争。

（三）分销策略

1. 分销渠道的概念

分销渠道又称销售渠道，是指产品的所有权从企业向最终顾客转移过程中所经过的途径或通道。在这个过程中，生产者是销售渠道的起点，顾客是销售渠道的终点。

2. 中间商

处在生产企业和最终顾客之间的、直接或间接参与产品销售活动的一些组织或个人就是中间商。中间商在商品流通过程中起着连接生产与消费的桥梁作用。中间商是一个十分庞大的群体，按其是否拥有商品所有权，可分为经销商与代理商；按其服务对象的不同，可分为批发商和零售商。

（1）经销商与代理商。经销商是从事商品交易业务，在商品买卖过程中拥有商品所有权的中间商。这类中间商首先购买商品，然后按照自己制定的营销策略，从事销售工作。由于拥有商品的所有权，往往可以获得更大的收益，但相应也需要承担更大的风险。代理商是接受生产者委托，从事商品交易业务，但不拥有商品所有权的中间商。这类中间商若将商品销售出去，便可获得收益，若没有将商品销售出去，也只承担很小的风险甚至不承担风险。

（2）批发商与零售商。在商品流通过程中，不直接服务于最终消费者，只是实现商品在空间上、时间上的转移，达到再销售目的的中间商，称为批发商。服务于最终消费者的称为零售商。市场上最终消费使用的商品几乎都是由零售商直接提供的，大部分规模较大的零售商，通常也从事批发业务。

3. 销售渠道的模式

主要有以下五种模式：

生产者—最终消费者

生产者—零售商—最终消费者

生产者—批发商—零售商—最终消费者

生产者—代理商—零售商—最终消费者

生产者—代理商—批发商—零售商—最终消费者

4. 销售渠道的类型

（1）直接销售渠道。直接销售渠道也称为零级渠道，是生产者直接将商品销售给消费者，没有任何中间环节的商品所有权的转移。其主要方式有人员推销、邮寄销售、开设自销门市部、通过订货会或展销会与用户直接签约供货等形式。

（2）间接销售渠道。间接销售渠道是指生产者通过中间环节把商品销售给消费者的一种销售渠道。根据中间环节的多少，可将间接销售渠道分为三个层次。

1）一层渠道。在生产者和顾客之间只有一个中间环节，在消费品市场是零售商，在工业品市场是代理商、经纪人或批发商。

2）二层渠道。在生产者和顾客之间经过两个中间环节。在消费品市场是批发商和零售商，在工业品市场是代理商和零售商。

3）三层渠道。在生产者和批发商之间再加入一个中转商（代理商），由其负责向批发商供货。企业在不太熟悉的地区和市场上一般采用这种形式。

5. 分销策略

分销策略通常有下面三种类型。

（1）密集性分销。即制造商通过利用大量的中间商，广泛设立销售点，便于广大消费者能随时随地买到。这种策略通常适用于日用消费品和工业品中的标准化、通用化程度较高的产品。

（2）选择性分销。即制造商在某一地区仅通过少数经过精心挑选、最合适的中间商来销售自己的产品。这种策略适用于消费品中的选购品、特殊品和工业品中的零件。

（3）独家分销。即制造商在特定的地区仅选择一家中间商来销售其产品。该策略的优点是容易控制市场和价格，降低流通费用；其缺点是有时会出现销售力量不足，只依赖一家经销商的风险也比较大。

（四）促销策略

1. 促销与促销组合的概念

促销是企业通过人员和非人员的方式，沟通企业与消费者之间的信息，引发、刺激消费者的消费欲望和兴趣，使其产生购买行为的活动。它可分为人员促销和非人员促销两大类。人员促销指推销员直接推销，非人员促销又分为广告、营业推广、公共关系等。

促销组合就是对这四种方式的选择、搭配和运用，形成整体的促销策略。一个企业只有正确地设计及运用促销组合策略，才能达到既定的促销目标。

2. 人员推销

人员推销是企业用推销人员直接向顾客推销商品和劳务的一种促销活动。

人员推销具有直接联系、机动灵活、现场洽谈、反馈及时、选择性强等特点，有利于培养业务单位间良好的人际关系，但与其他促销活动相比，人员推销的费用较高。在运用人员推销这种促销策略时，应注重推销人员的选拔、组织与管理。人员推销的工具主要包括销售介绍、销售会议、电话营销、推销员示范、展览会、交易会等。

（1）人员推销的基本形式。

1）上门推销：由推销员携带样品、说明书和订货单走访用户，推销产品。

2）柜台推销：由营业员接待进入商店的顾客，在商店推销产品。

3）会议推销：利用各种订货会、物资交流会、博览会、展销会等形式推销产品。

（2）人员推销的策略。

1）试探性策略。试探性策略是指推销人员在不了解顾客需求的前提下，通过事先准备好的能引起顾客兴趣的言辞、图片、条件和行动，以刺激顾客的购买欲望。

2) 针对性策略。针对性策略是在推销人员已基本了解顾客有关需求的前提下，事先设计好针对性强的推销语言和措施，促使顾客购买的一种推销方式。

3) 诱导性策略。诱导性策略是推销人员诱导顾客将潜在需求变成现实需求，促进销售的一种推销策略。

3. 广告策略

广告是广告主支付一定费用，通过特定的传播媒介，把产品和服务的有关信息传播到可能的用户中，引起用户的注意、兴趣和购买行为的促销方式。

广告媒介是传播广告信息的一种物质技术手段，是企业与广告宣传对象之间的媒介物，广告媒介主要包括报纸、书刊杂志、广播、电视、电影、外包装、邮件、产品目录、小册子、海报、传单、说明书、售货现场陈列、标志和标语、广告牌、招牌等户外广告等。

4. 公共关系策略

公共关系是指通过各种传播媒介，提供有说服力的资料，以树立美好的企业形象，从而为企业营销创造一个和谐的内、外部环境的活动。

公共关系的对象很广，包括消费者、新闻媒体、政府、业务伙伴、社区等。

企业利用公共关系促销的方式有以下三种：

（1）新闻宣传。新闻宣传即通过编写企业及产品的新闻，塑造企业形象。这种方式比广告节省开支，又具有很强的客观性、很高的可信度，在影响公众、说服公众方面具有显著的效果。

（2）与相关公众建立广泛的联系。企业可以通过举办展览会、新闻发布会、联谊会、舞会、座谈会、宴会、组织参观等活动，加强同相关公众的联系，加深企业与他们的感情，增强企业的感召力。

（3）支持公益活动。企业可以举办或赞助文体比赛、演出，参加有意义的社会性、公益性活动，拉近企业与相关公众的距离，增进彼此了解。

5. 营业推广策略

营业推广又称销售促进，主要是指能够刺激顾客的强烈反应、促进短期购买行为的各项促销措施。通过营业推广，企业向顾客提供特殊的优惠条件，能够引起他们的兴趣和注意，影响他们的购买决策，刺激购买行为，在短期内达成交易；也可以依靠售后服务、技术培训、义务咨询等手段，促进与顾客的中长期业务联系。营业推广包括多种方式，如产品陈列和现场表演、产品展销、样品赠送、发放优惠券等。

营业推广的工具主要包括竞赛、游戏、彩票、举办讲座、赠送样品、礼品、商品展销会、现场陈列和表演、优惠券、现金付款折扣、价格折让、招待会、免费试用、赠送印花、交易折扣和津贴等。

第五节 全面质量管理

一、全面质量管理的概念与特点

产品质量管理大致经历了产品质量检验阶段、统计质量管理阶段和全面质量管理阶段三个过程。20 世纪 60 年代初期，美国通用电气公司的范近堡首先提出了全面质量管理的概念。他提倡用系统的观念来控制产品的质量，把质量和成本联系起来，讲求质量的经济性。同时又提出企业要树立服务思想，把质量和使用挂起钩来，强调质量的适用性。从而开创了全面质量管理的新领域，把质量管理工作推向一个新高度。

概括起来，全面质量管理就是：生产的全过程实行以预防为主的质量控制，企业的全体员工参加质量管理活动，全厂的工作纳入质量第一的轨道，经济地生产出用户满意的产品，并做好售前售后服务的一整套管理系统和制度。全面质量管理主要有以下特点：

（1）把"一切为了用户"作为全面质量管理的起点和目的。企业既要使产品满足用户需要，又要使用户满意。为此，产品质量不能局限于符合质量标准，而应经常了解用户需要，根据用户要求设计制造质量更好的产品，不仅要求产品物美价廉，供货及时，而且要做好售前售后的技术服务。

（2）把"一切以预防为主"作为质量管理的方针。因为好的产品不是检验出来的，而是通过设计、制造出来的。因此，质量管理的重点应从"事后把关"转移到"事前预防"，即事先采取措施，运用不同的方法，把设计、工艺、设备、工装、材料、操作方法等各方面造成不良品的因素控制起来，以预防废品的发生。

（3）全面质量管理是全员的、全过程的管理。产品质量是在企业生产全过程中形成的，即从市场调查获取信息开始，到产品设计、实验试制、组织生产、对生产工序进行控制、成品检验、交仓库运输，最后为用户服务等每一环节对质量都产生影响。所以，只有全厂每一位员工对全过程每一生产环节加强控制和管理，优质产品才有可靠保证。

（4）全面质量管理要求"一切用数据说话"。它要求运用数理统计和图表对大量质量数据进行整理和分析，找出影响产品质量的主要因素及各种因素之间的联系，掌握质量变异的规律性，以便有针对性地采取措施，消灭或预防质量偏差。

二、全面质量管理的基本工作内容

全面质量管理基本工作内容包括设计开发过程、制造过程、辅助过程和使用过程的质量管理。

（1）设计过程的质量管理。这里的"设计过程"是广义的，它是指企业的生产技术准备过程，包括开发新产品和改造老产品所进行的实验、研制、产品设计、工艺设计、试制和鉴定等。设计过程是影响产品质量的关键阶段，是质量反馈循环的起点。设计的"先天不足"往往导致"后患无穷"，设计是产品生产过程的起点，它是带动其他各环节的首要一环。

设计过程的质量管理主要有下列任务：根据市场调查和用户需要，设计新产品和改造老产品，使之实现技术先进可行和经济合理有效；根据需要和企业的可能条件，采用先进工艺，以取得良好的经济效果。

（2）制造过程的质量管理。制造过程质量管理的任务是：建立能够稳定生产合格优质品的生产系统，抓好每个生产环节的质量保证，严格执行技术标准，保证产品全面达到技术标准的要求，努力生产优质产品，减少不合格品。制造过程质量管理工作的内容有：建立和健全岗位责任制，执行操作规程，遵守工艺规律；认真做好文明生产和均衡生产；灵活运用全面质量管理的数理统计方法，预防废品发生；制订和修改现有产品的技术标准；加强计量和检验工作；做好物资供应和设备维修工作，改进产品包装质量（制订包装标准，改进产品装潢等）。

（3）辅助服务过程的质量管理。辅助服务过程的质量管理是指辅助生产及生产服务过程的质量管理工作，如物资、工具、工装供应的质量管理，设备维修和动力供应等工作的质量管理。产品制造过程中的很多质量问题，都同辅助过程的质量管理工作有关，因此，在质量保证体系中辅助服务过程的质量管理相当重要，不可忽视。辅助服务过程的质量管理包括辅助部门的工作质量（辅助产品质量），如工具、工装、维修及动力供应的质量和服务质量，如能否及时供应、方便生产和保证需要。

（4）使用过程的质量管理。产品的使用过程是实现社会主义生产目的的过程，也是考验产品实际质量的过程，它是企业质量的归宿。使用过程的质量管理是企业质量管理工作的继续。从全面质量管理的观点出发，产品质量的好坏，主要看用户的评价。所以，产品使用过程的质量管理，主要包括技术服务和用户访问两方面的工作。

三、全面质量管理的工作程序和工作步骤

全面质量管理的工作程序为 PDCA 循环，由以下四个阶段组成。

第一阶段为 P（Plan，计划）阶段：指要适应用户的要求，并以取得经济效益为目标，通过调查、设计、试验，制订技术经济指标、质量目标以及达到这些目标的具体措施和方法。

第二阶段为 D（Do，执行）阶段：指要按照所制定的计划、目标和措施去实施。

第三阶段为 C（Check，检查）阶段：就是对照计划，检查执行的情况和效果，及时发现和总结计划实施过程中的经验和问题。

第四阶段为 A（Action，处理）阶段：就是根据检查的结果，采取措施，巩固成绩，吸取教训，以利再下一次循环。

为了解决和改进质量问题，通常将 PDCA 循环具体化为以下八个步骤。

计划阶段：①分析现状，找出存在的质量问题（用排列图、直方图、控制图）；②分析产生质量问题的原因（用因果分析图）；③找出影响大的原因（用排列图、相关图）；④对质量影响大的原因，制定改进质量措施计划，要回答 "5W1H"，即 Why（必要性）、What（目的）、Where（地点）、When（时间）、Who（执行人）、How（方法）。

执行阶段：⑤执行制订的质量改进措施计划。

检查阶段：⑥调查采取措施的效果（用排列图、直方图、控制图）；⑦总结经验、巩固成绩，工作结果标准化；⑧提出尚未解决的问题（反映到下一循环的计划阶段中去）。

按 PDCA 循环进行质量管理，关键在 A 阶段，即处理阶段。处理就是总结经验教训，采取有效措施，把下一个循环推向一个新的高度。

四、质量管理与质量保证国际标准

在全球企业向国际化迈进的今天，市场已成为国际化的世界性市场，企业正面临着世界性竞争。为了适应日趋激烈的世界性竞争的需要，企业产品要立足全球市场，产品质量需要得到全球市场的认证。全面质量管理的理论已成为产生国际标准的理论基础。

为了适应国际经济合作和贸易往来的需要，国际标准化组织（ISO）于 1987 年发布了 ISO 9000《质量管理和质量保证》系列标准，截至 1990 年，已有 70 多个国家和地区有效地采用了这套标准，并制定了相当于 ISO 9000 系列标准的国家标准。我国国家技术监督局于 1988 年颁发了相应的 GB/T 19000《质量管理体系》系列标准。

随着国际市场竞争日益尖锐和复杂，不仅要对产品质量进行检验，更要对企业的质量管

理和生产进行严格的评审。ISO 9000 系列标准自推出以来，已在全球产生广泛深刻的影响，被人们称为 ISO 9000 现象。ISO 9000 现象出现的根本原因，是各国的采购商和供应商对标准的普遍认同，并将符合 ISO 9000 标准的要求作为消除贸易技术壁垒，建立相互信任关系的基石。

　　ISO 9000 系列标准是由 ISO/TC 176 技术委员会制定的通用的国际标准，它是一种世界上唯一公认的质量保证系统。ISO 9000 系列标准的构成见表 4-2，共由 5 部分组成，即术语标准、质量管理和质量保证标准选用和实施指南、质量保证标准、质量管理标准与支持性技术标准 5 个部分。ISO 9000 又可分为 27 个标准，这是 1994 年通过的版本，2000 年版本将保留几个主要的文件，其他标准都将归到技术性支持标准中去。

表 4-2　　　　　　　　　　　　ISO 9000 族标准构成

编　号	名　称	分　类
ISO 8402	术语标准	
ISO 9000	质量管理和质量保证标准选用和实施指南	9000-1 选择和使用
		9000-2、9001～9003 的实施
		9000-3、9001 在软件中的使用
		9000-4 可信性大纲管理
ISO 9001	质量保证标准	9001 设计、开发、生产、安装和服务
ISO 9002		9002 生产、安装和服务
ISO 9003		9003 最终检验和试验
ISO 9004	质量管理标准	9004-1 通用指南
		9004-2 服务
		9004-3 流程性材料
		9004-4 质量改进
ISO 10000	支持性技术标准	10005 质量计划
		10006 项目管理
		10007 技术状态
		10011-1～3 审核、审核员、审核管理
		10012-1、2 测试质量保证、测量控制
		10013 质量手册
		10014 质量经济性
		10015 教育和培训
		10016 检验和试验记录

　　1. 术语标准

　　ISO 8402 质量管理和质量保证术语。该标准阐明质量管理领域所用的质量术语的含意。

　　2. 质量管理和质量保证标准选用和实施指南

　　这类标准的总编号为 ISO 9000，总标题是质量管理和质量保证。共有 4 个分标准，即 ISO 9000-1～ISO 9000-4，目的是为质量管理和质量保证两类标准的选择和使用或如何实施提供指南。

3. 质量保证标准

这类标准共 3 个，即 ISO 9001～ISO 9003，分别将一定数量的质量体系要素组成 3 种不同的模式，代表第二方或第三方在具体情况下对供方质量体系的要求。供方对这些要求必须满足并应予以证实。

4. 质量管理标准

这类标准的总编号为 ISO 9004，总标题是质量管理和质量体系要素，共有 4 个分标准，即 ISO 9004-1～ISO 9004-4，目的都是用于指导组织进行质量管理和建立质量体系。

5. 支持性技术标准

这类标准的总编号为 ISO 10000，编号从 10000～10020，是对质量管理和质量保证中的某一专题的实施方法提供指南。

在以上的 5 类标准中，质量管理和质量保证这两类标准是 ISO 9000 族的核心。若没有这两类标准，ISO 9000 的各分标准将失去存在的价值，ISO 10000 系列中的许多标准也将失去依托。在质量管理标准 ISO 9004 中，最重要的 ISO 9004-1，即质量管理和质量系统要素第 1 部分：通用指南。因为任何一个组织为了实现其质量方针所确定的目标，都应建立质量体系并使其有效运行，而 ISO 9004-1 为准备建立和实施质量体系的组织提供指南，所以它是质量管理的一个基础性标准。

五、我国企业采用 ISO 9000 系列标准的意义

我国已决定贯彻实施 ISO 9000 系列标准。在对 ISO 9000 系列标准仅作编辑性、技术性修改后，已等同于采用国家 GB/T 19000 系列标准。这对我国参与国际经济活动，消除不必要的技术壁垒，促进全面质量管理的深入发展，提高企业质量管理水平，起到良好作用。具体体现在以下三方面。

1. 促进我国质量管理水平进一步提高

ISO 9000 系列标准是从标准的角度，对质量管理、质量保证理论与方法进行系统性的提炼、概括和总结，并使其系统化、规范化。它与全面质量管理的理论依据是一致的，在方法上互相兼容。因此，推行 ISO 9000 系列标准，可促进我国质量管理工作水平向纵深发展和提高。

2. 有利于发展社会主义市场经济，提高企业竞争能力

企业在出口商品时，对方企业对出口企业的产品一般会有两个关注点：一是产品有否达到所要求的技术标准；二是企业在质量管理、质量检验、质量保证方面有否达到一定的规范，也就是说，产品质量有否得到工作质量的保证。前者可通过技术检验来确定，后者却很难认定。由于贸易双方企业互不了解，对工作质量的认定标准也不一样，常会引起争执，以致影响贸易成交。ISO 9000 系列是第三方按一定的标准对企业的认证，因此比较客观公正，并得到世界上许多国家的认可，这将大大减少由此带来的不必要的矛盾。所以说，当出口企业通过了 ISO 9000 质量标准的认证，也就是出口企业的产品取得了进入国际市场的通行证。

3. 有利于保护消费者的权益

实施 ISO 9000 系列标准，要求企业必须健全相应的质量保证体系，才能稳定地生产满足用户需要的产品，才能有效地保护消费者的利益。

第六节　技术创新与工业产权

一、技术创新

按照国际上普遍认同的理解，技术创新是指以市场为导向，以提高竞争力为目标，从新产品或新工艺设想的产生，经过技术的获取（研究、开发和引进技术）、工程化、商业化生产到市场应用整个过程一系列活动的总和。它不只是关注技术的创造性和技术水平的进步，更关注技术在经济活动中的应用，是一个典型的融科技与经济为一体的系统概念，属经济学范畴。技术创新的特点如下：

（1）强调市场实现程度和获得商业利益是检验创新成功与否的最终标准。

（2）强调从新科技的研究开发到首次商业应用的整个过程是一个系统工程。

（3）强调企业是技术创新的主体。

目前，技术创新的概念一般主要指工业技术创新。因此，最直观的理解是：技术创新是科技新设想（包括概念、发现、发明改进及其他成果）转变成新的可销售的产品或可推广的新工艺。如果创新在市场上实现了（指产品创新），或者在生产过程中得到了应用（指工艺创新），就可以说创新完成了。技术创新是一个把新设想转变成新产品和新工艺的过程，是把科学技术转变成现实生产力，从而搞活经济，促进经济增长的过程。创新的过程包含如下的一些概念：

（1）技术创新是新设想、新发明产生的过程。在这一过程中，研究开发（R&D）、发明创造是最主要的特征。

（2）技术创新是把设想变成产品的转化过程，需进行测试、工程设计、寻求资金、购置设备、组织生产调整，还需要对原有发明和设想进行反复试验、修改和再发明，充满了大量的创造发明活动。

（3）技术创新还是一个技术走向市场的过程。技术对经济的作用，归根结底是通过市场实现的。所以，技术创新自始至终存在着调查市场、适应市场、进入市场的过程。从发明的开始，就要了解市场需求和发明的价值。在转化过程中需通过调研不断修改发明，降低成本。产品试制成功后，更需要通过市场营销将其推入市场。以上整个过程都是科技人员的职责。技术创新是一个突破传统思维的概念，它要求科技人员以新思维方式重新认识自己的职责。

技术创新具有"生产函数"的概念。熊彼特提出创新就是"建立一种新的生产函数"，是指"企业家实行对生产要素新的组合"，把一种从来没有过的关于生产要素和生产条件的"新组合"引入生产系统。它包括5种情况：引入新产品、采用新的生产方法、开辟新的市场、获得原料的新来源、实行一种新的企业组织形式。其中，人们最乐于接受的"新组合"是新产品和新生产方法。

熊彼特分析了"企业家"和"创新"的作用后，他认为创新是生产要素的重新组合。资本则是企业家为了实现新组合，用以把生产指向新方向、把生产要素和资源引向新用途的一种杠杆和控制手段。资本是企业家和商品世界之间的桥梁，资本的职能在于为企业家进行创新而提供必要条件。反过来说，也只有在实现了创新的发展情况下，才存在企业家，才产生实际的利润，才有资本和利息。这一理论给我们的启示是，有创新才有企业家，企业家不仅职能在于创新，企业家的存在价值和生命也在于创新。因此，企业家是最重要的创新家，但不是唯一的创新家。

另一个极为重要的思想，熊彼特认为创新是一种产业突变，也称为创造性的破坏过程，即不断地破坏旧结构，不断地创造新结构的过程。破坏是指对旧的资本的破坏，一批企业不在创新浪潮中被淘汰，经济就无法再发展。一批企业被淘汰，对整个经济来说并不十分重要，因为生产要素可以重新组合，新的有活力的企业会诞生和发展。不断创新，不断破坏，经济正是这样发展起来的。我们研究创造学，着眼点总是放在如何产生首创的新产物上，虽然也提破坏，但仅指旧观念、旧传统、旧思维定式等的破坏。

经济由于创新而得到发展，创新是内在因素，对经济发展起着决定性作用，这是熊彼特创新理论的核心思想。创新成功，除创新企业通过获得利润而得到发展外，也必将在社会上引起模仿，模仿活动引起创新浪潮，更多企业得到发展，于是经济走向高潮。但当较多企业实现模仿之后，创新浪潮消逝，经济随之停滞。这时经济要再发展，就必然有新的创新。如此，只有接连不断创新，才能保证经济持续不断发展。

二、新产品开发

（一）企业生产方向的抉择

企业生产方向是企业产品决策的前提。新企业根据社会和市场的需要，开发了拳头产品，随着企业的发展和市场的变化，企业生产方向面临着重新研究和抉择。一般有三种抉择：①保持原有方向；②在原有方向基础上开拓新方向；③彻底转产。

企业生产方向的抉择是企业的战略步骤之一，关系到企业存亡，必须慎重对待。在具体工作中，还要考虑以下制约因素：

（1）生产厂家规划的制约。包括社会需求、国家政策及调控手段、行业管理部门意见，以及国有资产管理部门的要求等。

（2）市场需求的制约。要做好市场引力分析，特别是对短期市场不仅要做需求分析，还要做同行业竞争分析，防止重复建设、盲目竞争。

（3）本企业实力的制约。企业实力包括市场占有率、技术力量、生产能力和销售能力等。新方向的抉择，应优先开发与本厂生产工艺相近、产品结构相似、制造原理相同的产品。这样会节省投入时间和费用，取得事半功倍的效果。

（4）本企业生产的相对稳定性。既要考虑企业当前效益，又要着眼于企业长期效益，同时要合理安排生产要素，相对集中开发力量。

（二）产品开发策略

产品是一切能满足用户某种需要的物质实体和非物质形态的服务。它的物质实体具有特定用途，如电视机、冰箱、机床等；它的非物质形态能提供有效功能的服务，如咨询服务、专有技术服务等。

对于企业老产品的整顿，主要根据销售情况制订方针。对销售量较大的名牌产品，应采取积极发展的方针；对能使销售量增加的产品，应采取改进方针；对销售量持续递减的产品，应采取减产或淘汰的方针。

产品开发一般有以下三种策略。

1. 自主研制策略

自主研制策略是指从基础理论、应用技术到产品开发研究的全过程都靠自己的能力进行，或者利用社会上公开的基础理论研究成果，自己只从事应用技术和产品开发研究，或者只进行产品开发研究。根据企业技术进步目标和企业研究开发力量的强弱，自主研制又可分为进攻型、防卫型和补空缺型策略。

进攻型策略主要着眼于未来市场的需求，保持和发展自己在市场和技术方面的优势。同时也需要企业根据环境预测，准确地把握未来的市场变化，并拥有从设想转化为商品的能力。

防卫型策略的特点是企业在激烈竞争中，以低成本、高性能、高质量来占领市场，多适用于现有产品的中短期开发。采用这一策略的企业，必须有健全的营销机构和营销力量，同时具有较强的制造能力。

补空缺型策略有两种含义：一是寻找市场的空隙，针对市场上某一时期可能存在的潜在需求来组织本企业的研究开发工作；二是充分利用本企业的某种特殊技术，利用这一技术抓住社会及市场尚属空白之机，加强这一特殊技术的开发应用，以此推出自己独具特色的产品。

2. 合作研究策略

合作研究是指企业与企业或科研单位之间发挥各自的优势，联合进行研究开发。特点是合作各方共担风险，共享成果。这种策略适合于我国目前大多数企业科技力量不足、研究资金缺乏的情况。

3. 引进策略

企业利用各种手段引进外部的先进技术来实现本企业的技术进步目标，可分为仿制、有偿引进、人才引进等策略。

三、技术引进

（一）技术引进的概念

技术引进是指技术接受方通过贸易、经济合作或其他渠道从技术供给方获得创新技术的过程。它包括获得新产品的设计制造工艺、材料配方、测试方法、样机、样品以及科学的经营管理方法等。这一过程统称技术转移，将技术提供方称为技术转让，将技术接受方称为技术引进。

技术引进应包括以下几个阶段：①技术的获得阶段；②技术的消化吸收阶段；③技术的改造和推广阶段；④技术的创新发展阶段。

技术引进过程包括了消化吸收和创新发展两个层次。消化吸收实质上是掌握引进技术的精髓，变引进技术为自己的技术，使引进技术适应本国和本企业的生产条件。一个国家或一个企业不能只靠消化吸收来提高本国或本企业的技术水平，必须在消化吸收的基础上创新发展，推动本国或本企业自主研究开发能力的提高，实现技术引进的良性循环。战后的日本在20世纪五六十年代从美国、西欧引进了一大批先进技术，通过对引进技术的消化吸收，创造出更新的技术和产品，并将产品远销美国和西欧，促进了日本经济的飞速发展。

技术引进包括"硬件"引进和"软件"引进。"硬件"引进主要指引进进口技术设备、专用器材与特殊构筑物。"软件"引进主要指引进设计图纸、技术指导、人才引进和技术培训等。在技术引进初期或技术基础较薄弱的部门多采取"硬件"引进。因为这种引进方式简单，生产见效快，可以直接受益，但是花费往往较高，在一定时候会形成技术"瓶颈"，即缺乏关键易损件造成生产损失。对具有一定技术基础的部门应以"软件"引进为主。这不仅可以直接获得技术掌握技术的关键，而且花费较"硬件"少。各部门可以根据不同情况，正确处理好"硬件"引进和"软件"引进的关系，获得较好的经济效益。

（二）技术引进的主要形式

1. 许可贸易

许可贸易是国际技术转让的基本形式。许可贸易是许可方向被许可方通过签订许可合同形式转让某项专利或专有技术或商标的使用权，允许被许可方按该项技术生产、使用和销售，并支付相应的费用给许可方作为报酬。

在技术转让过程中，供方有义务向引进方提供相关技术资料，负责培训引进方的生产操作人员，派遣技术人员到引进方企业对生产和质量进行指导，保证产品达到合同规定的经济技术指标。引进方根据合同支付技术使用费及其他报酬，并承担保守技术秘密及其他义务。

按供方授予权利范围划分，许可合同主要有独占许可和排他许可。独占许可为供方给予引进方在一定的地域内对该项技术及其产品有制造、使用和销售的权利，供方和任何第三方都不得在规定的地区内使用该项技术制造或销售产品。排他许可为供方与引进方都有在一定地域内对该项技术及其产品拥有制造、使用和销售的权利。

2. 技术咨询服务

技术咨询服务是指咨询公司向雇主提供技术服务，并取得一定报酬的一种技术贸易方式。引进方（雇主）委托供方（咨询方）承担技术服务，一般先拟订任务大纲以及规定完成期限，通过公开招标或聘请方式，确定合作对象，双方经过谈判签订技术咨询服务合同。

技术咨询服务的范围广泛，它涉及各行各业的工程设计、管理技术、销售技术和商业服务等。大项目的咨询服务如工程项目可行性研究，某一行业或地区的发展规划；小项目的咨询服务如引进技术的选择或某项设备的购买。

3. 技术协助

在技术转让过程中，供方承担传授技术的义务，供方必须把自己所掌握的技术知识和经验传授给对方，有些技术知识和经验难以用书面表达出来，则必须通过示范等方式来传授，使引进方能够真正掌握该项技术。因此，技术协助是技术转让中不可缺少的环节，它可以包括在技术转让合同中，也可以作为特定的项目签订单项合同。技术协助的主要方式是人员培训、技术指导和技术服务。

4. 工程承包

工程承包是引进方委托供方按规定条件承包建设某项工程。工程项目的建设和合同规定的工作由供方承担，如工程设计、土建施工、提供机器设备及其安装、提供技术、培训人员、投产试车、质量管理。整个工程项目建成后交付引进方使用，又称为"交钥匙"方式。

5. 合作生产

合作生产是企业根据共同签订的协议，分别生产同一产品的不同零部件，由一方或双方装配成产品出售；或者分别制造对方所需要的零部件，互相交换，各自组装成产品出售。

合作生产的过程也是转让技术的过程。通常由一方提供技术指导，一方或双方分别生产按协议规定的零部件。有时也可以共同设计，共同研究确定产品零部件的规格，在技术上互相合作，互相吸取对方的技术。此外，在合作生产合同中，往往包括销售合作，在销售上采取联合行动，建立共同的销售渠道。

6. 合作经营与合资经营

合营企业有两种类型，即契约式合营和股权式合营的企业，前者称为合作经营，后者称为合资经营。合作经营一般不以各自投入资本的多少来决定合作各方的权利和义务，而是组织合营实体内，投资各方以自己的法人身份进行合作，合作各方的权利、义务、责任均在合同中明确规定。合资经营是以货币计算各方投资的股份和比例，由投资者共担风险、共负盈亏，并建立具有法人地位的合作实体，合作各方的权利、义务、责任以股本为依据。

7. 补偿贸易

补偿贸易是供方接受引进方以产品偿付设备贷款和技术使用费的一种贸易方式。引进方在信贷的基础上，从供方进口成套设备和技术，然后用这些设备和技术生产的产品的全部或部分返销给供方，以偿付供方提供的设备和技术费用。在补偿贸易中，引进方引进的成套设备往往包含有专利或专有技术的转让，所以补偿贸易是一种技术贸易形式；如果补偿贸易不包括技术转让，则不属于技术贸易方式，而是一般的贸易形式。

补偿贸易的特点是用产品偿付设备和技术的价款，而不用现汇支付，这种方式可以解决外汇短缺的困难，有利于设备和技术的引进。同时，由于补偿产品的质量直接关系双方的利益，双方都关心企业的经营管理和技术水平的提高。

8. 特许专营

特许专营是指一家取得成功经验的企业，将其商标、商号名称服务标志、专利、专有技术以及经营管理方法或经验的使用权转让给另一家企业的一种技术转让方式。后者由于获得了使用权，必须向前者支付一定金额特许费作为报酬。双方签订特许专营长期合同。这种方式运用于商业服务业和工业。

我国在超临界大型火力发电机组、先进的核反应堆技术等方面的技术引进中采用了以上一种或几种技术引进的形式；同样在向发展中国家提供能源工业技术方面也采用了上述的技术引进形式。

四、知识产权

知识产权的重要性在改革开放后得到了重视，这也是有教训的。美国的哈默博士曾准备对我国的杂交水稻投入巨资在世界各地推广。按惯例，哈默首先考虑该技术是否申请专利，是否拥有自有知识产权。经过详细检索，近50项杂交水稻技术已经全部在文献中公开，不具备专利申请的条件。当时，袁隆平的研究工作处于非常困难的境地，而中国的农业也错失了一次飞跃发展的机会。知识产权有专利、专有技术、注册商标等。

1. 专利

专利是保护知识产权的产物。专利是政府的主管部门根据专利法授予专利权人对其发明创造在一定时期内的专有权。专利权人的主要权利是拥有制造、销售和使用其发明的权利。同时未经专利人的许可，任何人不得在保护该项专利的国家内制造、销售或使用专利权人的发明，否则就构成对专利权的侵犯。专利权人可以通过许可等方式转让专利使用权甚至所有权，从而得到报酬；有权对未经他人许可而擅自使用其专利技术的人追究法律责任和要求赔偿损失。

专利权人的主要义务是：公布该项发明创造的内容必须在一定期限内在获准国内实施或允许他人实施该项专利（有些西方国家对这项义务不作规定），按时缴纳年费。

专利制度是以保护人们的发明创造为手段，使其公开化、商品化，有利于发明创造的充分利用，从而促进科学技术和生产力的发展。专利分发明专利、实用新型专利和外观设计专利三种。个人或集体的发明创造，如果具有新颖性、创造性和实用性就可以向本国或他国申请专利，向有关国家政府专利机构提出申请，经专利机构依照法定程序审查批准后才能获得专利权。

根据各国专利法的规定，发明人在提出专利申请时，必须对发明的内容加以说明，并具体提出要求保护的范围，必要时还要附有图样对其发明加以解释。一份专利申请一般包括申请书、说明书、专利申请书、附图和摘录。其中，说明书是申请的主要部分，申请人在说明书中应如实介绍其发明的内容以及制造和使用发明的方式方法，使一般具有该专业技术知识的人能够据此实施该项发明。说明书将发明公之于世，申请人在公开内容的基础上具体提出要求给予保护的范围。专利申请书是专利保护范围的法律依据，应在说明书介绍技术内容基础上，准确地列出说明书中所叙述的关键技术特征。由于申请书的内容相当复杂，为了避免因不符合法律要求而被驳回，发明人一般都委托专利律师或专利代理人代为申请。

各国对专利申请的审查采取不同的形式，基本形式有形式审查与实质审查两种。

（1）形式审查：只审查专利申请是否符合法律要求，即是否具备规定的文件，是否符合申请手续，是否符合授予专利权的范围以及是否按期缴纳申请费用等。如果符合这些要求，就给予登记，授予专利权，而不对该项专利进行新颖性等实质审查。目前，比利时、希腊等少数国家采取这种方式。

（2）实质审查：不仅要对专利申请进行形式审查，而且要对该项申请专利的发明是否具备新颖性、先进性和实用性进行实质性审查，通过审查，符合新颖性等要求的发明才授予专利权。世界上绝大多数国家采取实质审查制。

对专利申请进行实质性审查，工作量大，涉及许多复杂的科学技术问题，审查时间往往很长，不能及时完成，为了解决这个问题许多国家实行早期公开和延迟审查制。

2. 专有技术

按中国的技术贸易实践和各种定义综合，可以将专有技术定义如下：在生产和经营活动中已经使用过的，不享有专门法律保护的，具有秘密性质的技术知识和经验。其他各国际组织对专有技术的定义列举如下：

（1）联合国世界知识产权组织在1972年制订的《发展中国家保护发明示范法》对专有技术的定义是："有关使用和运用工业技术的制造方法和知识。"

（2）巴黎国际商会拟定的《关于保护专有技术的标准条款草案》将专有技术定义是："实施某种为达到工业生产目的所必需的，具有秘密性质的技术知识、经验或其积累。"

（3）保护工业产权国际协会给专有技术的定义是："专有技术是为实际应用一项技术而取得的，并能使一个企业在工业、商业、管理和财务等方面运用于经营的知识和经验。"

（4）前苏联发明委员会对专有技术所下的定义是："所谓专有技术就是指公众不知道的，在生产和经济活动的实践中已经采用了的，不享有法律保护的各种技术知识和经验……"

类似的定义还有很多，但至今未有公认的统一的定义，其原因主要如下：

第一，专有技术包含的范围十分广泛，它包括技术方面和商务方面。在技术方面，如图纸、试验结果和试验记录、公式和配方，加工规范、生产报告、产品的计算结果、工艺资料、程序编制资料等。在商务方面，如供销渠道、企业组织机构、财务管理、广告宣传等。

第二，专有技术表现形式，有以书面形式表现的，也有以人们头脑中的观念和技能表现的。

第三，专有技术内容多与生产活动相关联，同时又与经营活动相关联。换言之，专有技术与商业秘密相关联，商业秘密又与专有技术相关联，两者既有共性，又有个性。

专有技术的性质特点有以下几点：

（1）专有技术是人类创造性脑力劳动的产物。一般不是有形的物质实体，而是无形的知识。

（2）经济上的实用性。专有技术必须具有实用的有效性，能用于工业、农业、商务、管理等领域，解决某一领域特有的技术问题，从而提高企业经济效益。

（3）商业上的秘密性。专有技术是一种财产性质的权利，但至今世界各国均无保护专有技术的专门法律，因此其商业价值是靠其所有者采取保密手段来维持的。一旦专有技术内容公开或被公众所知悉，专有技术就将丧失商业价值，任何人均可随意使用，而不必付任何报酬。

（4）专有技术具有相对稳定性，但又富于变化。专有技术是人们生产实践中总结出的技术成果，其内容将随时间推移不断深化、发展和完善，也可能由于更先进技术的出现而被淘汰。因此，作为技术贸易对象的专有技术既可以是一项技术发展过程中的阶段性成果，也可以是成熟期的技术成果。它不像专利技术，其技术内容以说明书作为一种固定形式，在专利有效期内不变。

（5）可传授性。一项专有技术作为技术贸易对象必须能通过适当的方式让其引进方所控制，一般是通过资料提供和技术服务中的言传身教来实现技术的转移。如果不能通过适当的方式传授，而依赖个别人员的天赋或特殊技能，也就是说这种技术知识不能与其载体分离，就不能称为专有技术。

专有技术与专利技术的区别如下：

（1）专有技术不具有绝对的占有性。不同的研究者均可通过自身的实践或研究取得专有技术，尽管内容相同也不会造成侵权。而专利技术是依法受专利法保护的，不允许存在有相同内容的专利，尽管同一内容技术可能有多个研究者，但只有一个研究者的成果可以依法享有专利权，其他研究者的成果均不可能获得专利。

（2）专有技术具有秘密性，专利则是公开的。专有技术被视为一种财产性质的权利，既有使用价值，又有商业价值，但其商业价值只有在保密状态下才能得以存在，否则就不可能作为技术贸易对象。专利则不然，一项发明在申请专利时，其先决条件是要公开其内容，甚至要求将其公开到同行业的人可以据以实施的程度。因此，专利的内容是公开的。

（3）专有技术存在的期限是不固定的，专利的保护期则是固定的。专有技术存在的期限长短取决于两个条件：一是其所有者所采取的保密手段；二是有没有新技术替代或淘汰了该专有技术。专利的保护期取决国家法律的规定，一般发明专利的保护期为 15～20 年，实用新型专利和外观设计专利保护期一般为 10 年。

（4）专有技术没有地域限制，专利则受批准的国家所辖地域的限制。专有技术在任何未知其内容的地域内都是专有技术，专利在没有被批准的国家和地域内则不视为专利，可以不受限制地加以实施。

（5）专有技术的内容比专利技术广泛。专有技术的内容包罗万象，一切可以用于生产或有助于生产的技术知识和经验（生产技术、经营技术、管理技术等）都可划为专有技术类，而专利则只限于能应用于工业生产的技术。

（6）专有技术可以有多种表现形式，专利则只是一种书面形式。专有技术可以以文字、图表、公式、配方等书面形式表现，也可以以技术人员头脑中的观念、经验和技能表现，并无任何规定限制其应以何种形式表现，而专利则必须根据专利法的规定，采用专利技术说明书的书面形式。

专有技术属于非工业范畴，其所有人不能依法享有其专有技术的绝对独占权。但是，各国法律均承认专有技术的财产性质，也认为应当对专有技术予以某种形式的法律保护，防止他人非法利用、泄露或传播等损害专有技术所有人合法利益的行为。而且也认为，专有技术所有人的利益受到损害时，可以依照法律程序对侵害者提起诉讼，得到司法救济，以促进专有技术的研究开发和利用，达到促进国家经济技术发展的目的。

思 考 题

1. 管理科学的发展有哪三个阶段，各有哪些特点？
2. 电力企业管理的特点和管理的主要内容是什么？
3. 什么是市场调查？市场调查的内容和方法有哪些？
4. 为什么市场是可以预测的，科学预测的方法有哪些？
5. 何谓市场细分和细分市场？为什么要对市场进行细分？
6. 何谓目标市场？目标市场选择的模式有哪些？目标市场战略有哪些？
7. 何谓市场定位？市场定位的方式有哪些？
8. 市场定位战略有哪些？
9. 何谓营销组合？它包括哪些内容？
10. 何谓整体产品概念？这对市场营销有何启示或应用价值？
11. 定价的基本策略有哪些？
12. 何谓分销渠道？分销策略有哪些？
13. 何谓促销？它包括哪些内容？
14. 何谓营业推广？其常用工具有哪些？
15. 什么是产品全面质量管理，它有哪些特点？
16. 什么是 ISO 9000 族？它由哪几类标准构成，核心是哪两类？
17. 什么是技术创新，它的特点是什么？技术创新过程有哪些概念？
18. 技术引进有哪些方法？举某一个案例说明其中一个或几个方法的应用。
19. 调查一个工业产权侵权与保护的事例，并做简明的分析。
20. 什么是热平衡体系？有什么实用意义？
21. 如何建立热平衡方程式？一个热平衡方程式至少包括哪几项？
22. 锅炉热平衡计算要计算哪几项热损失？

第五章 技术经济分析基础

第一节 概 述

现代化管理要讲究经济效益,技术经济分析是研究经济效益的一种科学方法。它的研究对象主要是技术政策、技术措施和投资方案的经济效益,也就是对技术措施和投资方案进行分析、对比和评价,研究如何用同样的资金消耗取得最大的经济效果。

从扩大再生产和积累的观点来看,就要求投入的每一个项目都要能获得尽量多的积累以扩大再生产。这就要求任何项目在实现以前都必须进行技术经济分析,也就是进行有计划的定性与定量的分析、计算、比较和评价,研究项目如何以一定的人力、物力、财力消耗去取得尽可能大的经济效益,或者如何以最少的人力、物力、财力消耗,去取得一定的经济效果,选出花钱少、收效大的最优方案,最大限度地发挥资金的经济效益。这样,就使我们制订出的技术方案有了科学的基础,并且落实到经济效果上,做到技术上先进、经济上合理,保证我国社会主义建设的高速发展,具有极其重要的经济意义。

技术与经济是人类社会进行物质生产不可缺少的两个方面,它们是密切联系、相互制约和相互促进的。经济上的需要是技术进步的动力和方向,经济能否繁荣昌盛,很大程度上取决于技术发展的水平及其开发的效果,而技术的进步要有一定的经济实力,同时又是推动经济发展的主要条件和手段。

技术可以理解为人类改造自然、变革自然的手段和方法。技术进步是人们利用自然、改造自然,创造新的物质财富和提高劳动生产率的极为有利的手段和条件,是推动经济发展的极为重要的物质基础。技术与经济虽然是两个不同的范畴,但是它们在生产中是密切联系的。技术的发展总是在一定的经济需要和条件下实现的。经济的发展必须采用一定的新技术,而且随着社会生产的高度发展,技术和经济的结合必将日益紧密和深化。

技术经济分析在经济领域内有着广泛的用途,它既可以在基本建设中研究工程项目投资的经济效果,确定投资方向,又可以在企业的技术改造和设备更新中选择方案。不论解决哪种任务,往往可以借助许多不同的方案来实现。如为解决同一电力供应的需要,可以采用建办火电厂、水电厂、核能电厂或建设输电线路从邻区送电来解决。各方案的条件不尽相同,因此,就要从不同角度收集有科学依据的多种资料,通过对不同方案的技术经济分析,选出最佳方案。

技术经济分析就是对方案的政治、经济、技术条件与时间因素、劳动力、物质、资金消耗数量指标进行多种计算和综合分析,全面评价方案的经济效果,选出最佳方案作为决策的依据。技术经济分析工作必须充分考虑企业在生产建设上的技术经济特点,使所选出的方案技术先进,经济合理,符合经济发展的客观规律。

方案的经济分析和比较有两个方面:一是各方案之间的比较;二是与现有同类型先进企业进行比较。后一种比较之所以必要,是因为实现这一方案的社会劳动耗费必须低于社会必要劳动耗费（一般以现有先进企业为代表），以实现不断提高社会劳动生产率的要求。

货币时间价值和风险衡量，是分析和评价投资经济效果的重要方法。

第二节　资金的时间价值

一、资金的时间价值及其产生的根源

在商品生产条件下，企业的生产经营活动都是以货币作为支付和结算手段的。也常用货币来计量工程方案的经济效果，着眼于方案在整个寿命周期内的货币收入和支出情况。但分析时不能只把方案寿命周期内不同时期现金的收支量简单地相加用来表示方案的经济效果，必须考虑资金的时间价值。资金的时间价值，实质上是劳动者的剩余劳动所创造价值的一种转化形态，是货币作为资本周转使用后的增殖额。而资金时间价值只有在生产经营的周转过程中才会产生。凡是有资金流入或流出活动的地方，都存在着资金时间价值的问题。

资金具有时间价值是商品生产条件下的普遍规律。当货币转化为资金后，开始了资金的循环和周转，借此进行生产，通过劳动创造出新的价值，从而进行工资、税金、利润和利息等的分配，其中利润和利息的增额（如经营不好而亏损者，即为减额）部分就称为资金的时间价值。由此可知，没有劳动创造价值，就没有资金的时间价值。所以说，货币转化为资金在商品生产的运行过程中是一种应计的报酬。例如，今天把100元钱存入银行，按年利率2.5%计息，则经过一年以后，就得本利和 $100 \times (1+0.025) = 102.5$（元）。又如，存入银行的钱，在一年后可得本利和为100元，如果现在提取，年利率同上，则现在只能得 $100/(1+0.025) = 97.56$（元）。

二、利息和利率

（一）利息

资金的时间价值是投资应计的报酬，统称为利息。即资金的货币量随时间的推移按一定的利率进行计算所得的报酬额，是资金的增值部分。

利息的计算公式为

$$\text{利息 } Le = \text{目前的本利和总金额 } S - \text{原来投资的本金 } P \tag{5-1}$$

（二）利率

利率是一定量的资金经过一定的时间后，其所得的利息与原投资额之比的百分数，其计算公式为

$$\text{一定利息周期的利率 } i = \frac{\text{一定时间间隔的利息 } Le}{\text{原投资金额（本金）} P} \tag{5-2}$$

利率可按其计息周期的长短分为年利率、季利率、月利率、周利率、日利率和小时利率等。在不做说明时，计息周期的单位为年，所以平时所说的利率就是指年利率。

（三）单利和复利

1. 单利

每个计息周期均按其原始本金来计算利息的方式，称为单利。单利只有本金计息，而所得的利息部分则不计利息，其总的本利和到期末一次兑现，其计算公式为

$$Le = Pin \tag{5-3}$$

$$S = P + Le = P(1+in) \tag{5-4}$$

第五章 技术经济分析基础 131

式中 Le——利息总额；

    P——原始本金；

    i——每一计息周期的利率；

    n——计息期数；

    S——本利和。

2. 复利

任何一个计息周期的利息，均按上一期末的本利和总额来进行计息，即意味着我们通常所说的"利滚利"，它充分体现了资金的时间价值，其计算公式为

$$S = P(1+i)^n \qquad (5\text{-}5)$$

除特别说明，利息一般均按复利计算。复利根据每一计息周期的利率和计息周期数 n 之间的关系，又可分为普通复利和连续复利。

（1）普通复利。指有明确计息周期的复利，如采用月利率或年利率 i，则计息周期数 n 为月数或年数。

（2）连续复利。根据复利计算公式（5-5），若计息周期不断减小，如由年逐步减小为季、月、日……则利率 i 将会不断下降。而一定时期中的计息期数 n 不断增加，它表示随时间的进程每时每刻都在产生利息，这样，也就没有明确的计息周期。这种采用瞬时连续计息的方式，称为连续复利。

三、等值

所谓资金的等值是考虑了资金时间价值的等值。一定量的资金，在一定的利率条件下，经过换算，在不同时间点上的绝对值是不同的，但其"价值"我们认为相等，称之为等值。例如，现在有资金 10 万元，若年利率为 10%，则一年后的值为 11 万元，两年后的值就是12.1 万元。虽然今年的 10 万元，一年后的 11 万元，两年后的 12.1 万元，它们的绝对值是不同的，但它们是等值的。由此可见，由于资金的时间价值，即使金额相等，但发生的时间不同，其价值并不相同。因此，不同时间点上现金流量是不可比的，也不能直接相加减。要相加减或比较，必须根据资金的时间价值，把不同时间的现金流量换算为同一时间点的现金流量才具有可比性，才可以进行加减计算。从上例的计算可以看出，资金的等值取决于金额、时间和利率三个要素。在今后的经济分析中，都应采用等值概念来进行分析和评价。

四、现值和终值

现值是指发生在或折算为投资项目期初时的货币金额，它不是指货币金额的现在值。例如，1992 年对某一能源工程项目进行经济分析，但要到 1993 年初才进行投资，现值就应是1993 年年初的价值。在一个能源投资系统中，我们把开始投入资金的时间作为计算现值的标准时间，将一个后期发生的货币收入或支出换算成某一个前期（不一定为投资的期初）的货币金额时，这种计算方法称为现值计算法或贴现法。

终值是指发生在或折算为投资项目期末时的货币金额。同样，凡是将前期发生的货币收入或支出折算为某一个后期（不一定是投资的期末）的货币金额的计算方法，就称为终值计算法。

五、现金流量图

为便于今后对等值、现值和终值进行计算，常利用现金流量图，即用图示的方法来表明一个工程项目现金的收支情况，如图 5-1 所示。现金流量图的表示方法在目前还没有统一的

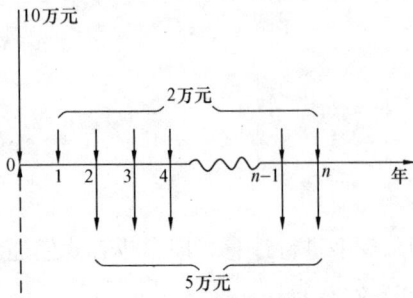

图 5-1　现金流量图（1）

明确规定，在本书中采用如下的方法：横坐标作为时间坐标，即水平轴线表示时间，将原点定为 0 点，每一等分隔表示一个时间单位（年、季、月等）。如图 5-1 所示，一般时间坐标以年为单位，0 点表示第一年的年初，1 点表示第一年末或第二年的年初；纵坐标作为金额坐标，用垂直于时间坐标的带箭头的直线表示在各个时点上所发生的货币收入或支出的数额，箭头的长短与金额成比例。箭头指向时间坐标表示货币的支出，箭头背离时间坐标表示货币的收入。这样的规定，不管是货币的收入还是支出，均可以任意地画在横轴的上方或下方，避免图中箭头的多次重叠，使图中的金额收支表示得更清晰和便于阅读。在图 5-1 中，第一年年初支出 10 万元，用画在横轴上的直线表示，但也可以用画在横轴下箭头指向横轴的线来代替，只要它们的箭头指向横轴即可。图中还表示出，从第二年末开始直至第 n 年末，每年等额支出 2 万元，从第二年末开始直至第 n 年末，每年等额收入 5 万元。这两种收入和支出分别画在横轴的上下，使图面显示很清晰。

第三节　普通复利的利率因子及等值计算

资金的时间价值，即在不同时期货币金额的等值关系，可通过下面所述的八个利率因子公式来进行运算，现分述如下。

一、复利计算的整存整取公式

（一）复利终值因子

根据复利运算公式（5-5），若已知周期利率 i，计息期数 n 和本金 P，就可以求得本利和 S。其现金流量图可用图 5-2 表示。

式（5-5）中的 $(1+i)^n$ 为复利终值因子，其含义是单位本金的本利和。只要给定 i 和 n 的值，就可以查普通复利表（见附录 A）或直接计算求得。目前常用的符号如下：

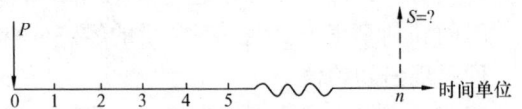

图 5-2　现金流量图（2）

$$(S/P,\ i,\ n) = (1+i)^n \tag{5-6}$$

式（5-6）符号为标准的函数式符号，表示在已知 P、i 和 n 的条件下，可用来计算 S 的复利终值因子。这样，本利和的复利计算公式（5-5）可改写为

$$S = P\ (S/P,\ i,\ n) = P\ (1+i)^n \tag{5-7}$$

【例 5-1】 某煤气公司为扩建工程投资需要，出售企业债券 200 万元，年利率为 12％，6 年后本利和一次还清，问到时公司需总共付出多少钱？

解　据式（5-7），$S=P\ (S/P,\ i,\ n) = (S/P,\ 12\%,\ 6)$。按公式计算或查附录 A 得
$$S = 2000000 \times 1.973823 = 3947646\ （元）$$

（二）复利现值因子

由复利计算公式（5-7）移项得

$$P = S \frac{1}{(1+i)^n} \tag{5-8}$$

若已知周期利率 i，计息期数 n 和本利和 S，据式（5-8）就可算得原始本金 P。其现金流量图如图 5-3 所示。

式（5-8）中的 $\frac{1}{(1+i)^n}$，称为复利现值因子或贴现因子，其含义为单位本利和的本金。只要给定 i 和 n 的值，就可以查普通复利表（见附录 A）或直接计算求得。同样其表示法为

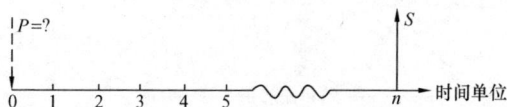
图 5-3 现金流量图（3）

$$(P/S, i, n) = \frac{1}{(1+i)^n} \tag{5-9}$$

这样，复利现值的计算公式可改写成

$$P = S (P/S, i, n) \tag{5-10}$$

【例 5-2】已知一座火电站，10 年后的总利润值是 100 万元。年贴现率为 12%，如贴现到期初应为多少？

解 据式（5-10），$P = S (P/S, i, n) = 1000000 (P/S, 12\%, 10)$ 查附录 A 得
$$P = 1000000 \times 0.321973 = 321973 （元）$$

二、多次等额收付计算公式

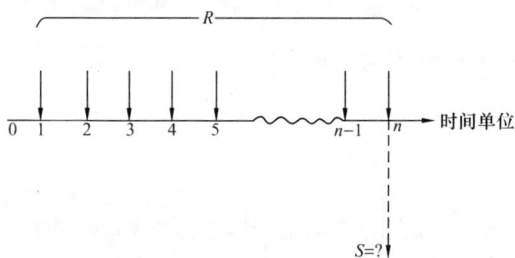
图 5-4 现金流量图（4）

在能源经济分析中，常遇到一系列收入或支出的现金流量是等额的情况，如火电厂的燃料费用、年运行费和年收入等。现将有关的几个利率因子分述如下。

1. 等额年金终值因子

等额年金终值，就是按照给定的利率 i 和计息期数 n，用复利计算方法计算出一系列等额收入或支出金额 R（称等额年金）的终值，即已知 R 求 S。其现金流量图如图 5-4 所示。按照式（5-5），对每笔年金进行复利的终值计算，再将其相加，可得

$$S = R + R(1+i) + R(1+i)^2 + \cdots + R(1+i)^{n-2} + R(1+i)^{n-1} \tag{5-11}$$

由式（5-11）可知，S 是一个等比级数之和，其首项 $a_1 = R$，公比 $r = (1+i)$，项数为 n 项，所以总和 S 就可以直接采用等比级数求和的公式求解，或用式（5-11）乘以 $(1+i)$ 后再与式（5-11）相减求解，均可得

$$S = \frac{a_1(r^n - 1)}{r - 1} = \frac{R[(1+i)^n - 1]}{(1+i) - 1} = R \frac{(1+i)^n - 1}{i} \tag{5-12}$$

由式（5-12）可见，若已知等额年金 R、周期利率 i 和计息期数 n，就可求得等额年金的终值 S。式（5-12）中的 $\frac{(1+i)^n - 1}{i} > 1$，称为等额年金终值因子，其含义为单位等额年金的终值。只要给定 i 和 n 的值，就可以查普通复利表（见附录 A）或直接计算求得。其符

号的表示法为

$$(S/R,\ i,\ n)=\frac{(1+i)^n-1}{i} \qquad (5\text{-}13)$$

则式（5-12）可改写为

$$S=R\ (S/R,\ i,\ n) \qquad (5\text{-}14)$$

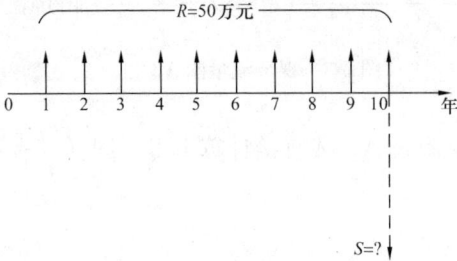

【例 5-3】 某水电站从现在起，每年末可得利润 50 万元，若年利率为 10%，问折算到第 10 年末的总利润为多少？

解　为便于进行计算，先画出现金流量图，如图 5-5 所示。

据式（5-14）得　$S=R(S/R,i,n)$
$$=R(S/R,10\%,10)$$
$$=500000\times15.937425$$
$$=7968712.5(元)$$

图 5-5　现金流量图（5）

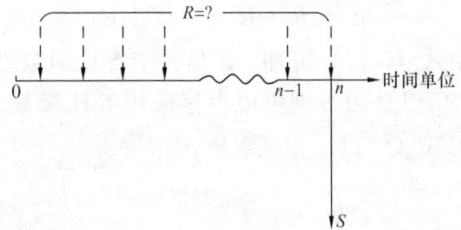

【例 5-4】 某电站集资，每股为每年末交 1000 元，连续交五年，并规定到第七年末，本利和一次还清，若年利率为 5%，问到时每股得本利和多少？

解　先作出现金流量图，如图 5-6 所示。

解法一：现设连续七年都交了 1000 元，算得其等额年金终值，再减去最后两年没有交钱的等额年金终值，即

$$S=R(S/R,\ 5\%,\ 7)-R(S/R,\ 5\%,\ 2)$$
$$=1000(8.142008-2.05)=6092(元)$$

解法二：先求出第五年末的等额年金终值，再换算到第七年末的终值，即得

$$S=R(S/R,\ 5\%,\ 5)(S/P,\ 5\%,\ 2)$$
$$=1000\times5.525631\times1.1025=6092(元)$$

2. 偿债基金因子

上面等额年金终值因子是根据 R 去求终值 S。而现在的偿债基金因子刚好相反，即已知 S 去求 R。我们可设想借款负了一笔债务，n 年后应还本利和为 S。为了还债，借款者每年末用等额年金还款，到 n 年末其金额和利息的总和刚巧能抵偿 n 年后的债务 S。现金流量图如图 5-7 所示。其计算公式由式（5-12）移项来求得

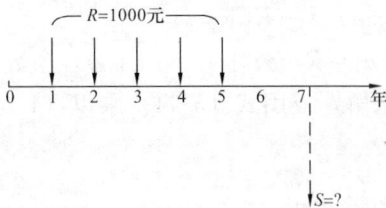

图 5-6　现金流量图（6）　　　　图 5-7　现金流量图（7）

$$R=S\frac{i}{(1+i)^n-1} \qquad (5\text{-}15)$$

式（5-15）中的 $\dfrac{i}{(1+i)^n-1}<1$，称为偿债基金因子，其含义为单位终值应提存的等额年金。只要给定 i 和 n 值，就可以查普通复利表（见附录 A）或直接计算求得。其符号的表示法为

$$(R/S,\ i,\ n)=\frac{i}{(1+i)^n-1} \tag{5-16}$$

这样，式（5-15）可改写为 $\qquad R=S(R/S,i,n) \tag{5-17}$

【例 5-5】 某企业热电站需在五年后新购一台蒸汽发电机组，经预算需 300 万元，该项资金拟从本年末开始每年提存等额年金获得，若年利率为 9%，问每年末应提存多少钱？

解　先画出现金流量图，如图 5-8 所示。

据式（5-17）得

$$R=S(R/S,i,n)=S(R/S,9\%,5)=3000000\times0.167092=501276(元)$$

【例 5-6】 某纺织厂向银行贷款 20 万元，拟添置一台蒸汽锅炉，年利率为 12%，银行要求在第 10 年末本利一次还清。厂方计划在前 6 年内，每年末等额提取一笔钱存入银行，若银行存款的年利率为 9%，到第 10 年末，其本利和刚好等于第 10 年的还款值，问前 6 年每年末应提取多少钱？

解　据题意画出现金流量图，如图 5-9 所示。

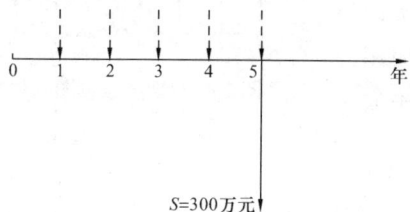

图 5-8　现金流量图（8）　　　　　　图 5-9　现金流量图（9）

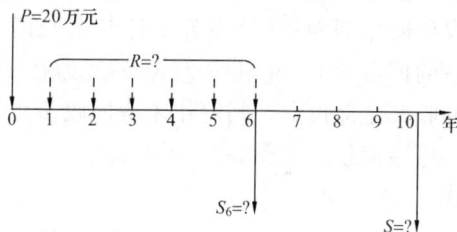

先将贷款 20 万元按年利率 12% 折算成第 10 年末的终值，据式（5-7）得

$$S=P(S/P,i,n)=P(S/P,12\%,10)$$

$$=200000\times3.105848=621169.6(元)$$

再把上述终值 S 按银行存款年利率 9% 折算到第 6 年末应有的存款值 S_6，这样就变成由 S_6 求 R 的问题了。

据式（5-10）得

$$S_6=S(P/S,\ i,\ n)=S(P/S,\ 9\%,\ 4)$$

再据式（5-17）得 $\qquad R=S_6(R/S,\ i,\ n)$

代入 S_6 得

$$R=S(P/S,\ 9\%,\ 4)(R/S,\ 9\%,\ 6)$$

$$=621169.6\times0.708425\times0.132920$$

$$=58491.72(元)$$

本例题说明，如前 6 年每年末等额存入 58491.72 元，到第 10 年末就能全部偿还债务。

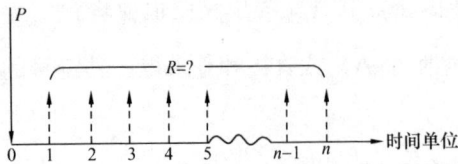

图 5-10　现金流量图（10）

3. 资金回收因子

资金回收是投资所花掉的钱，怎样用等额年金来回收，即已知 P 求 R，但绝不是按原投资金额的等额回收。在这里用掉的投资和已提取的年金，随着时间的增长都应计息，其现金流量图如图 5-10 所示。

将式（5-5）代入式（5-15）得

$$R = P \frac{i(1+i)^n}{(1+i)^n - 1} \tag{5-18}$$

式（5-18）中的 $\frac{i(1+i)^n}{(1+i)^n-1} < 1$，称为资金回收因子，其含义是单位投资金额应回收的等额年金。只要给定 i 和 n 值，就可以查普通复利表（附录 A）或计算求得，其符号的表示法为

$$(R/P, i, n) = \frac{i(1+i)^n}{(1+i)^n - 1} \tag{5-19}$$

这样，式（5-18）可改写为

$$R = P(R/P, i, n) \tag{5-20}$$

【例 5-7】某煤气厂拟购置风机一台，需一次投资 2 万元，该设备使用期为 10 年，若不计期末残值（指废旧设备出售后的回收值），年利率为 10%，为在 10 年内用等额年金回收其全部投资，问每年末应回收多少等额年金？

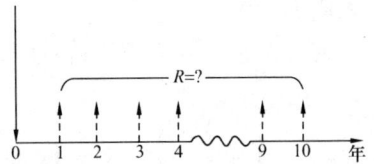

图 5-11　现金流量图（11）

解 现金流量图如图 5-11 所示。

据式（5-20）得

$$R = P(R/P, i, n) = 20000(R/P, 10\%, 10)$$
$$= 20000 \times 0.162745 = 3254.9(元)$$

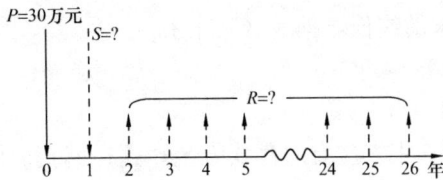

图 5-12　现金流量图（12）

【例 5-8】某工厂拟新建一锅炉房，期初投资为 30 万元，该工程一年建成，第二年初投产，使用期为 25 年，若不计期末残值，年利率为 4%，需在使用期内回收其全部投资费，问每年末应回收多少等额年金？

解 据题意画出现金流量图，如图 5-12 所示。

因工程一年完工，第二年投产，故投资 P 到第一年末应计算其本利和，从投产后第二年末才能开始提取等额年金。故据式（5-5）和式（5-20）得

$$R = P(S/P, i, n)(R/P, i, n)$$
$$= P(S/P, 4\%, 1)(R/P, 4\%, 25)$$
$$= 300000 \times 1.0400 \times 0.064012 = 19971.74(元)$$

4. 等额年金现值因子

等额年金现值因子就是将一系列等额年金按给定的贴现率 i 和计息期数 n 转化为现值的总和，即由 R 值求 P。其现金流程图如图 5-13 所示。

实际上求等额年金现值 P 就是式（5-18）的逆运算，所以据此式移项得

$$P = R\frac{(1+i)^n - 1}{i(1+i)^n} \qquad (5\text{-}21)$$

式（5-21）中的 $\frac{(1+i)^n - 1}{i(1+i)^n} > 1$，称为等额年金现值因子，其含义是单位等额年金转化所得的现值，只要给定 i 和 n 值，就可以查普通复利表（见附录 A）或计算求得。其符号的表示法为

$$(P/R, i, n) = \frac{(1+i)^n - 1}{i(1+i)^n} \qquad (5\text{-}22)$$

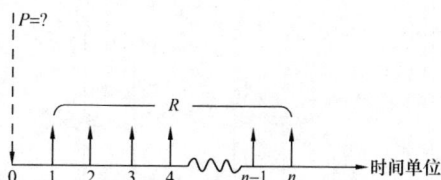

图 5-13　现金流量图（13）

这样，式（5-21）可改写为

$$P = R(P/R, i, n) \qquad (5\text{-}23)$$

【例 5-9】一燃煤蒸汽锅炉，若加装空气预热器需投资 3 万元，使用寿命为 10 年，若不计期末残值，因节约燃煤而使年运行费减小值为 8000 元/a，贴现率为 10%，问这项改造是否值得？

解　据题意每年节省运行费 8000 元，就相当于收益，将其换算到现值，如大于投资 3 万元，改造值得。画出现金流量图，如图 5-14 所示。

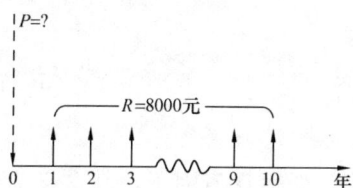

图 5-14　现金流量图（14）

据式（5-23）得

$$\begin{aligned}
P &= R(P/R, i, n) = 8000(P/R, 10\%, 10) \\
&= 8000 \times 6.144567 \\
&= 49156.54(\text{元}) > \text{实际投资 3 万元，故值得改造。}
\end{aligned}$$

【例 5-10】某地花了四年时间，建起一座水力发电站，若换算到期初一次投资为 1000 万元，到第五年初投产，每年末可得收益 250 万元，由于河流水文变化，运行六年后，流量不足，不再运转，若不计残值回收，年利率为 8%，问此水电站亏损还是盈利？

解　据题意画出现金流量图，如图 5-15 所示。

解法一：将第 5～10 年末产生的等额年金收益换算到第 4 年末，再求其期初现值，与期初投资相比较。

$$\begin{aligned}
P &= R(P/R, i, n)(P/S, i, n) \\
&= 250(P/R, 8\%, 6)(P/S, 8\%, 4) \\
&= 250 \times 4.62288 \times 0.73503 \\
&= 849.489(\text{万元}) < 1000 \text{ 万元（亏损了）}
\end{aligned}$$

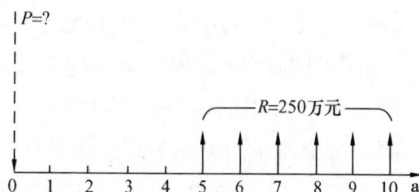

图 5-15　现金流量图（15）

解法二：先假定 10 年每年都有等额年金收益，再从中减去前面 4 年未产生收益的部分，即得

$$\begin{aligned}
P &= R(P/R, 8\%, 10) - R(P/R, 8\%, 4) \\
&= 250(6.710081 - 3.312127) \\
&= 849.489(\text{万元}) < 1000 \text{ 万元（亏损了）}
\end{aligned}$$

三、等差变额计算公式

这里的现金流量不是等额系列，而是等差增量系列，如设备的维修费用。由于设备随使

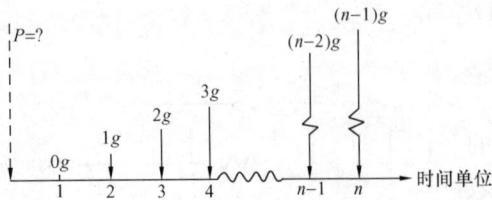

图 5-16　现金流量图（16）

用年限的增加而不断老化,其维修费用将逐年增加,成等差增量。现将有关的计算因子分述如下。

1. 等差变额现值因子

等差变额现值就是将各期的等差变额值按给定的利率 i 和计息期数 n 转化成现值,即已知等差变额 g,求现值 P,其现金流量图如图 5-16 所示。我们根据式（5-9）把各个等差变额值转化为现值的总和 P。

利用等比级数求和公式可以推导出

$$P = \frac{g}{i} \frac{(1+i)^n - 1 - ni}{i(1+i)^n}$$

$$= \frac{g}{i}\left[1 - \frac{ni}{(1+i)^n - 1}\right]\frac{(1+i)^n - 1}{i(1+i)^n} \tag{5-24}$$

式（5-24）中 $\frac{1}{i}\left[1 - \frac{ni}{(1+i)^n - 1}\right]\frac{(1+i)^n - 1}{i(1+i)^n}$,称为等差变额现值因子,其含义为单位等差变额转化所得的现值,只要给定 i 和 n 值,就可以查普通复利表（见附录 B）或直接计算求得,其符号的表示法为

$$(P/g, i, n) = \frac{1}{i}\left[1 - \frac{ni}{(1+i)^n - 1}\right]\frac{(1+i)^n - 1}{i(1+i)^n} \tag{5-25}$$

这样,式（5-24）可改写为

$$P = g(P/g, i, n) \tag{5-26}$$

若第一期不是零,而是从 R_0 开始,式（5-26）应改为

$$P = R_0(P/R, i, n) \pm g(P/g, i, n) \tag{5-27}$$

当各期的等差变额值呈递增型时取正值,呈递减型时取负值。

【例 5-11】一台烧煤粉的蒸汽锅炉,用灰浆泵自动排灰,其初投资价 8000 元,估计可用 5 年,使用时的维修费用,第一年为 2000 元,以后逐年增加 500 元,若年利率为 5%,问该泵投资和维修费用的现值是多少?

解　现金流量图见图 5-17。该泵投资和维修费用的现值为初投资和各年维修费用的总和

$$P = P_1 + R_0(P/R, i, n) + g(P/g, i, n)$$
$$= 8000 + 2000(P/R, 5\%, 5) + 500(P/g, 5\%, 5)$$
$$= 8000 + 2000 \times 4.329477 + 4120 = 20778.95(元)$$

2. 等差变额等额年金因子

等差变额等额年金就是将各期的等差变额按给定的利率 i 和计息期数 n 转化为等额年金,即已知等差变额 g,求年金 R。其现金流量图如图 5-18 所示。

将式（5-25）代入式（5-21）得

$$R = \frac{g}{i}\left[\frac{(1+i)^n - 1 - ni}{i(1+i)^n}\right]\frac{i(1+i)^n}{(1+i)^n - 1} = g\frac{1}{i}\left[1 - \frac{ni}{(1+i)^n - 1}\right] \tag{5-28}$$

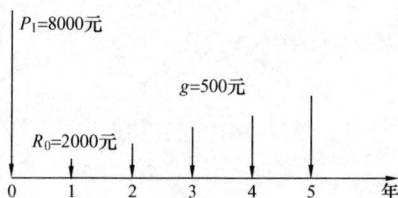

图 5-17　现金流量图（17）　　　　　　图 5-18　现金流量图（18）

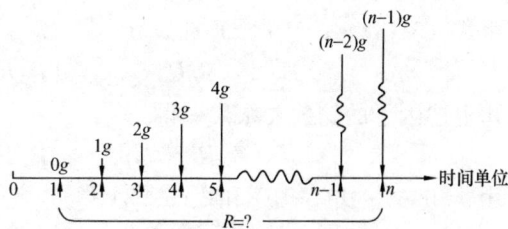

式（5-28）中的 $\frac{1}{i}\left[1-\frac{ni}{(1+i)^n-1}\right]$，称为等差变额等额年金因子，其含义为单位等差变额转化所得的等额年金。只要给定 i 和 n 值，就可以查普通复利表（见附录 C）或直接计算求得，其符号表示法为

$$(R/g,i,n)=\frac{1}{i}\left[1-\frac{ni}{(1+i)^n-1}\right] \tag{5-29}$$

这样，式（5-28）可改写为

$$R=g(R/g,i,n) \tag{5-30}$$

需要特别注意的是，式（5-30）必须用在第一期处的等差变额是零值，如图 5-18 中第一期（$n=1$）处 $0g$。如第一期不是零值，而是从 R_0 开始的话，则式（5-30）应改为

$$R=R_0\pm g(R/g,i,n) \tag{5-31}$$

其中，R_0 为第一期末的年金基数，正负号的取法是当各期的等差变额呈递增型时取正号，呈递减型时取负号。

【例 5-12】某化工厂安装废热锅炉一台，第一年需花维修费 3000 元，以后每年将递增 3000 元，若年利率为 4%，问 7 年间用于维修的等额年费用是多少？

解　先画出现金流程图，如图 5-19 所示。据式（5-31），则

$R=R_0+g(R/g,i,n)=3000+3000(R/g,4\%,7)$

　　$=3000+3000\times2.84=11520$（元）

四、各因子间的关系

在 n 和 i 一定的情况下，各因子间有着一定的关系。

1. 因子的倒数关系

由式（5-6）和式（5-9）得

图 5-19　现金流量图（19）

$$(S/P,i,n)=\frac{1}{(P/S,i,n)} \tag{5-32}$$

由式（5-13）和式（5-16）得

$$(S/R,i,n)=\frac{1}{(R/S,i,n)} \tag{5-33}$$

由式（5-19）和式（5-22）得

$$(R/P,i,n)=\frac{1}{(P/R,i,n)} \tag{5-34}$$

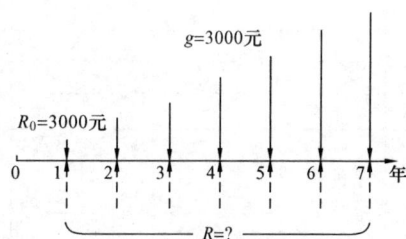

140 　　　　　　　能源工程管理(第二版)

2. 因子的乘积关系

由式（5-13）、式（5-22）和式（5-6）得

$$(S/R,i,n) = (P/R,i,n)(S/P,i,n) \tag{5-35}$$

用上述因子的倒数关系代入得

$$(R/S,i,n) = (R/P,i,n)(P/S,i,n) \tag{5-36}$$

由式(5-6)、式(5-19)和式(5-13)得

$$(S/P,i,n) = (R/P,i,n)(S/R,i,n) \tag{5-37}$$

用上述因子的倒数关系代入得

$$(P/S,i,n) = (P/R,i,n)(R/S,i,n) \tag{5-38}$$

3. 因子的差值关系

由式（5-19）减式（5-16），得

$$(R/P,i,n) - (R/S,i,n) = i \tag{5-39}$$

综上所述，总共有八个利率因子，它们在工程技术经济计算中是经常用到的。熟练掌握它们的运算公式和计算方法是必要的。为了便于大家计算时查阅的方便，现将它们列于表5-1中。由表5-1中所列的公式可知，在 i 和 n 一定的情况下，若已知 P、S 和 R 三个中的任意一个，据表中所列公式，就可以求出其他两个值。另外，在等差变额情况下，已知等差变额 g，可以换算求得 R、P 和 S 等其他各值。如果初学者对各种符号和公式还不能熟记或用起来不是很熟练，可以根据表5-1，首先去找表中最右边已知和求解栏，用其中所列的公式去计算这个因子的值，或据这横行中所列的计算符号，查附录中的普通复利因子表，由 i 和 n 可直接找出该因子的数值。这是一个最实用和省事的办法。当然，如果能熟练地背出公式，必然能加快计算的速度。

表 5-1 　　　　　　　　　　　　普通复利利率因子表

收付情况	利率因子名称	现金流程图	符号和表达式	计算公式	已知	求解
一次整存整取	复利终值		$(S/P,i,n) = (1+i)^n$	$S = P(S/P,i,n)$	P	$S = ?$
	复利现值		$(P/S,i,n) = \dfrac{1}{(1+i)^n}$	$P = S(P/S,i,n)$	S	$P = ?$
多次等额收付	年金终值		$(S/R,i,n) = \dfrac{(1+i)^n - 1}{i}$	$S = R(S/R,i,n)$	R	$S = ?$
	偿债基金		$(R/S,i,n) = \dfrac{i}{(1+i)^n - 1}$	$R = S(R/S,i,n)$	S	$R = ?$
	资金回收		$(R/P,i,n) = \dfrac{i(1+i)^n}{(1+i)^n - 1}$	$R = P(R/P,i,n)$	P	$R = ?$

续表

收付情况	利率因子名称	现金流程图	符号和表达式	计算公式	已知	求解
多次等额收付	年金现值		$(P/R,i,n)=\dfrac{(1+i)^n-1}{i(1+i)^n}$	$P=R(P/R,i,n)$	R	$P=?$
多次等差变额收付	等差变额年金		$(R/P,i,n)=\dfrac{1}{i}\left[1-\dfrac{in}{(1+i)^n-1}\right]$	$R=g(R/g,i,n)$	g	$R=?$
	等差变额现值		$(P/g,i,n)=$ $\dfrac{1}{i}\left[1-\dfrac{in}{(1+i)^n-1}\right]\dfrac{(1+i)^n-1}{i(1+i)^n}$	$P=g(P/g,i,n)$	g	$P=?$

五、名义利率和实际利率

1. 名义利率与实际利率的定义

在实际的复利计息中，计息周期并不一定以年为计息周期。同样的年利率，由于计息期长短不同，一年中的计息次数就不一样，计算所得的利息也就不一样，因而产生了名义利率（或称虚利率）与实际利率的区别。

设（年）名义利率以 r 表示，它等于利息周期利率 i_c 乘以一年内的计息周期数 t，即计算公式为

$$r=i_c t \tag{5-40}$$

如利息周期利率为每月 1%，则每年的名义利率为 $r=1\%\times12=12\%$。由此可见，计算名义利率时，忽略了利息的时间价值，正如计算单利时一样，仅用本金来计算利息，而利息部分不再产生利息。

实际利率则是按一年内的计息周期数与相应的周期利率进行复利计息，这个利息与原始本金的比值，就称为（年）实际利率，用 i 表示，即

$$i=\frac{P(1+i_c)^t-P}{P}=(1+i_c)^t-1 \tag{5-41}$$

式中　i——（年）实际利率；

　　　t—— 一年中的复利周期数；

　　　i_c——与复利周期数相对应的利率。

将式（5-40）中的周期利率 i_c 代入式（5-41），得

$$i=\left(1+\frac{r}{t}\right)^t-1 \tag{5-42}$$

式中　r——名义利率。

若 $t=1$，即一年计息一次，据式（5-42）得 $i=r$，说明若以年为单位规定利率的大小和计息期长短，则（年）名义利率和（年）实际利率是相等的。

【例 5-13】若月利率为 1%，每月计息一次，试按实际利率和名义利率分别进行计算 1 万元存款一年后本利和的差别。

解　据式（5-5）得实际利率为

$$S_{实} = P(1 + i_c)^t = 10000(1 + 1\%)^{12} = 11268.25(元)$$

据式（5-40）得年名义利率为

$$r = i_c t = 1\% \times 12 = 12\%$$

则　　　　　　　$S_{名} = P(1 + r) = 10000(1 + 0.12) = 11200(元)$

用不同利率计算本利和的差值为

$$S_{实} - S_{名} = 11268.25 - 11200 = 68.25(元)$$

由例 5-13 可见，用名义利率和实际利率计息的结果是不同的。在进行方案的技术经济比较时，为能正确评价各方案的优劣，就需要各方案计息的名义利率全部换算成实际利率，然后再进行计算和比较。

2. 连续复利的实际利率

根据前一节中所述连续复利的基本概念，以及由名义利率求实际利率的公式（5-42），可以导出连续复利的实际利率计算公式。因为

$$i = \left(1 + \frac{r}{t}\right)^t - 1 \tag{5-43}$$

由于计息周期数 t 不断增加，同时名义利率 $\frac{r}{t}$ 相应地在不断减小。现用代换法求式（5-43）的极限值，设 $\frac{r}{t} = \frac{1}{h}$，则 $t = hr$ 计入式（5-43），得

$$\lim_{t \to \infty} i = \lim_{h \to \infty}\left[\left(1 + \frac{1}{h}\right)^{hr} - 1\right] = \lim_{h \to \infty}\left[\left(1 + \frac{1}{h}\right)^h\right]^r - 1$$

故　　　　　　　$i = e^r - 1 \tag{5-44}$

式（5-44）就是连续复利的实际利率计息公式。它和普通复利所不同者，仅是利率的计算按式（5-44）进行，而其复利的计算公式都没有变。

思 考 题

1. 什么是资金的时间价值？产生的根源何在？
2. 单利和复利的区别何在？普通复利和连续复利的区别何在？
3. 现金流量图的用处是什么？在我们这里有什么具体规定？
4. 总共有几个普通复利的利率因子？它们各自的含义和等值运算公式是什么？
5. 各利率因子间有什么关系？
6. 名义利率和实际利率有什么不同？有哪些计算公式？
7. 连续复利的利率计算公式是在什么基础上推算出来的？它等于多少？

习 题

1. 某人向企业投资，第一年初投资 1 万元，第三和第五年初又各投资 2 万元，若年利率为 8%，则在第 10 年末应能取得本利和是多少？

2. 据经济效益的计算，某水电站经营 50 年后的期末总利润是 18000 万元，若年利率为

6%，贴现到期初的现值应为多少？

　　3. 某电站 5 年后，拟增添一台变压器，费用为 1 万元，若年利率为 9%，从现在起，拟连续 5 年每年提取等额年金来取得，问每年的提取值是多少？

　　4. 某电厂计划十年后进行扩建，拟集取资金，在前五年每股每年初交 2000 元，并存入银行待用，年利率为 4%，问扩建时每股的集资额为多少？

　　5. 某机械厂拟 6 年后新建一压气机站，需投资 50 万元，拟从本年末开始，从利润中提存等额年金获得，若年利率为 5%，问每年末应提存多少钱？

　　6. 某煤气厂因经营不善已亏损 200 万元，此亏损额已申请到银行低息贷款，年利率为 4%，12 年后本利一次还清，现需在前 7 年中等额提取现金，存入银行，年利率为 8%，如需如数还清贷款，则前 7 年每年应提取多少等额年金？

　　7. 某钢铁厂制氧站，扩建一台制氧机，投资为 300 万元，该工程一年完工，第二年投产，年利率为 8%，使用期为 30 年，拟在使用期内等额回收其全部投资，问每年末应回收多少等额年金？

　　8. 某工厂排放掉大量废热，若建一个废热蒸汽锅炉，需要投资 100 万元，施工期为 1 年，第二年投产，此后每年可获得利润 6 万元，本设备可使用 20 年，若不计设备残值，年利率为 8%，问该工程是否值得投资？

　　9. 某锅炉的引风机，由于烟气腐蚀和磨损作用，其维修费逐年增加，每年递增额为 1000 元，第一年修理费为 3500 元，年利率为 10%，问 10 年间用于维修该风机的等额年费用是多少？

　　10. 一台新型废热锅炉上的热管省煤器，初投资为 6 万元，估计可用 20 年，使用时的年修理费用第一年为 6000 元，以后逐年增加 600 元，若年利率为 10%，问该设备在使用期内的投资和修理费的现值是多少？

　　11. 有现金 1000 元，若月利率为 1%，每月计息一次，试按实际利率，名称利率和连续复利三种不同计息方法出借，问三年后的利息各为多少？

第六章　工程项目经济效益的评价原理

第一节　工程建设项目经济评价方法

国家发展改革委建设部于 2006 年组织编制与修订了《建设项目经济评价方法与参数》(第三版)，全书包括《关于建设项目经济评价方法工作的若干规定》《建设项目经济评价方法》《经济项目经济评价参数》三部分。《建设项目经济评价方法》主要内容包括总则、财务效益与费用估算、资金来源与融资方案、财务分析、经济费用效益分析、费用效果分析、不确定性分析与风险分析、方案经济比选、改扩建项目与并购项目经济评价特点等。由于本教材为非管理类专业使用，对工程项目经济评价仅学习财务评价部分。

一、评价的基本原则

工程建设项目经济评价是项目可行性研究的有机组成部分和重要内容，是项目决策科学化的重要手段。项目经济评价分为财务评价和国民经济评价。财务评价是在国家现行财税制度和价格体系的条件下，从项目财务角度分析、计算项目的盈利能力和清偿能力。国民经济评价是从国家整体角度分析、计算项目对国民经济的净贡献，以判别项目的合理性。若不考虑国民经济评价，对建设项目仅仅做最大盈利能力的评价，即只要做财务评价就可以了。

财务评价就是对项目直接发生的财务效益和费用进行分析计算，包括编制财务报表，计算评价指标，考察项目的盈利能力、清偿能力，以判别财务的可行性。财务收益和支出（费用）的计算要完整、可靠，物价的选用必须有充分的依据。具体包括如下：① 产品销售（营业）收入；② 项目总投资，即包括固定资产、固定资产投资方向调节税、建设期借款的利息及流动资金，固定资产包括设备购置费、建设工程费、设备安装费、其他费用和不可见预备费；③ 经营成本费用；④ 税金，包括产品税、增值税、营业税、资源税、城市建设税、教育附加税。

财务评价的盈利能力分析要计算财务内部收益率、投资回收期、投资利润率等主要评价指标；清偿能力分析要计算资产负债率、借款偿还期、流动比率等指标。下面叙述的仅为财务评价的盈利能力分析，更详细的分析在今后工作中需要再研究学习。

工程项目的经济效益评价就是对投资方案进行分析、对比和评价，研究如何用最少的费用去取得最大的经济效益。任何工程项目在选定以前，都必须进行技术经济分析、计算和比较，研究项目如何以一定的人力、物力和财力去取得尽可能大的经济效益，或者说如何以最快的速度、最少的人力、物力和财力消耗去取得一定的经济效益。工程项目的经济效益评价可分为互斥方案和非互斥方案的经济效益评价。

二、内部收益率、投资回收期、投资利润率比较参数

项目经济评价参数对投资决策具有决定性的意义，为此需了解我国现阶段的项目经济评价参数。1991 年国家有关综合经济部门根据当时经济形势发展与变化，测定了 67 个行业的收益率、投资回收期、投资利润率等基准财务参数，表 6-1 中列出部分内容以供参考。需要说明的

是这些参数有一定的时效，更精确的参数可由各部门按统一规定的测算方法自行测定。

表 6-1　　　　　　　　各行业内部收益率、投资回收期、投资利润率基准参数

行业名称	收益率（%）	投资回收期（年）	投资利润率（%）	行业名称	收益率（%）	投资回收期（年）	投资利润率（%）
大型钢铁联合企业（含矿山）	9	14.3	9	中型钢铁联合企业（含矿山）	9	13.3	9
特殊钢厂	10	12	9	普通钢厂	11	11	10
炼焦业	7	15	5	煤气生产业	7	15	5
耐火材料制造业	11	13	10	钢压延加工业	15	8.8	13
铜矿采选	5	15	6	铜冶炼	13	10	14
铅、锌矿采选	6	13.8	5.7	铅、锌冶炼	10	11.5	13.2
电解铝	13	9	15	铜压延加工	15	9	14
水泥制造业	8	13	—	玻璃制造业	10	12	—
高价原油开采	12	6	17	高价天然气开采	12	8	10
硫酸工业	10	10	12.4	氮肥工业	9	11	8.3
重型机械制造业	4	17	2	金属切削机床	8	12	6
起重运输机械制造	15	9	11	电动工具机械制造	18	8	16
石油化工机械制造	13	9	10	大、中型拖拉机	8	13	5
电站设备制造	7	14	4	电线、电缆器材制造	21	8	18
电工仪器仪表	17	9	15	成分分析仪表	16	9	13
啤酒业	20	6.8	14	卷烟制造业	20	8	14
合成洗涤剂	22	7.7	20	塑料制品业	23	6.8	14
日用陶瓷制造业	15	8.7	10	日用铝制品	17	7.1	12
照明器具制造业	13	10.2	11	衡器制造业	16	3.1	11
棉纺织、印染	14	8.8	12	毛纺织（粗纺）业	14	10.1	14
粘胶短纤维	8	13.1	7	锦纶、腈纶纤维	12	10.4	14

第二节　互斥方案的经济效益评价

互斥方案的经济效益评价是指某一工程技术项目有若干个可供选择的方案，只能选择其中的一个方案而不可能同时接受其他的方案。对这些方案的评价是根据各方案在功能上相同，均能满足同一使用要求，即项目的各方案在具有功能可比性的前提下，分别算出它们各自的经济效益，选其经济效益最佳者为最优方案。评价方法有指标直接对比法和指标增额分析法两种。

非互斥方案是指一些彼此独立，不互相排斥的方案，即在一定的限制条件下，在若干个彼此不相关的项目中，选择其中的一个方案，并不排除同时再选用其他的方案。其评价目的在于寻求总体经济效益最佳的方案组合。但这种最佳方案的组合，其总的投资支出应在已定投资总额的一定弹性范围之内。实际上，各个不同方案的影响因素可能很多，而且也不可能完全一样，要综合考虑这些问题也是很复杂的。在这里假定许多影响因素均可不予考虑，而只从经济效益角度去评价方案组合的优劣，即仅着眼于资金预算这一限制条件。所以非互斥方案的评价，又称为资金预算问题。

一、方案评价的比较条件

在两个以上的技术方案之间互相进行经济效益的比较时，必须使方案具有可比性。所谓可比性，就是参加比较的各方案彼此都有相互比较的共同基础，不具备这种共同基础的方案，就不能相互比较。所以不同能源技术方案要相互进行经济效益评价的比较，必须具备以下五个可比原则和条件。

1. 满足需求上的可比性

任何能源技术方案，其主要目的是要满足一定的能源需要，例如电力建设方案，参加比较的各方案应同等程度地满足国民经济各部门对电力和电量的需求（包括满足数量、质量、可靠性和运行方式上的要求）。所以，不同能源技术方案若要符合满足需求上的可比条件，就必须要求比较方案的产量、质量和品种等指标是可比的。

例如，为满足某系统电力增长的需要，需增建一定规模的电源。若系统需要发电容量是100万 kW 和每年发电量 40 亿 kWh，如考虑新建水电站或火力发电站来满足要求，就不能简单地定为建设一个装机容量为 100 万 kW 的火电站或水电站来满足需求。因为火电站的自用电量（一般为 6%～8%）比水电站的自用电量（0.1%～0.2%）要大得多。同时，还必须考虑各种备用机组容量，如事故备用、检修备用和负荷备用容量等。水电站设备比较简单、可靠，所以运行中发生事故次数少，而且水电站事故检修时间比较短，故水电站的停机时间比较短。这样水电站每单位千瓦所需的事故备用容量和每年的检修备用容量均比火电站低，只有负荷备用容量水电站和火电站一样。考虑这些因素以后，为满足实际负荷增长的需要，火电站的装机容量一般应比水电站的装机容量高，才能满足相同出力的要求。此外，还应考虑输电损失的大小，输电距离越长，输电损失就越大。水电站的配置由于受水力资源条件的限制，在一般情况下，不能配置在负荷中心，因而水电站的输电距离往往很长，输电损失比火电方案要大。所以满足需求上的可比条件，不应是装机容量相同，而是在扣除自用电、备用容量以外，还要考虑扣除输电损失以后，实际能送给用户的出力相同，才能满足需求上的可比条件。所以在实际工作中，有时不能把额定产量、工作量或出力相等的各种技术方案直接拿来简单地进行技术经济比较。

有些能源技术方案，由于它们本身的特点，能够满足多方面的需求，属于综合利用方案。例如热电厂方案，它能同时满足电能和热能的需求。如果我们把这种综合利用方案直接拿去和只能满足某一方面需求的技术方案（如单发电的凝汽式电站）相比，就没有符合产品的品种、产量的可比条件，它们之间不可比。为了符合产品的品种和产量的可比条件，就必须把这些能够满足多种需求的综合利用技术方案拿来与能够满足相同需要的联合技术方案进行比较，例如热电站方案必须和单纯为了满足发电需要的凝汽式电站和单纯为了满足供热需要的锅炉房两个方案所组成的联合技术方案相比。但是在有些情况下，要寻求这种十分理想的由各种单独方案所组成的联合技术方案比较困难。例如，建设水电站，它可以满足交通、水利灌溉、养鱼、防洪和城市供水等多种用途，这样既难于找到各个适当的单独方案组成联合方案，同时也难以比较。也可以把综合利用方案划分成若干个单独方案，把综合利用方案的全部费用进行分摊，然后按单一产品相互进行比较。如建水电站的上例，将单发电分摊到的费用，再与办相同出力的凝汽式电站相比较，同样也就满足了可比条件。

2. 总消耗费用计算范围的可比性

每个技术方案的实现，都必须消耗一定的社会劳动或费用。为了使各个技术方案能够正确地进行经济效益的比较，各个方案的消耗费用必须从整个社会和整个国民经济的观点出发，即必须考虑技术方案的社会全部消耗费用，而不是只从某个个别部分的消耗费用出发去考虑问题。例如，建设一个几百兆瓦容量的火电厂，每年将消耗煤炭上百万吨，国家为保证这个电厂正常生产，就必须建设年产百万吨煤炭的专用矿井及相应的运输设施（或折算到社会煤炭价格的波动而产生的费用增加）。当此火电方案与同等规模的水电方案比较时，若不计算这部分费用，显然就夸大了火电方案的经济效益。同样，在计算水电方案时，若有淹没问题，就应计入移民安置费用等。为了使各方案在消耗费用上具有可比性，既要考虑各方案本身的劳动耗费，也要考虑各方案引起的相邻部门的劳动耗费，进行综合效益的分析比较。例如石油矿井建设方案和煤炭矿井建设方案都是为了满足燃料和原料用户的需要，而且它们都必须采用各种运输方式输送到各个用户，然后再根据用户的需要来加以利用，有的还需经过中间加工和转换过程。由此可见，这两个技术方案所消耗的费用就不能只考虑它们本身在开采方面所消耗的费用，而必须从生产到消耗使用过程中整个能源系统各环节所消耗的总费用加以考虑。虽然在某些情况下石油的开采投资和成本都可能比煤炭要贵，但是在使用部门的设备投资和成本往往都比煤炭要节省。由此，为了使它们具有消耗费用方面的可比条件，我们就应该从社会总消耗的观点出发去进行比较。

但是，实现任何一个方案所影响到的部门都异常广泛，影响程度也不同，例如建火电站的建设方案的实现，必须依赖煤炭开采和煤炭运输部门的生产和建设，同时还必须要有锅炉、汽轮机和水处理等热机设备和发配电设备的生产，而这些设备还必须依赖机械制造和冶金工业的发展，冶金工业又需要矿井的开发生产，如此继续推广，则将与全社会的一切行业都有关，使问题就变得更为复杂化，就难以解决了。所以，不可能也没有必要把所有的相邻部门，所有的国民经济支出都考虑和计算进去，而只要把那些今后经常地直接维持建设方案长期生产所必需的相邻部门的劳动耗费计算到相应方案的总劳动耗费中即可。例如，对电源建设方案的总劳动耗费，应包括从能源的开发直到电力用户为止的所有支出，包括燃料开采、运输、电能的生产、传输及用户消耗电能的总费用。至于那些间接关系的，而不是专门为电站建设方案长期服务的，就只能考虑一部分费用。这部分费用一般就反映在这些产品的价格里面，例如火电站热力机械设备的成本和价格就包括了机械设备制造厂、冶金厂和矿井开采等各部门有关建设和生产的费用。

若仅比较各方案间的彼此差异，在方案比较中，对各方案相同部分的费用可不予计算。这样，就可以简化有关的计算。

3. 采用价格体系的可比性

每个技术方案，一方面要消耗费用，另一方面又创造财富增加产值。这些消耗和增产，如果对于不同的技术方案采用不同的价格体系，则每个方案技术经济效益的计算和它们之间相互比较的结果就不正确。采用同一个合理的价格体系才能使方案具有可比性。价格的制订受产品的生产成本、利润率指标、供求关系、地区不同等很多因素的影响。价格还随着生产力的提高、技术进步、产品成本的下降、扩大再生产的速度、物价的涨落等因素而不断调整、变化。所以，进行技术方案经济比较的时候，就应采用相同时期的价格体系。例如，假设两个不同的技术方案，一个采用现行的价格体系，而另一个采用远景的价格体系去进行比较，那就不具备价格的可比条件。

4. 时间因素的可比性

前面已经介绍过资金的时间价值，在技术方案的经济比较中，为了计及资金的时间价值，就要使计算的时间因素一致，即计算期一致，基准年也要一致。一个使用期长的方案，不能不加修正就直接与一个使用期短的方案进行比较，因为发挥效益的时间不同，其总的经济效益也不一样。例如水电站和火电站比较，水电方案按 50 年使用期计算，而火电则按 25 年计算。为了计算资金的时间价值，首先要选定基准年，相比的各技术方案都需要以同一基准年进行折算，使计算结果具有时间因素的可比条件。

5. 相比各方案尽可能处于其对己最有利的条件

各个不同的方案均有其最基本的不同特点，在相互比较时，参比的各方案应尽可能使其处于对己最有利的条件下，发挥自己最有利的条件。例如，在电力系统中，水电站由于调节和变化工况较容易，增加水流量就可以增加出力，适于承担变化较大的尖锋负荷；而大型的凝汽式火电站，则由于热工工况快速变化和突变性的调节比较难于实现，如生炉、停炉等，变化需逐步进行，故适于担任比较稳定的基本负荷。由此看来，各技术方案均具有各自独特的技术经济特点，其适用条件也不尽相同。为了正确判断各相比方案的经济效益，就必须把各个方案都尽可能地置于最适合的工作条件下。如水电站尽量分配担任峰荷，火电站担任基荷，然后再与其他处于最有利条件下的方案进行比较。不然的话，就会因所处的工作条件的不利而人为地恶化其经济条件。

最后，应该指出，方案比较的可比性是相对的，其中主要的是要求各方案都能完成同一任务。

二、方案评价的比较方法

方案评价所使用的比较方法可以由评价者自己来选定，然后分别算出各方案有关的指标数值，并加以比较，就可判定出各方案的优先次序。下面介绍现值法、年金法、净收益/费用比率法、内部收益率法和投资回收期法五种比较方法。

(一) 现值法

1. 现值法的概念

现值法就是将一个工程技术项目的各个互相排斥的独立方案，在各自的建设和生产期内所发生的各项资金收入和支出全部折算为现值指标，再根据此现值的总和（收支的代数和）去进行项目经济效益的评价，即进行方案间的优劣比较，选出最佳方案（为了更好地使用符号，现值总费用用 P 表示，净现值用 P' 表示）。

2. 两类项目现值法的应用特点

各种工程项目根据其费用和收益的特性可分为费用型项目和收益-费用型项目两类。

(1) 费用型项目。若某个工程技术项目的方案，只有费用发生，没有收益发生或仅有少量的收益发生，或虽有大的收益发生，但各参比方案的收益相等或相近。例如，非盈利性的项目，有的纯是公益性的，如城市修建立交桥、城市绿化工程、城市修筑马路等；有的虽是盈利性项目，每年都有收入，但各方案的收益相同或相近，如建设每年输出供电量相同的发电站，由于各方案供电量相同，售价也相同，则其产值收益也相同。在此情况下，为简化计算，可以不考虑各方案的收益，只需计算各方案的费用，即在做评价时就只计算和比较各方案的现值总费用（计算过程中，费用一律用"＋"号表示，少量的收益用"－"号表示）。现值总费用最低的方案，就是最优方案。

（2）收益-费用型项目。一般是指以盈利为目的的项目，通常有较大的收益和费用发生，但收益和费用发生的时间和数量可以是各不相同的。对这样的项目进行评价时，则应计算和比较各方案的净现值（计算过程中收益用"＋"号表示，费用用"－"号表示）。净现值就是收益现值和费用现值的代数和，净现值最大的方案就是最优方案。

3. 资金成本与贴现率

在现值法的计算中，需用到贴现率与资金成本这些术语，简单说明如下：

（1）资金成本。筹措资金所付出的费用，或资金转移所带来的损失，就是资金成本。资金成本的高低取决于资金的不同来源，如银行贷款筹资，则付给银行的贷款利息就是资金成本；如果是发行股票筹资，则付出的股息就是资金成本；如果是发行公债筹资，则付出的利息就是资金成本；如果是自有资金，则这笔资金在其他的经营活动中所能赚取的利润，即这笔资金转投资于本项目所受到的损失就是资金成本，或称机会成本。

（2）贴现率。贴现率是指将收益和费用转换为现值所采用的利率。资金成本是确定贴现率的基础，当项目是以非盈利为目的的，则可按资金成本计算出贴现率；当项目是以盈利为目的的，则贴现率必须大于按资金成本所计算出的利率。

总的来说，贴现率的高低取决于资金成本、项目的性质、经营目标和要求、经营的风险程度等因素的综合影响。假如贴现率确定不当，结果会使好的项目通不过，或坏的项目都被接受了，这将造成一定的经济损失。所以，正确确定贴现率是项目评价中一项重要的基础工作。

4. 现值法评价的解题方法和步骤

由于现值法是将各方案建设期和使用期内所发生的各项货币收入和支出全部折算为现值指标来进行比较，这样对使用寿命期相同的方案来说，就便于比较，容易得出哪个方案属优先的结论。对于不同使用寿命期的方案评价，则需要将各方案化为相同的计算使用期，使各方案在使用期可比的基础上进行评价。现对各种使用寿命期的方案评价分述如下。

（1）相同使用寿命期的方案评价法。其解题步骤如下：

1）据题意绘制各对比方案的现金流量图。

2）分别计算出各方案的现值总费用（费用型项目）或净现值（收益-费用型项目）。

3）按评价指标，即现值总费用最小或净现值最大者确定为最优方案。

4）按判别标准，判别最优方案的可行性，即费用型项目在确定出最优方案以后，将视其资金有无保证而确定其实施的可能性；对收益-费用型项目的最优方案，除有足够的资金保证外，还要求其净现值 $P'>0$。

【例 6-1】某工厂需建一个总容量为 40t/h 的企业锅炉房。甲方案拟选用 2 台 20t/h 的链条炉，乙方案采用 4 台 10t/h 的链条炉。由于燃煤的有害成分多，锅炉腐蚀较严重，使用寿命期短，仅为 10 年。乙方案炉子数多，便于安排检修和备用，并对负荷的适应性好，可经常保持炉子在完好和高效率下运行，所以使煤耗降低，运行费用比甲方案低，其各年的收支情况列于表 6-2 中，试分别用 4％、15％和 25％三种不同的贴现率去进行方案的优选比较。

解　根据本题的已知条件，可以有几种求解方法，现分述如下。

解法一：因本题甲、乙两方案均能满足相同的供汽量要求，即产量相同，年收益相同，故可以不考虑其收益，而只研究其费用，即作为费用型项目求解，仅比较其费用的大小就可评价方案的优劣。

表 6-2	甲、乙方案的投资、费用和收益表										万元
	年份	0	1	2	3	4	5	6	7	8	9	10
甲方案	投　资	168										
	年费用		64	66	68	70	72	74	74	80	81	80
	年收益		120	122	126	128	132	134	138	142	146	152
	净得益		56	56	58	58	60	60	64	62	65	72
乙方案	投　资	200										
	年费用		60	63	66	63	68	70	68	76	76	78
	年收益		120	122	126	128	132	134	138	142	146	152
	净得益		60	59	60	65	64	64	70	66	70	74

1）据题意绘出甲、乙两方案的现金流量图，如图 6-1 所示。

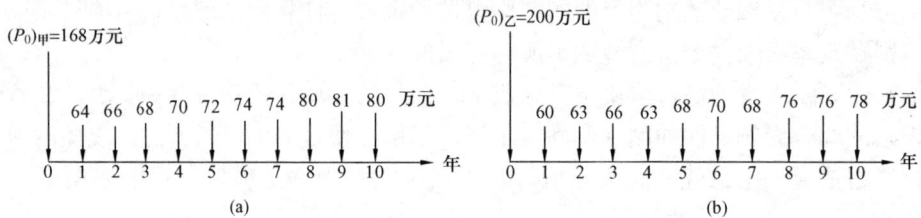

图 6-1　甲、乙方案的现金流量图（解法一）

（a）甲方案的现金流量图；（b）乙方案的现金流量图

2）分别算出各方案的现值总费用，两方案的年费用虽略有增加的趋势，但很接近，可以近似用年金法进行计算，现取年费用的算术平均值作为年金，则

甲方案　$R_甲 = \dfrac{64+66+68+70+72+74+74+80+81+80}{10} = 72.50$（万元）

乙方案　$R_乙 = \dfrac{60+63+66+63+68+70+68+76+76+78}{10} = 68.80$（万元）

现值总费用的计算公式为　　$P = P_0 + R(P/R, i, n)$

设甲、乙两方案的现值总费用分别为 $P_甲$ 和 $P_乙$，将已知值代入上式计算得

当 $i = 4\%$ 时，$P_甲 = 168 + R_甲(P/R, 4\%, 10) = 168 + 72.90(8.110896) = 759.28$（万元）

当 $i = 15\%$ 时，$P_甲 = 168 + R_甲(P/R, 15\%, 10) = 168 + 72.9(5.018769) = 533.87$（万元）

当 $i = 25\%$ 时，$P_甲 = 168 + R_甲(P/R, 25\%, 10) = 168 + 72.9(3.570503) = 428.29$（万元）

当 $i = 4\%$ 时，$P_乙 = 200 + R_乙(P/R, 4\%, 10) = 200 + 68.80(8.110896) = 758.03$（万元）

当 $i = 15\%$ 时，$P_乙 = 200 + R_乙(P/R, 15\%, 10) = 200 + 68.80(5.018769) = 545.29$（万元）

当 $i = 25\%$ 时，$P_乙 = 200 + R_乙(P/R, 25\%, 10) = 200 + 68.80(3.570503) = 445.65$（万元）

3）确定最优方案。这里是作为费用型项目进行优先比较的，现值总费用最低的方案即为最优方案。

从上述计算结果知，当 $i = 4\%$ 时，$P_甲 = 759.28$ 万元 $> P_乙 = 758.03$ 万元，乙方案优于甲方案。

当 $i = 15\%$ 时，$P_甲 = 533.87$ 万元 $< P_乙 = 545.29$ 万元，甲方案优于乙方案。

当 $i=25\%$ 时，$P_甲=428.29$ 万元 $<P_乙=445.65$ 万元，甲方案优于乙方案。

从上述的比较得知，不同的贴现率，可以得出不同的优先结果。贴现率越高，比较结果对初投资大的项目越不利，就越容易被初投资小和收益偏低的项目所淘汰。所以正确的选定贴现率是项目评价中的一项重要的基础工作。

贴现率的增加对每个项目本身来说，将使费用型项目的现值费用单调递减。

解法二：本题用上述费用型项目求解，仅以费用支出小的方案为优先方案，但不能得知各个方案的盈亏值。为了全面了解各方案的盈亏情况，就需要用收益-费用型项目来求解，即以每年的年收益减去年费用，计算出年净得益，据此再进行计算。

1) 用年净得益绘出甲、乙方案的现金流量图，如图 6-2 所示。

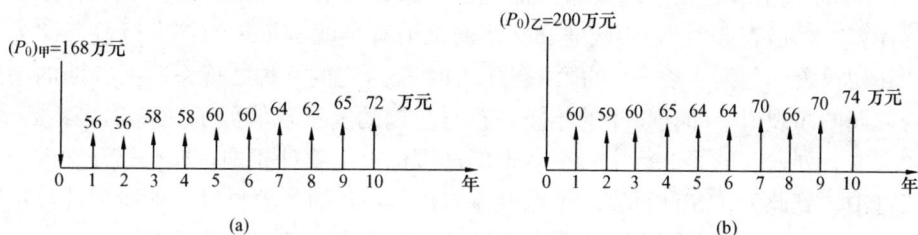

图 6-2 甲、乙方案的现金流量图（解法二）
(a) 甲方案的现金流量图；(b) 乙方案的现金流量图

2) 求净现值。两方案的年净得益虽略有增加趋势，但还比较接近，故可以近似地用年金法进行计算，现取年净得益的算术平均值作为净得益年金，则

甲方案　　$R_甲=\dfrac{56+56+58+58+60+60+64+62+65+72}{10}=61.10$（万元）

$R_乙=\dfrac{60+59+60+65+64+64+70+66+70+74}{10}=65.20$（万元）

代入净现值公式得

当 $i=4\%$ 时

$P'_甲=-168+R_甲(P/R,4\%,10)=-168+61.1\times8.110896=327.58$（万元）

当 $i=15\%$ 时

$P'_甲=-168+R_甲(P/R,15\%,10)=-168+61.1\times5.018769=138.65$（万元）

当 $i=25\%$ 时

$P'_甲=-168+R_甲(P/R,25\%,10)=-168+61.1\times3.570503=50.16$（万元）

当 $i=4\%$ 时

$P'_乙=-200+R_乙(P/R,4\%,10)=-200+65.20\times8.110896=328.83$（万元）

当 $i=15\%$ 时

$P'_乙=-200+R_乙(P/R,15\%,10)=-200+65.20\times5.018769=127.22$（万元）

当 $i=25\%$ 时

$P'_乙=-200+R_乙(P/R,25\%,10)=-200+65.20\times3.570503=32.80$（万元）

3) 确定最优方案。这里是作为收益-费用型项目进行优先比较的，净现值最大的方案即为最优方案。从以上计算得知

当 $i=4\%$ 时　　$P'_甲 = 327.58$ 万元 $< P'_乙 = 328.83$ 万元(乙优于甲方案)

当 $i=15\%$ 时　$P'_甲 = 138.65$ 万元 $> P'_乙 = 127.22$ 万元(甲优于乙方案)

当 $i=25\%$ 时　$P'_甲 = 50.16$ 万元 $> P'_乙 = 32.80$ 万元(甲优于乙方案)

比较结果与解法一相同,这里清楚地指出了各方案的盈利数值,同样说明了不同贴现率可以得出不同的优先结果。贴现率越高,比较结果对初投资大的项目越不利。贴现率的增加,对每个项目本身来说,将使净现值单调递减。

解法三:上述两种计算方案,均为把年费用和年净得益近似地看做相等而用年金法进行计算。如要更正确地反映现值情况,则应根据每年的实际收益进行列表计算如下:

1)用年净得益表示的现金流量图,如图 6-2 所示。

2)求各期净现值和逐期净现值累计曲线。为精确计算,现用表 6-3 对甲、乙方案分别逐项进行计算。根据表 6-2,各年收益和费用的抵消有余就是每年的年净得益,即为当年的净现金,和初投资一起列入表 6-3 的第一横行中。按给定的三种贴现率,把各期的净现金分别转化为各期的净现值。即把每年的年净得益与各期的复利现值因子 $(P/S,i,n)$ 相乘得各期的净现值,列入表的第二行中。把各期的净现值逐期累计相加,即得累计净现值,列入表的第三行中。到此为止,计算完一个贴现率 $(i=4\%)$ 的各项数值。下面再计算第二个贴现率值 $(i=15\%)$,仍按上述相同的方法进行,依次类推,整个计算见表 6-3。

表 6-3　　　　　　　　　　甲、乙方案计算结果的比较　　　　　　　　　　万元

年份		0	1	2	3	4	5	6	7	8	9	10
甲方案	投资和年净得益	−168	56	56	58	58	60	60	64	62	65	72
	$i=4\%$ 净现值	−168	53.84	51.78	51.56	49.58	49.31	47.42	48.63	45.30	45.67	48.64
	$i=4\%$ 累计净现值	−168	−114.16	−62.38	−10.82	38.76	88.07	135.49	184.12	229.42	275.09	323.73
	$i=15\%$ 净现值	−168	48.70	42.34	38.14	33.16	29.83	25.94	24.06	20.27	18.48	17.80
	$i=15\%$ 累计净现值	−168	−119.30	−76.96	−38.82	−5.66	24.17	50.11	74.17	94.44	112.92	130.72
	$i=25\%$ 净现值	−168	44.80	35.84	29.70	23.76	19.66	15.73	13.42	10.42	8.72	7.73
	$i=25\%$ 累计净现值	−168	−123.20	−87.36	−57.66	−33.9	−14.24	1.49	14.91	25.31	34.03	41.76
乙方案	投资和年净得益	−200	60	59	60	65	64	64	70	66	70	74
	$i=4\%$ 净现值	−200	57.69	54.55	53.34	55.56	52.60	50.58	53.19	48.23	49.18	49.99
	$i=4\%$ 累计净现值	−200	−142.31	−87.76	−34.42	21.14	73.74	124.32	177.51	225.74	274.92	324.91
	$i=15\%$ 净现值	−200	52.18	44.61	39.45	37.17	31.82	27.67	26.31	21.58	19.90	18.29
	$i=15\%$ 累计净现值	−200	−147.82	−103.21	−63.76	−26.59	5.23	32.9	59.21	80.79	100.69	118.98
	$i=25\%$ 净现值	−200	48.00	37.76	30.72	26.62	20.97	16.77	14.68	11.07	9.39	7.95
	$i=25\%$ 累计净现值	−200	−152	−114.24	−83.52	−56.9	−35.93	−19.16	−4.48	6.59	15.98	23.93

据上述计算结果知

当 $i=4\%$ 时　　$P'_甲 = 323.73$ 万元 $< P'_乙 = 324.91$ 万元(乙优于甲方案)

当 $i=15\%$ 时　$P'_甲 = 130.72$ 万元 $> P'_乙 = 118.98$ 万元(甲优于乙方案)

当 $i=25\%$ 时　$P'_{甲}=41.76$ 万元 $>P'_{乙}=23.93$ 万元(甲优于乙方案)

上述精确计算的结论与上面解法一、解法二的结论是一致的，但解法二的计算值与解法三的精确计算值相比，存在着一些误差，其误差随贴现率 i 的增加而增大。这是因为在解法二的计算中，年金是取年净得益的算术平均值，它忽略了资金的时间价值，所以 i 越大自然带来的计算误差也就越大。如考虑资金的时间价值，则年金 R 用年净得益和年金现值因子的加权平均值求得，现对甲方案 $i=25\%$ 时进行计算如下：

$$R=\frac{\Sigma(CF)_j\times(P/S,i,n)}{\Sigma(P/S,i,n)}$$

$$=(56\times0.8+56\times0.64+58\times0.512+58\times0.4096+60\times0.3277+60\times0.2621$$

$$+64\times0.2097+62\times0.1678+65\times0.1342+72\times0.1074)/$$

$$(0.8+0.64+0.512+0.4096+0.3277+0.2621+0.2097+0.1678+0.1342+0.1074)$$

$$=58.75(万元)$$

式中　$(CF)_j$——第 j 年的净得益。

$P'_{甲}=-168+58.75(P/R,i,n)=-168+58.75\times(3.570503)=41.77(万元)$

此计算值与精确计算值 41.76 万元相差很小。由此可见，求 R 时考虑了资金的时间价值后，计算误差就明显减小，但 R 的计算就要复杂一些。

将上述逐年算得的累计净现值随年份的进展，绘制成曲线，即为逐期净现值累计曲线，如图 6-3 所示。每根逐期净现值累计曲线表示某方案随经营年份的增加每年净现值的变化情况。由此曲线可以看出在一定的贴现率下，项目在整个使用周期内，以现值为基准的各期收支情况。每根曲线有其最大的负债值，即以现值表示的初期总投资（如甲的最大负债值为168 万元），随着经营年份的增加，得益的逐步积累，负债值逐年减少。当负债值为 0 时，即表示本方案的投资负债已全部回收。这个投资全部回收的年数，称为投资回收期。投资回收期越短，说明方案的得益越高。此曲线表明，同一方案随着贴现率的增加，得益将明显减少，即各期的累计盈利越少。

（2）不同使用寿命期的方案评价法。此时需将各方案化为相同的计算使用期，或者对使

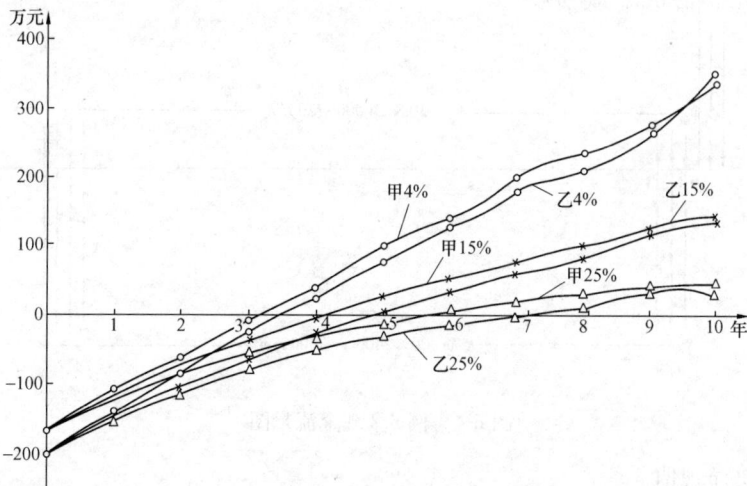

图 6-3　逐期净现值累计曲线

用期较长的方案,其超出年份的净收益,采用以风险大小不同而调整的较高的贴现率,从而使各方案在使用期可比的基础上再进行评价。现将这些方法分述如下:

1) 使用寿命期的最小公倍数法。它取各方案寿命期的最小公倍数作为相同的共同计算使用期,但只适用于各方案的使用寿命期之间存在着简单合适的最小公倍数,而不是有很大值的最小公倍数,以致使共同的计算使用期变得很长,就使比较工作复杂化。

【例 6-2】　某区有两个建立电站的方案,若建设一个 50MW 的火电站,年设备利用小时数为 6000,年发电量为 240000MWh,总投资为 8000 万元,第一、二年初各支付一半,施工期为一年,开工后第二年初投产,已知售电成本 100 元/MWh,电能售价 400 元/MWh,使用寿命期为 25 年。本地区也有水力资源,可建立一个相同出力的水电站,总投资为 24000 万元,施工期为两年,开工后第三年初投产,总投资费用按前三年平均投入。水电站售电成本为 30 元/MWh,电价和供电量与火电站相同,水电站使用寿命期为 50 年。若两方案均不计设备残值,贴现率为 15%,试用现值法评比。

解　本题为不同使用寿命期的项目,由于供电量和供电收入相同,可以按费用型项目进行评价。但为了全面了解盈利情况,现以收益-费用型项目求解。

首先求出两方案使用寿命期的最小公倍数为 50 年,将此作为共同的计算使用期。对火电站来说,需重置一次。然后,绘制两方案的现金流量图,如图 6-4 所示。注意计算使用期取两方案使用寿命期的最小公倍数以后,火电站需重建一次,施工期长短不必考虑。水电站应在投产运行的前两年开始施工,而火电站则为前一年开始施工。下面计算基准年的现值。

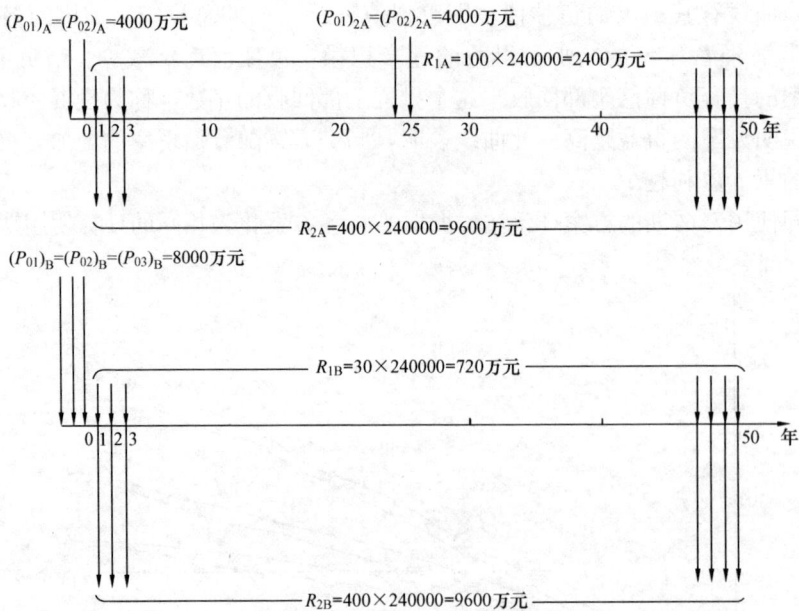

图 6-4　例 6-2 现金流量图

火电站的总净现值

$$P'_A = -(P_{01})_{1A}(S/P,i,n) - (P_{02})_{1A} - (P_{01})_{2A}(P/S,i,n)$$

$$-(P_{02})_{2A}(P/S,i,n)+(R_{2A}-R_{1A})(P/R,i,n)$$
$$=-4000(S/P,15\%,1)-4000-4000(P/S,15\%,24)$$
$$-4000(P/S,15\%,25)+(9600-2400)(P/R,15\%,50)$$
$$=-4000(1.15)-4000-4000(0.034934)-4000(0.030378)$$
$$+(9600-2400)(6.660515)=39094.46(万元)$$

水电站的总净现值

$$P'_B=-(P_{01})_B(S/P,i,n)-(P_{02})_B(S/P,i,n)-(R_{2B}-R_{1B})(P/R,i,n)$$
$$=-8000(S/P,15\%,2)-8000(S/P,15\%,1)-8000$$
$$+(9600-720)(P/R,15\%,50)$$
$$=-8000(1.3225)-8000(1.15)-8000$$
$$+(9600-720)(6.660515)$$
$$=31365.37(万元)<P'_A=39094.46(万元)$$

所以在这种情况下，办火电站比水电站经济。

2）最长或最短使用期法。这种方法就是对不同使用寿命期的各个方案，用其最长或最短寿命期作为共同的计算使用期。如采用最长寿命法，就是以方案中的最长寿命期的年数作为共同的计算使用期，则比它使用寿命期短的其他方案必须进行重置。经过一次或几次重置后，若不是最小公倍数的年份，重置后的总使用寿命期应大于方案中的最长使用寿命期，长出的这一段时间，就不再列入比较的年份中去，设想把这些设备在此时按残值估计出售。同样，如采用最短寿命期法，就是以使用寿命期最短的方案，作为共同计算使用期，其他使用寿命期比它长的各方案均到此共同研究周期为止，把该设备按残值估价出售，然后再按相同使用寿命期的方案进行比较。这就存在一个残值的正确估价问题。这项残值不是按各种折旧方法计算后的该期账面价值，而应当是该期的市场现金价值。实际上，残值的正确估计并不那么容易，所以最长或最短使用期法也就难于普遍采用。

【例 6-3】甲方案采用一台由碳钢制成的废热锅炉，价格为 20 万元，由于烟气的腐蚀，使用寿命期仅为 5 年，期末残值为 2 万元，年操作成本为 7 万元。乙方案将有些易被腐蚀的部件改用不锈钢材料，出力相同，价格为 40 万元，使用寿命增加到 9 年，期末残值为 4 万元，年操作成本为 5 万元。若贴现率为 15%，试用最长或最短使用期法进行两方案的评价。

解　本题属不同使用寿命期的费用型项目评价。如采用最短使用期法，则其共同的计算使用期为 5 年。估计乙方案运行 5 年后设备残值的市场现金价为 15 万元。据此绘制两方案的现金流量图，如图 6-5 所示。

甲方案的现值总费用为

$$P_A=(P_0)_A-(L_5)_A(P/S,i,n)+R_A(P/R,i,n)$$
$$=20-2(P/S,15\%,5)+7(P/R,15\%,5)$$
$$=20-2(0.497177)+7(3.352155)$$
$$=42.47(万元)$$

乙方案的现值总费用为

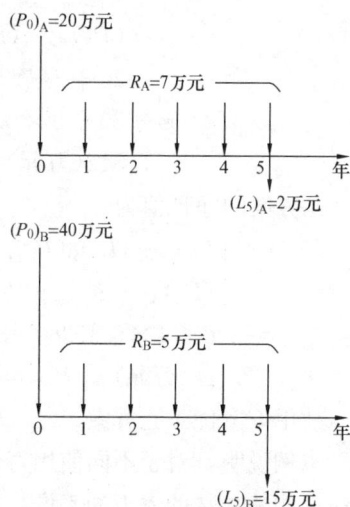

图 6-5　例 6-3 现金流量图

$$P_B = (P_0)_B - (L_5)_B(P/S, i, n) + R_B(P/R, i, n)$$
$$= 40 - 15(P/S, 15\%, 5) + 5(P/R, 15\%, 5)$$
$$= 40 - 15(0.497177) + 5(3.352155)$$
$$= 49.30(万元) > P_A = 42.47(万元)$$

故甲方案优于乙方案。

3）调整风险贴现率法。对一般盈利性项目来说，风险程度将随时间的增加而递增，但对于已取得长期订购合同的能源企业来说，是不存在这种潜在风险的。对具有风险性的不同方案，若存在使用寿命期长短的不同，则其风险程度也就不同。故对寿命期较长的方案，其后期的收益应采用较高的贴现率，可在寿命期最短方案的贴现率基础上，附加一风险贴水来确定。这样，对不同使用寿命期的方案，可在不化为相同计算使用期的情况下，也可以进行方案间的优劣比较。

【例 6-4】仍用例 6-3 的已知数据，甲方案每年收益为 15 万元，乙方案年收益为 14 万元，试用调整风险贴现率法进行方案的优劣比较。甲、乙两方案在前 5 年均采用 15%的贴现率，乙方案的后面 4 年，采用 20%的调整风险贴现率，试据此进行方案的优劣比较。

解　绘制两方案的现金流量图，如图 6-6 所示。

甲方案的净现值为

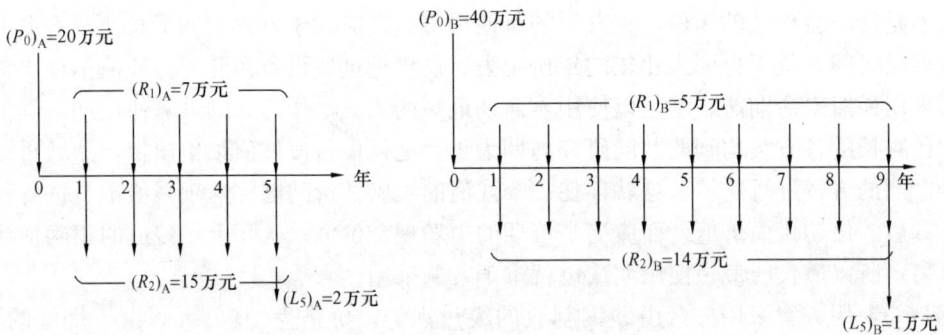

图 6-6　例 6-4 现金流量图

$$P'_A = -(P_0)_A + (L_5)_A(P/S, i, n) + [(R_2)_A - (R_1)_A](P/R, i, n)$$
$$= -20 + 2(P/S, 15\%, 5) + (15 - 7)(P/R, 15\%, 5)$$
$$= -20 + 2 \times 0.497177 + (15 - 7) \times 3.352155$$
$$= 7.812(万元)$$

乙方案的净现值为

$$P'_B = -(P_0)_B + (L_9)_B(P/S, 20\%, 9) + [(R_2)_B - (R_1)_B](P/R, 15\%, 5)$$
$$+ [(R_2)_B - (R_1)_B](P/R, 20\%, 4) \times (P/S, 15\%, 5)$$
$$= -40 + 4 \times 0.193807 + (14 - 5) \times 3.352155 + (14 - 5) \times 2.588735 \times 0.497177$$
$$= 2.528(万元) < P'_A = 7.812(万元)$$

故甲方案优于乙方案。

本例说明，对于不同使用寿命期的方案，可以采用这个方法来进行比较。但对一个使用寿命期相差悬殊的大工程来说，如办火电站，使用寿命期一般为 25 年，办水电站使用寿命期为 50 年，经营 25 年的收益怎能与经营 50 年的收益相比呢？或者说后 25 年的调整风险贴现率取得多高才算合适呢？实际上这是一个不易解决的问题。

（3）无限长使用寿命期的方案评价。有些方案使用寿命很长，如修建一个永久性的水利工程，一条运河，一条铁路等，它们的使用寿命期都是相当长的，因此，可视为永久性的。现举例说明如下。

【例 6-5】 某城市有如下的两种供水方案可供选择：

A 方案：在邻近的河川建筑水坝以提高水位，期初投资为 900 万元，每年的维修费为 5 万元，每隔 5 年大修一次需 14 万元，可供永久使用。

B 方案：在市区打井，并建造输水系统，共需打 10 个井，每个井的期初投资（包括建造输水系统）为 30 万元，每个井的平均使用寿命期为 5 年，每年的维护费为 2 万元。若贴现率为 10%，试用现值法对两方案进行评价。

解　据题意绘制两方案的现金流量图，如图 6-7 所示。

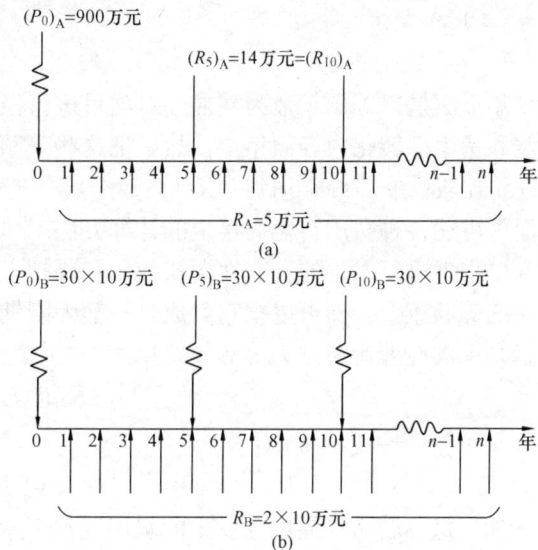

图 6-7　例 6-5 现金流量图

本题属费用型项目，只有费用未提及收益。现分别计算各方案的现值总费用。

对每隔 5 年一次的大修费用可用 $(R/S, i, n)$ 因子转化为年金后再与 R_A 相加得每年的长期实际支出。要使每年有这笔钱支出，可设想在银行存放一笔存款，每年所得的利息可用来支付这笔开支。应存的钱为年支出费用除利率 i_0，所以甲方案的现值总费用为

$$P_A = (P_0)_A + [(R_5)_A(R/S, 10\%, 5) + R_A]/i_0$$
$$= 900 + (14 \times 0.163797 + 5)/0.1 = 972.93(万元)$$

每隔 5 年期初投资可用 $(R/P, i, n)$ 因子转化为年金后与 R_B 相加，再用 i_0 除即得现值总费用，即

$$P_B = [(P_0)_B(R/P, 10\%, 5) + R_B]/i_0$$
$$= (30 \times 10 \times 0.263797 + 2 \times 10)/0.1$$
$$= 991.39(万元) > P_A = 972.932(万元)$$

由上述计算可知，B 方案的现值总费用略比 A 方案高，所以 A 方案优于 B 方案。但实际上由于建筑水坝一次投资 900 多万元以后，该资金就成了"死钱"，不能再派其他的用场。而打井方案是周期性投资，虽然它现值总费用略高于甲方案，但其暂时未投入的资金，可用于其他营利的事业，尤其是在资金来源很紧缺的情况下，更应该考虑到这个问题。所以对具体情况还应做具体分析。

5. 现值法的优缺点

现值法是从总量指标的角度反映方案的优劣，可以清楚地反映各个方案的现金收支情况及转化的现值总费用或净现值，使人看了容易接受，实为一种目前国内外普遍采用的工程项目经济效益评价的方法。但在不同使用寿命期的方案评价时，就不如下面要讲的年金法

简便。

计算中贴现率的高低对方案的取舍起着非常重要的作用。至于贴现率的正确取定，也是比较困难的，搞不好，贴现率的少许变化，就可能导致评价的结论相反。

现值法即是从总量指标的角度，即这个投资总值来衡量，而不是以单位投资的得益来比较的。因此当两个方案的总投资相差悬殊时，如果用这种计算总得益的方法去比较，很自然一般投资大的项目总得益要多些；反之，如果用单位投资的得益去比较，就不一定投资大的项目总得益多了，所以还有其不公正之处。

（二）年金法

1. 年金法的概念

年金法是以等额年金为基准去对项目进行经济效益评价的一种方法。它要把每个方案的收益和费用都转化为等额年金，然后把这些等额年金相加减综合成一个数值，据此就可以进行评价比较。它将经常用到 $(R/S,i,n)$、$(R/P,i,n)$ 和 $(R/g,i,n)$ 三个利率因子。下面先讲述各种费用转化为年金的计算方法。

（1）不重复发生的一次性期初费用，要把它转化为无限长寿命期方案（即使用寿命 $n\rightarrow\infty$）的等额年金，即可以把它看成是一笔无限期贷款，年年付息，直至永远。每年所付的利息就是一次性费用转化为等额年费用。

即
$$\lim_{n\rightarrow\infty}(R/P,i,n)=i_0$$

其等额年金可按式(6-1)计算：
$$R=Pi_0 \tag{6-1}$$

（2）每隔若干年周期性发生的费用（直至永远），可将每个周期的费用分别转化为该周期内的等额年费用。当费用发生在每个周期的期初时，用 $R=P(R/P,i,n)$ 转化；当费用发生在每个周期的期末时，用 $R=S(R/S,i,n)$ 转化。

当期初投资 P_0 和残值 L_n 同时存在时，即为 $R=P_0(R/P,i,n)-L_n(R/S,i,n)$。利用式(6-1)计算年金需要计算两个换算因子，为简化计算可以采用式(6-2)进行计算：
$$R=(P_0-L_n)(R/P,i,n)+L_ni_0 \tag{6-2}$$

式(6-2)可由换算因子的计算公式化简而得，其物理意义是：在期初投资和残值同时存在时，在期初假定从银行借一笔相当于期末残值的钱，这样，用此借款就可以抵消部分期初投资后，再用 $(R/P,i,n)$ 因子转化为年金。由此欠了银行这一笔债务，必须按一定的利率每年付息 L_ni_0。这项每年支出要一直到期末取得残值，就以此偿还银行所借之本金。计算公式(6-2)的优点是可以少计算一个换算因子。式(6-2)也可以改用残值贴现法进行计算，即把残值 L_n 用 $(P/S,i,n)$ 因子兑现到期初，就可以与期初投资相消，余额再用 $(R/P,i,n)$ 因子转化为年金，即
$$R=[P_0-L_n(P/S,i,n)](R/P,i,n) \tag{6-3}$$

【例6-6】试用年金法来求解例6-5。

解 现金流量图同图6-7。下面分别计算A、B两方案的年金值。

A方案年金为
$$R_A=(P_0)_Ai_0+(R_5)_A(R/S,i,n)+R_A$$
$$=900\times10\%+14\times(R/S,10\%,5)+5$$
$$=900\times0.1+14\times0.163797+5=97.293(万元)$$

B 方案年金为

$$R_B = 30 \times 10(0.263797) + 2 \times 10 = 99.139(万元) > R_A = 97.293(万元)$$

故 A 方案优于 B 方案，这与现值法的结论是一致的。

【例 6-7】 试用年金法来求解例 6-2。

解 绘制现金流量图，如图 6-8 所示。

取两方案的投产运行年为计算的基准年，即火电站在第一次投资的一年后投入运行，水电站则在第一次投资的二年后投产运行。下面分别计算两方案的年金值。

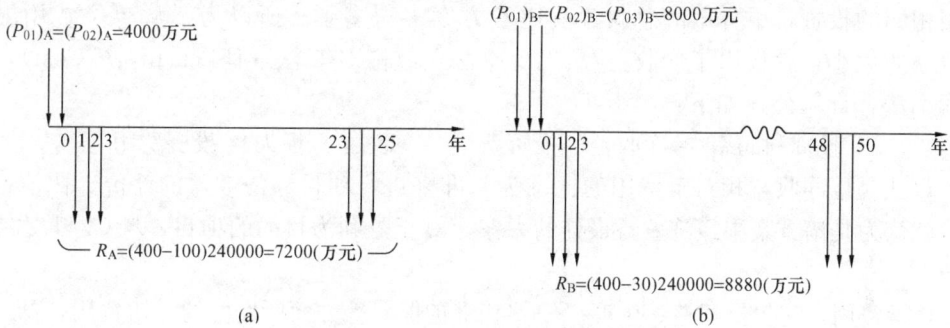

图 6-8　例 6-7 现金流量图

A 方案

$$R'_A = [(P_{01})_A(S/P, 15\%, 1) + (P_{02})_A](R/P, 15\%, 25) + R_A$$
$$= -(4000 \times 1.15 + 4000) \times 0.154699 + 7200 = 5869.59(万元)$$

B 方案

$$R'_B = -[(P_{01})_B(S/P, 15\%, 2) + (P_{02})_B(S/P, 15\%, 1)$$
$$+ (P_{03})_B](R/P, 15\%, 50) + R_B$$
$$= -(8000 \times 1.3225 + 8000 \times 1.15 + 8000)$$
$$\times 0.150139 + 8880$$
$$= 4709.14(万元) < R'_A = 5869.59(万元)$$

故 A 方案优于 B 方案，这与现值法的结论是一致的。

2. 年金法的评价

（1）采用年金法对项目进行评价，其结论与现值法相同，只不过计算的年限不同。年金法是用每年的年平均水平指标去判断方案的优劣，而现值法是用总量指标去判断方案的优劣，它们二者在本质上并无区别。在项目评价中无论采用哪一种方法，都可以得到相同的结论。所以其评价的优缺点也基本相同。

（2）在对不同使用寿命期的方案比较时，由于年金法不必化成相同的计算使用期后再计算评价指标值，所以在这点上优于现值法。

（三）净收益/费用比率法（或称 B/C 法、投资利润率法）

1. B/C 法的提出和应用

前述的现值法是基于项目一定使用寿命期内的现金收支折算为现值指标来进行比较的，而年金法仅把它分散到每年而已，所以在本质上是相同的。这里忽略了不同方案投资大小 的不同，仅比较其总的现值多少来决定项目的取舍，则有其不合理的地方。譬如，现有下列甲、乙两个方案：甲方案投资 10 万元，经营 10 年后，算得净现值指标为 10 万元；乙方案投资 30 万元，同样经营 10 年后，算得净现值指标为 12 万元。这样，根据现值法的比较原则，12 万元大于 10 万元，故乙方案优于甲方案。但这样的比较有其不妥之处。甲方案投资 10 万元，10 年后收回本钱又赚得 10 万元，从单位投资看是每 1 万元投资可收益 1 万元，而乙方案是每 1 万元投资仅收益 0.4 万元。从单位投资的效果看，仅为甲方案的一半还不到。这样，我们可以用 10 万元去经营甲方案，余下 20 万元资金还可以去经营有得益的其他企业，或者把 20 万元存入银行，还有利息收入。这样，如果两方案使用相同的投资，甲方案的总收益就比乙方案多得多了。所以为了从单位费用出发去比较收益的大小，就提出了净收益/费用比率法，或称 B/C 法（B-Benefit，C-Cost），即投资利润率法，计算公式如下：

$$投资利润率 = 净收益 / 投资费用 = (收益 - 损失) / 投资费用 \qquad (6\text{-}4)$$

B/C 法是以净收益相对于费用的比率为基准来进行项目经济效益的评价。比值最大的方案，就认为是诸方案中经济效益最佳的方案。对于盈利为目的的项目，$B/C>1$ 才有采用的价值。

C 是指费用，它包括建造、生产、使用和维护保养等方面所发生的一切费用，即一次性费用和日常费用。例如，兴建一个水库，由于蓄水而带来农田的灌溉和养鱼等收益，但水库本身所占的面积是由淹没了农田而造成的，这就是损失。又如修筑一条铁路，它占用了农田而遭到农业耕种生产的损失，但由铁路运输而又带来收益，收益和损失的代数和就是其净收益，而铁路的修筑费（初期一次性投资）和日常维护管理费就是它的费用。式（6-4）的计算还必须注意下面两个问题：

（1）"损失"只能冲减收益，不能作为费用看待加入到费用中去。

（2）公式中的分子和分母必须都是具有相同定义的现值或者是年金，这样才具有可比的基础。

【例 6-8】 拟办一个冶炼厂，有两个方案可供选择：

甲方案：期初投资为 1000 万元，每年可提供收益 235 万元，因污染而引起农产品减产等损失，每年赔款 10 万元，年费用支出为 30 万元。

乙方案：期初投资为 1500 万元，每年收益为 395 万元，每年赔款 16 万元，年费用支出为 40 万元。

两方案使用寿命为 20 年，贴现率 15%，若不计设备残值，试用 B/C 法进行项目评价。

解 据式（6-3）求各方案的 B/C 值。

甲方案

$$(B/C)_甲 = \frac{235 - 10}{1000(R/P, 15\%, 20) + 30} = \frac{225}{1000 \times 0.159761 + 30} = 1.186$$

乙方案

$$(B/C)_乙 = \frac{395 - 16}{1500(R/P, 15\%, 20) + 40} = \frac{379}{1500 \times 0.159761 + 40}$$
$$= 1.355 > (B/C)_甲 = 1.186$$

故方案乙优于方案甲。

2. 对 B/C 法的评价

当 $B/C>1$ 时，为盈利项目，这与现值法的总现值大于零（$P>0$）或年金法的总收益年金大者为优是一致的，都能起到判断盈利或亏损的作用，但 B/C 法更能说明单位费用所起到的作用，更具有明确的相对性，所以近年来应用较广泛。

（四）内部收益率法

1. 内部收益率法的概念

对内部收益率可以有如下的两个定义。

定义一：在一个工程项目中，在其设备的使用寿命期内，凡能使收益和费用的现值代数和等于零时的利率值，即为该项目的内部收益率。

定义二：在一个工程项目中，在其设备的使用寿命期内，能使等额年收益与等额年费用的代数和（等额年净值）等于零时的利率值，即为该项目的内部收益率。

若依据定义一去计算不同工程项目的内部收益率时，如各方案的使用寿命不相同，就必须将各方案化为相同的计算使用周期。若依据定义二去计算，则对不同使用寿命期的各方案来说，就不必化为相同的计算使用周期。这样就可以使计算内部收益率的过程简便得多。

内部收益率是反映投资使用效率的指标，或者说是测定资金利用好坏程度的指标。现用符号 i' 表示内部收益率。

内部收益率法就是用内部收益率来对不同项目进行优劣评价的一种方法。通过对各方案进行计算而得到的内部收益率进行比较，内部收益率最高的方案就是诸方案中经济效益最优的方案；内部收益率大于或等于贴现率的方案，就是可以被采纳的方案。

2. 内部收益率法的计算方法

先举例进行计算，后再据此列出计算方法。

【例 6-9】 设有 A、B 两种投资方案，A 方案投资 1000 万元，估计在 20 年内每年收益为 720 万元，年费用 430 万元；B 方案投资 800 万元，在 20 年内每年收益 500 万元，年费用为 380 万元，若两方案均不计残值，最低期望收益率为 10%，试用内部收益率法对该两方案进行评价。

解 绘制现金流量图，如图 6-9 所示。对 A 方案，按定义一建立关系式

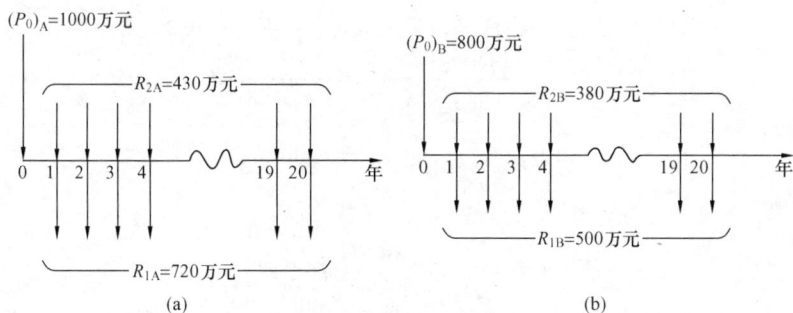

图 6-9　例 6-9 现金流量图

$$-(P_0)_A + (R_{1A} - R_{2A})(P/R, i', n) = 0$$

移项得

$$(P/R, i', 20) = \frac{(P_0)_A}{R_{1A} - R_{2A}} = \frac{1000}{720 - 430} = 3.448276$$

反查普通复利表得

$$(P/R, 28\%, 20) = 3.545805$$

上面计算结果表明,$(i')_A$ 比 29% 稍小,故断定 $28\% < (i')_A < 29\%$。因相差范围较小,可以认为 $(i')_A$ 的值在小变化范围内,$(P/R,i,n)$ 值的变化是线性的,故可以用线性内插法求解 $(i')_A$ 值。计算求得 $(i')_A = 28.82\%$。

对方案 B,同上法求 $(i')_B$,由于

$$-(P_0)_B + (R_{1B} - R_{2B})(P/R,i',20) = 0$$

移项得

$$(P/R,i',20) = \frac{(P_0)_B}{R_{1B} - R_{2B}} = \frac{800}{500 - 380} = 6.666667$$

反查普通复利表得

$$(P/R,14\%,20) = 6.623131$$

用 $(i')_B = 14\%$ 代入得

$$-800 + (500 - 380)(P/R,14\%,20) = -800 + 120 \times 6.623131 = -5.22428(万元)$$

上一计算结果表明,$(i')_B$ 略小于 14%,再选 $(i')_B = 13\%$ 代入,得

$$-800 + 120(P/R,13\%,20) = -800 + 120 \times 7.024752 = 42.97024(万元)$$

再用线性内插法求 $(i')_B$,得

$$(i')_B = 13\% + 1\% \frac{42.97024 - 0}{42.97024 - (-5.22428)} = 13.89\%$$

结论为 $(i')_A = 28.82\% > (i')_B = 13.89\%$,故方案 A 优于方案 B,又 $(i')_A > 10\%$,故方案 A 可采用。

在上述内部收益率的比较中,两个数值相差较大,当求得 28% 和 14% 的较近似值后,就可以下结论,不必要用内插法求更精确的内部收益率值,这样就可以简化计算。

【例 6-10】 如例 6-9 中仅 B 方案使用年限由 20 年改为 17 年,其他条件均不变,试再用内部收益率法进行评价。

解 现金流量图基本上同图 6-9,仅将 B 方案的使用寿命期由 20 年改为 17 年即可,这里就不再重新画图了。此时两方案使用寿命期不同,就不能用定义一建立关系式,应改用定义二建立关系式如下。

A 方案

$$-(P_0)_A(R/P,i',20) + (R_{1A} - R_{2A}) = 0$$

故

$$(R/P,i',20) = \frac{(R_{1A} - R_{2A})}{(P_0)_A} = \frac{720 - 430}{1000} = 0.29$$

反查普通复利表得

$$(R/P,28\%,20) = 0.282023$$

故 $(i')_A = 28\%$

B 方案

$$-(P_0)_B(R/P,i',17) + (R_{1B} - R_{2B}) = 0$$

故

$$(R/P,i',17) = \frac{R_{1B} - R_{2B}}{(P_0)_B} = \frac{500 - 380}{800} = 0.15$$

反查普通复利表得

$$(R/P,13\%,17) = 0.148608$$

故 $(i')_B \approx 13\% < (i')_A = 28\%$

故 A 方案优于 B 方案,又 $(i')_A > i_0 = 10\%$,故 A 方案可采用。

根据上面举例计算,可以得出用内部收益率法进行方案优先比较的方法和步骤如下:

(1) 据题意绘出现金流量图。

（2）根据定义建立求解内部收益率 i' 的关系式。当使用年限相同时，可利用定义一或定义二建立关系式，当使用年限不相同时，就只能按定义二建立关系式。

（3）利用关系式求解各方案的内部收益率（i'）。

当关系式很简单时，可根据关系式求解有关复利因子的值，再反查普通复利表就可以较近似地初定内部收益率（i'）。当各方案求得的内部收益率相差较大，如用近似值已能分清方案的优劣就不需要再用线性内插法求更精确的内部收益率值。只有当存在两个最优方案的近似内部收益率相等而又一定要分出方案的优劣时，才需求解这两个方案的精确内部收益率的数值。这时，就可以用线性内插法求出精确的内部收益率 i' 的数值。当根据定义建立的关系式比较复杂而无法直接求解时，则可以用试算法求解，即可以任选一个利率值代入关系式，如求得的净现值（或年净值）大于 0，则增加利率值，使计算值减小；反之，则用增加利率值代入，经过几次迭代后，终究可以在两个利率值相差不大的情况下，使算得的净现值（或年净值）在零之两侧，即一正一负。此时就可以用线性内插法求得精确的内部收益率（i'）值，然后据此就可以分出哪个方案是最优方案。不过当两个内部收益率值在很接近的情况下，就不宜用它们很小的差值来分优劣，此时可根据其他更恰当的指标或采用其他更好的方法去解决问题。

3. 对内部收益率法的评价

（1）从前面的计算方法知，内部收益率是根据有限使用寿命期内建立收支平衡等式求解而得，故它只适用于有限寿命期的收益-费用型项目的评价。

（2）内部收益率与使用年限有密切的关系，使用年限长一年，则多一年收益，就必然会引起 i' 的变化，所以要求准确地判定项目各方案的使用年限；否则，n 确定不当，i' 就算不准。

（3）本方法要求各方案的初期投资不能差别过大，否则，就不宜采用。现举例说明，若有甲、乙两方案，甲方案投资 1000 万元，内部收益率为 30%，乙方案投资 5000 万元，内部收益率为 25%。初看起来，甲方案的内部收益率比乙方案高，似乎甲方案优于乙方案。但实际上，甲方案只有 1000 万元投资的内部收益率为 30%，与乙方案 5000 万元相比，还有 4000 万元的资金要转投于其他事业，此时，转投部分的内部收益率能否同样可达到 30% 呢？这是一个问题。由此看来，初期投资差别大的方案，就不能用内部收益率法来比较。

（4）本法的使用还受投资数额及其分布情况的限制，只有初投资较大，且没有较大的中后期投资时才可采用。因为如初期投资过小，项目各期的收益稍有变化（实际情况与预计值发生偏差时），都会对内部收益率有较大的影响，即它对收益的变化十分敏感，易使内部收益率有较大的变动。如果有较大的中后期投资时，其内部收益率将出现无解或多解。这是因为根据内部收益率定义列出的关系式，若是一元二次方程式，就可能为无解或双解；若是一元多次方程，那就有可能得出多解。

（五）投资回收期法

1. 投资回收期法的概念

投资回收期法是用工程项目的盈利来偿还该工程投资支出所需时间的，就是以投资回收期（N）的长短为指标来进行项目的评价。当由计算求得的投资回收期（N）小于预先拟订的投资回收期（N_0）时，此投资项目可取。N_0 由国家、部门或地区制订，是一个限制盲目投资，提高资金利用效率的控制指标。我国目前采用表 6-1 所示的统计资料可作参考。

参比的各方案中，以投资回收期最短（N_{min}）的方案认为是诸方案中经济效益最优的方案。但 N_{min} 必须小于设备的使用寿命期，即保证在设备不再能使用以前就已回收投资。

2. 投资回收期的计算方法

有两种方法可供采用：

(1) 公式计算法——适用于年净收益稳定的情况。设期初几年的每年投资为 K_0，K_1，K_2，$\cdots$，K_P，折算到开工年的初投资为 K，贴现率为 i_0，则 K 的计算公式为

$$K = K_0(1+i_0)^P + K_1(1+i_0)^{P-1} + K_2(1+i_0)^{P-2} + \cdots + K_P \tag{6-5}$$

当达到投资回收期 N 年时，所花投资总值应等于 N 年的净收益。每年的净收益为 R，即

$$K = R(P/R, i_0, N) = R\frac{(1+i_0)^N - 1}{i_0(1+i_0)^N}$$

移项得

$$\frac{1}{(1+i_0)^N} = 1 - \frac{Ki_0}{R} = \frac{R - Ki_0}{R}$$

两边取对数并化简得

$$N = \frac{\lg R - \lg(R - Ki_0)}{\lg(1+i_0)} \tag{6-6}$$

当折算到开工年的初投资（K）、贴现率（i_0）和年净收益（R）已知时，据式 (6-6) 即可求得投资回收期 N。

【例 6-11】某化工厂碱熔炉废热烟气未被利用而直接放空，现拟建一废热锅炉以产生蒸汽，可直接供厂内使用。建此废热锅炉房的期初投资折算到开工年的初值 $K=60$ 万元，每年的净得益为 10 万元，贴现率为 10%，拟订投资回收期 $N_0 = 8$ 年，废热锅炉寿命期为 15 年，问该项目是否值得投资？

解　据题意把有关的已知值代入式 (6-6) 中，即可求得投资回收期 N 的值，即

$$N = \frac{\lg R - \lg(R - Ki_0)}{\lg(1+i_0)} = \frac{\lg 10 - \lg(10 - 60 \times 0.1)}{\lg(1+0.1)} = \frac{\lg 10 - \lg 4}{\lg 1.1}$$

$$= 9.6 \text{ 年} > N_0 (= 8 \text{ 年})$$

因此，结论是该项目不值得投资。

(2) 列表计算法。例 6-11 中每年的净得益都相等，这属于一种理想的情况。实际上项目在整个使用寿命期内各年的净得益总是会出现有高有低不相等的情况，这时可根据各年实际的净得益进行列表计算。即将各年的净得益依年序列于表内，并将它们转化为期初（$n=0$）时的现值，然后依年序顺次累计为净现值，当此值出现由正到负时，即可按其对应的年序和其对应的金额用线性内插法算出相应的投资回收期（N_0）。

【例 6-12】建立一个小型的氧气站，建厂投资费用为 50 万元，该设备可使用 20 年，为用户充瓶出售。前 10 年的年净得益见表 6-4 中第一、二行所示。如贴现率为 10%，$N_0 = 4$ 年，试计算其投资回收期，并据此判断是否值得投资。

表 6-4		计 算 表			万元
年　序	净得益	$(P/R, i, n)$	现　值	净现值累计	备　注
0	-50				
1	7	0.909091	6.364	-43.636	
2	13	0.826446	10.744	-32.892	
3	14	0.751315	10.518	-22.374	
4	12	0.683013	8.196	-14.178	

年　序	净得益	$(P/R, i, n)$	现　值	净现值累计	备　注
5	15	0.620921	9.314	−4.864	最小负值
6	17	0.564474	9.596	4.732	出现正值
7	19	0.513158	9.750	14.482	
8	16	0.466507	7.464	21.946	
9	20	0.424098	8.482	30.428	
10	22	0.385543	8.482	38.910	

解　利用表 6-4 进行列表计算。为使每年的净得益换算为现值，在第三列中，列出换算因子 $(P/R, i, n)$ 的值。第二列年净得益和换算因子 $(P/R, i, n)$ 的乘积，即得 $n=0$ 时的现值，列入表的第四列。各年净现值的累计相加，列入第五列中，据此可绘制逐年净现值累计曲线。此曲线与时间横轴的交点，即为投资回收期 (N) 值。

从以上计算表得知，累计净现值从负变为正值是发生在 $5\sim6$ 年之间，所以本方案的投资回收期是 5 年多，已超过预先拟订的基准投资回收期 (N_0) 4 年，故不宜投资。

如要更精确地求出本方案的投资回收期，可用两种方法求出。一是图解法，可根据表 6-4 的计算数据，用本章例 6-1 解法三中作图的方法，做出逐期净现值累计曲线，曲线与横轴相交点的时间值，即为所要求的投资回收期 N。另一方法是用线性内插法按比例求 N，即

$$\frac{N-5}{6-5} = \frac{4.864}{9.596}$$

化简得

$$N = 5 + (6-5) \times \frac{4.864}{9.596} = 5.5 (年)$$

3. 对投资回收期法的评价

投资回收期只适用于收益-费用型项目，一般仅在做财务评价时采用。它只能回答全部投资可以几年后回收，但反映不出整个使用期的总体经济效益，所以只是适用于投资风险比较大的情况，把它作为项目是否可行的辅助判断指标，或作为方案间排列优先度顺序的比较指标。

三、增额分析法

（一）增额分析法概述

若有两个不同项目的方案，其他条件均相同，只存在投资和收益方面的差别（把期末残值也看作一种收益）。如甲方案比乙方案投资大，净收益又少，那当然会弃甲方案而取乙方案；如果遇到另一种情况，虽然甲方案的投资比乙方案大，但其净收益也比乙方案要多些。哪一个方案比较好，这就要看多花的投资与多得的净收益间的经济效益如何决定，即用增额投资和增额得益去计算增额投资内部收益率或用增额 B/C 比率法去计算 $\Delta B/\Delta C$ 值，看这些计算指标哪个大，从而得出哪个方案好的结论。

（二）增额分析法的计算程序

（1）将各方案的期初投资由小到大依次排列，若投资分几年进行，则应将它们换算到期初同一个基准年。

（2）确定基础方案。一般以投资最小的方案为基础方案，但对收益-费用型项目来说，应有一个最低标准的要求，如最低贴现率 i_0。凡算得的指标 $i'<i_0$，$P'<0$，或 $B/C<1$ 的所有项目，可以预先把它们舍弃不参加比较，这样可以减少对比计算的工作量。

（3）计算各方案的增额指标。

（4）计算增额投资内部收益率 i'，或增额 $\Delta B/\Delta C$ 值等指标值，供进行指标值的依次对比用。两个方案比较结果，保留好的方案，作为下一轮比较的基础方案。

（5）重复（3）、（4）两步，进行下一轮两个对比方案有关指标的计算和比较，直到剩下最好的方案为止。对比下来的最后一个方案就是诸方案中经济效益最佳的方案。

（三）具体的计算方法

1. 用增额投资内部收益率法求解

在对比方案中，投资大的方案比投资小的方案多花的投资和多得的净收益之间所能取得的内部收益率，即为增额投资内部收益率。用此算得的增额投资内部收益率（i'_a）与贴现率（i'_0）做比较，当 $i'_a>i'_0$ 时，增额投资是值得的，从而可做出方案留选的结论。逐个比较直至最后就可以得到最优方案。

【**例 6-13**】某地拟办一个区域性供热锅炉房，有四处可供厂址选择，由于厂址不同，投资和年收益也有差别，经测算，各方案的比较结果见表 6-5。

表 6-5 　　　　　　　　　　　　各方案的比较　　　　　　　　　　　　万元

方　案	A	B	C	D
投　资	1000	1500	785	1640
年净收益	130	250	100	260
使用寿命	25	25	25	25

若最低期望收益率 $i_0=10\%$，试用增额投资内部收益率法进行比较。

解 为进行求解，可列表 6-6 进行逐项计算，方法如下。

（1）按投资从小到大，依次排列，即以 CABD 的次序填入表 6-6 的第一横行中。表中的"方案比较"行，是说明本方案同哪个方案进行对比的。由于方案 C 为第一个起始方案，没有与别的方案相比，表中填的"自身"是指计算的是本方案的自身内部收益率，而不是与其他方案相比的增额内部收益率。

表 6-6 　　　　　　　　　增额投资内自收益率法计算分析表　　　　　　　　　万元

方　案	C	A	B	D
投　资	785	1000	1500	1640
年净收益	100	130	250	260
方案比较	自身	A 对 C	B 对 A	D 对 B
增额投资	785	215	500	140
增额年收益	100	30	120	10
增额内部收益率	12%	13%	24%	5%
方案留选	C	A	B	B

（2）计算 C 方案的内部收益率 $(i'_a)_C$。据等式

$$-(P_0)_C + R_C(P/R, i, n) = 0$$

得

$$-785 + 100[P/R, (i'_a)_C, 25] = 0$$

$$[P/R, (i'_a)_C, 25] = 785/100 = 7.85$$

反查普通复利表得 $(i'_a)_C \approx 12\%$，将此值填入 C 方案的增额内部收益率 $(i'_a)_C$ 栏中，因 $(i'_a)_C > 10\%$，故可以作为基础方案进行比较。

（3）以方案 A 对基础方案 C 进行比较，计算其增额内部收益率 $(i'_a)_{A-C}$，以判定对比方案的留选。据等式

$$-(P_0)_A + (P_0)_C + (R_A - R_C)[P/R, (i'_a)_{A-C}, 25] = 0$$

得

$$-1000 + 785 + (130 - 100)[P/R, (i'_a)_{A-C}, 25] = 0$$

$$[P/R, (i'_a)_{A-C}, 25] = \frac{1000 - 785}{130 - 100} = 7.1667$$

反查普通复利表得 $(i'_a)_{A-C} \approx 13\% > (i'_a)_C = 12\%$，故比较后保留 A 方案。

（4）计算 B 方案对 A 方案的增额内部收益率 $(i'_a)_{B-A}$。

由于

$$-1500 + 1000 + (250 - 130)[P/R, (i'_a)_{B-A}, 25] = 0$$

$$[P/R, (i'_a)_{B-A}, 25] = 500/120 = 4.1667$$

故 $(i'_a)_{B-A} \approx 24\% > (i'_a)_{A-C} \approx 13\%$，保留 B 方案。

（5）再算 $(i'_a)_{D-B}$。

由于

$$-1640 + 1500 + (260 - 250)[P/R, (i'_a)_{D-B}, 25] = 0$$

$$[P/R, (i'_a)_{D-B}, 25] = 140/10 = 14$$

$$(i'_a)_{D-B} \approx 5\% < i_0$$

故 D 方案舍弃，最终保留 B 方案，B 为最优方案。

凡投资大、年费用小的方案与投资小、年费用大的方案相比较时，均可以用增额内部收益率法进行比较。前面我们讲过，费用型项目因不存在内部收益率，所以不能用内部收益率法进行比较，但可以用增额内部收益率法去评价费用型项目方案互相对比的优劣性。

2. 用增额净收益/费用（即 $\Delta B/\Delta C$）法求解

增额 B/C 法与增额内部收益率法的进行程序基本相同，但为使 $B/C < 1$ 的方案不进入比较，故首先计算各方案的 B/C 比率。凡 $B/C < 1$ 的方案，就可先行舍弃，仅考虑 $B/C > 1$ 的方案。计算中的增额利润 ΔB 为两方案间税后年净收益的现值增加额，增额费用 ΔC 为两方案期初投资的增加额。

【例 6-14】按例 6-13 已知条件，试用增额净收益/费用比率法评选最优方案。

解 仍用列表法进行求解，计算结果见表 6-7。

表 6-7 用 $\Delta B/\Delta C$ 法计算分析表 万元

方 案	C	A	B	D
期初投资	785	1000	1500	1640
年净收益	100	130	250	260

方　　案	C	A	B	D
使用寿命	25	25	25	25
$(P/R，10\%，25)$	9.077	9.077	9.077	9.077
各年净收益的现值	907.7	1180	2269	2360
自身 B/C	1.1	1.18	1.51	1.44
方案比较	自身	A 对 C	B 对 A	D 对 B
增额利润 ΔB	—	272.3	1089	91
增额费用 ΔC	—	215	500	140
$\Delta B/\Delta C$	—	1.27	2.18	0.65
方案选留	留	A	B	B

说明：本例的 ΔB 和 ΔC 都是以现值为基准去进行计算的，当然也可以用等额年金为基准去进行计算。特别对使用寿命期不同的诸方案进行优选时，以等额年金为基准来计算 ΔB 和 ΔC 就更为简便。只需将各方案的第一行期初投资的数值乘以 $(R/P，i，n)$ 因子，即可得 C 值，而年净收益就是 B 值，从而将投资大和投资小的方案的 C 值之差，即为 ΔC，相应的年净收益之差即为 ΔB，据此同样可以求出 $\Delta B/\Delta C$ 的值。

第三节　非互斥方案的经济效益评价

一、概述

前面已经讲了互斥方案（指同一项目的不同方案）的经济效益评价，下面介绍非互斥方案的评价。所谓非互斥方案，实际上是指一些彼此独立、互不相关和不互相排斥的方案，即在一定的限制条件下，选择了其中的一个方案，同时还可以再选择其他的方案。其评价的目的在于寻求使总体经济效益最佳的方案（项目）组合。它需要解决的两大问题是：一个是在一定的资金预算限制条件下，要使总体的经济效益最佳，应当选择哪些项目组合；另一个是为了获得更好的总体经济效益，按最佳方案组合，原有的资金预算应进行怎样的调整？

要注意的是：在非互斥方案的评价中，我们在这里仅着眼于资金预算这一限制条件，而不去讨论诸如能源、原材料供应、环境、人员、交通等影响因素，认为这些影响因素均已解决，或已不成问题，仅从经济的理想角度去评价项目组合的优劣性。所以非互斥方案的评价又称为资金预算问题，这对全面的规划者和企业投资的决策者是非常有用的。

二、常见而又简单的资金预算的前提

本节先以一些常见而又简单的资金预算问题为例，讲清其基本原理和方法，掌握计算内容，以便今后用于解决实际问题。因此，为了便于预算工作的顺利进行，首先把问题简单化或理想化，其简化前提如下：

（1）一个项目方案，只做一次期初投资。若有分期投资，也可以换算到期初一次投资。

（2）各个项目方案的使用寿命期、各年净现金流量、期末残值均为已知或可能测知的。

（3）只有一个资金预算的限制条件。

（4）各方案的风险性相同，即可以采用相同的贴现率。

三、非互斥方案的评价方法

一般可以采用内部收益率法和现值法求解，现分述如下。

1. 采用内部收益率解法

内部收益率解法是以各项目的内部收益率为基准，在一定的资金预算限制条件下，寻求能使平均内部收益率最高的方案组合。其一般计算程序如下：

（1）分别计算出各项目的内部收益率（i'）。

（2）按上述算得的内部收益率，将项目由高到低依次排列，同时丢掉 $i' < i$，最低期望收益率的方案。

（3）根据资金预算的限制条件，选择出平均内部收益率 i' 最高的最佳方案组合。其最佳组合的内部收益率是以各项目的投资额为权的加权平均值，计算公式为

$$i' = (\sum_{j=1}^{m} P_{0j}i'_j + \Delta Ki_0)/K_0 \tag{6-7}$$

式中　P_{0j}——第 j 个项目的期初投资额；

　　　i'_j——第 j 个项目部收益率；

　　　ΔK——该方案组合的剩余投资额；

　　　K_0——资金预算限额；

　　　m——组合的方案数。

【例 6-15】表 6-8 中列出了六个独立办厂的计划，若办厂的其他有利条件均相同，最低期望收益率 $i_0 = 8\%$，限定的投资预算为 7200 万元，资金预算无弹性，试按内部收益率解法进行最佳方案组合选择。

表 6-8　　　　　　　　　　　六个独立办厂的计划　　　　　　　　　　万元

代　号	项目方案	使用寿命（a）	期初投资	年收益
A	热电厂	25	4200	1050
B	供热锅炉房	23	3000	300
C	煤气站	20	1600	90
D	氧气站	20	2000	220
E	炼油厂	19	2600	273
F	自来水厂	28	1200	180

解　因各方案的使用寿命期不同，故以等额年金为基准算出各方案的内部收益率（i'），计算结果见表 6-9。

然后按投资由小到大依次排列，见表 6-10。经过五个组合方案的计算可得知，第 I 方案组合可得最高的平均内部收益率为 19.92%，但投资差 200 万元，因本题规定投资无弹性而不合题意，故未能留选。下面不超额的就是组合方案 II，其平均内部收益率为 19.08%，故作为合题意的最佳留选方案。此方案采用 A 和 F 组合方案总投资为 5400 万元，尚余投资

额 1800 万元，可存入银行，每年得利息收益（8%）。如果资金预算可以有 2.8%（即 200 万元）的可增弹性，那就可采用Ⅰ方案，可得更高一些的平均内部收益率，可报请上级审批和选定，此时的投资最佳组合方案为 AFD 组合。

表 6-9　　　　　　　　　　　　　　　各方案的计算结果

代　号	$(R/P,\ i,\ n)=R/P_0$	i'	排列次序	备　注
A	1050/4200=0.25	25%	1	
B	300/3000=0.10	10%	5	
C	90/1600=0.05625	5.625%	6	$i'<i_0$ 舍弃
D	220/2000=0.11	11%	3	
E	273/2600=0.105	10.5%	4	
F	180/1200=0.15	15%	2	

表 6-10　　　　　　　　　　　　　　按投资排列的次序　　　　　　　　　　　　万元

次　序	方案代号	内部收益率	投资额	组 合 方 案				
				Ⅰ	Ⅱ	Ⅲ	Ⅳ	Ⅴ
1	A	25%	4200	4200	4200	4200	4200	4200
2	F	15%	1200	1200	1200			
3	D	11%	2000	2000		2000		
4	E	10.5%	2600				2600	
5	B	10%	3000					3000
投资余额				−200	1800	1000	400	0
平均内部收益率				19.92%	19.08%	18.75%	18.82%	18.75%
方案留选				不合题意	留			

2. 现值法

上面是以内部收益率最大来选择组合方案的，这里改用净现值最大为选择的基准，即在一定的资金预算限制条件下，找出能使净现值最大的方案组合，这个组合方案就是所有可能组合方案中的最佳方案。其一般的计算程序如下：

（1）先根据各方案的使用寿命期，算出年净值 R'，其计算公式为

$$R'=\left[\sum_{j=1}^{n}(\mathrm{CF})_j(P/S,i,n_j)-P_0\right](R/P,\ i,\ n) \tag{6-8}$$

式中　$(\mathrm{CF})_j$——方案第 j 年的净现金；

　　　　P_0——该方案的期初投资额。

如各年净现金相等，即 $(\mathrm{CF})_j=R$，则计算式为

$$R'=R-P_0\ (R/P,\ i,\ n) \tag{6-9}$$

（2）以各对比方案中最长的使用寿命期作为计算各方案净现值的计算使用期，根据给定的贴现率分别算出各方案的净现值。因为各方案寿命结束后，仍可以重复再建，故仍可继续得到相同的年净值。计算出各方案净现值 P' 的计算公式为

$$P'=R'\ (P/R,\ i,\ n_e) \tag{6-10}$$

式中 n_e——各方案中的最长使用寿命期。

（3）舍弃 $P' < 0$ 的所有方案，然后按各方案的净现值 P' 由大到小依次排列。

（4）将各方案期初投资按净现值由大到小的次序逐个相加，一直加到其累计投资额不超过资金预算的总值为限（限额有弹性时，以不超过弹性限为准）。这几个方案的组合中，总净现值最大的组合方案，即为选定的最佳方案组合。

【例 6-16】按例 6-15 数据，用现值法选出上例的最佳方案组合。

解 因为各方案使用寿命期不等，故先算出各方案的等额年净值，然后再按各方案的最长使用寿命期计算出各方案的净现值 P'，计算结果列入表 6-11 中。

表 6-11 各方案的计算结果 万元

代 码	$R' = R - P_0 (R/P, 8\%, n)$	$P' = R' (P/R, 8\%, 28)$	排 序
A	$1050 - 4200 (R/P, 8\%, 25) = 1050 - 393.45 = 656.55$	$656.55 \times 11.051 = 7256$	1
B	$300 - 3000 (R/P, 8\%, 23) = 300 - 289.27 = 10.73$	$10.73 \times 11.051 = 119$	4
C	$90 - 1600 (R/P, 8\%, 20) = 90 - 162.96 = -72.96$	$-72.96 \times 11.051 = -806$	舍弃
D	$220 - 2000 (R/P, 8\%, 28) = 220 - 203.7 = 16.3$	$16.3 \times 11.051 = 180$	3
E	$273 - 2600 (R/P, 8\%, 19) = 273 - 270.73 = 2.27$	$2.27 \times 11.051 = 25$	5
F	$180 - 1200 (R/P, 8\%, 28) = 180 - 108.59 = 71.41$	$71.41 \times 11.051 = 789$	2

据表 6-11 的排列次序，再列出表 6-12，进行组合方案的选择计算。表中投资余额净现值是组合方案投资余额存入银行，并按最低期望收益率 8% 算得的每年末的利息，再计算最长寿命 28 年的净现值，即乘以换算因子 $(P/R, 8\%, 28) = 11.051078$ 而得。

表 6-12 按净现位排列的次序 万元

次 序	方案代码	净现值	期初投资	组 合 方 案				
				Ⅰ	Ⅱ	Ⅲ	Ⅳ	Ⅴ
1	A	7256	4200	4200	4200	4200	4200	4200
2	F	789	1200	1200	1200			
3	D	180	2000	2000		2000		
4	B	119	3000					3000
5	E	25	2600				2600	
投资余额				−200	1800	1000	400	0
总净现值 $\Sigma P'$					9636	8320	7635	7260
方案留选				不合题意	留			

由表 6-12 中计算结果得知，用内部收益率法和用现值法求得的优先方案的次序不完全相同，所以其最佳方案组合的结论也就可能不完全相同。那么计算中究竟采用哪一种方法为好，这要看具体情况而定。当各方案的内部收益率 i' 都互相很接近，即无较大的差别时，这时就难于用内部收益率法去分清方案的先后次序，故宜采用现值法求解。当各方案的内部收益率相互间差距较大时，宜采用内部收益率法求解。

思 考 题

1. 工程项目的经济效益评价是指什么？它起到什么样的作用？

2. 工程项目经济效益评价的选择原则是什么？有哪三种基本的表示形式？各自的特点如何？

3. 互斥方案和非互斥方案经济效益评价的区别何在？

4. 方案评价的比较条件有哪几个？具体内容是什么？应怎样具体和灵活地掌握使用？

5. 什么是指标直接对比法？包括哪几种具体的方法？

6. 什么是现值法？其具体的计算方法怎样？

7. 有哪两种项目的类型？如何使用计算金额的正负号？这样用的原因是什么？

8. 什么是资金成本？它和贴现率的关系如何？

9. 逐期净现值累计曲线有什么用处？它能说明些什么问题？贴现率的高低对此曲线有什么影响？

10. 现值法对不同使用寿命期的方案评价应如何处置？

11. 现值法中使用调整风险贴现率法的困难是什么？

12. 现值法中对无限长使用寿命期的方案评价应如何处理？

13. 现值法的优缺点是什么？

14. 如何进行年金法的方案评价？

15. 年金法的优缺点是什么？

16. 什么是 B/C 法？在使用计算公式时应注意哪些问题？

17. 试述 B/C 法的优缺点。

18. 内部收益率是怎样定义的？

19. 什么是内部收益率法？其计算方法如何？

20. 内部收益率法的优缺点和使用的限制条件是什么？

21. 什么是投资回收期法？计算方法如何？

22. 投资回收期法的优缺点是什么？一般在什么情况下使用？

23. 什么是增额分析法？

24. 试述增额分析法的一般计算程序和有关方法。

25. 在什么情况下用净现值法、内部收益率法和增额内部收益率法三者去评价方案会得出相反的结论而导致出错？

26. 非互斥方案的经济效益评价的内容是什么？

27. 为什么在讨论资金预算之前要提出资金预算的前提问题？

28. 资金预算有哪两种一般的求解法？应如何选择这两种求解法？

习 题

1. 一台凝汽式汽轮发电机组，可采用三级回热或五级回热两种方案，其总投资分两年年初平均投入，施工期为两年，第三年投产，贴现率为15%，其他已知条件见表6-13，试用现值法或年金法进行方案评价。

表 6-13   **题 1 已知条件**   万元

项　　　目	甲方案（三级回热）	乙方案（五级回热）
期初投资	9600	12000
年收益	4000	4900
年费用	1500	2000
使用寿命（年）	25	25

2. 现有水、火电两种建厂方案，年送电量相同均为 1×10^6 MWh。甲方案建火电站，建厂期为三年，第四年投产，总投资为 30000 万元，第一年投资 15000 万元，第二、三年各 7500 万元。售电成本为 120 元/MWh，电能售价为 300 元/MWh，寿命为 25 年，残值为 300 万元。乙方案建水电站，总投资为 75000 万元，建厂期为 5 年，第六年投产，总投资由前五年初平均分摊，水电站售电成本为 20 元/MWh，电价与火电站相同，使用寿命期 50 年，残值为 500 万元。贴现率为 10%，试分别用年金法和内部收益率法进行评价。

3. 有两种家庭长期使用直流电的方法。贴现率为 10%，试用年金法进行比较，哪种方案经济。

甲方案：每月用五号电池四节，每节价 0.45 元，每年购买一次。

乙方案：买四节五号镍镉可充电电池，每节价 11.4 元，买充电器一个，价格为 26 元，用完后可再充电使用，充电时家用电表不走，不花充电费，充电电池和充电器使用寿命为 4 年。

4. 有一种化学溶剂，需建蒸发站进行浓缩。有两种建厂方案，甲方案采用五效蒸发站，乙方案采用三效蒸发站，贴现率 12%，已知条件见表 6-14。试比较哪种方案经济。

表 6-14   **题 4 已知条件**   万元

项　　　目	甲方案（五效蒸发站）	乙方案（三效蒸发站）
期初投资	850	650
年收益	340	320
年费用	200	220
建厂期	2	1
使用寿命（年）	27	23

5. 现用题 4 的两种蒸发站去生产有一定腐蚀作用的化学品，由于腐蚀作用使设备使用寿命期均缩短至 8 年，同时，由于每年外界的需要量不同，产销有波动，故年收益也各不相同，见表 6-15。若其他条件不变，试用现值法进行方案比较。

表 6-15   **题 5 已知条件**   万元

年　序		1	2	3	4	5	6	7	8
甲方案	年费用	200	100	300	400	250	330	150	290
	年收益	350	170	500	700	440	600	270	480
乙方案	年费用	220	110	250	440	280	380	170	310
	年收益	330	160	200	650	400	560	250	450

6. 甲方案采用一个不锈钢材料的废热锅炉，能抗烟气的腐蚀作用，其使用寿命期为 20 年（不考虑建造期），投资为 500 万元，每隔 3 年大修一次，修理费为 15 万元。乙方案：采用碳钢材料，使用期仅 3 年，投资为 100 万元，残值为 2 万元，不花大修维修费，每三年换新。若贴现率为 11%，试比较哪个方案经济。

7. 甲方案用煤气灶烧开水，热效率为 15%，管道煤气的热值为 4000kcal/m³，煤气价为 0.5 元/m³，不计煤气灶的投资和维护费。乙方案为买一个燃气热水器需 500 元/台（包括安装费用在内），使烧水热效率提高到 80%，但只能烧到 75℃，由 75℃ 到 100℃ 仍需要在煤气灶上烧开，此时的煤气灶热效率为 13%。热水器使用寿命期为 20 年，残值为 50 元，每 5 年大修一次，每次修理费 30 元，每天烧开水 20kg，贴现率为月利 4%。试比较哪种方案经济。

8. 有一个投资办厂的项目，其有效使用期为 30 年，总投资为 15 万元，期初一次投入，施工期为 1 年，第二年初投产，投产后每年的等额净收益为 7000 元，投产后第 15 年末，又可获得一笔 8 万元的收益，该设备期末残值为 25000 元，试求该项目的内部收益率。

9. 如建一个城市管道煤气供应站，总投资为 8000 万元，分三年平均投入，施工期为三年，第四年投产。据预算，投产后每年可得净收益 2000 万元，并在投产后第 10 年末又可获得现金收益 2000 万元，试按等额年净值等于零的方法测算其内部收益率。

10. 有一个投资项目，第一年初投资 200 万元，第一年末获利 600 万元，因利润好，第二年末再投资 400 万元，此后年净收益为 150 万元，维持了五年，后又发现再生产此产品前途不大了，故于第五年末，把设备全部处理，回收残值为 300 万元，试计算其内部收益率。

11. 有两种供给居民煤气的方案，甲方案使用城市管道煤气，期初投资为 1800 万元，建厂期为两年，投资分两年等量投入，使用寿命期为 20 年，残值为 15 万元，每年收益为 1000 万元，年费用 700 万元。乙方案采用充瓶供气，期初投资 1400 万元，建厂期为一年，第二年初开工生产，使用寿命期为 25 年，年收益 900 万元，年费用 650 万元，残值为 10 万元。试用内部收益率法对该两种方案进行评价。

12. 有表 6-16 所列两个建立水电站的方案可供选择。贴现率为 10%，试用 B/C 法进行项目评价。

表 6-16   题 12 方案   万元

方　　案	期初投资	年收益	淹没损失	年费用	残值	使用寿命
甲方案	8000	2000	100	250	80	50 年
乙方案	13000	3500	150	300	130	50 年

13. 某磷肥厂拟对生产中的废热增建一个废热锅炉，期初一次总投资额为 150 万元，每年的生产费用为 50 万元，年收益 120 万元，贴现率为 15%，拟定投资回收期 $N_0=3$ 年，废热锅炉使用寿命期为 15 年，问该项目是否值得投资？

14. 建一个自来水厂，折算到开工生产时的期初总投资为 1000 万元，使用寿命期为 25 年，该厂在前 10 年内的净收益见表 6-17，$i=10\%$，试计算该厂的投资回收期。

表 6-17　　　　　　　　　　　　　　**题 14 净收益**　　　　　　　　　　　万元

年序	1	2	3	4	5	6	7	8	9	10
年净收益	210	310	280	340	350	290	180	260	250	240

15. 某地区拟建一个工厂，有五个不同的建设方案（见表 6-18），年收益也各不相同，若 $i_0=12\%$，使用寿命期均为 50 年，试分别用增额投资内部收益率法和增额 B/C 法进行比较。

表 6-18　　　　　　　　　　　　　　**题 15 建设方案**　　　　　　　　　　　万元

项　　目	A	B	C	D	E
投资	4000	6000	3000	8000	7000
年收益	500	1200	400	1400	1300

16. 现有表 6-19 所列 7 个独立办厂的方案，若办厂的其他有利条件均相同，最低收益率为 $i_0=13\%$，限定的投资预算为 9000 万元，有 10% 的弹性范围，试分别按内部收益率解法和现值法解法选出最佳方案组合，并分析、指出哪种计算方法更适合于本题的计算。

表 6-19　　　　　　　　　　　　　　**题 16 建设方案**　　　　　　　　　　　万元

方案代码	A	B	C	D	E	F	G
使用寿命	10	15	20	25	30	35	40
期初投资	4800	4000	2000	2500	2900	1800	1400
年收益	1000	350	150	300	400	250	210

第七章　项目的可行性研究

第一节　项目兴建的依据及市场预测

一、概述

可行性研究是投资决策前期工作的一个阶段。一个项目在确定之前，通过详细、周密的全面调查研究和分析计算，综合论证该工程项目技术上的先进性、适用性，以及经济上的合理性、盈利性，经过反复的比较和调整，最后做出投资决策，这个过程称为可行性研究。可行性研究是在投资一个工程项目前必须事先完成的一项工作。主要的工作内容是对某工程项目的一些外部条件，如市场需求、资源条件、材料和能源的供应条件、建厂规模、设备选择及公共工程等进行研究，并从技术经济两个方面去进行详细的全面调查研究和论证，计算和预测项目实施后所可能取得的经济效果，从而在此基础上提出是否投资和如何进行工程建设的意见，为投资决策和设计施工提供可靠依据。可行性研究的依据如下：确定工程项目的依据；筹措资金和向银行申请贷款的依据；制订工程项目设计图纸和安排生产工艺的依据；向当地政府和环保部门申请建设执照的依据；与本项目有关的各部门签订合同和协议的依据。

在一个项目的实施过程中，会牵涉到许多方面的利害关系，诸如有关的政府部门、银行、国内外投资者、设计和施工等单位的利益，故在进行可行性研究的过程中，研究人员必须立足于公正立场，兼顾到各方面的利益，使项目确立之后能得到顺利实施，并获得最佳的投资效果。同时，还必须根据项目的费用和效益进行分析论证，以保证项目的投资和规模既不过大也不过小，投资机会既不太早也不太迟。与此同时，还必须针对各个方案的细节，详尽地考察出技术、经济和社会各方面的适应程度，可提请主管部门审批。可行性方案还必须认真负责地去调查研究项目的风险性及存在的问题，从而保证优选的方案是一个既风险性小，又无隐患而能顺利实施的方案。

二、可行性研究的三个阶段

一个项目投入正常生产的发展过程可分为投资前时期、投资时期和生产时期共三个阶段。

投资前时期进行的工作是市场调研、可行性研究、资金筹措等。该阶段工作做得细致到位，就能保证后两个时期，即投资时期和生产时期的工作能顺利进行，不会出现严重的缺陷。所以，一个项目的成败，很大程度上将取决于投资前时期的这一重要工作环节。

投资时期又称建设时期，是项目的实现阶段。其主要任务是进行工程设计，签订各有关合同和协议书，进行具体施工和安装，进行职工的培训和试生产。生产时期最重要的内容是要在项目的使用寿命期内能取得预期的经济效果。在这个时期内，既有生产技术的应用、设备的运行和更新改造等一系列的技术和经济问题，还有产品销售、生产成本控制和税利收缴、投资偿还等经济问题。

因此，在投资前时期的这个阶段中，可行性研究的质量和可靠性要比时间因素显得更重要，而在投资时期，时间因素又成了至关重要的问题。所以，当投资时期开始之前，就应当做好各方面的准备工作，这样将会加快项目的建设速度，有利于项目的尽早完成和投产，使企业迅速地得到投资的效益。

可行性分析可以分为机会研究、初步可行性研究和技术经济可行性研究三个阶段。

1. 机会性研究

机会性研究是比较粗略的，这个阶段的主要任务是对投资方向进行规划或设想，从中窥测并鉴别出能够发展成为投资项目的机会。在确定的地区和部门内，利用对自然资源和市场需求的调查，以预测为基础，选择建设项目，寻找有利的投资机会，对投资的方向或机会提出建设性的意见，并提出需要进一步获取详细资料的必要性。这一阶段的工作比较粗略，不必花费许多时间和费用。对一般大中型项目为 1～3 个月，费用一般占项目总投资的 0.2% 以下，其准确度的误差低于 ±30%。其中所采用的经济指标，是根据以往工程的经验来选取的。

2. 初步可行性研究

当工程项目的规划或设想经过项目的机会性研究的分析和鉴定后，确认该项目具有生命力或发展前景的时候，把项目再深入一步研究下去，这就是初步可行性研究阶段。其主要目的是弄清投资是否有成功的可能性，做出是否投资的初步决定，并提出是否有必要进行下一步的技术经济可行性研究。这个阶段的特点是，不仅内容广，而且要求深，对投资估算的精度要求也高达 20%，所需工作时间长达 3～6 个月，所需费用占总投资额的 0.25%～1.5%，所采用的技术经济指标是根据项目的一些具体条件做出修正的概略指标。

3. 技术经济可行性研究

上述机会研究和初步可行性研究阶段可以说是判定项目是否值得投资的科学依据，而技术经济可行性研究阶段就可以认为是指导项目进行建设和生产的科学依据。因为在这一阶段中已经对项目的有关技术经济指标进行了准确的计算和全面的分析论证。

这一阶段工作主要有以下内容：①选定实施项目的厂址；②最终确定项目的生产规模；③开列使用的原料、燃料、各种材料来源和数量；④确定采用的生产技术方案、设备方案、工程方案；⑤人力资源、交通、环境等外部条件的保证；⑥精确计算投资额和生产成本，以及从销售收入中可能获得的利益，计算得到财务评价的指标；⑦编写可行性研究报告大纲。因此，在这一阶段中必然会出现一个相互关联的重复反馈过程，将促使生产、计划、厂址、技术、设备和组织机构等诸方面工作的深化，并在选择的可行方案中得以协调，从而使投资和生产成本减至可能的最低限度。上述过程应充分说明和论证其所做的设想和优选的方案是正确合理的。所以，这个阶段是投资前时期的关键阶段，它将做出精确的报告，使项目具体化，送交上级主管进行最终审批。因此，所得的数据是比较可靠的，对投资精度的估计可达 5%～10%。这个阶段的工作量大，时间最长可达一年之久，所花的人力和费用也较前两个阶段要大。一般来讲，小型项目为总投资额的 1.0%～3.0%，大型复杂项目为总投资额的 0.2%～2.0%。

后面论述的可行性研究如果没有特别说明的就是指技术经济可行性研究。在可行性研究完成并通过专门的专家论证、有关部门批准后的工作就是项目的初步设计（或扩大初步设计）。项目的初步设计通过审查后，就将进行项目的施工设计。

三、市场预测

市场预测是对项目产品的市场容量、价格、竞争力，以及市场风险进行分析预测。市场预测的结果为确定项目建设规模与产品方案提供依据。市场预测的研究内容主要包括：市场现状调查，产品供应与需求预测，产品价格预测，目标市场与市场竞争力分析，以及市场风险分析。市场预测的时间跨度应根据产品的生命周期、市场变化规律，以及占有数据资料的时效性等情况综合确定。竞争性项目的产品，预测时段一般为 10 年左右；更新换代快，生命周期短的产品，预测时段可适当缩短；大型交通运输、水利水电等基础设施项目，预测时段可适当延长。

1. 市场容量现状调查及产品供求预测

市场容量现状调查，主要是调查项目产品在近期和预测时段的市场供需总量及其地区分布情况，为项目产品供需预测提供条件。

对能源工业企业，市场预测是为了不使大量的投资无法按期回收或不能产生预期的经济效益。如建造较低参数、中小容量的热电机组，对供热用户调研不充分，到期没有足够的热用户，将会出现效率低下的低参数、中小容量的机组在发电。此外，单机容量与电网的总容量必须相匹配，单机容量不能过大，以保证电网运行的安全性。

2. 市场价格的预测

可行性研究必须对项目产品的市场价格进行预测，它是进行财务评价的基础，也是考察项目产品竞争力的重要方面。价格预测需要考虑的因素有产品的市场供需情况、项目产品的成本及各种费用对价格的影响、新技术的开发和使用情况、市场可替代品的价格等方面。

发电行业由于开放市场，将实现企业自身定价竞价上网，也脱离了计划经济逐步走向市场经济的发展道路。这对能源工业企业的管理人员来说也是面临的新课题。

3. 竞争力分析

竞争力分析是研究拟建项目在国内外市场竞争中获胜的可能性和获胜能力。进行竞争力分析，既要研究项目自身竞争力，也要研究竞争对手的竞争力，并进行对比。以此进一步优化项目的技术经济方案，扬长避短，发挥竞争优势。

选择项目目标市场范围内占市场份额较大、实力较强的几家竞争对手，将项目自身条件与竞争对手条件的优势、劣势对比排序，编制竞争力对比分析表。竞争力对比分析表中要对比的内容包括：自然资源占有的优劣，工艺技术和装备的优劣，规模效益的优劣，新产品开发能力的优劣，产品质量性能的优劣，价格的优劣，商标、品牌、商业信誉的优劣，项目所在地区及行业地位的优劣，人力资源的优劣，营销策略的优劣。对比尽可能地用数字量化来分析。

4. 市场风险分析

在可行性研究中，市场风险分析是在产品供需、价格变动趋势和竞争能力等常规分析达到一定深度要求的情况下，对未来市场某些重大不确定因素发生的可能性，及其可能对项目造成的损失程度进行分析。市场风险分析可定性描述，估计风险程度；也可定量计算风险发生概率，分析对项目的影响程度。

第二节　技术方案、设备方案和工程方案

项目的建设规模与产品方案确定后，应进行技术方案、设备方案和工程方案的具体研究

论证工作。技术、设备与工程方案构成项目的主体，体现项目的技术和工艺水平，也是决定项目是否经济合理的重要基础。

一、技术方案选择

技术方案，主要指生产方法、工艺流程（工艺过程）等。

1. 技术方案先进性

项目应尽可能采用先进技术和高新技术。衡量技术先进性的指标，主要有产品质量性能、产品使用寿命、单位产品物耗能耗、劳动生产率、自动化水平、装备水平等。如火力发电项目的发电煤耗率、厂用电率、单位容量的钢材耗用率以及单位容量的设备费用、基建费用、总费用等。项目采用的技术应尽可能接近国际先进水平或者居国内领先水平。

2. 技术适用性

项目所采用的技术应与建设规模、产品方案、人员素质及管理水平相适应。技术的适用性体现在以下几个方面：

（1）采用的技术应与可能得到的原材料、辅助材料和燃料相适应。

（2）采用的技术应与可能得到的设备相适应，包括国内设备和国外设备、主要设备和辅助设备。

（3）采用的技术应与员工素质和管理水平相适应。

（4）采用的技术应与环境保护要求相适应，尽可能采用清洁生产技术，如煤的洁净燃烧技术。

3. 技术可靠性

项目所采用的技术和设备，应经过生产、运行的检验，并有良好的可靠性记录。

4. 安全性

项目所采用的技术，在正常使用中应确保安全生产运行，如核电站建设、水利水电枢纽等。尤其应注重技术的安全性研究，要有相应的安全措施。

5. 经济合理性

在注重所采用的技术设备先进适用、安全可靠的同时，应着重分析所采用的技术是否经济合理，是否有利于节约项目投资和降低产品成本，提高综合经济效益。

技术方案选择的内容包括生产方法选择、工艺流程方案选择、技术方案对比论证等。通过技术方案选择确定主要工艺流程和参数，如火力发电项目的热力系统及参数、水处理流程、循环冷却水系统、燃煤系统、灰渣处理系统、发配电系统等。

技术方案的对比内容主要包括：技术的先进程度，技术的可靠程度，技术对产品质量性能的保证程度，技术对原材料的适应性，工艺流程的合理性，自动化控制水平，技术获得的难易程度，对环境的影响程度，以及购买技术或者专利费用等技术经济指标。通过技术方案的对比论证后提出推荐方案。对推荐方案应绘制主要工艺流程图，编制主要物料平衡表，车间（或者装置）组成表，主要原材料、辅助材料及燃料、能源等消耗定额表。

二、主要设备方案选择

设备方案选择是在研究和初步确定技术方案的基础上，对所需主要设备的规格、型号、数量、来源、价格等进行研究对比。

主要设备方案选择的基本要求如下：

（1）主要设备方案应与选定的建设规模、产品方案和技术方案相适应，满足项目投产后生产或者使用的要求。

（2）主要设备之间、主要设备和辅助设备之间的能力相互配套。

（3）设备质量可靠、性能成熟，保证生产和产品质量稳定。

（4）在保证设备性能的前提下，力求经济合理。

（5）拟选的设备，应符合政府部门或者专门机构发布的技术标准要求。

主要设备选择内容根据建设规模、产品方案和技术方案，研究提出所需主要设备的规格、型号和数量。通过对国内外有关制造企业的调查和初步询价，研究提出项目所需主要设备的来源与投资方案。拟引进国外设备的项目，应提出设备供应方式，如合作设计合作制造、合作设计国内制造，以及引进单机或者成套引进等。选用超大、超重、超高设备，应提出相应的运输和安装的技术措施方案。

在调查研究的基础上，对拟选的主要设备要进行比选。比选的方法有运营成本比较、寿命周期费用比较和差额投资回收期比较。设备方案经比选后，提出推荐方案并编制主要设备表。有关的比较方法和表格见相关的资料。

技术改造项目利用或者改造原有设备的，应提出利用或者改造原有设备方案。

三、工程方案选择

工程方案构成项目的实体。工程方案选择是在已选定项目建设规模、技术方案和设备方案的基础上，研究论证主要建筑物、构筑物的建造方案。

工程方案选择的基本要求如下：

（1）满足生产使用功能要求。确定项目的工程内容、建筑面积和建筑结构时，应满足生产和使用的要求。分期建设的项目，应留有适当的扩建余地。

（2）适应已选定的场址（厂址）。在已选定的场址（线路走向）的范围内，合理布置建筑物、构筑物，以及地面、地下的管网。

（3）符合工程标准规范要求。建筑物、构筑物的基础、结构和所采用的建筑材料，应符合政府部门或者专门机构发布的技术标准规范要求，确保工程质量。

（4）经济合理。工程方案在满足使用功能，确保质量的前提下，力求降低造价，节约建设资金。

技术改造项目的工程方案应合理利用现有场地、设施，并力求新增的设施与原有设施相协调。

工程方案经比选后，应编制推荐方案的建筑物、构筑物工程一览表，估算建筑安装工程量和"三材"（钢材、木材、水泥）用量，作为投资估算的依据，表格参见相关资料。

第三节 投 资 及 成 本 估 算

在可行性研究阶段，需编制项目投资概算，以便与可行性报告一起上报经有关部门审批。此时计算需要的各种数据还没有设计阶段那样准确和齐全，所以概算只是一种估算。它可以根据该项目的工程建筑图纸和设备明细表来进行计算，其具体估算费用有以下几部分：

（1）土建工程费用。可根据工程项目的土建结构特征，分类套用概算指标，如每平方米建筑面积造价指标等进行计算。

（2）设备或固定资产费用。标准设备按产品出厂现行价格计算；非标准设备费用可按具体实际情况加以估算；对国外引进设备费用，按货价加运费、保险费、关税、工商税和银行手续费等来计算。各类设备费应是该设备的原价加上设备的运杂费，运杂费可按各部门规定的运杂费率进行计算；设备安装费按安装概算指标或安装费率计算；工具、器具费用按主设备原价的比例进行计算。

（3）其他费用按有关部门规定的标准或占工程费的百分比进行计算。

（4）不可预见性费用按工程费用与其他费用之和的一定比例计算，通常为 5%～8%。投资估算的正确性将直接影响到项目经济效益评价的质量，因此在估算中的投资一般要求能达到 80% 以上的准确度。它的估算分下面几个内容来进行。

一、固定资金的投资估算

1. 生产规模指数法（或称 0.6 指数法）

本方法是一种粗略而简便的经验计算法，它是利用已实施的同类型项目的设备投资额来概略估算新项目的设备投资额。对同类型设备，一般来讲，随着设备容量的增加，设备的投资也随之增加，但不是线性地按比例增加，一般是设备越大增加量偏少，故采用按出力倍数的 0.6 次方来计算，即新项目的设备投资额为

$$K = aX^n \tag{7-1}$$

式中　a——已知同类型项目的设备投资额；

X——新项目生产能力与已知项目生产能力的倍数；

n——常数，通常为 0.6。

2. 单位生产能力投资估算法

它是根据大量以往已经实施的同类型项目，进行调查统计得出一个同类型项目单位生产能力投资额指标，然后乘以拟建项目的生产能力，同时又考虑到物价有所涨落的变化，再乘上一个总的差价系数进行修正而得，即拟建项目固定资金总投资为

$$K = K_t \Delta P j_b / j_t \tag{7-2}$$

式中　K_t——同类型项目单位生产能力的固定资金投资额，元/t；

ΔP——拟建项目生产能力，t/年；

j_b——拟建项目建设年份价格；

j_t——同类型项目建设年份价格。

3. 分项系数估算法

它是用设计方案中已确定的设备投资额为基准，然后再对相应的建筑物、安装费、主要材料费、其他费用等分别用相当于设备投资量多少的各个系数去进行计算，最后再乘上一个综合系数 1.15，即可得到估算的固定资金总投资，即固定资金总投资为

$$K = [K_0 \times (1 + C_1 + C_2 + C_3 + C_4)] \times 1.15 \tag{7-3}$$

式中　K_0——设备投资费，为设计方案中所用的各主要设备价格的总和再乘以次要设备和备品备件及运杂费系数 1.2，即 $K_0 = [\Sigma（某种主要设备数量×单价）] \times 1.2$；

C_1——建筑费用系数；

C_2——安装费用系数；

C_3——主要材料费用系数；

C_4——其他费用系数。

上述这些系数，可根据已实施的同类型工程项目资料进行统计求得，也可以从有关的设

计计算手册上查得。

二、流动资金的估算

企业要进行生产经营活动，必须要有一定的流动资金。流动资金在供、产、销三个阶段以不同的形态存在，并周而复始地循环和周转着。流动资金可以粗略地按照固定资产投资的百分比来估算，一般取固定资产投资的 5%～12%，也可按百元产值占用流动资金的预计指标乘以年产值的百元数来估算。

我国把储备资金、生产资金和成品资金作为定额流动资金，而把结算及货币资金作为非定额流动资金。

三、产品成本估算

产品成本是生产和销售某种产品量的各项费用的总和，它是衡量企业生产经营活动成果的重要综合性指标，综合地反映了企业的工艺完善程度、生产技术水平、产品销售和物资供应条件和生产组织管理水平等。

产品成本按其形成过程可分为车间成本、工厂成本和销售成本。产品成本估算也可按费用的用途分项进行，其产品成本项目包括如下一些内容：①原料及主要材料；②产品用辅助材料；③工艺用燃料及动力；④生产工人工资及工资附加费；⑤车间经费，包括车间固定资产基本折旧费、大修及经常维修费和车间管理费等；⑥企业管理费，包括工厂固定资产基本折旧费、大修及经常维修费和厂部管理费。即

单位产品车间成本 ＝原料及主要材料费＋产品用辅助材料费＋工艺用燃料及动力费

　　　　　　　　　＋生产工人工资及工资附加费＋分摊的车间费用

单位产品工厂成本 ＝单位产品车间成本＋单位产品分摊的企业管理费

单位产品销售成本 ＝单位产品工厂成本＋单位产品分摊的销售费用

第四节　工程项目的环境评价

建设项目一般会引起项目所在地自然环境、社会环境和生态环境的变化，对环境状况、环境质量产生不同程度的影响。环境影响评价是在研究确定厂址方案和技术方案中，调查研究环境条件，识别和分析拟建项目影响环境的因素，研究提出治理和保护环境的措施，比选和优化环境保护方案。

一、环境影响评价基本要求

工程建设项目应注意保护厂址及其周围地区的水土资源、海洋资源、矿产资源、森林植被、文物古迹、风景名胜等自然环境和社会环境。项目环境影响评价应坚持原则，要符合国家环境保护法律、法规的要求；要坚持污染物排放总量控制和达标排放的要求；要坚持"三同时"原则，即环境治理设施应与项目的主体工程同时设计、同时施工、同时投产使用；要环境效益和经济效益相统一；要注重资源综合利用。

现行建设项目环境保护有关法规、标准、规范和方针政策主要有《中华人民共和国环境保护法》、《中华人民共和国大气污染防治法》、《中华人民共和国海洋环境保护法》、《中华人民共和国水法》、《中华人民共和国水污染防治法》、《中华人民共和国水污染防治法实施细则》、《中华人民共和国环境噪声污染防治条例》。与火力发电工程项目相关的环境保护规范条例有 DLGJ 102—1991《火力发电环境保护设计规定》、HJ/T 13—1996《火电厂建设项目

环境影响报告书编制规范》。

二、火力发电项目各设计阶段对环境保护的要求

DLGJ 102—1991 要求电力设计单位为了在设计文件中体现环境保护要求，并落实环境影响报告书（表）及审批规定的各项治理措施，规定环保专业技术人员要参与设计工作并对与环保有关的设计文件实行会签。主要内容如下：①总平面布置图；②废水处理设施设计文件；③主厂房布置图（包括烟囱、除尘器）；④灰场及其防止灰水渗漏和干灰飞扬的设施；⑤煤场防止煤尘飞扬设施；⑥绿化设计；⑦综合利用设计；⑧监测采样及计量装置的设计；⑨环境监测站有关图纸。

为了防止片面节约初期投资给扩建工程带来难以解决的环境保护问题，环保设计应按规划容量统一规划。但安排治理设施时，仍应贯彻分期建设、分期收益的原则，以合理地节约初期投资。

具体地在初步可行性研究阶段和技术经济可行性研究阶段对环境保护评价要求分别如下。

1. 初步可行性研究阶段

在项目建议书审报阶段，由于火力发电工程规模、煤种、机组等主要条件往往不能确定，拟建火电厂对环境影响的程度尚无法定量分析，因此只要求就环境影响做出简要说明，作为初步可行性研究设计文件的一章，不作为独立文件。根据电力行业特点编写"环境影响简要说明"，其主要内容是对火电厂污染物可能产生的环境影响从宏观和定性的角度进行衡量。

2. 技术经济可行性研究阶段

由于火电厂具有本行业固有的污染特点，防治污染技术需根据地理位置、主设备选型和工艺特点等采取不同方法。因此按照《火电建设项目前期环境保护管理办法》第七条规定，必须由持有证书并熟悉火电厂生产和污染防治技术，具备工程分析能力的单位来承担火电建设项目环境影响评价工作，这样可以使评价工作更好地落实到治理上。

环境影响评价大纲应按《火电建设项目环境影响评价大纲的编制规定（试行）》编写。

由于我国能源政策是以燃烧煤炭为主，而火电厂是燃烧煤炭主要用户，因此煤烟型污染物是火电厂对环境影响的重要特点。鉴于其排放量大、污染因子单一，火电厂环境影响评价就要突出对大气环境影响的评价。为合理地开发和利用环境资源，不使环境遭受破坏和污染，火电厂的环境影响评价应按国家批准的规划容量（或最终容量）进行，并按照评价结论提出治理措施。环境影响评价中提出的污染防治措施，要贯彻国家现行的技术经济政策，考虑到经济效益、环境效益和社会效益的统一。

根据 HJ/T 13—1996 的要求，可行性研究文件中环境保护篇的内容应包括：①编制依据；②工程简介；③评价对象、目的、范围；④评价总体方案及框图，评价计划进度和各项费用预算；⑤环境现状调查评价的范围、项目、内容、方法、标准、监测的精度、费用；⑥环境影响预评价的范围、项目、内容、方法、标准、费用；⑦编制报告书的内容提纲。

大气环境现状评价一般在电厂周围 10km 范围内进行，项目包括降尘、总悬浮微粒、二氧化硫、氮氧化物，要选择有代表性的季节进行。火电厂大气污染物排放计算，按《火力发电厂大气污染物排放标准》规定执行，计算项目目前暂定为烟尘和二氧化硫。烟尘、二氧化硫实际排放量为工程规划容量时锅炉额定出力下按设计煤质计算从烟囱排出的总量。

每台锅炉的烟尘排放量按式（7-4）计算：

$$M_a = \frac{B \times 10^6}{3600} \times \left(1 - \frac{\eta_c}{100}\right) \times \left(\frac{A_{ar}}{100} + \frac{q_4}{100} \times \frac{Q_{ar.net}}{8100 \times 4.1816}\right) \alpha_{fh} \qquad (7\text{-}4)$$

每台锅炉的二氧化硫排放量按式（7-5）计算：

$$M_{SO_2} = \frac{2 \times B \times 10^6}{3600} \times \left(1 - \frac{\eta_{SO_2}}{100}\right) \times \left(1 - \frac{q_4}{100}\right) \times \frac{S_{ar}}{100} \times K \qquad (7\text{-}5)$$

式(7-4)和式(7-5)中　B——锅炉额定出力下的燃煤量，t/h；

η_c——除尘器的除尘效率，%；

η_{SO_2}——除尘器的脱硫效率，%；

A_{ar}、S_{ar}、$Q_{ar.net}$——燃煤的收到基灰分、硫分和低位发热量，%、%、kJ/kg；

q_4——锅炉机械未完全燃烧的热损失，%；

K——燃煤的硫分氧化成 SO_2 的份额，它与燃烧方式有关，见表 7-1。

表 7-1   烟气中 SO_2 的份额

锅炉形式	链条炉	煤粉炉	旋 风 炉	
			增　钙	不增钙
份额 K	0.7～0.8	0.85～0.9	0.9	0.95

三、污染的防治

可行性研究中还必须根据环境影响的评价，提出环境保护治理的措施。按项目的污染源和排放污染物的性质，采用不同的治理措施，主要有废气污染治理、废水污染治理、粉尘污染治理、固体废弃物（灰渣）污染治理等。

DLGJ 102—1991 对大气污染防治的规定中要求根据大气排放标准和大气质量标准来确定烟囱高度：一般烟囱高度不得低于锅炉房高度的 2.5 倍。我国对城市大气质量分五类，各自的总悬浮物含量为≤200、201～250、251～300、301～400、401～550$\mu g/m^3$。对其他方面的污染防治也有一些规定。

最后，《火力发电环境保护设计规定》中对环境保护设施与投资估算也有一些规定。对环境治理的各局部方案和总体方案要进行技术经济比较，做出综合评价。评价的主要内容包括：①技术水平对比，分析对比不同环境保护治理方案所采用的技术和设备的先进性、适应性和可靠性；②治理效果对比，分析对比不同环境保护治理方案在治理前及治理后环境指标的变化情况，以及能否满足环境保护法律法规的要求；③管理及监测方式对比，分析对比各治理方案所采用的管理和监测方式的优缺点；④环境效益对比，将环境治理所需投资和运行费用与所获得的效益相比较，提出推荐方案，并编制环境保护治理设施和设备表。

第五节　可行性研究报告编制大纲

根据可行性研究的对象、性质、规模复杂程度，其内容及报告编写格式也不尽相同。应根据不同项目的特点，而各有所侧重。若是新建一座矿山，首先则应当把资源的储量、品位、开采条件和各方面的协作关系搞清楚；建设一个纺织厂，如果采用现有技术条件，首先则要研究生产原料和掌握同类产品的市场供销状况。

整个可行性研究报告编制大纲大致归纳为以下几个方面。

1. 总论

其内容包括：①项目背景，即项目名称、承办单位概况、可行性研究报告编制依据、项目提出的理由和形成过程、指导原则；②项目概况，包括项目所涉及的每个基本问题，即拟建地点、建设规模与目标、主要建设条件、项目投入总资金、主要技术经济指标。同时，必须对可行性研究中的关键问题与建议做出简明的论述。

2. 市场预测

分析研究本地区、本部门和本系统的现状和发展趋势。从国民经济发展的需要出发，根据地区的具体情况，论证项目的必要性，对产品市场供应、产品市场需求、产品市场价格等进行分析和预测，对市场竞争力和市场风险也要有所分析研究。应根据市场的供求情况及国内现有的生产能力进行需求预测。过去实行计划经济时，通常是由计划部门根据发展的需要进行综合平衡而提出来的。在当前的情况下，还需进行必要的市场调查，如设计小型的热电站时，就应在本地区的供电供热范围内进行有关的用户用电用热需要量的调查，求得设计所需的负荷曲线，作为设计计算的部分原始资料。需求往往随着市场同类产品及代用品的竞争、收入和价格的高低、消费的增长速度等因素的变化而变化。

3. 项目的建设规模、产品方案和生产能力

根据需求预测以确定生产规模，需求预测是决定工程项目的寿命和确定项目生产能力的主要因素。根据综合平衡和市场需求预测及生产条件，如原材料、能源等的供应，确定生产规模和生产能力、年产量及投产进度、预测废水、废渣、废尘、噪声的排放量和处理系统，估算三废处理的费用和堆放场地的面积，预算由于三废和噪声损害邻近单位或居民所造成的赔款等。

4. 原材料、燃料、动力、运输和公用设施等方面的条件

根据生产能力算出需要的主要原材料的品种、数量和规格以及供应来源和价格，论证原材料、燃料、动力等来源的可靠性，这些往往是确定项目规模的决定因素。此外，还应对运输距离和可能采取的运输方式进行选择，估算其运输能力和运输费用。确定项目经济和财务可行性的关键因素是基本原材料、燃料和动力等的价格，需要进行详细分析，要充分研究价格的变化规律和趋势，准确地预测未来的价格。

除了说明资源的可利用量外，还要评价资源的品质（如矿产品位、煤炭热值、物理性能、化学组分、灰分、硫分等）。

5. 建厂地区和厂址的研究

厂址的选择应考虑多方面的要求，如原材料和市场、环境条件、地理位置、劳动力、动力和燃料、运输条件、水源及废物处理等因素；对电站来讲，水电厂的厂址主要取决于坝址，同时要考虑水利枢纽的综合利用、水库的淹没损失等；热电站的厂址主要取决于热负荷的位置；而凝汽式火电站的厂址既可以在负荷中心，又可以在燃料基地。因此，对凝汽式火电站的厂址要进行充分的论证，说明优缺点。影响电站厂址的主要因素如下：

（1）电力负荷的分布。对于比较分散的电力负荷，可靠近负荷点选择几个电站，实现起来比较灵活，也可以集中建设大电站来满足。火电站可以建在负荷中心，也可以建在燃料基地，需通过经济效益分析来决定。

(2) 供水条件。火电站的用水量是十分惊人的，就是采用供水量最小的冷却水塔闭式循环水系统，一个 20 万 kW 的火电站，其补给水每小时约需 2000t，因此对电站的水源必须有充分的论证，其供水条件对电站厂址的选择在一定程度上起着决定性的作用。电厂可根据其不同的水源条件，选择适合水源供水量的供水系统。

(3) 燃料。燃料的来源也是选择火电站站址的一个重要因素。可作为电厂燃料的能源很多，但是在国内主要是煤炭。虽然我国煤的储量非常丰富，但分布很不均匀，在选择时要考虑地区的燃料资源、燃料的运输方式，还要充分考虑国家的燃料政策。

(4) 除灰条件。由于电厂的用煤量很大，其灰渣量也就不小，排灰量为燃煤量的15％～20％。一个电厂要生产几十年，这样多的灰渣运往哪里和怎样运输是一个重要的问题，如果选择不当，将会产生不良后果，影响附近的农业生产和人民生活。因此，选择的厂址必须具备良好的除灰条件和足够可靠的灰场。

考虑如何解决好灰渣的综合利用问题，若能将灰渣变为一种建筑材料，那是最理想的，目前还有待于进一步解决。如果有些地方可以解决这个问题，也必须落实到可靠的程度。

(5) 交通运输条件。交通要方便，也是选厂时应注意的一个问题，因为不仅为电站运煤所必需，同时还需运送材料和设备。一般大中型电站和火车站之间都建有专用铁路线，以解决燃料和设备等的运输问题，选择厂址时必须同时选定专用铁路线的路径。

(6) 其他。电厂的厂区必须有良好的地形，土地利用合理。还有厂址的工程地质、水文地质条件，气候条件和地震情况，防洪、排涝设施条件，以及征地、移民安置条件等。

6. 技术方案、设备方案、工程方案设计

可行性方案设计包括工程的生产技术的选择和工艺方案的确定。首先要论证设计的依据，说明设计的范围；要选择最佳工艺方案，说明工艺设计中参数的依据和技术方案的选择；选择时要考虑劳动生产率、投资及采用新技术所需的费用等。

设备的选择包括生产设备、辅助设备及服务性设备的选择，说明设备的数量、型号、规格、生产能力和设备来源，并估算设备的费用，要列出详细的分类设备表。估算工程的各项费用，主要包括工程量的大小，工程投资总额和分散投资的可能性和数量，产品成本和销售收入以及资金的来源、借款的利率、项目的偿还年限等。

7. 总图、运输与公共辅助工程

可行性研究报告编制大纲中要有总图平面布置、厂内外运输量、运输方式、运输设施的确定。公共辅助工程包括给水工程、排水工程、供电工程、道路交通工程、通信设施、仓储设施等。

8. 劳动安全卫生、消防、节能、节水

可行性研究报告编制大纲中要有劳动生产安全的保护措施、危险场所的防护措施、消防设施、节能措施和节水措施。

9. 环境影响评价

环境影响评价已在第四节有详细叙述。

10. 企业的经营管理和人力资源配置

说明项目法人组建方案、整个工厂的组织机构、劳动定员数量及技能素质要求。按企业的组织机构，确定各级管理机构的定员人数和各工种的定员人数，提出各类人员招聘、培训计划，测算企业的工资总额、估算管理费用的分类额和总额。

11. 项目的建设进度

说明建设的全过程，包括设计、施工和试运转等过程。安排项目建设的工程管理机构，落实建筑材料、设备供应的进度，安排好财务费用的支付。要详细论述工程进度安排的最优方案，画出工程计划进度图表（横线图）。

12. 财务评价和经济评价

经济效果的好坏由财务评价和经济评价来完成。它是以投资和经营费用为基础，进行有关的经济效益计算。要说明资金来源的可靠程度，安排年度资金运用计划，计算管理费用，估算产品成本和单位成本。

经济评价是从国民经济的利害得失出发，对项目所做的经济效果的评价，又称为国民经济评价。计算中采用计算价格，可以不完全承认现行价格和市场价格以及有关的制度、规定和办法，要求能比较真实地反映项目在寿命期间投入和产出的价值，以及国民经济的真正得失。计算出各方案的技术经济指标，论证决策方案的经济性，在此基础上再对决策方案进行财务评价。财务评价是从企业的角度出发去进行经济效果的评价，去分析企业盈利情况和估算项目财务内部收益率、投资利润率、投资偿还期等经济指标，因此计算中必须承认有关财政、税收、劳动、金融等方面的现行制度、规定和办法。

13. 结论

根据项目的投资目的、生产规划、建设方案以及经济和财务评价的结果，对项目的必要性及技术经济和财务上的可行性分别做出结论，对不同厂址的方案、生产规模及设备参数分别列出其优缺点，并提出倾向性的意见。对投资项目的论证和评价结果均需概括在此报告的结论之中，同时还需说明经费来源、贷款单位情况及贷款数额，贷款占总投资额的百分比，贷款的不动期和还款期限及其方式等。最后将报告呈报有关部门论证、审批批准后执行。

总之，一个可行性研究报告，必须对一个拟办的工程项目的投资决策完整地提供技术上、经济上和经营管理上的依据，保证今后投资项目的顺利实现。

思 考 题

1. 什么是项目的可行性研究？
2. 项目可行性研究的作用和意义是什么？
3. 为什么进行可行性研究的工作人员应立足于公正的立场？
4. 一个项目的建成有哪几个发展过程？各个时期的工作内容是什么？
5. 可行性研究一般分哪几个阶段？各阶段的任务和特点是什么？
6. 可行性研究的主要内容有哪些？
7. 在决定建设规模和生产能力时所做的需求预测应包括哪些主要内容？
8. 在选择厂址时应考虑哪些因素？影响火电站厂址的主要因素有哪些？
9. 有哪几种固定资金的投资估算方法？有哪几种流动资金的估算方法？
10. 投资估算的目的和意义是什么？怎样进行产品成本的估算？
11. 为什么要进行环境评价？与环保有关的设计文件有哪些？
12. 为什么火电站的供水条件对厂址的选择有决定性的作用？

13. 经济效果的好坏靠什么评价来完成?

14. 经济评价和财务评价有什么异同?

拓展阅读

第八章

固定资产的折旧及其重置决策

第九章

不确定性分析

附录A 普通复利表

			利率＝4%				
年	$(S/P,i,n)$	$(S/R,i,n)$	$(R/S,i,n)$	$(P/S,i,n)$	$(P/R,i,n)$	$(R/P,i,n)$	年
1	1.040 000	1.000 000	1.000 000	0.961 538	0.961 538	1.040 000	1
2	1.081 600	2.040 000	0.490 196	0.924 556	1.886 095	0.530 196	2
3	1.124 864	3.121 600	0.320 349	0.888 996	2.775 091	0.360 349	3
4	1.169 859	4.246 464	0.235 490	0.854 804	3.629 895	0.275 490	4
5	1.216 653	5.416 323	0.184 627	0.821 927	4.451 822	0.224 627	5
6	1.265 319	6.632 975	0.150 762	0.790 315	5.242 137	0.190 762	6
7	1.315 932	7.898 294	0.126 610	0.759 918	6.002 055	0.166 610	7
8	1.368 569	9.214 226	0.108 528	0.730 690	6.732 745	0.148 528	8
9	1.423 312	10.582 795	0.094 493	0.702 587	7.435 332	0.134 493	9
10	1.480 244	12.006 107	0.083 291	0.675 564	8.110 896	0.123 291	10
11	1.539 454	13.486 351	0.074 149	0.649 581	8.760 477	0.114 149	11
12	1.601 032	15.025 805	0.066 552	0.624 597	9.385 074	0.106 552	12
13	1.665 074	16.626 838	0.060 144	0.600 574	9.985 648	0.100 144	13
14	1.731 676	18.291 911	0.054 669	0.577 475	10.563 123	0.094 669	14
15	1.800 944	20.023 588	0.049 941	0.555 265	11.118 387	0.089 941	15
16	1.872 981	21.824 531	0.045 820	0.533 908	11.652 296	0.085 820	16
17	1.947 900	23.697 512	0.042 199	0.513 373	12.165 669	0.082 199	17
18	2.025 817	25.645 413	0.038 993	0.493 628	12.659 297	0.078 993	18
19	2.106 849	27.671 229	0.036 139	0.474 642	13.133 939	0.076 139	19
20	2.191 123	29.778 079	0.033 582	0.456 387	13.590 326	0.073 582	20
21	2.278 768	31.969 202	0.031 280	0.438 834	14.029 160	0.071 280	21
22	2.369 919	34.247 970	0.029 199	0.421 955	14.451 115	0.069 199	22
23	2.464 716	36.617 889	0.027 309	0.405 726	14.856 842	0.067 309	23
24	2.563 204	39.082 604	0.025 587	0.390 121	15.246 963	0.065 587	24
25	2.665 836	41.645 908	0.024 012	0.375 117	15.622 080	0.064 012	25
26	2.772 470	44.311 745	0.022 567	0.360 689	15.982 769	0.062 567	26
27	2.883 369	47.084 214	0.021 239	0.346 817	16.329 586	0.061 239	27
28	2.998 703	49.967 583	0.020 013	0.333 477	16.663 063	0.060 013	28
29	3.118 651	52.966 286	0.018 880	0.320 651	16.983 715	0.058 880	29
30	3.243 398	56.084 938	0.017 830	0.308 319	17.292 033	0.057 830	30
31	3.373 133	59.328 335	0.016 855	0.296 460	17.588 494	0.056 855	31
32	3.508 059	62.701 469	0.015 949	0.285 058	17.873 551	0.055 949	32
33	3.648 381	66.209 527	0.015 104	0.274 094	18.147 646	0.055 104	33
34	3.794 316	69.857 909	0.014 315	0.263 552	18.411 198	0.054 315	34
35	3.945 089	73.652 225	0.013 577	0.253 415	18.664 613	0.053 577	35
36	4.103 933	77.598 314	0.012 887	0.243 669	18.908 282	0.052 887	36
37	4.268 090	81.702 246	0.012 240	0.234 297	19.142 579	0.052 240	37
38	4.438 813	85.970 336	0.011 632	0.225 285	19.367 864	0.051 632	38
39	4.616 366	90.409 150	0.011 061	0.216 621	19.584 485	0.051 061	39
40	4.801 021	95.025 516	0.010 523	0.208 289	19.792 774	0.050 523	40

续表

年	$(S/P,i,n)$	$(S/R,i,n)$	$(R/S,i,n)$	$(P/S,i,n)$	$(P/R,i,n)$	$(R/P,i,n)$	年
41	4.993 061	99.826 536	0.010 017	0.200 278	19.993 052	0.050 017	41
42	5.192 784	104.819 598	0.009 540	0.192 575	20.185 627	0.049 540	42
43	5.400 495	110.012 382	0.009 090	0.185 168	20.370 795	0.049 090	43
44	5.616 515	115.412 877	0.008 665	0.178 046	20.548 841	0.048 665	44
45	5.841 176	121.029 392	0.008 262	0.171 198	20.720 040	0.048 262	45
46	6.074 823	126.870 568	0.007 882	0.164 614	20.884 654	0.047 882	46
47	6.317 816	132.945 390	0.007 522	0.158 283	21.042 936	0.047 522	47
48	6.570 528	139.263 206	0.007 181	0.152 195	21.195 131	0.047 181	48
49	6.833 349	145.833 734	0.006 857	0.146 341	21.341 472	0.046 857	49
50	7.106 683	152.667 084	0.006 550	0.140 713	21.482 185	0.046 550	50

利率＝5%

年	$(S/P,i,n)$	$(S/R,i,n)$	$(R/S,i,n)$	$(P/S,i,n)$	$(P/R,i,n)$	$(R/P,i,n)$	年
1	1.050 000	1.000 000	1.000 000	0.952 381	0.952 381	1.050 000	1
2	1.102 500	2.050 000	0.487 805	0.907 029	1.859 410	0.537 805	2
3	1.157 625	3.152 500	0.317 209	0.863 838	2.723 248	0.367 209	3
4	1.215 506	4.310 125	0.232 012	0.822 702	3.545 991	0.282 012	4
5	1.276 282	5.525 631	0.180 975	0.783 526	4.329 477	0.230 975	5
6	1.340 096	6.801 913	0.147 017	0.746 215	5.075 692	0.197 017	6
7	1.407 100	8.142 008	0.122 820	0.710 681	5.786 373	0.172 820	7
8	1.477 455	9.549 109	0.104 722	0.676 839	6.463 213	0.154 722	8
9	1.551 328	11.026 564	0.090 690	0.644 609	7.107 822	0.140 690	9
10	1.628 895	12.577 893	0.079 505	0.613 913	7.721 735	0.129 505	10
11	1.710 339	14.206 787	0.070 389	0.584 679	8.306 414	0.120 389	11
12	1.795 856	15.917 127	0.062 825	0.556 837	8.863 252	0.112 825	12
13	1.885 649	17.712 983	0.056 456	0.530 321	9.393 573	0.106 456	13
14	1.979 932	19.598 632	0.051 024	0.505 068	9.898 641	0.101 024	14
15	2.078 928	21.578 564	0.046 342	0.481 017	10.379 658	0.096 342	15
16	2.182 875	23.675 492	0.042 270	0.458 112	10.837 770	0.092 270	16
17	2.292 018	25.840 386	0.038 699	0.436 297	11.274 066	0.088 699	17
18	2.406 619	28.132 385	0.035 546	0.415 521	11.698 587	0.085 546	18
19	2.526 950	30.539 004	0.032 745	0.395 734	12.085 321	0.082 745	19
20	2.653 298	33.065 954	0.030 243	0.376 889	12.462 210	0.080 243	20
21	2.785 963	35.719 252	0.027 996	0.358 942	12.821 153	0.077 996	21
22	2.925 261	38.505 214	0.028 971	0.341 950	13.163 003	0.075 971	22
23	3.071 524	41.430 475	0.024 137	0.325 571	13.488 574	0.074 137	23
24	3.225 100	44.501 999	0.022 471	0.310 063	13.798 642	0.072 471	24
25	3.386 355	47.727 099	0.020 952	0.295 303	14.093 945	0.070 952	25
26	3.555 673	51.113 454	0.019 564	0.281 241	14.375 185	0.069 564	26
27	3.733 456	54.669 126	0.018 292	0.267 848	14.643 034	0.068 292	27
28	3.920 129	58.402 583	0.017 123	0.255 094	14.898 127	0.067 123	28
29	4.116 136	62.322 712	0.016 046	0.242 946	15.141 074	0.066 046	29
30	4.321 942	66.438 848	0.015 051	0.231 377	15.372 451	0.065 051	30

续表

年	$(S/P,i,n)$	$(S/R,i,n)$	$(R/S,i,n)$	$(P/S,i,n)$	$(P/R,i,n)$	$(R/P,i,n)$	年
31	4.538 039	70.760 790	0.014 132	0.220 359	15.592 811	0.064 132	31
32	4.764 941	75.298 829	0.013 280	0.209 866	15.802 677	0.063 280	32
33	5.003 189	80.063 771	0.012 490	0.199 873	16.002 549	0.062 490	33
34	5.253 348	85.066 959	0.011 755	0.190 355	16.192 904	0.061 755	34
35	5.516 015	90.320 307	0.011 072	0.181 290	16.374 194	0.061 072	35
36	5.791 816	95.836 323	0.010 434	0.172 657	16.546 852	0.060 434	36
37	6.081 407	101.628 139	0.009 840	0.164 436	16.711 287	0.059 840	37
38	6.385 477	107.709 546	0.009 284	0.156 605	16.867 893	0.059 284	38
39	6.704 751	114.095 023	0.008 765	0.149 148	17.017 041	0.058 765	39
40	7.039 989	120.799 774	0.008 278	0.142 046	17.159 086	0.058 278	40
41	7.391 988	127.839 763	0.007 822	0.135 282	17.294 368	0.057 822	41
42	7.761 588	135.231 751	0.007 895	0.128 840	17.423 208	0.057 395	42
43	8.149 667	142.993 339	0.006 993	0.122 704	17.545 912	0.056 993	43
44	8.557 150	151.143 006	0.006 616	0.116 861	17.662 773	0.056 616	44
45	8.985 008	159.700 156	0.006 262	0.111 297	17.774 070	0.056 262	45
46	9.434 258	168.685 164	0.005 928	0.105 997	17.880 066	0.055 928	46
47	9.905 971	178.119 422	0.005 614	0.100 949	17.981 016	0.055 614	47
48	10.401 270	188.025 393	0.005 318	0.096 142	18.077 158	0.055 318	48
49	10.921 333	198.426 663	0.005 040	0.091 564	18.168 722	0.055 040	49
50	11.467 400	209.347 996	0.004 777	0.087 204	18.255 925	0.054 777	50

利率＝6%

年	$(S/P,i,n)$	$(S/R,i,n)$	$(R/S,i,n)$	$(P/S,i,n)$	$(P/R,i,n)$	$(R/P,i,n)$	年
1	1.060 000	1.000 000	1.000 000	0.943 396	0.943 396	1.060 000	1
2	1.123 600	2.060 000	0.485 437	0.889 996	1.833 393	0.545 437	2
3	1.191 016	3.183 600	0.314 110	0.839 619	2.673 012	0.374 110	3
4	1.262 477	4.374 616	0.228 591	0.729 094	3.465 106	0.288 591	4
5	1.338 226	5.637 093	0.177 396	0.747 258	4.212 364	0.237 396	5
6	1.418 519	6.975 319	0.143 363	0.704 961	4.917 324	0.203 363	6
7	1.503 630	8.393 838	0.119 135	0.665 057	5.582 381	0.179 135	7
8	1.593 848	9.897 468	0.101 036	0.627 412	6.209 794	0.161 036	8
9	1.689 479	11.491 316	0.087 022	0.591 898	6.801 692	0.147 022	9
10	1.790 848	13.180 795	0.075 868	0.558 395	7.360 087	0.135 868	10
11	1.898 299	14.971 643	0.066 793	0.526 788	7.886 875	0.126 793	11
12	2.012 196	16.869 941	0.059 277	0.496 969	8.383 844	0.119 277	12
13	2.132 928	18.882 138	0.052 960	0.468 839	8.852 683	0.112 960	13
14	2.260 904	21.015 066	0.047 585	0.442 301	9.294 984	0.107 585	14
15	2.396 558	23.275 970	0.042 963	0.417 265	9.712 249	0.102 963	15
16	2.540 352	25.672 528	0.038 952	0.393 646	10.105 895	0.098 952	16
17	2.692 773	28.212 880	0.035 445	0.371 364	10.477 260	0.095 445	17
18	2.854 339	30.905 653	0.032 357	0.350 344	10.827 603	0.092 357	18
19	3.025 600	33.759 992	0.029 621	0.330 513	11.158 116	0.089 621	19
20	3.207 135	36.785 591	0.027 185	0.311 805	11.469 921	0.087 185	20

年	$(S/P,i,n)$	$(S/R,i,n)$	$(R/S,i,n)$	$(P/S,i,n)$	$(P/R,i,n)$	$(R/P,i,n)$	年
21	3.399 564	39.992 727	0.025 005	0.294 155	11.764 077	0.085 005	21
22	3.603 537	43.392 290	0.023 046	0.277 505	12.041 582	0.083 046	22
23	3.819 750	46.995 828	0.021 278	0.261 797	12.303 379	0.081 278	23
24	4.048 935	50.815 577	0.019 679	0.246 979	12.550 358	0.079 679	24
25	4.291 871	54.864 512	0.018 227	0.232 999	12.783 356	0.078 227	25
26	4.549 383	59.156 383	0.015 904	0.219 810	13.003 166	0.076 904	26
27	4.822 346	63.705 766	0.015 697	0.207 368	13.210 534	0.075 697	27
28	5.111 587	68.528 112	0.014 593	0.195 630	13.406 164	0.074 593	28
29	5.418 388	73.639 798	0.013 580	0.184 557	13.590 721	0.073 580	29
30	5.743 491	79.058 186	0.012 649	0.174 110	13.764 831	0.072 649	30
31	6.038 101	84.801 677	0.011 792	0.164 255	13.929 086	0.071 792	31
32	6.453 387	90.889 778	0.011 002	0.154 957	14.084 043	0.071 002	32
33	6.840 590	97.343 165	0.010 273	0.146 186	14.230 230	0.070 273	33
34	7.251 025	104.183 755	0.009 598	0.137 912	14.368 141	0.069 598	34
35	7.686 087	111.434 780	0.008 974	0.130 105	14.498 246	0.068 974	35
36	8.147 252	119.120 867	0.008 395	0.122 741	14.620 987	0.068 395	36
37	8.636 087	127.268 119	0.007 857	0.115 793	14.736 780	0.067 857	37
38	9.154 252	135.904 206	0.007 358	0.109 239	14.846 019	0.067 358	38
39	9.703 507	145.058 458	0.006 894	0.103 056	14.949 075	0.066 894	39
40	10.285 718	154.761 966	0.006 462	0.097 222	15.046 297	0.066 462	40
41	10.902 861	165.047 684	0.006 059	0.091 719	15.138 016	0.066 059	41
42	11.557 033	175.950 545	0.005 683	0.086 527	15.224 543	0.065 683	42
43	12.250 455	187.507 577	0.005 333	0.081 630	15.306 173	0.065 333	43
44	12.985 482	199.758 032	0.005 006	0.077 009	15.383 182	0.065 006	44
45	13.764 611	212.743 514	0.004 700	0.072 650	15.455 832	0.064 700	45
46	14.590 487	226.508 125	0.004 415	0.068 538	15.524 370	0.064 415	46
47	15.465 917	241.098 612	0.004 148	0.054 558	15.589 028	0.064 148	47
48	16.393 872	256.564 529	0.003 898	0.060 998	15.650 027	0.063 898	48
49	17.377 504	272.958 401	0.003 664	0.057 546	15.707 572	0.063 664	49
50	18.420 154	290.335 905	0.003 444	0.054 288	15.761 861	0.063 444	50

利率＝7%

年	$(S/P,i,n)$	$(S/R,i,n)$	$(R/S,i,n)$	$(P/S,i,n)$	$(P/R,i,n)$	$(R/P,i,n)$	年
1	1.070 000	1.000 000	1.000 000	0.934 579	0.934 579	1.070 000	1
2	1.144 900	2.070 000	0.483 092	0.873 439	1.808 018	0.553 092	2
3	1.225 043	3.214 900	0.311 052	0.816 298	2.624 316	0.381 052	3
4	1.310 796	4.439 943	0.225 228	0.762 895	3.387 211	0.295 228	4
5	1.402 552	5.750 739	0.173 891	0.712 986	4.100 197	0.243 891	5
6	1.500 730	7.153 291	0.139 796	0.666 342	4.766 540	0.209 796	6
7	1.605 781	8.654 021	0.115 553	0.622 750	5.389 289	0.185 553	7
8	1.718 186	10.259 803	0.097 468	0.582 009	5.971 299	0.167 468	8
9	1.838 459	11.977 989	0.083 486	0.543 934	6.515 232	0.153 486	9
10	1.967 151	13.816 448	0.072 378	0.508 349	7.023 582	0.142 378	10

续表

年	$(S/P,i,n)$	$(S/R,i,n)$	$(R/S,i,n)$	$(P/S,i,n)$	$(P/R,i,n)$	$(R/P,i,n)$	年
11	2. 104 852	15. 783 599	0. 063 357	0. 475 093	7. 498 674	0. 133 357	11
12	2. 252 192	17. 888 451	0. 055 902	0. 444 012	7. 942 686	0. 125 902	12
13	2. 409 845	20. 140 643	0. 049 651	0. 414 964	8. 357 651	0. 119 651	13
14	2. 578 534	22. 550 488	0. 044 345	0. 387 817	8. 745 468	0. 114 345	14
15	2. 759 032	25. 129 022	0. 039 795	0. 362 446	9. 107 914	0. 109 795	15
16	2. 952 164	27. 888 054	0. 035 858	0. 338 735	9. 446 649	0. 105 858	16
17	3. 158 815	30. 840 217	0. 032 425	0. 316 574	9. 763 223	0. 102 425	17
18	3. 379 932	33. 999 033	0. 029 413	0. 295 864	10. 059 087	0. 099 413	18
19	3. 616 528	37. 378 965	0. 026 753	0. 276 508	10. 335 595	0. 096 753	19
20	3. 869 684	40. 995 492	0. 024 393	0. 258 419	10. 594 014	0. 094 393	20
21	4. 140 562	44. 865 177	0. 022 289	0. 241 513	10. 835 527	0. 092 289	21
22	4. 430 402	49. 005 739	0. 020 406	0. 225 713	11. 061 240	0. 090 406	22
23	4. 740 530	53. 436 141	0. 018 714	0. 210 947	11. 272 187	0. 088 714	23
24	5. 072 367	58. 176 671	0. 017 189	0. 197 147	11. 469 334	0. 087 189	24
25	5. 427 433	63. 249 038	0. 015 811	0. 184 249	11. 653 583	0. 085 811	25
26	5. 807 353	68. 676 470	0. 014 561	0. 172 195	11. 825 779	0. 084 561	26
27	6. 213 868	74. 483 823	0. 013 426	0. 160 930	11. 986 709	0. 083 426	27
28	6. 648 838	80. 697 691	0. 012 392	0. 150 402	12. 137 111	0. 082 392	28
29	7. 114 257	87. 346 529	0. 011 449	0. 140 563	12. 277 674	0. 081 449	29
30	7. 612 255	94. 460 786	0. 010 586	0. 131 367	12. 409 041	0. 080 586	30
31	8. 145 113	102. 073 041	0. 009 797	0. 122 773	12. 531 814	0. 079 797	31
32	8. 715 271	110. 218 154	0. 009 073	0. 114 741	12. 646 555	0. 079 073	32
33	9. 325 340	118. 933 425	0. 008 408	0. 107 235	12. 753 790	0. 078 408	33
34	9. 978 114	128. 258 765	0. 007 797	0. 100 219	12. 854 009	0. 077 797	34
35	10. 676 581	138. 236 878	0. 007 234	0. 093 663	12. 947 672	0. 077 234	35
36	11. 123 942	148. 913 460	0. 006 715	0. 087 535	13. 035 208	0. 076 715	36
37	12. 223 618	160. 337 402	0. 006 237	0. 081 809	13. 117 017	0. 076 237	37
38	13. 079 271	172. 551 020	0. 005 795	0. 076 457	13. 193 473	0. 075 795	38
39	13. 994 820	185. 640 292	0. 005 387	0. 071 455	13. 264 928	0. 075 387	39
40	14. 974 458	199. 635 112	0. 005 009	0. 066 780	13. 331 709	0. 075 009	40
41	16. 022 670	214. 609 570	0. 004 660	0. 062 412	13. 394 120	0. 074 660	41
42	17. 144 257	230. 632 240	0. 004 336	0. 058 329	13. 452 449	0. 074 336	42
43	18. 344 355	247. 775 496	0. 004 036	0. 054 513	13. 506 962	0. 074 036	43
44	19. 628 460	266. 120 851	0. 003 758	0. 050 946	13. 557 908	0. 073 758	44
45	21. 002 452	285. 749 311	0. 003 500	0. 047 613	13. 605 522	0. 073 500	45
46	22. 472 623	306. 751 763	0. 003 250	0. 044 499	13. 650 020	0. 073 260	46
47	24. 045 707	329. 224 386	0. 003 037	0. 041 587	13. 691 608	0. 073 037	47
48	25. 728 907	353. 270 093	0. 002 831	0. 038 867	13. 730 474	0. 072 831	48
49	27. 529 930	378. 999 000	0. 002 639	0. 036 324	13. 766 799	0. 072 639	49
50	29. 457 025	406. 528 929	0. 002 460	0. 033 948	13. 800 746	0. 072 460	50

利率＝8%

年	$(S/P,i,n)$	$(S/R,i,n)$	$(R/S,i,n)$	$(P/S,i,n)$	$(P/R,i,n)$	$(R/P,i,n)$	年
1	1.080 000	1.000 000	1:000 000	0.925 926	0.925 926	1.080 000	1
2	1.166 400	2.080 000	0.480 769	0.857 339	1.783 265	0.560 769	2
3	1.259 712	3.246 400	0.308 034	0.793 832	2.577 097	0.388 034	3
4	1.360 489	4.506 112	0.221 921	0.735 030	3.312 127	0.301 921	4
5	1.469 328	5.866 601	0.170 456	0.680 583	3.992 710	0.250 456	5
6	1.586 874	7.335 929	0.136 315	0.630 170	4.622 880	0.216 315	6
7	1.713 824	8.922 803	0.112 072	0.583 490	5.206 370	0.192 072	7
8	1.850 930	10.636 628	0.094 015	0.540 269	5.746 639	0.174 015	8
9	1.999 005	12.487 558	0.080 080	0.500 249	6.246 888	0.160 080	9
10	2.158 925	14.486 562	0.069 029	0.463 193	6.710 081	0.149 029	10
11	2.331 639	16.645 487	0.060 075	0.428 883	7.138 964	0.140 076	11
12	2.518 170	18.977 126	0.052 695	0.397 114	7.536 078	0.132 695	12
13	2.719 624	21.495 297	0.046 522	0.367 698	7.903 776	0.126 522	13
14	2.937 194	24.214 920	0.041 297	0.340 461	8.244 237	0.121 297	14
15	3.172 169	27.152 114	0.036 830	0.315 242	8.559 479	0.116 830	15
16	3.425 943	30.324 283	0.032 977	0.291 890	8.851 369	0.112 977	16
17	3.700 018	33.750 226	0.029 629	0.270 269	9.121 638	0.109 629	17
18	3.996 019	37.450 244	0.026 702	0.250 249	9.371 887	0.106 702	18
19	4.315 701	41.446 263	0.024 128	0.231 712	9.603 599	0.104 128	19
20	4.660 957	45.761 964	0.021 852	0.214 548	9.818 147	0.101 852	20
21	5.033 834	50.422 921	0.019 832	0.198 656	10.016 803	0.099 832	21
22	5.436 540	55.456 755	0.018 032	0.183 941	10.200 744	0.098 032	22
23	5.871 464	60.893 296	0.016 422	0.170 315	10.371 059	0.096 422	23
24	6.341 181	66.764 759	0.014 978	0.157 699	10.528 758	0.094 978	24
25	6.848 475	73.105 940	0.013 679	0.146 018	10.674 776	0.093 679	25
26	7.396 353	79.954 415	0.012 507	0.135 202	10.809 978	0.092 507	26
27	7.988 061	87.350 768	0.011 448	0.125 187	10.935 165	0.091 448	27
28	8.627 106	95.338 830	0.010 489	0.115 914	11.051 078	0.090 489	28
29	9.317 275	103.965 936	0.009 619	0.107 328	11.158 406	0.089 619	29
30	10.062 657	113.283 211	0.008 827	0.099 377	11.257 783	0.088 827	30
31	10.867 669	123.345 868	0.008 107	0.092 016	11.349 799	0.088 107	31
32	11.737 083	134.213 537	0.007 451	0.085 200	11.434 999	0.087 451	32
33	12.676 050	145.950 620	0.006 852	0.078 889	11.513 888	0.086 852	33
34	13.690 134	158.626 670	0.006 304	0.073 045	11.586 984	0.086 304	34
35	14.785 344	172.316 804	0.005 803	0.067 635	11.654 568	0.085 803	35
36	15.968 172	187.102 148	0.005 345	0.062 625	11.717 193	0.085 345	36
37	17.254 626	203.070 320	0.004 924	0.057 986	11.775 179	0.084 924	37
38	18.625 276	220.315 945	0.004 539	0.053 690	11.828 869	0.084 539	38
39	20.115 298	238.941 221	0.004 185	0.049 713	11.878 582	0.084 185	39
40	21.724 521	259.056 519	0.003 860	0.046 031	11.924 613	0.083 860	40
41	23.462 483	280.781 040	0.003 561	0.042 621	11.967 235	0.083 561	41
42	25.339 482	304.243 523	0.003 287	0.039 464	12.006 699	0.083 287	42
43	27.366 640	329.583 005	0.003 034	0.036 541	12.043 240	0.083 034	43
44	29.555 972	356.949 646	0.002 802	0.033 834	12.077 074	0.082 802	44
45	31.920 449	386.505 617	0.002 587	0.031 328	12.108 402	0.082 587	45

续表

年	(S/P,i,n)	(S/R,i,n)	(R/S,i,n)	(P/S,i,n)	(P/R,i,n)	(R/P,i,n)	年
46	34. 474 085	418. 426 067	0. 002 390	0. 029 007	12. 137 409	0. 082 390	46
47	37. 232 012	452. 900 152	0. 002 208	0. 026 859	12. 164 267	0. 082 208	47
48	40. 210 573	490. 132 164	0. 002 040	0. 024 669	12. 189 136	0. 081 040	48
49	43. 427 419	530. 342 737	0. 001 886	0. 023 027	12. 212 163	0. 081 886	49
50	46. 901 613	573. 770 156	0. 001 743	0. 021 321	12. 233 485	0. 081 743	50

利率＝9%

年	(S/P,i,n)	(S/R,i,n)	(R/S,i,n)	(P/S,i,n)	(P/R,i,n)	(R/P,i,n)	年
1	1. 090 000	1. 000 000	1. 000 000	0. 917 431	0. 917 431	1. 090 000	1
2	1. 188 100	2. 090 000	0. 478 469	0. 841 680	1. 759 111	0. 568 469	2
3	1. 295 029	3. 278 100	0. 305 055	0. 772 183	2. 531 295	0. 395 055	3
4	1. 411 582	4. 573 129	0. 218 669	0. 708 425	3. 239 720	0. 308 669	4
5	1. 538 624	5. 984 711	0. 167 092	0. 649 931	3. 889 651	0. 257 092	5
6	1. 677 100	7. 523 335	0. 132 920	0. 596 267	4. 485 919	0. 222 920	6
7	1. 828 039	9. 200 435	0. 108 691	0. 547 034	5. 032 953	0. 198 691	7
8	1. 992 563	11. 028 474	0. 090 674	0. 501 866	5. 534 819	0. 180 674	8
9	2. 171 893	13. 021 036	0. 076 799	0. 460 428	5. 995 247	0. 166 799	9
10	2. 367 364	15. 192 930	0. 065 820	0. 422 411	6. 417 658	0. 155 820	10
11	2. 580 426	17. 560 293	0. 056 947	0. 387 533	6. 805 191	0. 146 947	11
12	2. 812 665	20. 140 720	0. 049 651	0. 355 535	7. 160 725	0. 139 651	12
13	3. 065 805	22. 953 385	0. 043 567	0. 326 179	7. 486 904	0. 133 567	13
14	3. 341 727	26. 019 189	0. 038 433	0. 299 246	7. 786 150	0. 128 433	14
15	3. 642 482	29. 360 916	0. 034 059	0. 274 538	8. 060 688	0. 124 059	15
16	3. 970 306	33. 003 399	0. 030 300	0. 251 870	8. 312 558	0. 120 300	16
17	4. 327 633	36. 973 705	0. 027 046	0. 231 073	8. 543 631	0. 117 046	17
18	4. 717 120	41. 301 338	0. 024 212	0. 211 994	8. 755 625	0. 114 212	18
19	5. 141 661	46. 018 458	0. 021 730	0. 194 490	8. 950 115	0. 111 730	19
20	5. 604 411	51. 160 120	0. 019 546	0. 178 431	9. 128 546	0. 109 546	20
21	6. 108 808	56. 764 530	0. 017 617	0. 163 698	9. 292 244	0. 107 617	21
22	6. 658 600	62. 873 338	0. 015 905	0. 150 182	9. 442 425	0. 105 905	22
23	7. 257 874	69. 531 939	0. 014 382	0. 137 781	9. 580 207	0. 104 382	23
24	7. 911 083	76. 789 813	0. 013 023	0. 126 405	9. 706 612	0. 103 023	24
25	8. 623 081	84. 700 896	0. 011 806	0. 115 968	9. 822 580	0. 101 806	25
26	9. 399 158	93. 323 977	0. 010 715	0. 106 393	9. 928 972	0. 100 715	26
27	10. 245 082	102. 723 135	0. 009 735	0. 097 608	10. 026 580	0. 099 735	27
28	11. 167 140	112. 968 217	0. 008 852	0. 089 548	10. 116 128	0. 098 852	28
29	12. 172 182	124. 135 356	0. 008 056	0. 082 155	10. 198 283	0. 098 056	29
30	13. 267 678	136. 307 539	0. 007 336	0. 075 371	10. 273 654	0. 097 336	30

年	$(S/P,i,n)$	$(S/R,i,n)$	$(R/S,i,n)$	$(P/S,i,n)$	$(P/R,i,n)$	$(R/P,i,n)$	年
31	14.461 770	149.575 217	0.006 686	0.069 148	10.342 802	0.096 686	31
32	15.763 329	164.036 987	0.006 096	0.063 438	10.406 240	0.096 096	32
33	17.182 028	179.800 315	0.005 562	0.058 200	10.464 441	0.095 562	33
34	18.728 411	196.982 344	0.005 077	0.053 395	10.517 835	0.095 077	34
35	20.413 968	215.710 755	0.004 636	0.048 986	10.566 821	0.094 636	35
36	22.251 225	236.124 723	0.004 235	0.044 941	10.611 763	0.094 235	36
37	24.253 835	258.375 948	0.003 870	0.041 231	10.652 993	0.093 870	37
38	26.436 680	282.629 783	0.003 538	0.037 826	10.690 820	0.093 538	38
39	28.815 982	309.066 463	0.003 356	0.034 703	10.725 523	0.093 236	39
40	31.409 420	337.682 445	0.002 960	0.031 838	10.757 360	0.092 960	40
41	34.236 268	369.291 865	0.002 708	0.029 209	10.786 569	0.092 708	41
42	37.317 532	403.528 133	0.002 478	0.026 797	10.813 366	0.092 478	42
43	40.675 110	440.845 665	0.002 268	0.024 584	10.837 950	0.092 268	43
44	44.336 960	481.521 775	0.002 077	0.022 555	10.860 505	0.092 077	44
45	43.327 286	525.856 734	0.001 902	0.020 692	10.881 197	0.091 902	45
46	52.676 742	574.186 021	0.001 742	0.018 984	10.900 181	0.091 742	46
47	57.417 649	626.362 762	0.001 595	0.017 416	10.917 597	0.091 595	47
48	62.585 237	654.290 411	0.001 461	0.015 978	10.933 575	0.091 461	48
49	66.217 908	746.865 648	0.001 339	0.014 659	10.948 234	0.091 339	49
50	74.357 520	815.083 556	0.001 227	0.013 449	10.961 683	0.091 227	50

利率＝10%

年	$(S/P,i,n)$	$(S/R,i,n)$	$(R/S,i,n)$	$(P/S,i,n)$	$(P/R,i,n)$	$(R/P,i,n)$	年
1	1.100 000	1.000 000	1.000 000	0.909 091	0.909 091	1.100 000	1
2	1.210 000	2.100 000	0.476 190	0.826 446	1.735 537	0.576 190	2
3	1.331 000	3.310 000	0.302 115	0.751 315	2.486 852	0.402 115	3
4	1.464 100	4.641 000	0.215 471	0.683 013	3.169 865	0.315 471	4
5	1.610 510	6.105 100	0.163 797	0.620 921	3.790 787	0.263 797	5
6	1.771 561	7.715 610	0.129 607	0.564 474	4.355 261	0.229 607	6
7	1.948 717	9.487 171	0.105 405	0.513 158	4.868 419	0.205 405	7
8	2.143 589	11.435 888	0.087 444	0.466 507	5.334 926	0.187 444	8
9	2.357 948	13.579 477	0.073 641	0.424 098	5.759 024	0.173 641	9
10	2.593 742	15.937 425	0.062 745	0.385 543	6.144 567	0.162 745	10
11	2.853 117	18.531 167	0.053 963	0.350 494	6.495 061	0.153 963	11
12	3.138 428	21.384 284	0.046 763	0.318 631	6.813 692	0.146 763	12
13	3.452 271	24.522 712	0.040 779	0.289 664	7.103 356	0.140 779	13
14	3.797 498	27.974 983	0.035 746	0.263 331	7.366 687	0.135 746	14
15	4.177 248	31.772 482	0.031 474	0.239 392	7.606 080	0.131 474	15
16	4.594 973	35.949 730	0.027 817	0.217 629	7.823 709	0.127 817	16
17	5.054 470	40.544 703	0.024 664	0.197 845	8.021 553	0.124 664	17
18	5.559 917	45.599 173	0.021 930	0.179 859	8.201 412	0.121 930	18
19	6.115 909	51.159 090	0.019 547	0.163 508	8.364 920	0.119 547	19
20	6.727 500	57.274 999	0.017 460	0.148 644	8.513 564	0.117 460	20

续表

年	$(S/P,i,n)$	$(S/R,i,n)$	$(R/S,i,n)$	$(P/S,i,n)$	$(P/R,i,n)$	$(R/P,i,n)$	年
21	7. 400 250	64. 002 499	0. 015 624	0. 135 131	8. 648 694	0. 115 624	21
22	8. 140 275	71. 402 749	0. 014 005	0. 122 846	8. 771 540	0. 114 005	22
23	8. 954 302	79. 543 024	0. 012 572	0. 111 678	8. 883 218	0. 112 572	23
24	9. 849 733	88. 497 327	0. 011 300	0. 101 526	8. 984 744	0. 111 300	24
25	10. 834 706	98. 347 059	0. 010 168	0. 092 296	9. 077 040	0. 110 168	25
26	11. 918 177	109. 181 765	0. 009 159	0. 083 905	9. 160 945	0. 109 159	26
27	13. 109 994	121. 099 942	0. 008 258	0. 076 278	9. 237 223	0. 108 258	27
28	14. 420 994	134. 209 936	0. 007 451	0. 069 343	9. 306 567	0. 107 451	28
29	15. 863 093	148. 630 930	0. 006 728	0. 063 039	9. 369 606	0. 106 728	29
30	17. 449 402	164. 494 023	0. 006 079	0. 057 309	9. 426 914	0. 106 079	30
31	19. 194 342	181. 943 425	0. 005 496	0. 052 099	9. 479 013	0. 105 496	31
32	21. 113 777	201. 137 767	0. 004 972	0. 047 362	9. 526 376	0. 104 972	32
33	23. 225 154	222. 251 544	0. 004 499	0. 043 057	9. 569 432	0. 104 499	33
34	25. 547 670	245. 476 699	0. 004 074	0. 039 143	9. 608 575	0. 104 074	34
35	28. 102 437	271. 024 368	0. 003 690	0. 035 584	9. 644 159	0. 103 690	35
36	30. 912 681	299. 126 805	0. 003 343	0. 032 349	9. 676 508	0. 103 343	36
37	34. 003 949	330. 039 486	0. 003 030	0. 029 408	9. 705 917	0. 103 030	37
38	37. 404 343	364. 043 434	0. 002 747	0. 026 735	9. 732 651	0. 102 747	38
39	41. 144 778	401. 447 778	0. 002 491	0. 024 304	9. 756 956	0. 102 491	39
40	45. 259 256	442. 592 556	0. 002 259	0. 022 095	9. 779 051	0. 102 259	40
41	49. 785 181	487. 851 811	0. 002 050	0. 020 086	9. 799 137	0. 102 050	41
42	54. 763 699	537. 636 992	0. 001 860	0. 018 260	9. 817 397	0. 101 860	42
43	60. 240 069	592. 400 692	0. 001 688	0. 016 600	9. 833 998	0. 101 688	43
44	66. 264 018	652. 640 761	0. 001 532	0. 015 091	9. 849 089	0. 101 532	44
45	72. 890 484	718. 904 837	0. 001 391	0. 013 719	9. 862 808	0. 101 391	45
46	80. 179 532	791. 795 321	0. 001 263	0. 012 472	9. 875 280	0. 101 263	46
47	88. 197 485	871. 974 853	0. 001 147	0. 011 338	9. 886 618	0. 101 147	47
48	97. 017 234	960. 172 338	0. 001 041	0. 010 307	9. 896 926	0. 101 041	48
49	106. 719 957	1 057. 189 572	0. 000 946	0. 009 370	9. 906 296	0. 100 946	49
50	117. 390 853	1 163. 908 529	0. 000 859	0. 008 519	9. 914 814	0. 100 859	50

利率 $=11\%$

年	$(S/P,i,n)$	$(S/R,i,n)$	$(R/S,i,n)$	$(P/S,i,n)$	$(P/R,i,n)$	$(R/P,i,n)$	年
1	1. 110 000	1. 000 000	1. 000 000	0. 900 901	0. 900 901	1. 110 000	1
2	1. 232 100	2. 110 000	0. 473 934	0. 811 622	1. 712 523	0. 583 934	2
3	1. 367 631	3. 342 100	0. 299 213	0. 731 191	2. 443 715	0. 409 213	3
4	1. 518 070	4. 709 731	0. 212 326	0. 658 731	3. 102 446	0. 322 326	4
5	1. 685 058	6. 227 801	0. 160 570	0. 593 451	3. 695 897	0. 270 570	5
6	1. 870 415	7. 912 860	0. 126 377	0. 534 641	4. 230 538	0. 236 377	6
7	2. 076 160	9. 783 274	0. 102 215	0. 481 658	4. 712 196	0. 212 215	7
8	2. 304 538	11. 859 434	0. 084 321	0. 433 926	5. 146 123	0. 194 321	8
9	2. 558 037	14. 163 972	0. 070 602	0. 390 925	5. 537 048	0. 180 602	9
10	2. 839 421	16. 722 009	0. 059 801	0. 352 184	5. 889 232	0. 169 801	10

年	$(S/P,i,n)$	$(S/R,i,n)$	$(R/S,i,n)$	$(P/S,i,n)$	$(P/R,i,n)$	$(R/P,i,n)$	年
11	3. 151 757	19. 561 430	0. 051 121	0. 317 283	6. 206 515	0. 161 121	11
12	3. 498 451	22. 713 187	0. 044 027	0. 285 841	6. 492 356	0. 154 027	12
13	3. 883 280	26. 211 638	0. 038 151	0. 257 514	6. 749 870	0. 148 151	13
14	4. 310 441	30. 094 918	0. 033 228	0. 231 995	6. 981 865	0. 143 228	14
15	4. 784 589	34. 405 359	0. 029 065	0. 209 004	7. 190 870	0. 139 065	15
16	5. 310 894	39. 189 948	0. 025 517	0. 188 292	7. 379 162	0. 135 517	16
17	5. 895 093	44. 500 843	0. 022 471	0. 169 633	7. 548 794	0. 132 471	17
18	6. 543 553	50. 395 936	0. 019 843	0. 152 822	7. 701 617	0. 129 843	18
19	7. 263 344	56. 939 488	0. 017 563	0. 137 678	7. 839 294	0. 127 563	19
20	8. 062 312	64. 202 832	0. 015 576	0. 124 034	7. 963 328	0. 125 576	20
21	8. 949 166	72. 265 144	0. 013 838	0. 111 742	8. 075 070	0. 123 838	21
22	9. 933 574	81. 214 309	0. 012 313	0. 100 669	8. 175 739	0. 122 313	22
23	11. 026 267	91. 147 884	0. 010 971	0. 090 693	8. 266 432	0. 120 971	23
24	12. 239 157	102. 174 151	0. 009 787	0. 081 705	8. 348 137	0. 119 787	24
25	13. 585 464	114. 413 307	0. 008 740	0. 073 608	8. 421 745	0. 118 740	25
26	15. 079 865	127. 998 771	0. 007 813	0. 066 314	8. 488 058	0. 117 813	26
27	16. 738 650	143. 078 636	0. 006 989	0. 059 742	8. 547 800	0. 116 989	27
28	18. 579 901	159. 817 286	0. 006 257	0. 053 822	8. 601 622	0. 116 257	28
29	20. 623 691	178. 397 187	0. 005 605	0. 048 488	8. 650 110	0. 115 605	29
30	22. 892 297	199. 020 878	0. 005 025	0. 043 683	8. 693 793	0. 115 025	30
31	25. 410 449	221. 913 174	0. 004 506	0. 039 354	8. 733 146	0. 114 506	31
32	28. 205 599	247. 323 624	0. 004 043	0. 035 454	8. 768 600	0. 114 043	32
33	31. 308 214	275. 529 222	0. 003 629	0. 031 940	8. 800 541	0. 113 629	33
34	34. 752 118	306. 837 437	0. 003 259	0. 028 775	8. 829 316	0. 113 259	34
35	38. 574 851	341. 589 555	0. 002 927	0. 025 924	8. 855 240	0. 112 927	35
36	42. 818 085	380. 164 406	0. 002 630	0. 023 355	8. 878 594	0. 112 630	36
37	47. 528 074	422. 982 490	0. 002 364	0. 021 040	8. 899 635	0. 112 364	37
38	52. 756 162	470. 510 564	0. 002 125	0. 018 955	8. 918 590	0. 112 125	38
39	58. 559 340	523. 266 726	0. 001 911	0. 017 077	8. 935 666	0. 111 911	39
40	65. 000 867	581. 826 066	0. 001 719	0. 015 384	8. 951 051	0. 111 719	40
41	72. 150 963	646. 826 934	0. 001 546	0. 013 860	8. 964 911	0. 111 546	41
42	80. 087 569	718. 977 896	0. 001 391	0. 012 486	8. 977 397	0. 111 391	42
43	88. 897 201	799. 065 465	0. 001 251	0. 011 249	8. 988 646	0. 111 251	43
44	98. 675 893	887. 962 666	0. 001 126	0. 010 134	8. 998 780	0. 111 126	44
45	109. 530 242	986. 638 559	0. 001 014	0. 009 130	9. 007 910	0. 111 014	45
46	121. 578 568	1 096. 168 801	0. 000 912	0. 008 225	9. 016 135	0. 110 912	46
47	134. 952 211	1 217. 747 369	0. 000 821	0. 007 410	9. 023 545	0. 110 821	47
48	149. 796 954	1 352. 699 580	0. 000 739	0. 006 676	9. 030 221	0. 110 739	48
49	166. 274 619	1 502. 496 534	0. 000 666	0. 006 014	9. 036 235	0. 110 666	49
50	184. 564 827	1 668. 771 152	0. 000 599	0. 005 418	9. 041 653	0. 110 592	50

续表

利率＝12%

年	$(S/P,i,n)$	$(S/R,i,n)$	$(R/S,i,n)$	$(P/S,i,n)$	$(P/R,i,n)$	$(R/P,i,n)$	年
1	1.120 000	1.000 000	1.000 000	0.892 857	0.892 857	1.120 000	1
2	1.254 400	2.120 000	0.471 698	0.797 194	1.690 051	0.591 698	2
3	1.404 928	3.374 400	0.296 349	0.711 780	2.401 831	0.416 349	3
4	1.573 519	4.779 328	0.209 234	0.635 518	3.037 349	0.329 234	4
5	1.762 342	6.352 847	0.157 410	0.567 427	3.604 776	0.277 410	5
6	1.973 823	8.115 189	0.123 226	0.506 631	4.111 407	0.243 226	6
7	2.210 681	10.089 012	0.099 118	0.452 349	4.563 757	0.219 118	7
8	2.475 963	12.299 693	0.081 303	0.403 883	4.967 640	0.201 303	8
9	2.773 079	14.775 656	0.067 679	0.360 610	5.328 250	0.187 679	9
10	3.105 848	17.548 735	0.056 984	0.321 973	5.650 223	0.176 984	10
11	3.478 550	20.654 583	0.048 415	0.287 476	5.937 699	0.168 415	11
12	3.895 976	24.133 133	0.041 437	0.256 675	6.194 374	0.161 437	12
13	4.363 493	28.029 109	0.035 677	0.229 174	6.423 548	0.155 677	13
14	4.887 112	32.392 602	0.030 871	0.204 620	6.628 168	0.150 871	14
15	5.473 566	37.279 715	0.026 824	0.182 696	6.810 864	0.146 824	15
16	6.130 394	42.753 280	0.023 390	0.163 122	6.973 986	0.143 390	16
17	6.866 041	48.883 674	0.020 457	0.145 644	7.119 630	0.140 457	17
18	7.689 966	55.749 715	0.017 937	0.130 040	7.249 670	0.137 937	18
19	8.612 762	63.439 681	0.015 763	0.116 107	7.365 777	0.135 763	19
20	9.646 293	72.052 442	0.013 879	0.103 667	7.469 444	0.133 879	20
21	10.803 848	81.698 736	0.012 240	0.092 560	7.562 003	0.132 240	21
22	12.100 310	92.502 584	0.010 811	0.082 643	7.644 646	0.130 811	22
23	13.552 347	104.602 894	0.009 560	0.073 788	7.718 434	0.129 560	23
24	15.178 629	118.155 241	0.008 463	0.065 882	7.784 316	0.128 463	24
25	17.000 064	133.333 870	0.007 500	0.058 823	7.843 139	0.127 500	25
26	19.040 072	150.333 934	0.006 652	0.052 521	7.895 660	0.126 652	26
27	21.324 881	169.374 007	0.005 904	0.046 894	7.942 554	0.125 904	27
28	23.883 866	190.698 887	0.005 244	0.041 869	7.984 423	0.125 244	28
29	26.749 930	214.582 754	0.004 660	0.037 383	8.021 806	0.124 660	29
30	29.959 922	241.332 684	0.004 144	0.033 378	8.055 184	0.124 144	30
31	33.555 113	271.292 606	0.003 686	0.029 802	8.084 986	0.123 686	31
32	37.581 726	304.847 719	0.003 280	0.026 609	8.111 594	0.123 280	32
33	42.091 533	342.429 446	0.002 920	0.023 758	8.135 352	0.122 920	33
34	47.142 517	384.520 979	0.002 601	0.021 212	8.156 564	0.122 601	34
35	52.799 620	431.663 496	0.002 317	0.018 940	8.175 504	0.122 317	35
36	59.135 574	484.463 116	0.002 064	0.016 910	8.192 414	0.122 064	36
37	66.231 843	543.598 690	0.001 840	0.015 098	8.207 513	0.121 840	37
38	74.179 664	609.830 533	0.001 640	0.013 481	8.220 993	0.121 640	38
39	80.081 224	684.010 197	0.001 462	0.012 036	8.233 030	0.121 462	39
40	93.050 970	767.091 420	0.001 304	0.010 747	8.243 777	0.121 304	40

续表

年	$(S/P,i,n)$	$(S/R,i,n)$	$(R/S,i,n)$	$(P/S,i,n)$	$(P/R,i,n)$	$(R/P,i,n)$	年
41	104. 217 087	860. 142 391	0. 001 163	0. 009 595	8. 253 372	0. 121 163	41
42	116. 723 137	964. 359 478	0. 001 037	0. 008 567	8. 261 939	0. 121 037	42
43	130. 729 914	1 081. 082 615	0. 000 925	0. 007 649	8. 269 589	0. 120 925	43
44	146. 417 503	1 211. 812 529	0. 000 825	0. 006 830	8. 276 418	0. 120 825	44
45	163. 987 604	1 358. 230 032	0. 000 736	0. 006 098	8. 282 516	0. 120 736	45
46	183. 665 116	1 522. 217 636	0. 000 657	0. 005 445	8. 287 961	0. 120 657	46
47	206. 706 050	1 705. 883 752	0. 000 586	0. 004 861	8. 292 822	0. 120 586	47
48	230. 390 776	1 911. 589 803	0. 000 523	0. 004 340	8. 297 163	0. 120 523	48
49	258. 087 669	2 141. 980 579	0. 000 467	0. 003 875	8. 301 038	0. 120 467	49
50	289. 002 190	2 400. 018 249	0. 000 417	0. 003 460	8. 304 498	0. 120 417	50

利率＝13%

年	$(S/P,i,n)$	$(S/R,i,n)$	$(R/S,i,n)$	$(P/S,i,n)$	$(P/R,i,n)$	$(R/P,i,n)$	年
1	1. 130 000	1. 000 000	1. 000 000	0. 884 956	0. 884 956	1. 130 000	1
2	1. 276 900	2. 130 000	0. 469 484	0. 783 147	1. 668 102	0. 599 484	2
3	1. 442 897	3. 406 900	0. 293 522	0. 693 050	2. 361 153	0. 423 522	3
4	1. 630 474	4. 849 797	0. 206 194	0. 613 319	2. 974 471	0. 335 194	4
5	1. 842 435	6. 480 271	0. 154 315	0. 542 760	3. 517 231	0. 284 315	5
6	2. 081 952	8. 322 706	0. 120 153	0. 480 319	3. 997 550	0. 250 153	6
7	2. 352 605	10. 404 658	0. 096 111	0. 425 061	4. 422 610	0. 226 111	7
8	2. 658 444	12. 757 263	0. 078 387	0. 376 160	4. 798 770	0. 208 337	8
9	3. 004 042	15. 415 707	0. 064 869	0. 332 885	5. 131 655	0. 194 869	9
10	3. 394 567	18. 419 749	0. 054 290	0. 294 588	5. 426 243	0. 184 290	10
11	3. 835 861	21. 814 317	0. 045 841	0. 260 698	5. 686 941	0. 175 841	11
12	4. 334 523	25. 650 178	0. 038 986	0. 230 706	5. 917 647	0. 168 986	12
13	4. 898 011	29. 984 701	0. 033 350	0. 204 165	6. 121 812	0. 163 350	13
14	5. 534 753	34. 882 712	0. 028 667	0. 180 677	6. 302 488	0. 168 661	14
15	6. 254 270	40. 417 464	0. 024 742	0. 159 891	6. 462 379	0. 154 742	15
16	7. 067 326	46. 671 735	0. 021 426	0. 141 496	6. 603 875	0. 151 426	16
17	7. 986 078	53. 739 060	0. 018 608	0. 125 218	6. 729 093	0. 148 808	17
18	9. 024 268	61. 725 138	0. 016 201	0. 110 812	6. 839 905	0. 146 201	18
19	10. 197 423	70. 497 406	0. 014 134	0. 098 064	6. 937 969	0. 144 134	19
20	11. 523 088	80. 946 829	0. 012 354	0. 086 782	7. 024 752	0. 142 354	20
21	13. 021 089	92. 469 917	0. 010 814	0. 076 798	7. 101 550	0. 140 814	21
22	14. 713 831	105. 491 006	0. 009 479	0. 067 963	7. 169 513	0. 139 479	22
23	16. 626 629	120. 204 837	0. 008 319	0. 060 144	7. 229 658	0. 138 319	23
24	18. 788 091	136. 831 465	0. 007 308	0. 053 225	7. 282 883	0. 137 308	24
25	21. 230 542	155. 619 556	0. 006 426	0. 047 102	7. 329 985	0. 136 426	25
26	23. 990 513	176. 850 098	0. 005 655	0. 041 683	7. 371 665	0. 135 655	26
27	27. 109 279	200. 840 611	0. 004 979	0. 036 888	7. 408 556	0. 134 979	27
28	30. 633 486	227. 949 890	0. 004 387	0. 032 644	7. 441 200	0. 134 337	28
29	34. 615 839	258. 583 376	0. 003 867	0. 028 889	7. 470 088	0. 133 867	29
30	39. 115 898	293. 199 215	0. 003 411	0. 025 565	7. 495 553	0. 133 411	30

续表

年	$(S/P,i,n)$	$(S/R,i,n)$	$(R/S,i,n)$	$(P/S,i,n)$	$(P/R,i,n)$	$(R/P,i,n)$	年
31	44. 200 965	332. 315 113	0. 003 009	0. 022 624	7. 518 277	0. 133 099	31
32	49. 947 090	376. 516 078	0. 002 656	0. 020 021	7. 538 299	0. 132 656	32
33	56. 440 212	426. 463 168	0. 002 345	0. 017 718	7. 556 16	0. 132 345	33
34	63. 777 439	482. 903 380	0. 002 071	0. 015 680	7. 571 696	0. 132 071	34
35	72. 068 506	546. 680 819	0. 001 829	0. 013 876	7. 585 572	0. 131 829	35
36	81. 437 412	618. 749 325	0. 001 616	0. 012 279	7. 597 851	0. 131 616	36
37	92. 024 276	700. 186 738	0. 001 428	0. 010 867	7. 608 718	0. 131 428	37
38	103. 987 432	792. 211 014	0. 001 262	0. 009 617	7. 618 334	0. 131 262	38
39	117. 505 798	896. 198 445	0. 001 116	0. 008 510	7. 626 844	0. 131 116	39
40	132. 781 552	1 013. 704 243	0. 000 986	0. 007 531	7. 634 376	0. 130 986	40
41	150. 043 153	1 146. 485 795	0. 000 872	0. 006 665	7. 641 040	0. 130 872	41
42	169. 548 763	1 296. 528 948	0. 000 771	0. 005 898	7. 646 938	0. 130 771	42
43	191. 590 103	1 466. 077 712	0. 000 682	0. 005 219	7. 652 158	0. 130 882	43
44	216. 496 816	1 657. 667 814	0. 000 603	0. 004 619	7. 656 777	0. 130 603	44
45	244. 641 402	1 874. 164 630	0. 000 534	0. 004 088	7. 660 864	0. 130 534	45
46	275. 444 784	2 118. 806 032	0. 000 472	0. 003 617	7. 664 482	0. 130 472	46
47	312. 382 606	2 395. 250 816	0. 000 417	0. 003 201	7. 667 683	0. 130 417	47
48	352. 992 345	2 707. 633 422	0. 000 369	0. 002 833	7. 670 516	0. 130 369	48
49	398. 881 350	3 060. 625 767	0. 000 327	0. 002 507	7. 673 023	0. 130 327	49
50	450. 735 925	3 459. 507 117	0. 000 289	0. 002 219	7. 675 242	0. 130 289	50

利率＝14%

年	$(S/P,i,n)$	$(S/R,i,n)$	$(R/S,i,n)$	$(P/S,i,n)$	$(P/R,i,n)$	$(R/P,i,n)$	年
1	1. 140 000	1. 000 000	1. 000 000	0. 877 193	0. 877 193	1. 140 000	1
2	1. 299 600	2. 140 000	0. 467 290	0. 769 468	1. 646 661	0. 607 290	2
3	1. 481 544	3. 439 600	0. 290 731	0. 674 972	2. 321 632	0. 430 731	3
4	1. 688 960	4. 921 144	0. 203 205	0. 592 080	2. 913 712	0. 343 205	4
5	1. 925 415	6. 610 104	0. 151 284	0. 519 369	3. 433 081	0. 291 284	5
6	2. 194 973	8. 535 519	0. 117 157	0. 455 587	3. 888 668	0. 257 157	6
7	2. 502 269	10. 730 491	0. 093 192	0. 399 637	4. 288 305	0. 233 192	7
8	2. 852 586	13. 232 760	0. 075 570	0. 350 559	4. 638 864	0. 215 570	8
9	3. 251 949	16. 085 347	0. 062 168	0. 307 508	4. 945 372	0. 202 168	9
10	3. 707 221	19. 337 295	0. 051 714	0. 269 744	5. 216 116	0. 191 714	10
11	4. 226 232	23. 044 516	0. 043 394	0. 236 617	5. 452 733	0. 183 394	11
12	4. 817 905	27. 270 749	0. 036 669	0. 207 559	5. 660 292	0. 176 669	12
13	5. 492 411	32. 088 654	0. 031 164	0. 182 069	5. 842 362	0. 171 164	13
14	6. 261 349	37. 581 065	0. 026 609	0. 159 710	6. 002 072	0. 166 609	14
15	7. 137 938	43. 842 414	0. 022 809	0. 140 096	6. 142 168	0. 162 809	15
16	8. 137 249	50. 980 352	0. 019 615	0. 122 892	6. 255 060	0. 159 615	16
17	9. 276 464	59. 117 601	0. 016 915	0. 107 800	6. 372 859	0. 156 915	17
18	10. 575 169	68. 394 066	0. 014 621	0. 094 561	6. 467 420	0. 154 621	18
19	12. 055 693	78. 969 235	0. 012 663	0. 082 948	6. 550 369	0. 152 663	19
20	13. 743 490	91. 024 928	0. 010 986	0. 072 762	6. 623 131	0. 150 986	20

续表

年	$(S/P,i,n)$	$(S/R,i,n)$	$(R/S,i,n)$	$(P/S,i,n)$	$(P/R,i,n)$	$(R/P,i,n)$	年
21	15. 667 578	104. 768 418	0. 009 545	0. 063 826	6. 686 957	0. 149 545	21
22	17. 861 039	120. 435 996	0. 008 303	0. 055 988	6. 742 944	0. 148 303	22
23	20. 361 585	138. 297 035	0. 007 231	0. 049 112	6. 792 056	0. 147 231	23
24	23. 212 207	158. 658 620	0. 006 303	0. 043 081	6. 835 137	0. 146 303	24
25	26. 461 916	181. 870 827	0. 005 498	0. 037 790	6. 872 927	0. 145 498	25
26	30. 166 584	208. 332 743	0. 004 800	0. 033 149	6. 906 077	0. 144 800	26
27	34. 389 906	238. 499 327	0. 004 193	0. 029 078	6. 935 155	0. 144 193	27
28	39. 204 493	272. 889 233	0. 003 664	0. 025 507	6. 960 662	0. 143 664	28
29	44. 693 122	312. 093 725	0. 003 204	0. 022 375	6. 983 037	0. 143 204	29
30	50. 950 159	356. 786 847	0. 002 803	0. 019 627	7. 002 664	0. 142 803	30
31	58. 083 181	407. 737 006	0. 002 453	0. 017 217	7. 019 881	0. 142 453	31
32	66. 214 826	465. 820 186	0. 002 147	0. 015 102	7. 034 983	0. 142 147	32
33	75. 484 902	532. 035 012	0. 001 880	0. 013 248	7. 048 231	0. 141 880	33
34	86. 052 788	607. 519 914	0. 001 646	0. 011 621	7. 059 852	0. 141 646	34
35	98. 100 178	693. 572 702	0. 001 442	0. 010 194	7. 070 045	0. 141 442	35
36	111. 834 203	791. 672 881	0. 001 263	0. 008 942	7. 078 987	0. 141 263	36
37	127. 490 992	903. 507 084	0. 001 107	0. 007 844	7. 086 831	0. 141 107	37
38	145. 339 731	1 030. 998 076	0. 000 970	0. 006 880	7. 093 711	0. 140 970	38
39	165. 687 293	1 176. 337 806	0. 000 850	0. 006 035	7. 099 747	0. 140 850	39
40	188. 883 514	1 342. 025 099	0. 000 745	0. 005 294	7. 105 041	0. 140 745	40
41	215. 327 206	1 530. 908 613	0. 000 653	0. 004 644	7. 109 685	0. 140 653	41
42	245. 473 015	1 746. 235 819	0. 000 573	0. 004 074	7. 113 759	0. 140 573	42
43	279. 839 237	1 991. 708 833	0. 000 502	0. 003 573	7. 117 332	0. 140 502	43
44	319. 016 730	2 271. 548 070	0. 000 440	0. 003 135	7. 120 467	0. 140 440	44
45	363. 679 072	2 590. 564 800	0. 000 386	0. 002 750	7. 123 217	0. 140 386	45
46	414. 594 142	2 954. 243 872	0. 000 338	0. 002 412	7. 125 629	0. 140 338	46
47	472. 637 322	3 368. 838 014	0. 000 297	0. 002 116	7. 127 744	0. 140 297	47
48	538. 806 547	3 841. 475 336	0. 000 260	0. 001 856	7. 129 600	0. 140 260	48
49	614. 239 464	4 380. 281 883	0. 000 228	0. 001 628	7. 131 228	0. 140 228	49
50	700. 232 988	4 994. 521 346	0. 000 200	0. 001 428	7. 132 656	0. 140 200	50

利率＝15%

年	$(S/P,i,n)$	$(S/R,i,n)$	$(R/S,i,n)$	$(P/S,i,n)$	$(P/R,i,n)$	$(R/P,i,n)$	年
1	1. 150 000	1. 000 000	1. 000 000	0. 869 565	0. 869 565	1. 150 000	1
2	1. 322 500	2. 150 000	0. 465 116	0. 756 144	1. 625 709	0. 615 116	2
3	1. 520 875	3. 472 500	0. 287 977	0. 657 516	2. 283 225	0. 437 977	3
4	1. 749 006	4. 993 375	0. 200 265	0. 571 753	2. 854 978	0. 350 265	4
5	2. 011 357	6. 742 381	0. 148 316	0. 497 177	3. 352 155	0. 298 316	5
6	2. 313 061	8. 753 738	0. 114 237	0. 432 328	3. 784 483	0. 264 237	6
7	2. 660 020	11. 066 799	0. 090 360	0. 375 937	4. 160 420	0. 240 360	7
8	3. 059 023	13. 726 819	0. 072 850	0. 326 902	4. 487 322	0. 222 850	8
9	3. 517 876	16. 785 842	0. 059 574	0. 284 262	4. 771 584	0. 209 574	9
10	4. 045 558	20. 303 718	0. 049 252	0. 247 185	5. 018 769	0. 199 252	10

续表

年	$(S/P,i,n)$	$(S/R,i,n)$	$(R/S,i,n)$	$(P/S,i,n)$	$(P/R,i,n)$	$(R/P,i,n)$	年
11	4.652 391	24.349 276	0.041 069	0.214 943	5.233 712	0.191 069	11
12	5.350 250	29.001 667	0.034 481	0.186 907	5.420 619	0.184 481	12
13	6.152 788	34.351 917	0.029 110	0.162 528	5.583 147	0.179 110	13
14	7.075 706	40.504 705	0.024 688	0.141 329	5.724 476	0.174 688	14
15	8.137 062	47.580 411	0.021 017	0.122 894	5.847 370	0.171 017	15
16	9.357 621	55.717 472	0.017 948	0.106 865	5.954 235	0.167 948	16
17	10.761 264	65.075 093	0.015 367	0.092 926	6.047 161	0.165 367	17
18	12.375 454	75.836 357	0.013 186	0.080 805	6.127 966	0.163 186	18
19	14.231 772	88.211 811	0.011 336	0.070 265	6.198 231	0.161 336	19
20	16.366 537	102.443 583	0.009 761	0.061 100	6.259 331	0.159 761	20
21	18.821 518	118.810 120	0.008 417	0.053 131	6.312 462	0.158 417	21
22	21.644 746	137.631 638	0.007 266	0.046 201	6.358 663	0.157 266	22
23	24.891 458	159.276 384	0.006 278	0.040 174	6.398 837	0.156 278	23
24	28.625 176	184.167 841	0.005 430	0.034 934	6.433 771	0.155 430	24
25	32.918 953	212.793 017	0.004 699	0.030 378	6.464 149	0.154 699	25
26	37.856 796	245.711 970	0.004 070	0.026 415	6.490 564	0.154 070	26
27	43.535 315	283.568 766	0.003 526	0.022 970	6.513 534	0.153 526	27
28	50.065 612	327.104 080	0.003 057	0.019 974	6.533 508	0.153 057	28
29	57.575 454	377.169 693	0.002 651·	0.017 369	6.550 877	0.152 651	29
30	66.211 772	434.745 146	0.002 300	0.015 103	6.565 980	0.152 300	30
31	76.143 538	500.956 918	0.001 996	0.013 133	6.579 113	0.151 996	31
32	87.565 068	577.100 456	0.001 733	0.011 420	6.590 533	0.151 733	32
33	100.699 829	664.665 524	0.001 505	0.009 931	6.600 463	0.151 505	33
34	115.804 803	765.365 353	0.001 307	0.008 635	6.609 099	0.151 307	34
35	133.175 523	881.170 156	0.001 135	0.007 509	6.616 607	0.151 135	35
36	153.151 852	1 014.345 680	0.000 986	0.006 529	6.623 137	0.150 986	36
37	176.124 630	1 167.497 532	0.000 857	0.005 678	6.628 815	0.150 857	37
38	202.543 324	1 343.622 161	0.000 744	0.004 937	6.633 752	0.150 744	38
39	232.924 823	1 546.165 485	0.000 647	0.004 293	6.638 045	0.150 647	39
40	267.863 546	1 779.090 308	0.000 562	0.003 733	6.641 778	0.150 562	40
41	308.043 078	2 046.953 854	0.000 489	0.003 246	6.645 025	0.150 489	41
42	354.249 540	2 354.996 933	0.000 425	0.002 823	6.647 848	0.150 425	42
43	407.386 971	2 709.246 473	0.000 369	0.002 455	6.650 302	0.150 369	43
44	468.495 017	3 116.633 443	0.000 321	0.002 134	6.652 437	0.150 321	44
45	538.769 269	3 585.128 460	0.000 279	0.001 856	6.654 293	0.150 279	45
46	619.584 659	4 123.897 729	0.000 242	0.001 614	6.655 907	0.150 242	46
47	712.522 358	4 743.482 388	0.000 211	0.001 403	6.657 310	0.150 211	47
48	819.400 712	5 456.004 746	0.000 183	0.001 220	6.658 531	0.150 183	48
49	942.310 819	6 275.405 458	0.000 159	0.001 061	6.659 592	0.150 159	49
50	1 083.657 442	7 217.716 277	0.000 139	0.000 923	6.660 515	0.150 139	50

利率＝16％

年	$(S/P,i,n)$	$(S/R,i,n)$	$(R/S,i,n)$	$(P/S,i,n)$	$(P/R,i,n)$	$(R/P,i,n)$	年
1	1.160 000	1.000 000	1.000 000	0.862 069	0.862 069	1.160 000	1
2	1.345 600	2.160 000	0.462 953	0.743 163	1.605 232	0.622 963	2
3	1.560 896	3.505 600	0.285 258	0.640 658	2.245 890	0.445 258	3
4	1.810 639	5.066 496	0.197 375	0.552 291	2.798 181	0.357 375	4
5	2.100 342	6.877 135	0.145 409	0.476 113	3.274 294	0.305 409	5
6	2.436 396	8.977 477	0.111 390	0.410 442	3.684 736	0.271 390	6
7	2.826 220	11.413 873	0.087 613	0.353 830	4.038 565	0.247 613	7
8	3.278 415	14.240 093	0.070 224	0.305 025	4.343 591	0.230 224	8
9	3.802 961	17.518 508	0.057 082	0.262 953	4.606 544	0.217 082	9
10	4.411 435	21.321 469	0.046 901	0.226 684	4.833 227	0.206 901	10
11	5.117 265	25.732 904	0.038 861	0.195 417	5.028 644	0.198 861	11
12	5.936 027	30.850 169	0.032 415	0.168 463	5.197 107	0.192 415	12
13	6.885 791	36.786 196	0.027 184	0.145 227	5.342 334	0.187 184	13
14	7.987 518	43.671 987	0.022 898	0.125 195	5.467 529	0.182 898	14
15	9.265 521	51.659 505	0.019 358	0.107 927	5.575 456	0.179 358	15
16	10.748 004	60.925 026	0.016 414	0.093 041	5.668 497	0.176 414	16
17	12.467 685	71.673 030	0.013 952	0.080 207	5.748 704	0.173 952	17
18	14.462 514	84.140 715	0.011 885	0.069 144	5.817 848	0.171 885	18
19	16.776 517	98.603 230	0.010 142	0.059 607	5.877 455	0.170 142	19
20	19.460 759	115.379 747	0.008 667	0.051 385	5.928 841	0.168 667	20
21	22.574 481	134.840 506	0.007 416	0.044 298	5.973 139	0.167 416	21
22	26.186 398	157.414 987	0.006 353	0.038 188	6.011 326	0.166 353	22
23	30.376 222	183.601 385	0.005 447	0.032 920	6.044 247	0.165 447	23
24	35.236 417	213.977 607	0.004 673	0.028 380	6.072 627	0.164 673	24
25	40.874 244	249.214 024	0.004 013	0.024 465	6.097 092	0.164 013	25
26	47.414 123	290.088 267	0.003 447	0.021 091	6.118 183	0.163 447	26
27	55.000 382	337.502 390	0.002 963	0.018 182	6.136 364	0.162 963	27
28	63.800 444	392.502 773	0.002 548	0.015 674	6.152 038	0.162 548	28
29	74.008 515	456.303 216	0.002 192	0.013 512	6.165 550	0.162 192	29
30	85.849 877	530.311 731	0.001 886	0.011 648	6.177 198	0.161 886	30
31	99.585 857	616.161 608	0.001 623	0.010 042	6.187 240	0.161 623	31
32	115.519 594	715.747 465	0.001 397	0.008 657	6.195 897	0.161 397	32
33	134.002 729	831.267 059	0.001 203	0.007 463	6.203 359	0.161 203	33
34	155.443 166	965.269 789	0.001 036	0.006 433	6.209 792	0.161 036	34
35	180.314 073	1 120.712 955	0.000 892	0.005 546	6.215 338	0.160 892	35
36	209.164 324	1 301.027 028	0.000 769	0.004 781	6.220 119	0.160 769	36
37	242.630 616	1 510.191 352	0.000 662	0.004 121	6.224 241	0.160 662	37
38	281.451 515	1 752.821 968	0.000 571	0.003 553	6.227 794	0.160 571	38
39	326.483 757	2 034.273 483	0.000 492	0.003 063	6.230 857	0.160 492	39
40	378.721 158	2 360.757 241	0.000 424	0.002 640	6.233 497	0.160 424	40

续表

年	$(S/P,i,n)$	$(S/R,i,n)$	$(R/S,i,n)$	$(P/S,i,n)$	$(P/R,i,n)$	$(R/P,i,n)$	年
41	439. 316 544	2 739. 478 399	0. 000 365	0. 002 276	6. 235 773	0. 160 365	41
42	509. 607 191	3 178. 794 943	0. 000 315	0. 001 962	6. 237 736	0. 160 315	42
43	591. 144 341	3 688. 402 134	0. 000 271	0. 001 692	6. 239 427	0. 160 271	43
44	685. 727 436	4 279. 546 475	0. 000 234	0. 001 458	6. 240 886	0. 160 234	44
45	795. 443 826	4 965. 273 911	0. 000 201	0. 001 257	6. 242 143	0. 160 201	45
46	922. 714 838	5 760. 717 737	0. 000 174	0. 001 084	6. 243 227	0. 160 174	46
47	1 070. 349 212	6 683. 432 575	0. 000 150	0. 000 934	6. 244 161	0. 160 150	47
48	1 241. 605 086	7 753. 781 787	0. 000 129	0. 000 805	6. 244 966	0. 160 129	48
49	1 440. 261 900	8 995. 386 873	0. 000 111	0. 000 694	6. 245 661	0. 160 111	49
50	1 670. 703 804	10 435. 648 77	0. 000 096	0. 000 599	6. 246 259	0. 160 096	50

利率＝17%

年	$(S/P,i,n)$	$(S/R,i,n)$	$(R/S,i,n)$	$(P/S,i,n)$	$(P/R,i,n)$	$(R/P,i,n)$	年
1	1. 170 000	1. 000 000	1. 000 000	0. 854 701	0. 854 701	1. 170 000	1
2	1. 368 900	2. 170 000	0. 460 829	0. 730 514	1. 585 214	0. 630 829	2
3	1. 601 613	3. 538 900	0. 282 574	0. 624 371	2. 209 585	0. 452 574	3
4	1. 873 887	5. 140 513	0. 194 533	0. 533 650	2. 743 235	0. 364 533	4
5	2. 192 448	7. 014 400	0. 142 564	0. 456 111	3. 199 346	0. 312 564	5
6	2. 565 164	9. 206 848	0. 108 615	0. 389 839	3. 589 185	0. 278 615	6
7	3. 001 242	11. 772 012	0. 084 947	0. 333 195	3. 922 380	0. 254 947	7
8	3. 511 453	14. 773 255	0. 067 690	0. 284 782	4. 207 163	0. 237 690	8
9	4. 108 400	18. 284 708	0. 054 691	0. 243 404	4. 450 566	0. 224 691	9
10	4. 806 828	22. 393 108	0. 044 657	0. 208 037	4. 658 604	0. 214 657	10
11	5. 623 989	27. 199 937	0. 036 765	0. 177 810	4. 836 413	0. 206 765	11
12	6. 580 067	32. 823 926	0. 030 466	0. 151 974	4. 988 387	0. 200 466	12
13	7. 698 679	39. 403 993	0. 025 378	0. 129 892	5. 118 280	0. 195 378	13
14	9. 007 454	47. 102 672	0. 021 230	0. 111 019	5. 229 299	0. 191 230	14
15	10. 538 721	56. 110 126	0. 017 822	0. 094 888	5. 324 187	0. 187 822	15
16	12. 330 304	66. 648 848	0. 015 004	0. 081 101	5. 405 288	0. 185 004	16
17	14. 426 456	78. 979 152	0. 012 662	0. 069 317	5. 474 605	0. 182 662	17
18	16. 878 953	93. 405 608	0. 010 706	0. 059 245	5. 533 851	0. 180 706	18
19	19. 748 375	110. 284 561	0. 009 067	0. 050 637	5. 584 488	0. 179 067	19
20	23. 105 599	130. 032 936	0. 007 690	0. 043 280	5. 627 767	0. 177 690	20
21	27. 033 551	153. 138 535	0. 006 530	0. 036 991	5. 664 758	0. 176 530	21
22	31. 629 255	180. 172 086	0. 005 550	0. 031 616	5. 696 375	0. 175 550	22
23	37. 006 228	211. 801 341	0. 004 721	0. 027 022	5. 723 397	0. 174 721	23
24	43. 297 287	248. 807 569	0. 004 019	0. 023 096	5. 746 493	0. 174 019	24
25	50. 657 826	292. 104 856	0. 003 423	0. 019 740	5. 766 234	0. 173 423	25
26	59. 269 656	342. 762 681	0. 002 917	0. 016 872	5. 783 106	0. 172 917	26
27	69. 345 497	402. 032 337	0. 002 487	0. 014 421	5. 797 526	0. 172 487	27
28	81. 134 232	471. 377 835	0. 002 121	0. 012 325	5. 809 851	0. 172 121	28
29	94. 927 051	552. 512 066	0. 001 810	0. 010 534	5. 820 386	0. 171 810	29
30	111. 064 650	647. 439 118	0. 001 545	0. 009 004	5. 829 390	0. 171 545	30

年	$(S/P,i,n)$	$(S/R,i,n)$	$(R/S,i,n)$	$(P/S,i,n)$	$(P/R,i,n)$	$(R/P,i,n)$	年
31	129. 945 641	758. 503 768	0. 001 318	0. 007 696	5. 837 085	0. 171 318	31
32	152. 036 399	888. 449 408	0. 001 126	0. 006 577	5. 843 663	0. 171 126	32
33	177. 882 587	1 040. 485 808	0. 000 961	0. 005 622	5. 849 284	0. 170 961	33
34	208. 122 627	1 218. 368 395	0. 000 821	0. 004 805	5. 854 089	0. 170 821	34
35	243. 503 474	1 426. 491 022	0. 000 701	0. 004 107	5. 858 196	0. 170 701	35
36	284. 899 064	1 669. 994 496	0. 000 599	0. 003 510	5. 861 706	0. 170 599	36
37	333. 331 905	1 954. 893 560	0. 000 512	0. 003 000	5. 864 706	0. 170 512	37
38	389. 998 329	2 288. 225 465	0. 000 437	0. 002 564	5. 867 270	0. 170 437	38
39	456. 298 045	2 678. 223 794	0. 000 373	0. 002 192	5. 869 461	0. 170 373	39
40	533. 868 713	3 134. 521 839	0. 000 319	0. 001 873	5. 871 335	0. 170 319	40
41	624. 626 394	3 668. 390 552	0. 000 273	0. 001 601	5. 872 936	0. 170 273	41
42	730. 812 881	4 293. 016 946	0. 000 233	0. 001 368	5. 874 304	0. 170 233	42
43	855. 051 071	5 023. 829 827	0. 000 199	0. 001 170	5. 875 473	0. 170 199	43
44	1 000. 409 753	5 878. 880 897	0. 000 170	0. 001 000	5. 876 473	0. 170 170	44
45	1 170. 479 411	6 879. 290 650	0. 000 145	0. 000 854	5. 877 327	0. 170 145	45
46	1 369. 460 910	8 049. 770 060	0. 000 124	0. 000 730	5. 878 058	0. 170 124	46
47	1 602. 269 265	9 419. 230 971	0. 000 106	0. 000 624	5. 878 682	0. 170 106	47
48	1 874. 655 040	11 021. 500 24	0. 000 091	0. 000 533	5. 879 215	0. 170 091	48
49	2 193. 346 397	12 896. 155 28	0. 000 078	0. 000 456	5. 879 671	0. 170 078	49
50	2 566. 215 284	15 089. 501 67	0. 000 066	0. 000 390	5. 880 061	0. 170 066	50

利率＝18%

年	$(S/P,i,n)$	$(S/R,i,n)$	$(R/S,i,n)$	$(P/S,i,n)$	$(P/R,i,n)$	$(R/P,i,n)$	年
1	1. 180 000	1. 000 000	1. 000 000	0. 847 458	0. 847 458	1. 180 000	1
2	1. 392 400	2. 180 000	0. 458 716	0. 718 184	1. 565 642	0. 638 716	2
3	1. 643 032	3. 572 400	0. 279 924	0. 608 631	2. 174 273	0. 459 924	3
4	1. 938 778	5. 215 432	0. 191 739	0. 515 789	2. 690 062	0. 371 739	4
5	2. 287 758	7. 154 210	0. 139 778	0. 437 109	3. 127 171	0. 319 778	5
6	2. 699 554	9. 441 968	0. 105 910	0. 370 432	3. 497 603	0. 285 910	6
7	3. 185 474	12. 141 522	0. 082 362	0. 313 925	3. 811 528	0. 262 362	7
8	3. 758 859	15. 326 996	0. 065 244	0. 266 038	4. 077 566	0. 245 244	8
9	4. 435 454	19. 085 855	0. 052 395	0. 225 456	4. 303 022	0. 232 395	9
10	5. 233 836	23. 521 309	0. 042 515	0. 191 064	4. 494 086	0. 222 515	10
11	6. 175 926	28. 755 144	0. 034 776	0. 161 919	4. 656 005	0. 214 776	11
12	7. 287 593	34. 931 070	0. 028 628	0. 137 220	4. 793 225	0. 208 628	12
13	8. 599 359	42. 218 663	0. 023 686	0. 116 288	4. 909 513	0. 203 686	13
14	10. 147 244	50. 818 022	0. 019 678	0. 098 549	5. 008 062	0. 199 678	14
15	11. 973 748	60. 965 266	0. 016 403	0. 083 516	5. 091 578	0. 196 403	15
16	14. 129 023	72. 939 014	0. 013 710	0. 070 776	5. 162 354	0. 193 710	16
17	16. 672 247	87. 068 036	0. 011 485	0. 059 980	5. 222 334	0. 191 485	17
18	19. 673 251	103. 740 283	0. 009 639	0. 050 830	5. 273 164	0. 189 639	18
19	23. 214 436	123. 413 534	0. 008 103	0. 043 077	5. 316 241	0. 188 103	19
20	27. 393 035	146. 627 970	0. 006 820	0. 036 506	5. 352 746	0. 186 820	20

续表

年	$(S/P,i,n)$	$(S/R,i,n)$	$(R/S,i,n)$	$(P/S,i,n)$	$(P/R,i,n)$	$(R/P,i,n)$	年
21	32. 323 781	174. 021 005	0. 005 746	0. 030 937	5. 383 683	0. 185 746	21
22	38. 142 061	206. 344 785	0. 004 846	0. 026 218	5. 409 901	0. 184 846	22
23	45. 007 632	244. 486 847	0. 004 090	0. 022 218	5. 432 120	0. 184 090	23
24	53. 109 006	289. 494 479	0. 003 454	0. 018 829	5. 450 949	0. 183 454	24
25	62. 668 627	342. 603 486	0. 002 919	0. 015 957	5. 466 906	0. 182 919	25
26	73. 948 980	405. 272 113	0. 002 467	0. 013 523	5. 480 429	0. 182 467	26
27	87. 259 797	479. 221 093	0. 002 087	0. 011 460	5. 491 889	0. 182 087	27
28	102. 966 560	566. 480 890	0. 001 765	0. 009 712	5. 501 601	0. 181 765	28
29	121. 500 541	669. 447 450	0. 001 494	0. 008 230	5. 509 831	0. 181 494	29
30	143. 370 638	790. 947 991	0. 001 264	0. 006 975	5. 516 806	0. 181 264	30
31	169. 177 353	934. 318 630	0. 001 070	0. 005 911	5. 522 717	0. 181 070	31
32	199. 629 277	1 103. 495 983	0. 000 906	0. 005 009	5. 527 726	0. 180 906	32
33	235. 562 547	1 303. 125 260	0. 000 767	0. 004 245	5. 531 971	0. 180 767	33
34	277. 963 805	1 538. 687 807	0. 000 650	0. 003 598	5. 535 569	0. 180 650	34
35	327. 997 290	1 816. 651 612	0. 000 550	0. 003 049	5. 538 618	0. 180 550	35
36	387. 036 802	2 144. 648 902	0. 000 466	0. 002 584	5. 541 201	0. 180 466	36
37	456. 703 427	2 531. 685 705	0. 000 395	0. 002 190	5. 543 391	0. 180 395	37
38	538. 910 044	2 988. 389 132	0. 000 335	0. 001 856	5. 545 247	0. 180 335	38
39	635. 913 852	3 527. 299 175	0. 000 284	0. 001 573	5. 546 819	0. 180 284	39
40	750. 378 345	4 163. 213 027	0. 000 240	0. 001 333	5. 548 152	0. 180 240	40
41	885. 446 447	4 913. 591 372	0. 000 204	0. 001 129.	5. 549 281	0. 180 204	41
42	1 044. 826 807	5 799. 037 818	0. 000 172	0. 000 957	5. 550 238	0. 180 172	42
43	1 232. 895 633	6 843. 864 626	0. 000 146	0. 000 811	5. 551 049	0. 180 146	43
44	1 454. 816 847	8 076. 760 258	0. 000 124	0. 000 687	5. 551 737	0. 180 124	44
45	1 716. 683 879	9 531. 577 105	0. 000 105	0. 000 583	5. 552 319	0. 180 105	45
46	2 025. 686 977	11 248. 260 98	0. 000 089	0. 000 494	5. 552 813	0. 180 089	46
47	2 390. 310 633	13 273. 947 96	0. 000 075	0. 000 418	5. 553 231	0. 180 075	47
48	2 820. 566 547	15 664. 258 59	0. 000 064	0. 000 355	5. 553 586	0. 180 064	48
49	3 328. 268 525	18 484. 825 14	0. 000 054	0. 000 300	5. 553 886	0. 180 054	49
50	3 927. 356 860	21 813. 093 67	0. 000 046	0. 000 255	3. 554 141	0. 180 046	50

利率＝19%

年	$(S/P,i,n)$	$(S/R,i,n)$	$(R/S,i,n)$	$(P/S,i,n)$	$(P/R,i,n)$	$(R/P,i,n)$	年
1	1. 190 000	1. 000 000	1. 000 000	0. 840 336	0. 840 336	1. 190 000	1
2	1. 416 100	2. 190 000	0. 456 621	0. 706 165	1. 546 501	0. 646 621	2
3	1. 685 159	3. 606 100	0. 277 308	0. 593 416	2. 139 917	0. 467 308	3
4	2. 005 339	5. 291 259	0. 188 991	0. 498 669	2. 638 586	0. 378 991	4
5	2. 386 354	7. 296 598	0. 137 050	0. 419 049	3. 057 635	0. 327 050	5
6	2. 839 761	9. 682 952	0. 103 274	0. 352 142	3. 409 777	0. 293 274	6
7	3. 379 315	12. 522 713	0. 079 855	0. 295 918	3. 705 695	0. 269 855	7
8	4. 021 385	15. 902 028	0. 062 885	0. 248 671	3. 954 366	0. 252 885	8
9	4. 785 449	19. 923 413	0. 050 192	0. 208 967	4. 163 332	0. 240 192	9
10	5. 694 684	24. 708 862	0. 040 471	0. 175 602	4. 338 935	0. 230 471	10

年	$(S/P,i,n)$	$(S/R,i,n)$	$(R/S,i,n)$	$(P/S,i,n)$	$(P/R,i,n)$	$(R/P,i,n)$	年
11	6. 776 674	30. 403 546	0. 032 891	0. 147 565	4. 486 500	0. 222 891	11
12	8. 064 242	37. 180 220	0. 026 896	0. 124 004	4. 610 504	0. 216 896	12
13	9. 596 448	45. 244 461	0. 022 102	0. 104 205	4. 714 709	0. 212 102	13
14	11. 419 773	54. 840 909	0. 018 235	0. 087 567	4. 802 277	0. 208 235	14
15	13. 589 530	66. 260 682	0. 015 092	0. 073 586	4. 875 863	0. 205 092	15
16	16. 171 540	79. 850 211	0. 012 523	0. 061 837	4. 937 700	0. 202 523	16
17	19. 244 133	96. 021 751	0. 010 414	0. 051 964	4. 989 664	0. 200 414	17
18	22. 900 518	115. 265 884	0. 008 676	0. 043 667	5. 033 331	0. 198 676	18
19	27. 251 616	138. 166 402	0. 007 238	0. 036 695	5. 070 026	0. 197 238	19
20	32. 429 423	165. 418 018	0. 006 045	0. 030 836	5. 100 862	0. 196 045	20
21	38. 591 014	197. 847 442	0. 005 054	0. 025 913	5. 126 775	0. 195 054	21
22	45. 923 307	236. 438 456	0. 004 229	0. 021 775	5. 148 550	0. 194 229	22
23	54. 648 735	282. 361 762	0. 003 542	0. 018 299	5. 166 849	0. 193 542	23
24	65. 031 994	337. 010 497	0. 002 967	0. 015 377	5. 182 226	0. 192 967	24
25	77. 388 073	402. 042 491	0. 002 487	0. 012 922	5. 195 148	0. 192 487	25
26	92. 091 807	479. 430 565	0. 002 086	0. 010 859	5. 206 007	0. 192 086	26
27	109. 589 251	571. 522 372	0. 001 750	0. 009 125	5. 215 132	0. 191 750	27
28	130. 411 208	681. 111 623	0. 001 468	0. 007 668	5. 222 800	0. 191 468	28
29	155. 189 338	811. 522 831	0. 001 232	0. 006 444	5. 229 243	0. 191 232	29
30	184. 675 312	966. 712 169	0. 001 034	0. 005 415	5. 234 658	0. 191 034	30
31	219. 763 621	1 151. 387 481	0. 000 869	0. 004 550	5. 239 209	0. 190 869	31
32	261. 518 710	1 371. 151 103	0. 000 729	0. 003 824	5. 243 033	0. 190 729	32
33	311. 207 264	1 632. 669 812	0. 000 612	0. 003 213	5. 246 246	0. 190 612	33
34	370. 336 645	1 943. 877 077	0. 000 514	0. 002 700	5. 248 946	0. 190 514	34
35	440. 700 607	2 314. 213 721	0. 000 432	0. 002 269	5. 251 215	0. 190 432	35
36	524. 433 722	2 754. 914 328	0. 000 363	0. 001 907	5. 253 122	0. 190 363	36
37	624. 076 130	3 279. 348 051	0. 000 305	0. 001 602	5. 254 724	0. 190 305	37
38	742. 650 594	3 903. 424 180	0. 000 256	0. 001 347	5. 256 071	0. 190 256	38
39	883. 754 207	4 646. 074 775	0. 000 215	0. 001 132	5. 257 202	0. 190 215	39
40	1 051. 667 507	5 529. 828 982	0. 000 181	0. 000 951	5. 258 153	0. 190 181	40
41	1 251. 484 333	6 581. 496 488	0. 000 152	0. 000 799	5. 258 952	0. 190 152	41
42	1 489. 266 356	7 832. 980 821	0. 000 128	0. 000 671	5. 259 624	0. 190 128	42
43	1 772. 226 964	9 322. 247 177	0. 000 107	0. 000 564	5. 260 188	0. 190 107	43
44	2 108. 950 087	11 094. 474 14	0. 000 090	0. 000 474	5. 260 662	0. 190 090	44
45	2 509. 650 603	13 203. 424 23	0. 000 076	0. 000 398	5. 261 061	0. 190 076	45
46	2 986. 484 218	15 713. 074 83	0. 000 064	0. 000 335	5. 261 396	0. 190 064	46
47	3 553. 916 219	18 699. 559 05	0. 000 053	0. 000 281	5. 261 677	0. 190 053	47
48	4 229. 160 301	22 253. 475 27	0. 000 045	0. 000 236	5. 261 913	0. 190 045	48
49	5 032. 700 758	26 482. 635 57	0. 000 038	0. 000 199	5. 262 112	0. 190 038	49
50	5 988. 913 902	31 515. 336 33	0. 000 032	0. 000 167	5. 262 279	0. 190 032	50

利率＝20%

年	$(S/P,i,n)$	$(S/R,i,n)$	$(R/S,i,n)$	$(P/S,i,n)$	$(P/R,i,n)$	$(R/P,i,n)$	年
1	1. 200 000	1. 000 000	1. 000 000	0. 833 333	0. 833 333	1. 200 000	1
2	1. 440 000	2. 200 000	0. 454 545	0. 694 444	1. 527 778	0. 654 545	2
3	1. 728 000	3. 640 000	0. 274 725	0. 578 704	2. 106 481	0. 474 725	3
4	2. 073 600	5. 368 000	0. 186 289	0. 482 253	2. 588 735	0. 386 289	4
5	2. 488 320	7. 441 600	0. 134 380	0. 401 878	2. 990 612	0. 334 380	5
6	2. 985 984	9. 929 920	0. 100 706	0. 334 898	3. 325 510	0. 300 706	6
7	3. 583 181	12. 915 904	0. 077 424	0. 279 082	3. 604 592	0. 277 424	7
8	4. 299 817	16. 499 085	0. 060 609	0. 232 568	3. 837 160	0. 260 609	8
9	5. 159 780	20. 798 902	0. 048 079	0. 193 807	4. 030 967	0. 248 079	9
10	6. 191 736	25. 958 682	0. 038 523	0. 161 506	4. 192 472	0. 238 523	10
11	7. 430 084	32. 150 419	0. 031 104	0. 134 588	4. 327 060	0. 231 104	11
12	8. 916 100	39. 580 502	0. 025 265	0. 112 157	4. 439 217	0. 225 265	12
13	10. 699 321	48. 496 603	0. 020 620	0. 093 464	4. 532 681	0. 220 620	13
14	12. 839 185	59. 195 923	0. 016 893	0. 077 887	4. 610 567	0. 216 893	14
15	15. 407 022	72. 035 108	0. 013 882	0. 064 905	4. 675 473	0. 213 882	15
16	18. 488 426	87. 442 129	0. 011 436	0. 054 088	4. 729 561	0. 211 436	16
17	22. 186 111	105. 930 555	0. 009 440	0. 045 073	4. 774 634	0. 209 440	17
18	26. 623 333	128. 116 666	0. 007 805	0. 037 561	4. 812 195	0. 207 805	18
19	31. 948 000	154. 740 000	0. 006 462	0. 031 301	4. 843 496	0. 206 462	19
20	38. 337 600	186. 688 000	0. 005 357	0. 026 084	4. 869 580	0. 205 357	20
21	46. 005 120	225. 025 600	0. 004 444	0. 021 737	4. 891 316	0. 204 444	21
22	55. 206 144	271. 030 719	0. 003 690	0. 018 114	4. 909 430	0. 203 690	22
23	66. 247 373	326. 236 863	0. 003 065	0. 015 095	4. 924 525	0. 203 065	23
24	79. 496 847	392. 484 236	0. 002 548	0. 012 579	4. 937 104	0. 202 548	24
25	95. 396 217	471. 981 083	0. 002 119	0. 010 483	4. 947 587	0. 202 119	25
26	114. 475 460	567. 377 300	0. 001 762	0. 008 735	4. 956 323	0. 201 762	26
27	137. 370 552	681. 852 760	0. 001 467	0. 007 280	4. 963 602	0. 201 467	27
28	164. 844 662	819. 223 312	0. 001 221	0. 006 066	4. 969 668	0. 201 221	28
29	197. 813 595	984. 067 974	0. 001 016	0. 005 055	4. 974 724	0. 201 016	29
30	237. 376 314	1 181. 881 569	0. 000 846	0. 004 213	4. 978 936	0. 200 846	30
31	284. 851 577	1 419. 257 883	0. 000 705	0. 003 511	4. 982 447	0. 200 705	31
32	341. 821 892	1 704. 109 459	0. 000 587	0. 002 926	4. 985 372	0. 200 587	32
33	410. 186 270	2 045. 931 351	0. 000 489	0. 002 438	4. 987 810	0. 200 489	33
34	492. 223 524	2 456. 117 621	0. 000 407	0. 002 032	4. 989 842	0. 200 407	34
35	590. 668 229	2 948. 341 146	0. 000 339	0. 001 693	4. 991 535	0. 200 399	35
36	708. 801 875	3 539. 009 375	0. 000 283	0. 001 411	4. 992 946	0. 200 283	36
37	850. 562 250	4 247. 811 250	0. 000 235	0. 001 176	4. 994 122	0. 200 235	37
38	1 020. 674 700	5 098. 373 500	0. 000 196	0. 000 986	4. 995 101	0. 200 196	38
39	1 224. 809 640	6 119. 048 200	0. 000 163	0. 000 816	4. 995 918	0. 200 163	39
40	1 469. 771 568	7 343. 857 840	0. 000 136	0. 000 680	4. 996 598	0. 200 136	40

年	$(S/P,i,n)$	$(S/R,i,n)$	$(R/S,i,n)$	$(P/S,i,n)$	$(P/R,i,n)$	$(R/P,i,n)$	年
41	1 763. 725 882	8 813. 629 408	0. 000 113	0. 000 567	4. 997 165	0. 200 113	41
42	2 116. 471 058	10 577. 355 29	0. 000 095	0. 000 472	4. 997 638	0. 200 095	42
43	2 539. 765 269	12 693. 826 35	0. 000 079	0. 000 394	4. 998 031	0. 200 079	43
44	3 047. 718 323	15 233. 591 62	0. 000 066	0. 000 328	4. 998 359	0. 200 066	44
45	3 657. 261 988	18 281. 309 94	0. 000 055	0. 000 273	4. 998 633	0. 200 055	45
46	4 388. 714 386	21 938. 571 93	0. 000 046	0. 000 228	4. 998 861	0. 200 046	46
47	5 266. 457 263	26 327. 286 31	0. 000 038	0. 000 190	4. 999 051	0. 200 038	47
48	6 319. 748 715	31 593. 743 58	0. 000 032	0. 000 158	4. 999 209	0. 200 032	48
49	7 583. 698 458	37 913. 492 29	0. 000 026	0. 000 132	4. 999 341	0. 200 026	49
50	9 100. 438 150	45 497. 190 75	0. 000 022	0. 000 110	4. 999 451	0. 200 022	50

利率＝21%

年	$(S/P,i,n)$	$(S/R,i,n)$	$(R/S,i,n)$	$(P/S,i,n)$	$(P/R,i,n)$	$(R/P,i,n)$	年
1	1. 210 000	1. 000 000	1. 000 000	0. 826 446	0. 826 446	1. 210 000	1
2	1. 464 100	2. 210 000	0. 452 489	0. 683 013	1. 509 460	0. 662 489	2
3	1. 771 561	3. 674 100	0. 272 175	0. 564 474	2. 073 934	0. 482 175	3
4	2. 143 589	5. 445 661	0. 183 632	0. 466 507	2. 540 441	0. 393 632	4
5	2. 593 742	7. 589 250	0. 131 765	0. 385 543	2. 925 984	0. 341 765	5
6	3. 138 428	10. 182 992	0. 098 203	0. 318 631	3. 244 615	0. 308 203	6
7	3. 797 498	13. 321 421	0. 075 067	0. 263 331	3. 507 946	0. 285 067	7
8	4. 594 973	17. 118 919	0. 058 415	0. 217 629	3. 725 576	0. 268 415	8
9	5. 559 917	21. 713 892	0. 046 053	0. 179 859	3. 905 434	0. 256 053	9
10	6. 727 500	27. 273 809	0. 036 665	0. 148 644	4. 054 078	0. 246 665	10
11	8. 140 275	34. 001 309	0. 029 411	0. 122 846	4. 176 924	0. 239 411	11
12	9. 849 733	42. 141 584	0. 023 730	0. 101 526	4. 278 450	0. 233 730	12
13	11. 918 177	51. 991 317	0. 019 234	0. 083 905	4. 362 355	0. 229 234	13
14	14. 420 994	63. 909 493	0. 015 647	0. 069 343	4. 431 698	0. 225 647	14
15	17. 449 402	78. 330 487	0. 012 766	0. 057 309	4. 489 007	0. 222 766	15
16	21. 113 777	95. 779 889	0. 010 441	0. 047 362	4. 536 369	0. 220 441	16
17	25. 547 670	116. 893 666	0. 008 555	0. 039 143	4. 575 512	0. 218 555	17
18	30. 912 681	142. 441 336	0. 007 020	0. 032 349	4. 607 861	0. 217 020	18
19	37. 404 343	173. 354 016	0. 005 769	0. 026 735	4. 634 596	0. 215 769	19
20	45. 259 256	210. 758 360	0. 004 745	0. 022 095	4. 656 691	0. 214 745	20
21	54. 763 699	256. 017 615	0. 003 906	0. 018 260	4. 674 951	0. 213 906	21
22	66. 264 076	310. 781 315	0. 003 218	0. 015 091	4. 690 042	0. 213 218	22
23	80. 179 532	377. 045 391	0. 002 652	0. 012 472	4. 702 514	0. 212 652	23
24	97. 017 234	457. 224 923	0. 002 187	0. 010 307	4. 712 822	0. 212 187	24
25	117. 390 853	554. 242 157	0. 001 804	0. 008 519	4. 721 340	0. 211 804	25
26	142. 042 932	671. 633 009	0. 001 489	0. 007 040	4. 728 330	0. 211 489	26
27	171. 871 948	813. 675 941	0. 001 229	0. 005 818	4. 734 199	0. 211 229	27
28	207. 965 057	985. 547 889	0. 001 015	0. 004 809	4. 739 007	0. 211 015	28
29	251. 637 719	1 193. 512 946	0. 000 838	0. 003 974	4. 742 981	0. 210 838	29
30	304. 481 640	1 445. 150 664	0. 000 692	0. 003 284	4. 746 265	0. 210 692	30

续表

年	$(S/P,i,n)$	$(S/R,i,n)$	$(R/S,i,n)$	$(P/S,i,n)$	$(P/R,i,n)$	$(R/P,i,n)$	年
31	368. 422 784	1 749. 632 304	0. 000 572	0. 002 714	4. 748 980	0. 210 572	31
32	445. 791 568	2 118. 055 088	0. 000 472	0. 002 243	4. 751 223	0. 210 472	32
33	539. 407 798	2 563. 846 656	0. 000 390	0. 001 854	4. 753 077	0. 210 390	33
34	652. 683 435	3 103. 254 454	0. 000 322	0. 001 532	4. 754 609	0. 210 322	34
35	789. 746 957	3 755. 937 890	0. 000 266	0. 001 266	4. 755 875	0. 210 266	35
36	955. 593 818	4 545. 684 846	0. 000 220	0. 001 046	4. 756 922	0. 210 220	36
37	1 156. 268 519	5 501. 278 664	0. 000 182	0. 000 865	4. 757 786	0. 210 182	37
38	1 399. 084 909	6 657. 547 183	0. 000 150	0. 000 715	4. 758 501	0. 210 150	38
39	1 692. 892 739	8 056. 632 092	0. 000 124	0. 000 591	4. 759 092	0. 210 124	39
40	2 048. 400 215	9 749. 524 831	0. 000 103	0. 000 488	4. 759 580	0. 210 103	40
41	2 478. 564 260	11 797. 925 05	0. 000 085	0. 000 403	4. 759 984	0. 210 085	41
42	2 999. 062 754	14 276. 489 31	0. 000 070	0. 000 333	4. 760 317	0. 210 070	42
43	3 628. 865 933	17 275. 552 06	0. 000 058	0. 000 276	4. 760 593	0. 210 058	43
44	4 390. 927 778	20 904. 417 99	0. 000 048	0. 000 223	4. 760 820	0. 210 048	44
45	5 313. 022 612	25 295. 345 77	0. 000 040	0. 000 188	4. 761 008	0. 210 040	45
46	6 428. 757 360	30 608. 368 38	0. 000 033	0. 000 156	4. 761 164	0. 210 033	46
47	7 778. 796 406	37 037. 125 74	0. 000 027	0. 000 129	4. 761 293	0. 210 027	47
48	9 412. 343 651	44 815. 922 15	0. 000 022	0. 000 106	4. 761 399	0. 210 022	48
49	11 388. 935 82	54 228. 265 80	0. 000 018	0. 000 088	4. 761 487	0. 210 018	49
50	13 780. 612 34	65 617. 201 62	0. 000 015	0. 000 073	4. 761 559	0. 210 015	50

利率＝22%

年	$(S/P,i,n)$	$(S/R,i,n)$	$(R/S,i,n)$	$(P/S,i,n)$	$(P/R,i,n)$	$(R/P,i,n)$	年
1	1. 220 000	1. 000 000	1. 000 000	0. 819 672	0. 819 672	1. 220 000	1
2	1. 488 400	2. 220 000	0. 450 450	0. 671 862	1. 491 535	0. 670 450	2
3	1. 815 848	3. 708 400	0. 269 658	0. 550 707	2. 042 241	0. 489 658	3
4	2. 215 335	5. 524 248	0. 181 020	0. 451 399	2. 493 641	0. 401 020	4
5	2. 702 708	7. 739 583	0. 129 206	0. 369 999	2. 863 640	0. 349 206	5
6	3. 297 304	10. 442 291	0. 095 764	0. 303 278	3. 166 918	0. 315 764	6
7	4. 022 711	13. 739 595	0. 072 782	0. 248 589	3. 415 506	0. 292 782	7
8	4. 907 707	17. 762 306	0. 056 299	0. 203 761	3. 619 268	0. 276 299	8
9	5. 987 403	22. 670 013	0. 044 111	0. 167 017	3. 786 285	0. 264 111	9
10	7. 304 631	28. 657 416	0. 034 895	0. 136 899	3. 923 184	0. 254 895	10
11	8. 911 650	35. 962 047	0. 027 807	0. 112 213	4. 035 397	0. 247 807	11
12	10. 872 213	44. 873 697	0. 022 285	0. 091 978	4. 127 375	0. 242 285	12
13	13. 264 100	55. 745 911	0. 017 939	0. 075 391	4. 202 766	0. 237 939	13
14	16. 182 202	69. 010 011	0. 014 491	0. 061 796	4. 264 562	0. 234 491	14
15	19. 742 287	85. 192 213	0. 011 738	0. 050 653	4. 315 215	0. 231 738	15
16	24. 085 590	104. 934 500	0. 009 530	0. 041 519	4. 356 734	0. 229 530	16
17	29. 384 420	129. 020 090	0. 007 751	0. 034 032	4. 390 765	0. 227 751	17
18	35. 848 992	158. 404 510	0. 006 313	0. 027 895	4. 418 660	0. 226 313	18
19	43. 735 771	194. 253 503	0. 005 148	0. 022 865	4. 441 525	0. 225 148	19
20	53. 357 640	237. 989 273	0. 004 202	0. 018 741	4. 460 266	0. 224 202	20

年	$(S/P,i,n)$	$(S/R,i,n)$	$(R/S,i,n)$	$(P/S,i,n)$	$(P/R,i,n)$	$(R/P,i,n)$	年
21	65. 096 321	291. 346 913	0. 003 432	0. 015 362	4. 475 628	0. 223 432	21
22	79. 417 512	356. 443 234	0. 002 805	0. 012 592	4. 488 220	0. 222 805	22
23	96. 889 364	435. 860 746	0. 002 294	0. 010 321	4. 498 541	0. 222 294	23
24	118. 205 024	532. 750 110	0. 001 877	0. 008 460	4. 507 001	0. 221 877	24
25	144. 210 130	650. 955 134	0. 001 536	0. 006 934	4. 513 935	0. 221 536	25
26	175. 936 358	795. 165 264	0. 001 258	0. 005 684	4. 519 619	0. 221 258	26
27	214. 642 357	971. 101 622	0. 001 030	0. 004 659	4. 524 278	0. 221 030	27
28	261. 863 675	1 185. 743 978	0. 000 843	0. 003 819	4. 528 096	0. 220 843	28
29	319. 473 684	1 447. 607 654	0. 000 691	0. 003 130	4. 531 227	0. 220 691	29
30	389. 757 894	1 767. 081 337	0. 000 566	0. 002 566	4. 533 792	0. 220 566	30
31	475. 504 631	2 156. 839 232	0. 000 464	0. 002 103	4. 535 895	0. 220 464	31
32	580. 115 650	2 632. 343 863	0. 000 380	0. 001 724	4. 537 619	0. 220 380	32
33	707. 741 093	3 212. 459 512	0. 000 311	0. 001 413	4. 539 032	0. 220 311	33
34	863. 444 133	3 920. 200 605	0. 000 255	0. 001 153	4. 540 190	0. 220 255	34
35	1 053. 401 842	4 783. 644 738	0. 000 209	0. 000 949	4. 541 140	0. 220 209	35
36	1 285. 150 248	5 837. 046 581	0. 000 171	0. 000 778	4. 541 918	0. 220 171	36
37	1 567. 883 302	7 122. 196 828	0. 000 140	0. 000 638	4. 542 555	0. 220 140	37
38	1 912. 817 629	8 690. 080 131	0. 000 115	0. 000 523	4. 543 078	0. 220 115	38
39	2 333. 637 507	10 602. 897 76	0. 000 094	0. 000 429	4. 543 507	0. 220 094	39
40	2 847. 037 759	12 936. 535 27	0. 000 077	0. 000 351	4. 543 858	0. 220 077	40
41	3 473. 386 066	15 783. 573 03	0. 000 063	0. 000 288	4. 544 146	0. 220 063	41
42	4 237. 531 000	19 256. 959 09	0. 000 052	0. 000 236	4. 544 382	0. 220 052	42
43	5 169. 787 820	23 494. 490 09	0. 000 043	0. 000 193	4. 544 575	0. 220 043	43
44	6 307. 141 140	28 664. 277 91	0. 000 035	0. 000 159	4. 544 734	0. 220 035	44
45	7 694. 712 191	34 971. 419 05	0. 000 029	0. 000 130	4. 544 864	0. 220 029	45
46	9 387. 548 873	42 666. 131 24	0. 000 023	0. 000 107	4. 544 970	0. 220 023	46
47	11 452. 809 63	52 053. 680 12	0. 000 019	0. 000 087	4. 545 058	0. 220 019	47
48	13 972. 427 74	63 506. 489 74	0. 000 016	0. 000 072	4. 545 129	0. 220 016	48
49	17 846. 361 85	77 478. 917 48	0. 000 013	0. 000 059	4. 545 188	0. 220 013	49
50	20 736. 561 45	94 525. 279 33	0. 000 011	0. 000 048	4. 545 236	0. 220 011	50

利率＝23%

年	$(S/P,i,n)$	$(S/R,i,n)$	$(R/S,i,n)$	$(P/S,i,n)$	$(P/R,i,n)$	$(R/P,i,n)$	年
1	1. 230 000	1. 000 000	1. 000 000	0. 813 008	0. 813 008	1. 230 000	1
2	1. 512 900	2. 230 000	0. 448 430	0. 660 982	1. 473 990	0. 678 430	2
3	1. 860 867	3. 742 900	0. 267 173	0. 537 384	2. 011 374	0. 497 173	3
4	2. 288 866	5. 603 767	0. 178 451	0. 436 897	2. 448 272	0. 408 451	4
5	2. 815 306	7. 892 633	0. 126 700	0. 355 201	2. 803 473	0. 356 700	5
6	3. 462 826	10. 707 939	0. 093 389	0. 288 781	3. 092 254	0. 323 389	6
7	4. 259 276	14. 170 765	0. 070 568	0. 234 782	3. 327 036	0. 300 568	7
8	5. 238 909	18. 430 041	0. 054 259	0. 190 879	3. 517 916	0. 284 259	8
9	6. 443 859	23. 668 950	0. 042 249	0. 155 187	3. 673 102	0. 272 249	9
10	7. 925 946	30. 112 809	0. 033 208	0. 126 168	3. 799 270	0. 263 208	10

年	$(S/P,i,n)$	$(S/R,i,n)$	$(R/S,i,n)$	$(P/S,i,n)$	$(P/R,i,n)$	$(R/P,i,n)$	年
11	9. 748 914	38. 038 755	0. 026 289	0. 102 576	3. 901 846	0. 256 289	11
12	11. 991 164	47. 787 669	0. 020 926	0. 083 395	3. 985 240	0. 250 926	12
13	14. 749 132	59. 778 833	0. 016 728	0. 067 801	4. 053 041	0. 246 728	13
14	18. 141 432	74. 527 964	0. 013 418	0. 055 122	4. 108 163	0. 243 418	14
15	22. 313 961	92. 669 396	0. 010 791	0. 044 815	4. 152 978	0. 240 791	15
16	27. 446 172	114. 983 357	0. 008 697	0. 036 435	4. 189 413	0. 238 697	16
17	33. 758 792	142. 429 529	0. 007 021	0. 029 622	4. 219 035	0. 237 021	17
18	41. 523 314	176. 188 321	0. 005 676	0. 024 083	4. 243 118	0. 235 676	18
19	51. 073 676	217. 711 635	0. 004 593	0. 019 580	4. 262 698	0. 234 593	19
20	62. 820 622	268. 785 311	0. 003 720	0. 015 918	4. 278 616	0. 233 720	20
21	77. 269 364	331. 605 932	0. 003 016	0. 012 942	4. 291 558	0. 233 016	21
22	95. 041 318	408. 875 297	0. 002 446	0. 010 522	4. 302 079	0. 232 446	22
23	116. 900 822	503. 916 615	0. 001 984	0. 008 554	4. 310 634	0. 231 984	23
24	143. 788 010	620. 817 437	0. 001 611	0. 006 955	4. 317 588	0. 213 611	24
25	176. 859 253	764. 605 447	0. 001 308	0. 005 654	4. 323 243	0. 231 303	25
26	217. 536 881	941. 464 700	0. 001 062	0. 004 597	4. 327 839	0. 231 062	26
27	267. 570 364	1 159. 001 581	0. 000 863	0. 003 737	4. 331 577	0. 230 863	27
28	329. 111 547	1 426. 571 945	0. 000 701	0. 003 038	4. 334 615	0. 230 701	28
29	404. 807 203	1 755. 683 492	0. 000 570	0. 002 470	4. 337 086	0. 230 570	29
30	497. 912 860	2 160. 490 695	0. 000 463	0. 002 008	4. 339 094	0. 230 463	30
31	612. 432 818	2 658. 403 555	0. 000 376	0. 001 633	4. 340 727	0. 230 376	31
32	753. 292 366	3 270. 836 373	0. 000 306	0. 001 328	4. 342 054	0. 230 306	32
33	926. 549 610	4 024. 128 738	0. 000 249	0. 001 079	4. 343 134	0. 230 249	33
34	1 139. 656 020	4 950. 678 348	0. 000 202	0. 000 877	4. 344 011	0. 230 202	34
35	1 401. 776 905	6 090. 334 368	0. 000 164	0. 000 713	4. 344 724	0. 230 164	35
36	1 724. 185 593	7 492. 111 273	0. 000 133	0. 000 580	4. 345 304	0. 230 133	36
37	2 120. 748. 279	9 216. 296 866	0. 000 109	0. 000 472	4. 345 776	0. 230 109	37
38	2 608. 520 383	11 337. 045 14	0. 000 088	0. 000 383	4. 346 159	0. 230 088	38
39	3 208. 480 071	13 945. 565 53	0. 000 072	0. 000 312	4. 346 471	0. 230 072	39
40	3 946. 430 488	17 154. 045 60	0. 000 058	0. 000 253	4. 346 724	0. 230 058	40
41	4 854. 109 500	21 100. 476 09	0. 000 047	0. 000 206	4. 346 930	0. 230 047	41
42	5 970. 554 685	25 954. 585 59	0. 000 039	0. 000 167	4. 347 098	0. 230 039	42
43	7 343. 782 263	31 925. 140 27	0. 000 031	0. 000 136	4. 347 234	0. 230 031	43
44	9 032. 852 183	39 268. 922 53	0. 000 025	0. 000 111	4. 347 345	0. 230 025	44
45	11 110. 408 19	48 301. 774 72	0. 000 021	0. 000 090	4. 347 435	0. 230 021	45
46	13 665. 802 07	59 412. 182 90	0. 000 017	0. 000 073	4. 347 508	0. 230 017	46
47	16 808. 936 54	73 077. 984 97	0. 000 014	0. 000 059	4. 347 567	0. 230 014	47
48	20 674. 991 95	89 886. 921 51	0. 000 011	0. 000 048	4. 347 616	0. 230 011	48
49	25 430. 240 10	110 561. 913 5	0. 000 009	0. 000 039	4. 347 655	0. 230 009	49
50	31 279. 195 32	135 992. 153 6	0. 000 007	0. 000 032	4. 347 687	0. 230 007	50

年	$(S/P,i,n)$	$(S/R,i,n)$	$(R/S,i,n)$	$(P/S,i,n)$	$(P/R,i,n)$	$(R/P,i,n)$	年
			利率$=24\%$				
1	1. 240 000	1. 000 000	1. 000 000	0. 806 452	0. 806 452	1. 240 000	1
2	1. 537 600	2. 240 000	0. 446 429	0. 650 364	1. 456 816	0. 686 429	2
3	1. 906 624	3. 777 600	0. 264 718	0. 524 487	1. 981 303	0. 504 718	3
4	2. 364 214	5. 684 224	0. 175 926	0. 422 974	2. 404 277	0. 415 926	4
5	2. 931 625	8. 048 438	0. 124 248	0. 341 108	2. 745 384	0. 364 248	5
6	3. 635 215	10. 980 063	0. 091 074	0. 275 087	3. 020 471	0. 331 074	6
7	4. 507 667	14. 615 278	0. 068 422	0. 221 844	3. 242 316	0. 308 422	7
8	5. 589 507	19. 122 945	0. 052 293	0. 178 907	3. 421 222	0. 292 293	8
9	6. 930 988	24. 712 451	0. 040 465	0. 144 280	3. 565 502	0. 280 465	9
10	8. 594 426	31. 643 440	0. 031 602	0. 116 354	3. 681 856	0. 271 602	10
11	10. 657 088	40. 237 865	0. 024 852	0. 093 834	3. 775 691	0. 264 852	11
12	13. 214 789	50. 894 953	0. 019 648	0. 075 673	3. 851 363	0. 259 648	12
13	16. 386 338	64. 109 741	0. 015 598	0. 061 026	3. 912 390	0. 255 598	13
14	20. 319 059	80. 496 079	0. 012 423	0. 049 215	3. 961 605	0. 252 423	14
15	25. 195 633	100. 815 138	0. 009 919	0. 039 689	4. 001 294	0. 249 919	15
16	31. 242 585	126. 010 772	0. 007 936	0. 032 008	4. 033 302	0. 247 936	16
17	38. 740 806	157. 253 357	0. 006 359	0. 025 813	4. 059 114	0. 246 359	17
18	48. 038 599	195. 994 162	0. 005 102	0. 020 817	4. 079 931	0. 245 102	18
19	59. 567 863	244. 032 761	0. 004 098	0. 016 788	4. 096 718	0. 244 098	19
20	73. 864 150	303. 600 624	0. 003 294	0. 013 538	4. 110 257	0. 243 294	20
21	91. 591 546	377. 464 774	0. 002 649	0. 010 918	4. 121 175	0. 242 649	21
22	113. 573 517	469. 056 320	0. 002 132	0. 008 805	4. 129 980	0. 242 132	22
23	140. 831 161	582. 629 836	0. 001 716	0. 007 101	4. 137 080	0. 241 716	23
24	174. 630 639	723. 460 997	0. 001 382	0. 005 726	4. 142 807	0. 241 382	24
25	216. 541 993	898. 091 636	0. 001 113	0. 004 618	4. 147 425	0. 241 113	25
26	268. 512 071	1 114. 633 629	0. 000 897	0. 003 724	4. 151 149	0. 240 897	26
27	332. 954 968	1 383. 145 700	0. 000 723	0. 003 003	4. 154 152	0. 240 723	27
28	412. 864 160	1 716. 100 668	0. 000 583	0. 002 422	4. 156 575	0. 240 583	28
29	511. 951 559	2 128. 964 828	0. 000 470	0. 001 953	4. 158 528	0. 240 470	29
30	634. 819 933	2 640. 916 387	0. 000 379	0. 001 575	4. 160 103	0. 240 379	30
31	787. 176 717	3 275. 736 320	0. 000 305	0. 001 270	4. 161 373	0. 240 305	31
32	976. 099 129	4 062. 913 037	0. 000 246	0. 001 024	4. 162 398	0. 240 246	32
33	1 210. 362 920	5 039. 012 166	0. 000 198	0. 000 826	4. 163 224	0. 240 198	33
34	1 500. 850 021	6 249. 375 086	0. 000 160	0. 000 666	4. 163 890	0. 240 160	34
35	1 861. 054 026	7 750. 225 106	0. 000 129	0. 000 537	4. 164 428	0. 240 129	35
36	2 307. 706 992	9 611. 279 132	0. 000 104	0. 000 433	4. 164 861	0. 240 104	36
37	2 861. 556 670	11 918. 986 12	0. 000 084	0. 000 349	4. 165 211	0. 240 084	37
38	3 548. 330 270	14 780. 542 79	0. 000 068	0. 000 282	4. 165 492	0. 240 068	38
39	4 399. 929 535	18 328. 873 06	0. 000 055	0. 000 227	4. 165 720	0. 240 055	39
40	5 455. 912 624	22 728. 802 60	0. 000 044	0. 000 183	4. 165 903	0. 240 044	40

续表

年	$(S/P,i,n)$	$(S/R,i,n)$	$(R/S,i,n)$	$(P/S,i,n)$	$(P/R,i,n)$	$(R/P,i,n)$	年
41	6 765. 331 653	28 184. 715 22	0. 000 035	0. 000 148	4. 166 051	0. 240 035	41
42	8 389. 011 250	34 950. 046 88	0. 000 029	0. 000 119	4. 166 170	0. 240 029	42
43	10 402. 373 95	43 339. 058 13	0. 000 023	0. 000 096	4. 166 266	0. 240 023	43
44	12 898. 943 70	53 741. 432 08	0. 000 019	0. 000 078	4. 166 344	0. 240 019	44
45	15 994. 690 19	66 640. 375 77	0. 000 015	0. 000 063	4. 166 406	0. 240 015	45
46	19 833. 415 83	82 635. 065 96	0. 000 012	0. 000 050	4. 166 457	0. 240 012	46
47	24 593. 435 63	102 468. 481 8	0. 000 010	0. 000 041	4. 166 497	0. 240 010	47
48	30 495. 860 18	127 061. 917 4	0. 000 008	0. 000 033	4. 166 530	0. 240 008	48
49	37 814. 866 62	157 557. 777 6	0. 000 006	0. 000 026	4. 166 556	0. 240 006	49
50	46 890. 434 61	195 372. 644 2	0. 000 005	0. 000 021	4. 166 578	0. 240 005	50

利率＝25%

年	$(S/P,i,n)$	$(S/R,i,n)$	$(R/S,i,n)$	$(P/S,i,n)$	$(P/R,i,n)$	$(R/P,i,n)$	年
1	1. 250 000	1. 000 000	1. 000 000	0. 800 000	0. 800 000	1. 250 000	1
2	1. 562 500	2. 250 000	0. 444 444	0. 640 000	1. 440 000	0. 694 444	2
3	1. 953 125	3. 812 500	0. 262 295	0. 512 000	1. 952 000	0. 512 295	3
4	2. 441 406	5. 765 625	0. 173 442	0. 409 600	2. 361 600	0. 423 442	4
5	3. 051 758	8. 207 031	0. 121 847	0. 327 680	2. 689 280	0. 371 847	5
6	3. 814 697	11. 258 789	0. 088 819	0. 262 144	2. 951 424	0. 338 819	6
7	4. 768 372	15. 073 486	0. 066 342	0. 209 715	3. 161 139	0. 316 342	7
8	5. 960 464	19. 841 858	0. 050 399	0. 167 772	3. 328 911	0. 300 399	8
9	7. 450 581	25. 802 322	0. 038 756	0. 134 218	3. 463 129	0. 288 756	9
10	9. 313 226	33. 252 903	0. 030 073	0. 107 374	3. 570 503	0. 280 073	10
11	11. 641 532	42. 566 129	0. 023 493	0. 085 899	3. 656 403	0. 273 493	11
12	14. 551 915	54. 207 661	0. 018 448	0. 068 719	3. 725 122	0. 268 448	12
13	18. 189 894	68. 759 576	0. 014 543	0. 054 976	3. 780 098	0. 264 543	13
14	22. 737 368	86. 949 470	0. 011 501	0. 043 980	3. 824 078	0. 261 501	14
15	28. 421 709	109. 686 838	0. 009 117	0. 035 184	3. 859 263	0. 259 117	15
16	35. 527 137	138. 108 547	0. 007 241	0. 028 147	3. 887 410	0. 257 241	16
17	44. 408 921	173. 635 684	0. 005 759	0. 022 518	3. 909 928	0. 255 759	17
18	55. 511 151	218. 044 605	0. 004 586	0. 018 014	3. 927 942	0. 254 586	18
19	69. 388 939	273. 555 756	0. 003 656	0. 014 412	3. 942 354	0. 253 656	19
20	86. 736 174	342. 944 695	0. 002 916	0. 011 529	3. 953 883	0. 252 916	20
21	108. 420 217	429. 680 869	0. 002 327	0. 009 223	3. 963 107	0. 252 327	21
22	135. 525 272	538. 101 086	0. 001 858	0. 007 379	3. 970 485	0. 251 858	22
23	169. 406 589	673. 626 358	0. 001 485	0. 005 903	3. 976 388	0. 251 485	23
24	211. 758 237	843. 032 947	0. 001 186	0. 004 722	3. 981 111	0. 251 186	24
25	264. 697 796	1 054. 791 184	0. 000 948	0. 003 778	3. 984 888	0. 250 948	25
26	330. 872 245	1 319. 488 980	0. 000 758	0. 003 022	3. 987 911	0. 250 758	26
27	431. 590 306	1 650. 361 225	0. 000 606	0. 002 418	3. 990 329	0. 250 605	27
28	516. 987 883	2 063. 951 531	0. 000 485	0. 001 934	3. 992 263	0. 250 485	28
29	646. 234 854	2 580. 939 414	0. 000 387	0. 001 547	3. 993 810	0. 250 387	29
30	807. 793 567	3 227. 174 268	0. 000 310	0. 001 238	3. 995 048	0. 250 310	30

年	$(S/P,i,n)$	$(S/R,i,n)$	$(R/S,i,n)$	$(P/S,i,n)$	$(P/R,i,n)$	$(R/P,i,n)$	年
31	1 009. 741 959	4 034. 967 835	0. 000 248	0. 000 990	3. 996 039	0. 250 248	31
32	1 262. 177 448	5 044. 709 793	0. 000 198	0. 000 792	3. 996 831	0. 250 198	32
33	1 577. 721 810	6 306. 887 242	0. 000 159	0. 000 634	3. 997 465	0. 250 159	33
34	1 972. 152 263	7 884. 609 052	0. 000 127	0. 000 507	3. 997 972	0. 250 127	34
35	2 465. 190 329	9 856. 761 315	0. 000 101	0. 000 406	3. 998 377	0. 250 101	35
36	3 018. 487 911	12 321. 951 64	0. 000 081	0. 000 325	3. 998 702	0. 250 081	36
37	3 851. 859 889	15 403. 439 56	0. 000 065	0. 000 260	3. 998 962	0. 250 065	37
38	4 814. 824 861	19 255. 299 44	0. 000 052	0. 000 208	3. 999 169	0. 250 052	38
39	6 018. 531 076	24 070. 124 30	0. 000 042	0. 000 166	3. 999 335	0. 250 042	39
40	7 523. 163 845	30 088. 655 38	0. 000 033	0. 000 133	3. 999 468	0. 250 033	40
41	9 403. 954 807	37 611. 819 23	0. 000 027	0. 000 106	3. 999 575	0. 250 027	41
42	11 754. 943 51	47 015. 774 03	0. 000 021	0. 000 085	3. 999 660	0. 250 021	42
43	14 693. 679 39	58 770. 717 54	0. 000 017	0. 000 068	3. 999 728	0. 250 017	43
44	18 367. 099 23	73 464. 396 93	0. 000 014	0. 000 054	3. 999 782	0. 250 014	44
45	22 958. 874 04	91 831. 496 16	0. 000 011	0. 000 044	3. 999 826	0. 250 011	45
46	28 698. 592 55	114 790. 370 2	0. 000 009	0. 000 035	3. 999 861	0. 250 009	46
47	35 873. 240 69	143 488. 962 7	0. 000 007	0. 000 028	3. 999 888	0. 250 007	47
48	44 841. 550 86	179 362. 203 4	0. 000 006	0. 000 022	3. 999 911	0. 250 006	48
49	56 051. 938 57	224 203. 754 3	0. 000 004	0. 000 018	3. 999 929	0. 250 004	49
50	70 064. 923 22	280 255. 692 9	0. 000 004	0. 000 014	3. 999 943	0. 250 004	50

利率=26%

年	$(S/P,i,n)$	$(S/R,i,n)$	$(R/S,i,n)$	$(P/S,i,n)$	$(P/R,i,n)$	$(R/P,i,n)$	年
1	1. 260 000	1. 000 000	1. 000 000	0. 793 651	0. 793 651	1. 260 000	1
2	1. 587 600	2. 260 000	0. 442 478	0. 629 882	1. 423 532	0. 702 478	2
3	2. 000 376	3. 847 600	0. 259 902	0. 499 906	1. 923 438	0. 519 902	3
4	2. 520 474	5. 847 976	0. 170 999	0. 396 751	2. 320 189	0. 430 999	4
5	3. 175 797	8. 368 450	0. 119 496	0. 314 882	2. 635 071	0. 379 496	5
6	4. 001 504	11. 544 247	0. 086 623	0. 249 906	2. 884 977	0. 346 623	6
7	5. 041 859	15. 545 751	0. 064 326	0. 198 338	3. 083 315	0. 324 326	7
8	6. 352 788	20. 587 646	0. 048 573	0. 157 411	3. 240 726	0. 308 573	8
9	8. 004 513	26. 940 434	0. 037 119	0. 124 930	3. 365 656	0. 297 119	9
10	10. 085 686	34. 944 947	0. 028 616	0. 099 150	3. 464 806	0. 288 616	10
11	12. 707 965	45. 030 633	0. 022 207	0. 078 691	3. 543 497	0. 282 207	11
12	16. 012 035	57. 738 598	0. 017 319	0. 062 453	3. 605 950	0. 277 319	12
13	20. 175 165	73. 750 633	0. 013 559	0. 049 566	3. 655 516	0. 273 559	13
14	25. 420 707	93. 925 798	0. 010 647	0. 039 338	3. 694 854	0. 270 647	14
15	32. 030 091	119. 346 505	0. 008 379	0. 031 221	3. 726 074	0. 268 379	15
16	40. 357 915	151. 376 596	0. 006 606	0. 024 778	3. 750 853	0. 266 606	16
17	50. 850 973	191. 734 511	0. 005 216	0. 019 665	3. 770 518	0. 265 216	17
18	64. 072 226	242. 585 484	0. 004 122	0. 015 607	3. 786 125	0. 264 122	18
19	80. 731 005	306. 657 710	0. 003 261	0. 012 387	3. 798 512	0. 263 261	19
20	101. 721 066	387. 388 715	0. 002 581	0. 009 831	3. 808 343	0. 262 581	20

续表

年	$(S/P,i,n)$	$(S/R,i,n)$	$(R/S,i,n)$	$(P/S,i,n)$	$(P/R,i,n)$	$(R/P,i,n)$	年
21	128. 168 543	489. 109 781	0. 002 045	0. 007 802	3. 816 145	0. 262 045	21
22	161. 492 364	617. 278 324	0. 001 620	0. 006 192	3. 822 338	0. 261 620	22
23	203. 480 379	778. 770 688	0. 001 284	0. 004 914	3. 827 252	0. 261 284	23
24	256. 385 277	982. 251 067	0. 001 018	0. 003 900	3. 831 152	0. 261 018	24
25	323. 045 450	1 238. 636 345	0. 000 807	0. 003 096	3. 834 248	0. 260 807	25
26	407. 037 266	1 561. 681 794	0. 000 640	0. 002 457	3. 836 705	0. 260 640	26
27	512. 866 956	1 968. 719 061	0. 000 508	0. 001 950	3. 838 655	0. 260 508	27
28	646. 212 364	2 481. 586 016	0. 000 403	0. 001 547	3. 840 202	0. 260 403	28
29	814. 227 579	3 127. 798 381	0. 000 320	0. 001 228	3. 841 430	0. 260 320	29
30	1 025. 926 749	3 942. 025 959	0. 000 254	0. 000 975	3. 842 405	0. 260 254	30
31	1 292. 667 704	4 967. 952 709	0. 000 201	0. 000 774	3. 843 178	0. 260 201	31
32	1 628. 761 307	6 260. 620 413	0. 000 160	0. 000 614	3. 843 792	0. 260 160	32
33	2 052. 239 247	7 889. 381 721	0. 000 127	0. 000 487	3. 844 280	0. 260 127	33
34	2 585. 821 452	9 941. 620 968	0. 000 101	0. 000 387	3. 844 666	0. 260 101	34
35	3 258. 135 029	12 527. 442 42	0. 000 080	0. 000 307	3. 844 973	0. 260 080	35
36	4 105. 250 137	15 785. 577 45	0. 000 063	0. 000 244	3. 845 217	0. 260 063	36
37	5 172. 615 172	19 890. 827 59	0. 000 050	0. 000 193	3. 845 410	0. 260 050	37
38	6 517. 495 117	25 063. 442 76	0. 000 040	0. 000 153	3. 845 564	0. 260 040	38
39	8 212. 043 847	31 580. 937 88	0. 000 032	0. 000 122	3. 845 685	0. 260 032	39
40	10 347. 175 25	39 792. 981 72	0. 000 025	0. 000 097	3. 845 782	0. 260 025	40
41	13 037. 440 81	50 140. 156 97	0. 000 020	0. 000 077	3. 845 859	0. 260 020	41
42	16 427. 175 42	63 177. 579 78	0. 000 016	0. 000 061	3. 845 920	0. 260 016	42
43	20 698. 241 03	79 604. 773 21	0. 000 013	0. 000 048	3. 845 968	0. 260 013	43
44	26 079. 783 70	100 303. 014 2	0. 000 010	0. 000 038	3. 846 006	0. 260 010	44
45	32 860. 527 46	126 382. 797 9	0. 000 008	0. 000 030	3. 846 037	0. 260 008	45
46	41 404. 264 61	159 243. 325 4	0. 000 006	0. 000 024	3. 846 061	0. 260 006	46
47	52 169. 373 40	200 647. 590 0	0. 000 005	0. 000 019	3. 846 080	0. 260 005	47
48	65 733. 410 49	252 816. 963 4	0. 000 004	0. 000 015	3. 846 095	0. 260 004	48
49	82 824. 097 22	318 550. 373 9	0. 000 003	0. 000 012	3. 846 107	0. 260 003	49
50	104 358. 362 5	401 374. 471 1	0. 000 002	0. 000 010	3. 846 117	0. 260 002	50

利率＝27%

年	$(S/P,i,n)$	$(S/R,i,n)$	$(R/S,i,n)$	$(P/S,i,n)$	$(P/R,i,n)$	$(R/P,i,n)$	年
1	1. 270 000	1. 000 000	1. 000 000	0. 787 402	0. 787 402	1. 270 000	1
2	1. 612 900	2. 270 000	0. 440 529	0. 620 001	1. 407 403	0. 710 529	2
3	2. 048 383	3. 882 900	0. 257 539	0. 488 190	1. 895 593	0. 527 539	3
4	2. 601 446	5. 931 283	0. 168 598	0. 384 402	2. 279 994	0. 438 598	4
5	3. 303 837	8. 532 729	0. 117 196	0. 302 678	2. 582 673	0. 387 196	5
6	4. 195 873	11. 836 566	0. 084 484	0. 238 329	2. 821 002	0. 354 484	6
7	5. 328 759	16. 032 439	0. 062 374	0. 187 661	3. 008 663	0. 332 374	7
8	6. 767 523	21. 361 198	0. 046 814	0. 147 765	3. 156 428	0. 316 814	8
9	8. 594 755	28. 128 721	0. 035 551	0. 116 350	3. 272 778	0. 305 551	9
10	10. 915 339	36. 723 476	0. 027 231	0. 091 614	3. 364 392	0. 297 231	10

年	$(S/P,i,n)$	$(S/R,i,n)$	$(R/S,i,n)$	$(P/S,i,n)$	$(P/R,i,n)$	$(R/P,i,n)$	年
11	13. 862 480	47. 638 815	0. 020 991	0. 072 137	3. 436 529	0. 290 991	11
12	17. 605 350	61. 501 295	0. 016 260	0. 056 801	3. 493 330	0. 286 260	12
13	22. 358 794	79. 106 644	0. 012 641	0. 044 725	3. 538 055	0. 282 641	13
14	28. 395 668	101. 465 438	0. 009 856	0. 035 217	3. 573 272	0. 279 856	14
15	36. 062 499	129. 861 106	0. 007 701	0. 027 730	3. 601 001	0. 277 701	15
16	45. 799 373	165. 923 605	0. 006 027	0. 021 834	3. 622 836	0. 276 027	16
17	58. 165 204	211. 722 978	0. 004 723	0. 017 192	3. 640 028	0. 274 723	17
18	73. 869 809	269. 888 182	0. 003 705	0. 013 537	3. 653 565	0. 273 705	18
19	93. 814 658	343. 757 991	0. 002 909	0. 010 659	3. 664 225	0. 272 909	19
20	119. 144 615	437. 572 649	0. 002 285	0. 008 393	3. 672 618	0. 272 285	20
21	151. 313 661	556. 717 264	0. 001 796	0. 006 609	3. 679 227	0. 271 796	21
22	192. 168 350	708. 030 926	0. 001 412	0. 005 204	3. 684 430	0. 271 412	22
23	244. 053 804	900. 199 276	0. 001 111	0. 004 097	3. 688 528	0. 271 111	23
24	309. 948 332	1 144. 253 080	0. 000 874	0. 003 226	3. 691 754	0. 270 874	24
25	393. 634 381	1 454. 201 412	0. 000 688	0. 002 540	3. 694 295	0. 270 688	25
26	499. 915 664	1 847. 835 793	0. 000 541	0. 002 000	3. 696 295	0. 270 541	26
27	634. 892 893	2 347. 751 457	0. 000 426	0. 001 575	3. 697 870	0. 270 426	27
28	806. 313 974	2 982. 644 350	0. 000 335	0. 001 240	3. 699 110	0. 270 335	28
29	1 024. 018 748	3 788. 958 324	0. 000 264	0. 000 977	3. 700 087	0. 270 264	29
30	1 300. 503 809	4 812. 977 072	0. 000 208	0. 000 769	3. 700 856	0. 270 208	30
31	1 651. 639 838	6 113. 480 881	0. 000 164	0. 000 605	3. 701 461	0. 270 164	31
32	2 097. 582 594	7 765. 120 720	0. 000 129	0. 000 477	3. 701 938	0. 270 129	32
33	2 663. 929 895	9 862. 703 314	0. 000 101	0. 000 375	3. 702 313	0. 270 101	33
34	3 383. 190 966	12 526. 633 21	0. 000 080	0. 000 296	3. 702 609	0. 270 080	34
35	4 296. 652 527	15 909. 824 17	0. 000 063	0. 000 233	3. 702 842	0. 270 063	35
36	5 456. 748 710	20 206. 476 70	0. 000 049	0. 000 183	3. 703 025	0. 270 049	36
37	6 930. 070 861	25 663. 225 41	0. 000 039	0. 000 144	3. 703 169	0. 270 039	37
38	8 801. 189 994	32 593. 296 27	0. 000 031	0. 000 114	3. 703 283	0. 270 031	38
39	11 177. 511 29	41 394. 486 27	0. 000 024	0. 000 089	3. 703 372	0. 270 024	39
40	14 195. 439 34	52 571. 997 56	0. 000 019	0. 000 070	3. 703 443	0. 270 019	40
41	18 028. 207 96	66 767. 436 90	0. 000 015	0. 000 055	3. 703 498	0. 270 015	41
42	22 895. 824 11	84 795. 644 86	0. 000 012	0. 000 044	3. 703 542	0. 270 012	42
43	29 077. 696 62	107 691. 496 0	0. 000 009	0. 000 034	3. 703 576	0. 270 009	43
44	36 928. 674 71	136 769. 165 6	0. 000 007	0. 000 027	3. 703 603	0. 270 007	44
45	46 899. 416 88	173 697. 840 3	0. 000 006	0. 000 021	3. 703 625	0. 270 006	45
46	59 562. 259 44	220 597. 257 2	0. 000 005	0. 000 017	3. 703 642	0. 270 005	46
47	75 644. 069 49	280 159. 516 6	0. 000 004	0. 000 013	3. 703 655	0. 270 004	47
48	96 067. 968 25	355 803. 586 1	0. 000 003	0. 000 010	3. 703 665	0. 270 003	48
49	122 006. 319 7	451 871. 554 4	0. 000 002	0. 000 008	3. 703 673	0. 270 002	49
50	154 948. 026 0	573 877. 874 1	0. 000 002	0. 000 006	3. 703 680	0. 270 002	50

利率＝28％

年	$(S/P,i,n)$	$(S/R,i,n)$	$(R/S,i,n)$	$(P/S,i,n)$	$(P/R,i,n)$	$(R/P,i,n)$	年
1	1. 280 000	1. 000 000	1. 000 000	0. 781 250	0. 781 250	1. 280 000	1
2	1. 638 400	2. 280 000	0. 438 596	0. 610 352	1. 391 602	0. 718 596	2
3	2. 097 152	3. 918 400	0. 255 206	0. 476 837	1. 868 439	0. 535 206	3
4	2. 684 355	6. 015 552	0. 166 236	0. 372 529	2. 240 968	0. 446 236	4
5	3. 435 974	8. 699 907	0. 114 944	0. 291 038	2. 532 006	0. 394 944	5
6	4. 398 047	12. 135 880	0. 082 400	0. 227 374	2. 759 380	0. 362 400	6
7	5. 629 500	16. 533 927	0. 060 482	0. 177 636	2. 937 015	0. 340 482	7
8	7. 205 759	22. 163 426	0. 045 119	0. 138 778	3. 075 793	0. 325 119	8
9	9. 223 372	29. 369 186	0. 034 049	0. 108 420	3. 184 214	0. 314 049	9
10	11. 805 916	38. 592 558	0. 025 912	0. 084 703	3. 268 917	0. 305 912	10
11	15. 111 573	50. 398 474	0. 019 842	0. 066 174	3. 335 091	0. 299 842	11
12	19. 342 813	65. 510 047	0. 015 265	0. 051 699	3. 386 790	0. 295 265	12
13	24. 758 801	84. 852 860	0. 011 785	0. 040 390	3. 427 180	0. 291 785	13
14	31. 691 265	109. 611 661	0. 009 123	0. 031 554	3. 458 734	0. 289 123	14
15	40. 564 819	141. 302 926	0. 007 077	0. 024 652	3. 483 386	0. 287 077	15
16	51. 922 969	181. 867 745	0. 005 499	0. 019 259	3. 502 645	0. 285 499	16
17	66. 461 400	233. 790 714	0. 004 277	0. 015 046	3. 517 692	0. 284 277	17
18	85. 070 592	300. 252 113	0. 003 331	0. 011 755	3. 529 447	0. 283 331	18
19	108. 890 357	385. 322 705	0. 002 595	0. 009 184	3. 538 630	0. 282 595	19
20	139. 379 657	494. 213 062	0. 002 023	0. 007 175	3. 545 805	0. 282 023	20
21	178. 405 962	633. 592 720	0. 001 578	0. 005 605	3. 551 410	0. 281 578	21
22	228. 359 631	811. 998 682	0. 001 232	0. 004 379	3. 555 789	0. 281 232	22
23	292. 300 327	1 040. 358 312	0. 000 961	0. 003 421	3. 559 210	0. 280 961	23
24	374. 144 419	1 332. 658 640	0. 000 750	0. 002 673	3. 561 883	0. 280 750	24
25	478. 904 857	1 706. 803 059	0. 000 586	0. 002 088	3. 563 971	0. 280 586	25
26	612. 998 216	2 185. 707 916	0. 000 458	0. 001 631	3. 565 602	0. 280 458	26
27	784. 637 717	2 798. 706 132	0. 000 357	0. 001 274	3. 566 877	0. 280 357	27
28	1 004. 336 278	3 583. 343 849	0. 000 279	0. 000 996	3. 567 873	0. 280 279	28
29	1 285. 550 435	4 587. 680 126	0. 000 218	0. 000 778	3. 568 650	0. 280 218	29
30	1 645. 504 557	5 873. 230 562	0. 000 170	0. 000 608	3. 569 258	0. 280 170	30
31	2 106. 245 833	7 518. 735 119	0. 000 133	0. 000 475	3. 569 733	0. 280 133	31
32	2 695. 994 667	9 624. 980 953	0. 000 104	0. 000 371	3. 570 104	0. 280 104	32
33	3 450. 873 173	12 320. 975 62	0. 000 081	0. 000 290	3. 570 394	0. 280 081	33
34	4 417. 117 662	15 771. 848 79	0. 000 063	0. 000 226	3. 570 620	0. 280 063	34
35	5 653. 910 607	20 188. 966 45	0. 000 050	0. 000 177	3. 570 797	0. 280 050	35
36	7 237. 005 577	25 842. 877 06	0. 000 039	0. 000 138	3. 570 935	0. 280 039	36
37	9 263. 367 139	33 079. 882 64	0. 000 030	0. 000 108	3. 571 043	0. 280 030	37
38	11 857. 109 94	42 343. 249 78	0. 000 024	0. 000 084	3. 571 127	0. 280 024	38
39	15 177. 100 72	54 200. 359 72	0. 000 018	0. 000 066	3. 571 193	0. 280 018	39
40	19 426. 688 92	69 377. 460 44	0. 000 014	0. 000 051	3. 571 245	0. 280 014	40

年	$(S/P,i,n)$	$(S/R,i,n)$	$(R/S,i,n)$	$(P/S,i,n)$	$(P/R,i,n)$	$(R/P,i,n)$	年
41	24. 866 161 82	88 804. 149 36	0. 000 011	0. 000 040	3. 571 285	0. 280 011	41
42	31 828. 687 13	113 670. 311 2	0. 000 009	0. 000 031	3. 571 316	0. 280 009	42
43	40 740. 719 53	145 498. 998 3	0. 000 007	0. 000 025	3. 571 341	0. 280 007	43
44	52 148. 120 99	186 239. 717 8	0. 000 005	0. 000 019	3. 571 360	0. 280 005	44
45	66 749. 594 87	238 387. 838 8	0. 000 004	0. 000 015	3. 571 375	0. 280 004	45
46	85 439. 481 44	305 137. 433 7	0. 000 003	0. 000 012	3. 571 387	0. 280 003	46
47	109 362. 536 2	390 576. 915 1	0. 000 003	0. 000 009	3. 571 396	0. 280 003	47
48	139 984. 046 4	499 939. 451 4	0. 000 002	0. 000 007	3. 571 403	0. 280 002	48
49	179 179. 579 4	639 923. 497 8	0. 000 002	0. 000 006	3. 571 409	0. 280 002	49
50	229 349. 861 6	819 103. 077 1	0. 000 001	0. 000 004	3. 571 413	0. 280 001	50

利率＝29％

年	$(S/P,i,n)$	$(S/R,i,n)$	$(R/S,i,n)$	$(P/S,i,n)$	$(P/R,i,n)$	$(R/P,i,n)$	年
1	1. 290 000	1. 000 000	1. 000 000	0. 775 194	0. 775 194	1. 290 000	1
2	1. 664 100	2. 290 000	0. 436 681	0. 600 925	1. 376 119	0. 726 681	2
3	2. 146 689	3. 954 100	0. 252 902	0. 465 834	1. 841 953	0. 542 902	3
4	2. 769 229	6. 100 789	0. 163 913	0. 361 111	2. 203 064	0. 453 913	4
5	3. 572 305	8. 870 018	0. 112 739	0. 279 931	2. 482 996	0. 402 739	5
6	4. 608 274	12. 442 323	0. 080 371	0. 217 001	2. 699 997	0. 370 371	6
7	5. 944 673	17. 050 597	0. 058 649	0. 168 218	2. 868 214	0. 348 649	7
8	7. 668 628	22. 995 270	0. 043 487	0. 130 401	2. 998 616	0. 333 487	8
9	9. 892 530	30. 663 898	0. 032 612	0. 101 086	3. 099 702	0. 322 612	9
10	12. 761 364	40. 556 428	0. 024 657	0. 078 362	3. 178 064	0. 314 657	10
11	16. 462 160	53. 317 792	0. 018 755	0. 060 745	3. 238 809	0. 308 755	11
12	21. 236 186	69. 779 952	0. 014 331	0. 047 089	3. 285 899	0. 304 331	12
13	27. 394 680	91. 016 138	0. 010 987	0. 036 503	3. 322 402	0. 300 987	13
14	35. 339 137	118. 410 819	0. 008 445	0. 028 297	3. 350 699	0. 298 445	14
15	45. 587 487	153. 749 956	0. 006 504	0. 021 936	3. 372 635	0. 296 504	15
16	58. 807 859	199. 337 443	0. 005 017	0. 017 005	3. 389 640	0. 295 017	16
17	75. 862 137	258. 145 302	0. 003 874	0. 013 182	3. 402 821	0. 293 874	17
18	97. 862 157	334. 007 439	0. 002 994	0. 010 218	3. 413 040	0. 292 994	18
19	126. 242 183	431. 869 596	0. 002 316	0. 007 921	3. 420 961	0. 292 316	19
20	162. 852 416	558. 111 779	0. 001 792	0. 006 141	3. 427 102	0. 291 792	20
21	210. 079 617	720. 964 195	0. 001 387	0. 004 760	3. 431 862	0. 291 387	21
22	271. 002 705	931. 043 812	0. 001 074	0. 003 690	3. 435 552	0. 291 074	22
23	349. 593 490	1 202. 046 518	0. 000 832	0. 002 860	3. 438 412	0. 290 832	23
24	450. 975 602	1 551. 640 008	0. 000 644	0. 002 217	3. 440 630	0. 290 644	24
25	581. 758 527	2 002. 615 610	0. 000 499	0. 001 719	3. 442 349	0. 290 499	25
26	750. 468 500	2 584. 374 137	0. 000 387	0. 001 333	3. 443 681	0. 290 387	26
27	968. 104 365	3 334. 842 636	0. 000 300	0. 001 033	3. 444 714	0. 290 300	27
28	1 248. 854 630	4 302. 947 001	0. 000 232	0. 000 801	3. 445 515	0. 290 232	28
29	1 611. 022 473	5 551. 801 631	0. 000 180	0. 000 621	3. 446 135	0. 290 180	29
30	2 078. 218 990	7 162. 824 104	0. 000 140	0. 000 481	3. 446 617	0. 290 140	30

年	$(S/P,i,n)$	$(S/R,i,n)$	$(R/S,i,n)$	$(P/S,i,n)$	$(P/R,i,n)$	$(R/P,i,n)$	年
31	2 680.902 497	9 241.043 094	0.000 108	0.000 373	3.446 990	0.290 108	31
32	3 458.364 222	11 921.945 59	0.000 084	0.000 289	3.447 279	0.290 084	32
33	4 461.289 846	15 380.309 81	0.000 065	0.000 224	3.447 503	0.290 065	33
34	5 755.063 901	19 841.599 66	0.000 050	0.000 174	3.447 677	0.290 050	34
35	7 424.032 433	25 596.663 56	0.000 039	0.000 135	3.447 811	0.290 039	35
36	9 577.001 838	33 020.695 99	0.000 030	0.000 104	3.447 916	0.290 030	36
37	12 354.332 37	42 597.697 83	0.000 023	0.000 081	3.447 997	0.290 023	37
38	15 937.088 76	54 952.030 20	0.000 018	0.000 063	3.448 059	0.290 018	38
39	20 558.844 50	70 889.118 96	0.000 014	0.000 049	3.448 108	0.290 014	39
40	26 520.909 40	91 447.963 46	0.000 011	0.000 038	3.448 146	0.290 011	40
41	34 211.973 13	117 968.872 9	0.000 008	0.000 029	3.448 175	0.290 008	41
42	44 133.445 34	152 180.846 0	0.000 007	0.000 023	3.448 198	0.290 007	42
43	56 932.144 49	196 314.291 3	0.000 005	0.000 018	3.448 215	0.290 005	43
44	73 442.466 39	253 246.435 8	0.000 004	0.000 014	3.448 229	0.290 004	44
45	94 740.781 64	326 688.902 2	0.000 003	0.000 011	3.448 239	0.290 003	45
46	122 215.608 3	421 429.683 8	0.000 002	0.000 008	3.448 248	0.290 002	46
47	157 658.134 7	543 645.292 2	0.000 002	0.000 006	3.448 254	0.290 002	47
48	203 378.993 8	701 303.426 9	0.000 001	0.000 005	3.448 259	0.290 001	48
49	262 358.902 0	904 682.420 7	0.000 001	0.000 004	3.448 263	0.290 001	49
50	338 442.983 6	1 167 041.323	0.000 001	0.000 003	3.448 266	0.290 001	50

利率＝30%

年	$(S/P,i,n)$	$(S/R,i,n)$	$(R/S,i,n)$	$(P/S,i,n)$	$(P/R,i,n)$	$(R/P,i,n)$	年
1	1.300 000	1.000 000	1.000 000	0.769 231	0.759 231	1.300 000	1
2	1.690 000	2.300 000	0.434 783	0.591 716	1.360 947	0.734 783	2
3	2.197 000	3.990 000	0.250 627	0.455 166	1.816 113	0.550 627	3
4	2.856 100	6.187 000	0.161 629	0.350 128	2.166 241	0.461 629	4
5	3.712 930	9.043 100	0.110 582	0.269 329	2.435 570	0.410 582	5
6	4.826 809	12.756 030	0.078 394	0.027 176	2.642 746	0.378 394	6
7	6.274 852	17.582 839	0.056 874	0.159 366	2.802 112	0.356 874	7
8	8.157 307	23.857 691	0.041 915	0.122 589	2.924 702	0.341 915	8
9	10.604 499	32.014 998	0.031 235	0.094 300	3.019 001	0.331 235	9
10	13.785 849	42.619 497	0.023 463	0.072 538	3.091 539	0.323 463	10
11	17.921 604	56.405 346	0.017 729	0.055 799	3.147 338	0.317 729	11
12	23.298 085	74.326 950	0.013 454	0.042 922	3.190 260	0.313 454	12
13	30.287 511	97.625 036	0.010 243	0.033 017	3.223 277	0.310 243	13
14	39.373 764	127.912 546	0.007 818	0.025 398	3.248 675	0.307 818	14
15	51.185 893	167.286 310	0.005 978	0.019 537	3.268 211	0.305 978	15
16	66.541 661	218.472 203	0.004 577	0.015 028	3.283 239	0.304 577	16
17	86.504 159	285.013 864	0.003 509	0.011 560	3.294 800	0.303 509	17
18	112.455 407	371.518 023	0.002 692	0.008 892	3.303 692	0.302 692	18
19	146.192 029	483.973 430	0.002 066	0.006 840	3.310 532	0.302 066	19
20	190.049 638	630 .165 459	0.001 587	0.005 262	3.315 794	0.301 587	20

年	$(S/P,i,n)$	$(S/R,i,n)$	$(R/S,i,n)$	$(P/S,i,n)$	$(P/R,i,n)$	$(R/P,i,n)$	年
21	247. 064 529	820. 215 097	0. 001 219	0. 004 048	3. 319 842	0. 301 219	21
22	321. 183 888	1 067. 279 626	0. 000 937	0. 003 113	3. 322 955	0. 300 937	22
23	417. 539 054	1 388. 463 514	0. 000 720	0. 002 395	3. 325 350	0. 300 720	23
24	542. 800 770	1 806. 002 568	0. 000 554	0. 001 842	3. 327 192	0. 300 554	24
25	705. 641 001	2 348. 803 338	0. 000 426	0. 001 417	3. 328 609	0. 300 426	25
26	917. 333 302	3 054. 444 340	0. 000 327	0. 001 090	3. 329 700	0. 300 327	26
27	1 192. 533 293	3 971. 777 642	0. 000 252	0. 000 839	3. 330 538	0. 300 252	27
28	1 550. 293 280	5 164. 310 934	0. 000 194	0. 000 645	3. 331 183	0. 300 194	28
29	2 015. 381 264	6 714. 604 214	0. 000 149	0. 000 496	3. 331 679	0. 300 149	29
30	2 619. 995 644	8 729. 985 479	0. 000 115	0. 000 382	3. 332 061	0. 300 115	30
31	3 405. 994 337	11 349. 981 12	0. 000 088	0. 000 294	3. 332 355	0. 300 088	31
32	4 427. 792 638	14 755. 975 46	0. 000 068	0. 000 226	3. 332 581	0. 300 068	32
33	5 756. 130 429	19 183. 768 10	0. 000 052	0. 000 174	3. 332 754	0. 300 052	33
34	7 482. 969 558	24 939. 898 53	0. 000 040	0. 000 134	3. 332 888	0. 300 040	34
35	9 727. 860 425	32 422. 868 08	0. 000 031	0. 000 103	3. 332 991	0. 300 031	35
36	12 646. 218 55	42 150. 728 51	0. 000 024	0. 000 079	3. 333 070	0. 300 024	36
37	16 440. 084 12	54 796. 947 06	0. 000 018	0. 000 061	3. 333 131	0. 300 018	37
38	21 372. 109 35	71 237. 031 18	0. 000 014	0. 000 047	3. 333 177	0. 300 014	38
39	27 783. 742 16	92 609. 140 53	0. 000 011	0. 000 036	3. 333 213	0. 300 011	39
40	36 118. 864 81	120 392. 882 7	0. 000 008	0. 000 028	3. 333 241	0. 300 008	40
41	46 954. 524 25	156 511. 747 5	0. 000 006	0. 000 021	3. 333 262	0. 300 006	41
42	61 040. 881 53	203 466. 271 8	0. 000 005	0. 000 016	3. 333 279	0. 300 005	42
43	79 353. 145 98	264 507. 153 3	0. 000 004	0. 000 013	3. 333 291	0. 300 004	43
44	103 159. 089 8	343 860. 299 3	0. 000 003	0. 000 010	3. 333 301	0. 300 003	44
45	134 106. 816 7	447 019. 389 0	0. 000 002	0. 000 007	3. 333 308	0. 300 002	45
46	147 338. 861 7	581 126. 205 8	0. 000 002	0. 000 006	3. 333 314	0. 300 002	46
47	226 640. 520 2	755 465. 067 5	0. 000 001	0. 000 004	3. 333 319	0. 300 001	47
48	294 632. 676 3	982 105. 587 7	0. 000 001	0. 000 003	3. 333 322	0. 300 001	48
49	383 022. 479 2	1 276 738. 264	0. 000 001	0. 000 003	3. 333 325	0. 300 001	49
50	497 929. 223 0	1 659 760. 743	0. 000 001	0. 000 002	3. 333 327	0. 300 001	50

利率＝31%

年	$(S/P,i,n)$	$(S/R,i,n)$	$(R/S,i,n)$	$(P/S,i,n)$	$(P/R,i,n)$	$(R/P,i,n)$	年
1	1. 310 000	1. 000 000	1. 000 000	0. 763 359	0. 763 359	1. 310 000	1
2	1. 716 100	2. 310 000	0. 432 900	0. 582 717	1. 346 075	0. 742 900	2
3	2. 248 091	4. 026 100	0. 248 379	0. 444 822	1. 790 897	0. 558 379	3
4	2. 944 999	6. 274 191	0. 159 383	0. 339 559	2. 130 456	0. 469 383	4
5	3. 857 949	9. 219 190	0. 108 469	0. 259 205	2. 389 661	0. 418 469	5
6	5. 053 913	13. 077 139	0. 076 469	0. 197 866	2. 587 527	0. 386 469	6
7	6. 620 626	18. 131 052	0. 055 154	0. 151 043	2. 738 571	0. 365 154	7
8	8. 673 020	24. 751 679	0. 040 401	0. 115 300	2. 853 871	0. 350 401	8
9	11. 361 657	33. 424 699	0. 029 918	0. 088 015	2. 941 886	0. 339 918	9
10	14. 883 770	44. 786 356	0. 022 328	0. 067 187	3. 009 073	0. 332 328	10

续表

年	$(S/P,i,n)$	$(S/R,i,n)$	$(R/S,i,n)$	$(P/S,i,n)$	$(P/R,i,n)$	$(R/P,i,n)$	年
11	19. 497 739	59. 670 126	0. 016 759	0. 051 288	3. 060 361	0. 326 759	11
12	25. 542 038	79. 167 865	0. 012 631	0. 039 151	3. 099 512	0. 322 631	12
13	33. 460 070	104. 709 903	0. 009 550	0. 029 886	3. 129 399	0. 319 550	13
14	43. 832 692	138. 169 973	0. 007 237	0. 022 814	3. 152 213	0. 317 237	14
15	57. 420 826	182. 002 664	0. 005 494	0. 017 415	3. 169 628	0. 315 494	15
16	75. 221 282	239. 423 490	0. 004 177	0. 013 294	3. 182 922	0. 314 177	16
17	98. 539 879	314. 644 772	0. 003 178	0. 010 148	3. 193 070	0. 313 178	17
18	129. 087 242	413. 184 651	0. 002 420	0. 007 747	3. 200 817	0. 312 420	18
19	169. 104 287	542. 271 893	0. 001 844	0. 005 914	3. 206 731	0. 311 844	19
20	221. 526 616	711. 376 180	0. 001 406	0. 004 514	3. 211 245	0. 311 406	20
21	290. 199 867	932. 902 796	0. 001 072	0. 003 446	3. 214 691	0. 311 072	21
22	380. 161 826	1 223. 102 663	0. 000 818	0. 002 630	3. 217 321	0. 310 818	22
23	498. 011 991	1 603. 264 488	0. 000 624	0. 002 008	3. 219 329	0. 310 624	23
24	652. 395 709	2 101. 276 480	0. 000 476	0. 001 533	3. 220 862	0. 310 476	24
25	854. 638 378	2 753. 672 189	0. 000 363	0. 001 170	3. 222 032	0. 310 363	25
26	1 119. 576 276	3 608. 310 567	0. 000 277	0. 000 893	3. 222 925	0. 310 277	26
27	1 466. 644 921	4 727. 886 843	0. 000 212	0. 000 682	3. 223 607	0. 310 212	27
28	1 921. 304 847	6 194. 531 764	0. 000 161	0. 000 520	3. 224 127	0. 310 161	28
29	2 516. 909 349	8 115. 836 611	0. 000 123	0. 000 397	3. 224 525	0. 310 123	29
30	3 297. 151 248	10 632. 745 96	0. 000 094	0. 000 303	3. 224 828	0. 310 094	30
31	4 319. 268 135	13 929. 897 21	0. 000 072	0. 000 232	3. 225 060	0. 310 072	31
32	5 658. 241 256	18 249. 165 34	0. 000 055	0. 000 177	3. 225 236	0. 310 055	32
33	7 412. 296 046	23 907. 406 60	0. 000 042	0. 000 135	3. 225 371	0. 310 042	33
34	9 710. 107 820	31 319. 702 65	0. 000 032	0. 000 103	3. 225 474	0. 310 032	34
35	12 720. 241 24	41 029. 810 46	0. 000 024	0. 000 079	3. 225 553	0. 310 024	35
36	16 663. 516 03	53 750. 051 71	0. 000 019	0. 000 060	3. 225 613	0. 310 019	36
37	21 829. 206 00	70 413. 567 74	0. 000 014	0. 000 046	3. 225 659	0. 310 014	37
38	28 596. 259 86	92 242. 773 74	0. 000 011	0. 000 035	3. 225 694	0. 310 011	38
39	37 461. 100 42	120 839. 033 6	0. 000 008	0. 000 027	3. 225 720	0. 310 008	39
40	49 074. 041 54	158 300. 134 0	0. 000 006	0. 000 020	3. 225 741	0. 310 006	40
41	64 286. 994 42	207 374. 175 6	0. 000 005	0. 000 016	3. 225 756	0. 310 005	41
42	84 215. 962 69	271 661. 170 0	0. 000 004	0. 000 012	3. 225 768	0. 310 004	42
43	110 322. 911 1	355 877. 132 7	0. 000 003	0. 000 009	3. 225 777	0. 310 003	43
44	144 523. 013 6	466 200. 043 8	0. 000 002	0. 000 007	3. 225 784	0. 310 002	44
45	189 325. 147 8	610 723. 057 4	0. 000 002	0. 000 005	3. 225 789	0. 310 002	45
46	248 015. 943 6	800 048. 205 2	0. 000 001	0. 000 004	3. 225 793	0. 310 001	46
47	324 900. 886 1	1 048 064. 149	0. 000 001	0. 000 003	3. 225 797	0. 310 001	47
48	425 620. 160 8	1 372 965. 035	0. 000 001	0. 000 002	3. 225 799	0. 310 001	48
49	557 562. 410 7	1 798 585. 196	0. 000 001	0. 000 002	3. 225 801	0. 310 001	49
50	730 406. 758 0	2 356 147. 606	0. 000 000	0. 000 001	3. 225 802	0. 310 000	50

利率＝32%

年	$(S/P,i,n)$	$(S/R,i,n)$	$(R/S,i,n)$	$(P/S,i,n)$	$(P/R,i,n)$	$(R/P,i,n)$	年
1	1. 320 000	1. 000 0000	1. 000 000	0. 757 576	0. 757 576	1. 320 000	1
2	1. 742 400	2. 320 000	0. 431 034	0. 573 921	1. 331 497	0. 751 034	2
3	2. 299 968	4. 062 400	0. 246 160	0. 434 789	1. 766 285	0. 566 160	3
4	3. 035 958	6. 362 368	0. 157 174	0. 329 385	2. 095 671	0. 477 174	4
5	4. 007 464	9. 398 326	0. 106 402	0. 249 534	2. 345 205	0. 426 402	5
6	5. 289 853	13. 405 790	0. 074 595	0. 189 041	2. 534 246	0. 394 595	6
7	6. 982 606	18. 695 643	0. 053 488	0. 143 213	2. 677 459	0. 373 488	7
8	9. 217 040	25. 678 249	0. 038 943	0. 108 495	2. 785 954	0. 358 943	8
9	12. 166 492	34. 895 288	0. 028 657	0. 082 193	2. 868 147	0. 348 657	9
10	16. 059 770	47. 061 780	0. 021 249	0. 062 267	2. 930 414	0. 341 249	10
11	21. 198 896	63. 121 550	0. 015 842	0. 047 172	2. 977 587	0. 335 842	11
12	27. 982 543	84. 320 446	0. 011 860	0. 035 737	3. 013 323	0. 331 860	12
13	36. 936 956	112. 302 988	0. 008 904	0. 027 073	3. 040 396	0. 328 904	13
14	48. 756 782	149. 239 945	0. 006 701	0. 020 510	3. 060 906	0. 326 701	14
15	64. 358 953	197. 996 727	0. 005 051	0. 015 538	3. 076 444	0. 325 051	15
16	84. 953 818	262. 355 680	0. 003 812	0. 011 771	3. 088 215	0. 323 812	16
17	112. 139 039	347. 309 497	0. 002 879	0. 008 918	3. 097 133	0. 322 879	17
18	148. 023 532	459. 448 536	0. 002 177	0. 006 756	3. 103 888	0. 322 177	18
19	195. 391 062	607. 472 068	0. 001 646	0. 005 118	3. 109 006	0. 321 646	19
20	257. 916 202	802. 863 130	0. 001 246	0. 003 877	3. 112 884	0. 321 246	20
21	340. 449 386	1 060. 779 331	0. 000 943	0. 002 937	3. 115 821	0. 320 943	21
22	449. 393 190	1 401. 228 717	0. 000 714	0. 002 225	3. 118 046	0. 320 714	22
23	593. 199 010	1 850. 621 907	0. 000 540	0. 001 686	3. 119 732	0. 320 540	23
24	783. 022 694	2 443. 820 917	0. 000 409	0. 001 277	3. 121 009	0. 320 409	24
25	1 033. 589 955	3 226. 843 611	0. 000 310	0. 000 968	3. 121 977	0. 320 310	25
26	1 363. 338 741	4 260. 433 566	0. 000 235	0. 000 733	3. 122 710	0. 320 235	26
27	1 800. 927 138	5 624. 772 307	0. 000 178	0. 000 555	3. 123 265	0. 320 178	27
28	2 377. 223 823	7 425. 699 446	0. 000 135	0. 000 421	3. 123 685	0. 320 135	28
29	3 137. 935 446	9 802. 923 268	0. 000 102	0. 000 319	3. 124 004	0. 320 102	29
30	4 142. 074 789	12 940. 858 71	0. 000 077	0. 000 241	3. 124 246	0. 320 077	30
31	5 467. 538 721	17 082. 933 50	0. 000 059	0. 000 183	3. 124 428	0. 320 059	31
32	7 217. 151 112	22 550. 472 22	0. 000 044	0. 000 139	8. 124 567	0. 320 044	32
33	9 526. 639 467	29 767. 623 34	0. 000 034	0. 000 105	3. 124 672	0. 320 034	33
34	12 575. 164 10	39 294. 262 80	0. 000 025	0. 000 080	3. 124 751	0. 320 025	34
35	16 599. 216 61	51 869. 426 90	0. 000 019	0. 000 060	3. 124 812	0. 320 019	35
36	21 910. 965 92	68 468. 643 51	0. 000 015	0. 000 046	3. 124 857	0. 320 015	36
37	28 922. 475 02	90 379. 609 43	0. 000 011	0. 000 035	3. 124 892	0. 320 011	37
38	38 177. 667 02	119 302. 084 4	0. 000 008	0. 000 026	3. 124 918	0. 320 008	38
39	50 394. 520 47	157 479. 751 5	0. 000 006	0. 000 020	3. 124 938	0. 320 006	39
40	66 520. 767 02	207 874. 271 9	0. 000 005	0. 000 015	3. 124 953	0. 320 005	40

年	$(S/P,i,n)$	$(S/R,i,n)$	$(R/S,i,n)$	$(P/S,i,n)$	$(P/R,i,n)$	$(R/P,i,n)$	年
41	87 807. 412 47	274 395. 039 0	0. 000 004	0. 000 011	3. 124 964	0. 320 004	41
42	115 905. 784 5	362 202. 451 4	0. 000 003	0. 000 009	3. 124 973	0. 320 003	42
43	152 995. 635 5	478 108. 235 9	0. 000 002	0. 000 007	3. 124 980	0. 320 002	43
44	201 954. 238 8	631 103. 871 4	0. 000 002	0. 000 005	3. 124 985	0. 320 002	44
45	266 579. 595 3	833 058. 110 2	0. 000 001	0. 000 004	3. 124 988	0. 320 001	45
46	351 885. 065 8	1 099 637. 705	0. 000 001	0. 000 003	3. 124 991	0. 320 001	46
47	464 488. 286 8	1 451 522. 771	0. 000 001	0. 000 002	3. 124 993	0. 320 001	47
48	613 124. 538 6	1 916 011. 058	0. 000 001	0. 000 002	3. 124 995	0. 320 001	48
49	809 324. 390 9	2 529 135. 597	0. 000 000	0. 000 001	3. 124 996	0. 320 000	49
50	1 068 308. 196	3 338 459. 988	0. 000 000	0. 000 001	3. 124 997	0. 320 000	50

利率＝33%

年	$(S/P,i,n)$	$(S/R,i,n)$	$(R/S,i,n)$	$(P/S,i,n)$	$(P/R,i,n)$	$(R/P,i,n)$	年
1	1. 330 000	1. 000 000	1. 000 000	0. 751 880	0. 751 880	1. 330 000	1
2	1. 768 900	2. 330 000	0. 429 185	0. 565 323	1. 317 203	0. 759 185	2
3	2. 352 637	4. 098 900	0. 243 968	0. 425 055	1. 742 258	0. 573 968	3
4	3. 129 007	6. 451 537	0. 155 002	0. 319 590	2. 061 848	0. 485 002	4
5	4. 161 580	9. 580 544	0. 104 378	0. 240 293	2. 302 141	0. 434 378	5
6	5. 534 901	13. 742 124	0. 072 769	0. 180 672	2. 482 813	0. 402 769	6
7	7. 361 418	19. 277 025	0. 051 875	0. 135 843	2. 618 656	0. 381 875	7
8	9. 790 686	26. 638 443	0. 037 540	0. 102 138	2. 720 794	0. 367 540	8
9	13. 021 613	36. 429 129	0. 027 451	0. 076 795	2. 797 590	0. 357 451	9
10	17. 318 745	49. 450 741	0. 020 222	0. 057 741	2. 855 331	0. 350 222	10
11	23. 033 930	66. 769 486	0. 014 977	0. 043 414	2. 898 745	0. 344 977	11
12	30. 635 127	89. 803 417	0. 011 135	0. 032 642	2. 931 387	0. 341 135	12
13	40. 744 720	120. 438 544	0. 008 303	0. 024 543	2. 955 930	0. 338 303	13
14	54. 190 477	161. 183 264	0. 006 204	0. 018 453	2. 974 384	0. 336 204	14
15	72. 073 334	215. 373 740	0. 004 643	0. 013 875	2. 988 258	0. 334 643	15
16	95. 857 535	287. 447 075	0. 003 479	0. 010 432	2. 998 690	0. 333 479	16
17	127. 490 521	383. 304 610	0. 002 609	0. 007 844	3. 006 534	0. 332 609	17
18	169. 562 393	510. 795 131	0. 001 958	0. 005 898	3. 012 432	0. 331 958	18
19	225. 517 983	680. 357 524	0. 001 470	0. 004 434	3. 016 866	0. 331 470	19
20	299. 938 917	905. 875 507	0. 001 104	0. 003 334	3. 020 200	0. 331 104	20
21	398. 918 760	1 205. 814 424	0. 000 829	0. 002 507	3. 022 707	0. 330 829	21
22	530. 561 951	1 604. 733 184	0. 000 623	0. 001 885	3. 024 592	0. 330 623	22
23	705. 647 394	2 135. 295 135	0. 000 468	0. 001 417	3. 026 009	0. 330 468	23
24	938. 511 035	2 840. 942 529	0. 000 352	0. 001 066	3. 027 074	0. 330 352	24
25	1 248. 219 676	3 779. 453 564	0. 000 265	0. 000 801	3. 027 875	0. 330 265	25
26	1 660. 132 169	5 027. 673 239	0. 000 199	0. 000 602	3. 028 478	0. 330 199	26
27	2 207. 975 785	6 687. 805 408	0. 000 150	0. 000 453	3. 028 931	0. 330 150	27
28	2 936. 607 794	8 895. 781 193	0. 000 112	0. 000 341	3. 029 271	0. 330 112	28
29	3 905. 688 366	11 832. 388 99	0. 000 085	0. 000 256	3. 029 527	0. 330 085	29
30	5 194. 565 526	15 738. 077 35	0. 000 064	0. 000 193	3. 029 720	0. 330 064	30

年	$(S/P,i,n)$	$(S/R,i,n)$	$(R/S,i,n)$	$(P/S,i,n)$	$(P/R,i,n)$	$(R/P,i,n)$	年
31	6 908.772 150	20 932.642 88	0.000 048	0.000 145	3.029 864	0.330 048	31
32	9 188.666 960	27 841.415 03	0.000 036	0.000 109	3.029 973	0.330 036	32
33	12 220.927 06	37 030.081 99	0.000 027	0.000 082	3.030 055	0.330 027	33
34	16 253.832 99	49 251.009 04	0.000 020	0.000 062	3.030 117	0.330 020	34
35	21 617.597 87	65 504.842 03	0.000 015	0.000 046	3.030 163	0.330 015	35
36	28 751.405 17	87 122.439 90	0.000 011	0.000 035	3.030 198	0.330 011	36
37	38 239.368 87	115 873.845 1	0.000 009	0.000 026	3.030 224	0.330 009	37
38	50 858.360 60	154 113.213 9	0.000 006	0.000 020	3.030 243	0.330 006	38
39	67 641.619 60	204 971.574 5	0.000 005	0.000 015	3.030 258	0.330 005	39
40	89 963.354 07	272 613.194 1	0.000 004	0.000 011	3.030 269	0.330 004	40
41	119 651.260 9	362 576.548 2	0.000 003	0.000 008	3.030 278	0.330 003	41
42	159 136.177 0	482 227.809 1	0.000 002	0.000 006	3.030 284	0.330 002	42
43	211 651.115 4	641 363.986 1	0.000 002	0.000 005	3.030 289	0.330 002	43
44	281 495.983 5	853 015.101 5	0.000 001	0.000 004	3.030 292	0.330 001	44
45	374 389.658 1	1 134 511.085	0.000 001	0.000 003	3.030 295	0.330 001	45
46	497 938.245 2	1 508 900.743	0.000 001	0.000 002	3.030 297	0.330 001	46
47	662 257.866 2	2 006 838.988	0.000 000	0.000 002	3.030 298	0.330 000	47
48	880 802.962 0	2 669 096.854	0.000 000	0.000 001	3.030 300	0.330 000	48
49	1 171 467.939	3 549 899.816	0.000 000	0.000 001	3.030 300	0.330 000	49
50	1 558 052.359	4 721 367.756	0.000 000	0.000 001	3.030 301	0.330 000	50

利率＝34%

年	$(S/P,i,n)$	$(S/R,i,n)$	$(R/S,i,n)$	$(P/S,i,n)$	$(P/R,i,n)$	$(R/P,i,n)$	年
1	1.340 000	1.000 000	1.000 000	0.746 269	0.746 269	1.340 000	1
2	1.795 600	2.340 000	0.427 350	0.556 917	1.303 186	0.767 350	2
3	2.406 104	4.135 600	0.241 803	0.415 610	1.718 795	0.581 803	3
4	3.224 179	6.541 704	0.152 865	0.310 156	2.028 952	0.492 865	4
5	4.320 400	9.765 883	0.102 397	0.231 460	2.260 412	0.442 397	5
6	5.789 336	14.086 284	0.070 991	0.172 731	2.433 143	0.410 991	6
7	7.757 711	19.875 620	0.050 313	0.128 904	2.562 047	0.390 313	7
8	10.395 333	27.633 331	0.036 188	0.096 197	2.658 244	0.376 188	8
9	13.929 746	38.028 664	0.026 296	0.071 789	2.730 033	0.366 296	9
10	18.665 859	51.958 409	0.019 246	0.053 574	2.783 607	0.359 246	10
11	25.012 251	70.624 268	0.014 159	0.039 980	2.823 587	0.354 159	11
12	33.516 417	95.636 520	0.010 456	0.029 836	2.853 423	0.350 456	12
13	44.911 998	129.152 936	0.007 743	0.022 266	2.875 689	0.347 743	13
14	60.182 078	174.064 934	0.005 745	0.016 616	2.892 305	0.345 745	14
15	80.643 984	234.247 012	0.004 269	0.012 400	2.904 705	0.344 269	15
16	108.062 939	314.890 996	0.003 176	0.009 254	2.913 959	0.343 176	16
17	144.804 338	422.953 935	0.002 364	0.006 906	2.920 865	0.342 364	17
18	194.037 813	567.758 273	0.001 761	0.005 154	2.926 019	0.341 761	18
19	260.010 669	761.796 086	0.001 313	0.003 846	2.929 865	0.341 313	19
20	348.414 297	1 021.806 755	0.000 979	0.002 870	2.932 735	0.340 979	20

年	$(S/P,i,n)$	$(S/R,i,n)$	$(R/S,i,n)$	$(P/S,i,n)$	$(P/R,i,n)$	$(R/P,i,n)$	年
21	466.875 157	1 370.221 051	0.000 730	0.002 142	2.934 877	0.340 730	21
22	625.612 711	1 837.096 209	0.000 544	0.001 598	2.936 475	0.340 544	22
23	838.321 033	2 462.708 920	0.000 406	0.001 193	2.937 668	0.340 406	23
24	1 123.350 184	3 301.029 953	0.000 303	0.000 890	2.938 558	0.340 303	24
25	1 505.289 246	4 424.380 137	0.000 226	0.000 664	2.939 223	0.340 226	25
26	2 017.087 590	5 929.669 383	0.000 169	0.000 496	2.939 718	0.340 169	26
27	2 702.897 371	7 946.756 973	0.000 126	0.000 370	2.940 088	0.340 125	27
28	3 621.882 477	10 649.654 34	0.000 094	0.000 276	2.940 364	0.340 094	28
29	4 853.322 519	14 271.536 82	0.000 070	0.000 206	2.940 570	0.340 070	29
30	6 503.452 176	19 124.859 34	0.000 052	0.000 154	2.940 724	0.340 052	30
31	8 714.625 916	25 628.311 52	0.000 039	0.000 115	2.940 839	0.340 039	31
32	11 677.598 73	34 342.937 43	0.000 029	0.000 086	2.940 925	0.340 029	32
33	15 647.982 29	46 020.536 16	0.000 022	0.000 064	2.940 989	0.340 022	33
34	20 968.296 27	61 668.518 45	0.000 016	0.000 048	2.941 036	0.340 016	34
35	28 097.517 01	82 636.814 73	0.000 012	0.000 036	2.941 072	0.340 012	35
36	37 650.672 79	110 734.331 7	0.000 009	0.000 027	2.941 098	0.340 009	36
37	50 451.901 54	148 385.004 5	0.000 007	0.000 020	2.941 118	0.340 007	37
38	67 605.548 06	198 836.906 1	0.000 005	0.000 015	2.941 133	0.340 005	38
39	90 591.434 40	266 442.454 1	0.000 004	0.000 011	2.941 144	0.340 004	39
40	121 392.522 1	357 033.888 5	0.000 003	0.000 008	2.941 152	0.340 003	40
41	162 665.979 6	478 426.410 6	0.000 002	0.000 006	2.941 158	0.340 002	41
42	217 972.412 7	641 092.390 2	0.000 002	0.000 005	2.941 163	0.340 002	42
43	292 083.033 0	859 064.802 9	0.000 001	0.000 003	2.941 166	0.340 001	43
44	391 391.264 2	1 151 147.836	0.000 001	0.000 003	2.941 169	0.340 001	44
45	524 464.294 0	1 542 539.100	0.000 001	0.000 002	2.941 171	0.340 001	45
46	702 782.154 0	2 067 003.394	0.000 000	0.000 001	2.941 172	0.340 000	46
47	941 728.086 4	2 769 785.548	0.000 000	0.000 001	2.941 173	0.340 000	47
48	1 261 915.636	3 711 513.635	0.000 000	0.000 001	2.941 174	0.340 000	48
49	1 690 966.952	4 973 429.270	0.000 000	0.000 001	2.941 175	0.340 000	49
50	2 265 895.716	6 664 396.222	0.000 000	0.000 000	2.941 175	0.340 000	50

利率＝35%

年	$(S/P,i,n)$	$(S/R,i,n)$	$(R/S,i,n)$	$(P/S,i,n)$	$(P/R,i,n)$	$(R/P,i,n)$	年
1	1 350 000	1.000 000	1.000 000	0.740 741	0.740 741	1.350 000	1
2	1.822 500	2.350 000	0.425 532	0.548 697	1.289 438	0.775 532	2
3	2.460 375	4.172 500	0.239 664	0.406 442	1.695 880	0.589 664	3
4	3.321 506	6.632 875	0.150 764	0.301 068	1.996 948	0.500 764	4
5	4.484 033	9.954 381	0.100 458	0.223 014	2.219 961	0.450 458	5
6	6.053 445	14.438 415	0.069 260	0.165 195	2.385 157	0.419 260	6
7	8.172 151	20.491 860	0.048 800	0.122 367	2.507 523	0.398 800	7
8	11.032 404	28.664 011	0.034 887	0.090 642	2.598 165	0.384 887	8
9	14.893 745	39.696 415	0.025 191	0.067 142	2.665 308	0.375 191	9
10	20.106 556	54.590 160	0.018 318	0.049 735	2.715 043	0.368 318	10

年	$(S/P,i,n)$	$(S/R,i,n)$	$(R/S,i,n)$	$(P/S,i,n)$	$(P/R,i,n)$	$(R/P,i,n)$	年
11	27. 143 850	74. 696 715	0. 013 387	0. 036 841	2. 751 884	0. 363 387	11
12	36. 644 198	101. 840 566	0. 009 819	0. 027 289	2. 779 173	0. 359 819	12
13	49. 469 667	138. 484 764	0. 007 221	0. 020 214	2. 799 387	0. 357 221	13
14	66. 784 051	187. 954 431	0. 005 320	0. 014 974	2. 814 361	0. 355 320	14
15	90. 158 469	254. 738 482	0. 003 926	0. 011 092	2. 825 453	0. 353 926	15
16	121. 713 933	344. 896 951	0. 002 899	0. 008 216	2. 833 669	0. 352 899	16
17	164. 313 809	466. 610 884	0. 002 143	0. 006 086	2. 839 755	0. 352 143	17
18	221. 823 643	630. 924 694	0. 001 585	0. 004 508	2. 844 263	0. 351 585	18
19	299. 461 918	852. 748 336	0. 001 173	0. 003 339	2. 847 602	0. 351 173	19
20	404. 273 589	1 152. 210 254	0. 000 868	0. 002 474	2. 850 076	0. 350 868	20
21	545. 769 345	1 556. 483 843	0. 000 642	0. 001 832	2. 851 908	0. 350 642	21
22	736. 788 616	2 102. 253 188	0. 000 476	0. 001 357	2. 853 265	0. 350 476	22
23	994. 664 631	2 839. 041 804	0. 000 352	0. 001 005	2. 854 270	0. 350 352	23
24	1 342. 797 252	3 833. 706 435	0. 000 261	0. 000 745	2. 855 015	0. 350 261	24
25	1 812. 776 291	5 176. 503 687	0. 000 193	0. 000 552	2. 855 567	0. 350 193	25
26	2 447. 247 992	6 989. 279 978	0. 000 143	0. 000 409	2. 855 975	0. 350 143	26
27	3 303. 784 789	9 436. 527 970	0. 000 106	0. 000 303	2. 856 278	0. 350 106	27
28	4 460. 109 466	12 740. 312 76	0. 000 078	0. 000 224	2. 856 502	0. 350 078	28
29	8 021. 147 779	17 200. 422 23	0. 000 058	0. 000 166	2. 856 668	0. 350 058	29
30	8 128. 549 501	23 221. 570 00	0. 000 043	0. 000 123	2. 856 791	0. 350 043	30
31	10 973. 541 83	31 350. 119 51	0. 000 032	0. 000 091	2. 856 882	0. 350 032	31
32	14 814. 281 47	42 323. 661 33	0. 000 024	0. 000 068	2. 856 950	0. 350 024	32
33	19 999. 279 98	57 137. 942 80	0. 000 018	0. 000 050	2. 857 000	0. 350 018	33
34	26 999. 027 97	77 137. 222 78	0. 000 013	0. 000 037	2. 857 037	0. 350 013	34
35	36 448. 687 76	104 136. 250 8	0. 000 010	0. 000 027	2. 857 064	0. 350 010	35
36	49 205. 728 48	140 584. 938 5	0. 000 007	0. 000 020	2. 857 085	0. 350 007	36
37	66 427. 733 45	189 790. 667 0	0. 000 005	0. 000 015	2. 857 100	0. 350 005	37
38	89 677. 440 15	256 218. 400 4	0. 000 004	0. 000 011	2. 857 111	0. 350 004	38
39	121 064. 544 2	345 895. 840 6	0. 000 003	0. 000 008	2. 857 119	0. 350 003	39
40	163 437. 134 7	466 960. 384 8	0. 000 002	0. 000 006	2. 857 125	0. 350 002	40
41	220 640. 131 8	630 397. 519 5	0. 000 002	0. 000 005	2. 857 130	0. 350 002	41
42	297 864. 178 0	851 037. 651 3	0. 000 001	0. 000 003	2. 857 133	0. 350 001	42
43	402 116. 640 2	1 148 901. 829	0. 000 001	0. 000 002	2. 857 136	0. 350 001	43
44	542 857. 464 3	1 551 018. 470	0. 000 001	0. 000 002	2. 857 138	0. 350 001	44
45	732 857. 576 8	2 093 875. 934	0. 000 000	0. 000 001	2. 857 139	0. 350 000	45
46	989 357. 728 7	2 826 733. 511	0. 000 000	0. 000 001	2. 857 140	0. 350 000	46
47	1 335 632. 934	3 816 091. 239	0. 000 000	0. 000 001	2. 857 141	0. 350 000	47
48	1 803 104. 461	5 151 724. 173	0. 000 000	0. 000 001	2. 857 141	0. 350 000	48
49	2 434 191. 022	6 954 828. 634	0. 000 000	0. 000 000	2. 857 142	0. 350 000	49
50	3 286 157. 879	9 389 019. 656	0. 000 000	0. 000 000	2. 857 142	0. 350 000	50

利率＝36%

年	$(S/P,i,n)$	$(S/R,i,n)$	$(R/S,i,n)$	$(P/S,i,n)$	$(P/R,i,n)$	$(R/P,i,n)$	年
1	1. 360 000	1. 000 000	1. 000 000	0. 735 294	0. 735 294	1. 360 000	1
2	1. 849 600	2. 360 000	0. 423 729	0. 540 657	1. 275 952	0. 783 729	2
3	2. 515 456	4. 209 600	0. 237 552	0. 397 542	1. 673 494	0. 597 552	3
4	3. 421 020	6. 725 056	0. 148 698	0. 292 310	1. 965 804	0. 508 698	4
5	4. 652 587	10. 146 076	0. 098 560	0. 214 934	2. 180 738	0. 458 560	5
6	6. 327 519	14. 798 664	0. 067 574	0. 158 040	2. 338 778	0. 427 574	6
7	8. 605 426	21. 126 182	0. 047 335	0. 116 206	2. 454 984	0. 407 335	7
8	11. 703 379	29. 731 608	0. 033 634	0. 085 445	2. 540 429	0. 393 634	8
9	15. 916 595	41. 434 987	0. 024 134	0. 062 828	2. 603 257	0. 384 134	9
10	21. 646 570	57. 351 582	0. 017 436	0. 046 197	2. 649 454	0. 377 436	10
11	29. 439 335	78. 998 152	0. 012 659	0. 033 968	2. 683 422	0. 372 659	11
12	40. 037 495	108. 437 487	0. 009 222	0. 024 977	2. 708 398	0. 369 222	12
13	54. 450 994	148. 474 982	0. 006 735	0. 018 365	2. 726 764	0. 366 735	13
14	74. 053 351	202. 925 976	0. 004 928	0. 013 504	2. 740 267	0. 364 928	14
15	100. 712 558	276. 979 327	0. 003 610	0. 009 929	2. 750 197	0. 363 610	15
16	136. 969 078	377. 691 885	0. 002 648	0. 007 301	2. 757 497	0. 362 648	16
17	186. 277 947	514. 660 963	0. 001 943	0. 005 368	2. 762 866	0. 361 943	17
18	253. 338 008	700. 938 910	0. 001 427	0. 003 947	2. 766 813	0. 361 427	18
19	344. 539 690	954. 276 918	0. 001 048	0. 002 902	2. 769 715	0. 361 048	19
20	468. 573 979	1 298. 816 608	0. 000 770	0. 002 134	2. 771 850	0. 360 770	20
21	637. 260 611	1 767. 390 587	0. 000 566	0. 001 569	2. 773 419	0. 360 566	21
22	866. 674 431	2 404. 651 198	0. 000 416	0. 001 154	2. 774 573	0. 360 416	22
23	1 178. 677 227	3 271. 325 629	0. 000 306	0. 000 848	2. 775 421	0. 360 306	23
24	1 603. 001 028	4 450. 002 856	0. 000 225	0. 000 624	2. 776 045	0. 360 225	24
25	2 180. 081 398	6 053. 003 884	0. 000 165	0. 000 459	2. 776 504	0. 360 165	25
26	2 964. 910 702	8 233. 085 282	0. 000 121	0. 000 337	2. 776 841	0. 360 121	26
27	4 032. 278 554	11 197. 995 98	0. 000 089	0. 000 248	2. 777 089	0. 360 089	27
28	5 483. 898 333	15 230. 274 54	0. 000 066	0. 000 182	2. 777 271	0. 360 066	28
29	7 458. 102 414	20 714. 173 37	0. 000 048	0. 000 134	2. 777 405	0. 360 048	29
30	10 143. 019 28	28 172. 275 78	0. 000 035	0. 000 099	2. 777 504	0. 360 035	30
31	13 794. 506 22	38 315. 295 07	0. 000 026	0. 000 072	2. 777 576	0. 360 026	31
32	18 760. 526 46	52 109. 801 29	0. 000 019	0. 000 053	2. 777 630	0. 360 019	32
33	25 514. 316 71	70 870. 329 76	0. 000 014	0. 000 039	2. 777 669	0. 360 014	33
34	34 699. 473 45	96 384. 648 47	0. 000 010	0. 000 029	2. 777 698	0. 360 010	34
35	47 191. 283 89	131 084. 121 9	0. 000 008	0. 000 021	2. 777 719	0. 360 008	35
36	64 180. 146 09	178 275. 405 8	0. 000 006	0. 000 016	2. 777 734	0. 360 006	36
37	87 284. 996 68	242 455. 551 9	0. 000 004	0. 000 011	2. 777 746	0. 360 004	37
38	118 707. 598 2	329 740. 550 6	0. 000 003	0. 000 008	2. 777 754	0. 360 003	38
39	161 442. 333 6	448 448. 148 8	0. 000 002	0. 000 006	2. 777 761	0. 360 002	39
40	219 561. 573 6	609 890. 482 4	0. 000 002	0. 000 005	2. 777 765	0. 360 002	40

续表

年	$(S/P,i,n)$	$(S/R,i,n)$	$(R/S,i,n)$	$(P/S,i,n)$	$(P/R,i,n)$	$(R/P,i,n)$	年
41	298 603.740 2	829 452.056 0	0.000 001	0.000 003	2.777 768	0.360 001	41
42	406 101.086 6	1 128 055.796	0.000 001	0.000 002	2.777 771	0.360 001	42
43	552 297.477 8	1 534 156.883	0.000 001	0.000 002	2.777 773	0.360 001	43
44	751 124.569 8	2 086 454.361	0.000 000	0.000 001	2.777 774	0.360 000	44
45	1 021 529.415	2 837 578.930	0.000 000	0.000 001	2.777 775	0.360 000	45
46	1 389 280.004	3 859 108.345	0.000 000	0.000 001	2.777 776	0.360 000	46
47	1 889 420.306	5 248 388.350	0.000 000	0.000 001	2.777 776	0.360 000	47
48	2 569 612.296	7 137 809.156	0.000 000	0.000 000	2.777 777	0.360 000	48
49	3 494 672.723	9 707 421.452	0.000 000	0.000 000	2.777 777	0.360 000	49
50	4 752 754.903	13 202 094.17	0.000 000	0.000 000	2.777 777	0.360 000	50

利率＝38%

年	$(S/P,i,n)$	$(S/R,i,n)$	$(R/S,i,n)$	$(P/S,i,n)$	$(P/R,i,n)$	$(R/P,i,n)$	年
1	1.380 000	1.000 000	1.000 000	0.724 638	0.724 638	1.380 000	1
2	1.904 400	2.380 000	0.420 168	0.525 100	1.249 737	0.800 168	2
3	2.628 072	4.284 400	0.233 405	0.380 507	1.630 245	0.613 405	3
4	3.626 739	6.912 472	0.144 666	0.275 730	1.905 974	0.524 666	4
5	5.004 900	10.539 211	0.094 884	0.199 804	2.105 778	0.474 884	5
6	6.906 762	15.544 112	0.064 333	0.144 786	2.250 564	0.444 333	6
7	9.531 332	22.450 874	0.044 542	0.104 917	2.355 481	0.424 542	7
8	13.153 238	31.982 206	0.031 267	0.076 027	2.431 508	0.411 267	8
9	18.151 469	45.135 445	0.022 156	0.055 092	2.486 600	0.402 156	9
10	25.049 027	63.286 914	0.015 801	0.039 922	2.526 522	0.395 801	10
11	34.567 658	88.335 941	0.011 320	0.028 929	2.555 451	0.391 320	11
12	47.703 367	122.903 598	0.008 136	0.020 963	2.576 413	0.388 136	12
13	65.830 647	170.606 966	0.005 861	0.015 190	2.591 604	0.383 861	13
14	90.846 293	236.437 613	0.004 229	0.011 008	2.602 612	0.384 229	14
15	125.367 884	327.283 905	0.003 055	0.007 977	2.610 588	0.383 055	15
16	173.007 680	452.651 790	0.002 209	0.005 780	2.616 368	0.382 209	16
17	238.750 598	625.659 470	0.001 598	0.004 188	2.620 557	0.381 598	17
18	329.475 826	864.410 068	0.001 157	0.003 035	2.623 592	0.381 157	18
19	454.676 640	1 193.885 894	0.000 838	0.002 199	2.625 791	0.380 838	19
20	627.453 763	1 648.562 533	0.000 607	0.001 594	2.627 385	0.380 607	20
21	865.886 193	2 276.016 296	0.000 439	0.001 155	2.628 540	0.380 439	21
22	194.922 946	3 141.902 489	0.000 318	0.000 837	2.629 377	0.380 318	22
23	648.993 665	4 336.825 434	0.000 231	0.000 606	2.629 983	0.380 231	23
24	2 275.611 258	5 985.819 100	0.000 167	0.000 439	2.630 423	0.380 167	24
25	3 140.343 536	8 261.430 357	0.000 121	0.000 318	2.630 741	0.380 121	25
26	4 333.674 079	11 401.773 89	0.000 088	0.000 231	2.630 972	0.380 088	26
27	5 980.470 230	15 735.447 97	0.000 064	0.000 167	2.631 139	0.380 064	27
28	8 253.048 917	21 715.918 20	0.000 046	0.000 121	2.631 260	0.380 046	28
29	11 389.207 51	29 968.967 12	0.000 033	0.000 088	2.631 348	0.380 033	29
30	15 717.106 36	41 358.174 62	0.000 024	0.000 064	2.631 412	0.380 024	30

续表

年	$(S/P,i,n)$	$(S/R,i,n)$	$(R/S,i,n)$	$(P/S,i,n)$	$(P/R,i,n)$	$(R/P,i,n)$	年
31	21 689. 606 77	57 075. 280 98	0. 000 018	0. 000 046	2. 631 458	0. 380 018	31
32	29 931. 657 35	78 764. 887 75	0. 000 013	0. 000 033	2. 631 491	0. 380 013	32
33	41 305. 687 14	108 696. 545 1	0. 000 009	0. 000 024	2. 631 515	0. 380 009	33
34	57 001. 848 25	150 002. 232 2	0. 000 007	0. 000 018	2. 631 533	0. 380 007	34
35	78 662. 550 59	207 004. 080 5	0. 000 005	0. 000 013	2. 631 545	0. 380 005	35
36	108 554. 319 8	285 666. 631 1	0. 000 004	0. 000 009	2. 631 555	0. 380 004	36
37	149 804. 961 3	394 220. 950 9	0. 000 003	0. 000 007	2. 631 561	0. 380 003	37
38	206 730. 846 6	544 025. 912 2	0. 000 002	0. 000 005	2. 631 566	0. 380 002	38
39	285 288. 568 4	750 756. 758 9	0. 000 001	0. 000 004	2. 631 570	0. 380 001	39
40	393 698. 224 4	1 036 045. 327	0. 000 001	0. 000 003	2. 631 572	0. 380 001	40
41	543 303. 549 6	1 429 743. 552	0. 000 001	0. 000 002	2. 631 574	0. 380 001	41
42	749 758. 898 5	1 973 047. 101	0. 000 001	0. 000 001	2. 631 575	0. 380 001	42
43	1 034 667. 280	2 722 806. 000	0. 000 000	0. 000 001	2. 631 576	0. 380 000	43
44	1 427 840. 846	3 757 473. 280	0. 000 000	0. 000 001	2. 631 577	0. 380 000	44
45	1 970 420. 368	5 185 314. 126	0. 000 000	0. 000 001	2. 631 578	0. 380 000	45
46	2 719 180. 108	7 155 734. 493	0. 000 000	0. 000 000	2. 631 578	0. 380 000	46
47	3 752 468. 548	9 874 914. 601	0. 000 000	0. 000 000	2. 631 578	0. 380 000	47
48	5 178 406. 597	13 627 383. 15	0. 000 000	0. 000 000	2. 631 578	0. 380 000	48
49	7 146 201. 104	18 805 789. 75	0. 000 000	0. 000 000	2. 631 579	0. 380 000	49
50	9 861 757. 523	25 951 990. 85	0. 000 000	0. 000 000	2. 631 579	0. 380 000	50

利率＝40％

年	$(S/P,i,n)$	$(S/R,i,n)$	$(R/S,i,n)$	$(P/S,i,n)$	$(P/R,i,n)$	$(R/P,i,n)$	年
1	1. 400 000	1. 000 000	1. 000 000	0. 714 286	0. 714 286	1. 400 000	1
2	1. 960 000	2. 400 000	0. 416 667	0. 510 204	1. 224 490	0. 816 667	2
3	2. 744 000	4. 360 000	0. 229 358	0. 364 431	1. 588 921	0. 629 358	3
4	3. 841 600	7. 104 000	0. 140 766	0. 260 308	1. 849 229	0. 540 766	4
5	5. 378 240	10. 945 600	0. 091 361	0. 185 934	2. 035 164	0. 491 361	5
6	7. 529 536	16. 323 840	0. 061 260	0. 132 810	2. 167 974	0. 461 260	6
7	10. 541 350	23. 853 376	0. 041 923	0. 094 865	2. 262 839	0. 441 923	7
8	14. 757 891	34. 394 726	0. 029 074	0. 067 760	2. 330 599	0. 429 074	8
9	20. 661 047	49. 152 617	0. 020 345	0. 048 400	2. 378 999	0. 420 345	9
10	28. 925 465	69. 813 664	0. 014 324	0. 034 572	2. 413 571	0. 414 324	10
11	40. 495 652	98. 739 129	0. 010 128	0. 024 694	2. 438 265	0. 410 128	11
12	56. 693 912	139. 234 781	0. 007 182	0. 017 639	2. 455 904	0. 407 182	12
13	79. 371 477	195. 928 693	0. 005 104	0. 012 599	2. 468 503	0. 405 104	13
14	111. 120 068	275. 300 171	0. 003 632	0. 008 999	2. 477 502	0. 403 632	14
15	155. 568 096	386. 420 239	0. 002 588	0. 006 428	2. 483 930	0. 402 538	15
16	217. 795 334	541. 988 334	・001 845	0. 004 591	2. 488 521	0. 401 845	16
17	304. 913 467	759. 783 668	0. 001 316	0. 003 280	2. 491 801	0. 401 316	17
18	426. 878 854	1 064. 697 136	0. 000 939	0. 002 343	2. 494 144	0. 400 939	18
19	597. 630 396	1 491. 575 990	0. 000 670	0. 001 673	2. 495 817	0. 400 670	19
20	836. 682 554	2 089. 206 386	0. 000 479	0. 001 195	2. 497 012	0. 400 479	20

续表

年	$(S/P,i,n)$	$(S/R,i,n)$	$(R/S,i,n)$	$(P/S,i,n)$	$(P/R,i,n)$	$(R/P,i,n)$	年
21	1 171.355 576	2 925.888 940	0.000 342	0.000 854	2.497 866	0.400 342	21
22	1 639.897 806	4 097.244 516	0.000 244	0.000 610	2.498 476	0.400 244	22
23	2 295.856 929	5 737.142 322	0.000 174	0.000 436	2.498 911	0.400 174	23
24	3 214.199 700	8 032.999 251	0.000 124	0.000 311	2.499 222	0.400 124	24
25	4 499.879 581	11 247.198 95	0.000 089	0.000 222	2.499 444	0.400 089	25
26	6 229.831 413	15 747.078 53	0.000 064	0.000 159	2.499 603	0.400 064	26
27	8 819.763 978	22.046.909 94	0.000 045	0.000 113	2.499 717	0.400 045	27
28	12 347.669 57	30 866.673 92	0.000 032	0.000 081	2.499 798	0.400 032	28
29	17 286.737 40	43 214.343 49	0.000 023	0.000 058	2.499 855	0.400 023	29
30	24 201.432 36	60 501.080 89	0.000 017	0.000 041	2.499 897	0.400 017	30
31	33 882.005 30	84 702.513 24	0.000 012	0.000 030	2.499 926	0.400 012	31
32	47 434.807 42	118 584.518 5	0.000 008	0.000 021	2.499 947	0.400 008	32
33	66 408.730 38	166 019.326 0	0.000 006	0.000 015	2.499 962	0.400 006	33
34	92 972.222 54	232 428.056 3	0.000 004	0.000 011	2.499 973	0.400 004	34
35	130 161.111 6	325 400.278 9	0.000 003	0.000 008	2.499 981	0.400 003	35
36	182 225.556 2	455 561.390 4	0.000 002	0.000 005	2 499 986	0.400 002	36
37	255 115.778 6	637 786.946 6	0.000 002	0.000 004	2.499.990	0.400 002	37
38	357 162.090 1	892 902.725 2	0.000 001	0.000 003	2.499 993	0.400 001	38
39	500 026.926 1	1 250 064.815	0.000 001	0.000 002	2.499 995	0.400 001	39
40	700 037.696 6	1 750 091.741	0.000 001	0.000 001	2.499 996	0.400 001	40
41	980 052.775 2	2 450 129.438	0.000 000	0.000 001	2.499 997	0.400 000	41
42	1 372 073.885	3 430 182.213	0.000 000	0.000 001	2.499 998	0.400 000	42
43	1 920 903.439	4 802 256.099	0.000 000	0.000 001	2.499 999	0.400 000	43
44	2 689 264.815	6 723 159.538	0.000 000	0.000 000	2.499 999	0.400 000	44
45	3 764 970.741	9 412 424.353	0.000 000	0.000 000	2.499 999	0.400 000	45
46	5 270 959.038	13 177 395.09	0.000 000	0.000 000	2.500 000	0.400 000	46
47	7 379 342.653	18 448 354.13	0.000 000	0.000 000	2.500 000	0.400 000	47
48	10 331 079.71	25 827 696.79	0.000 000	0.000 000	2.500 000	0.400 000	48
49	14 463 511.60	36 158 776.50	0.000 000	0.000 000	2.500 000	0.400 000	49
50	20 248 916.24	50 622 288.10	0.000 000	0.000 000	2.500 000	0.400 000	50

利率＝45%

年	$(S/P,i,n)$	$(S/R,i,n)$	$(R/S,i,n)$	$(P/S,i,n)$	$(P/R,i,n)$	$(R/P,i,n)$	年
1	1.450 000	1.000 000	1.000 000	0.689 655	0.689 655	1.450 000	1
2	2.102 500	2.450 000	0.408 163	0.475 624	1.165 279	0.858 163	2
3	3.048 625	4.552 500	0.219 660	0.328 017	1.493 296	0.669 660	3
4	4.420 506	7.601 125	0.131 559	0.226 218	1.719 515	0.581 559	4
5	6.409 734	12.021 631	0.083 183	0.156 013	1.875 527	0.533 183	5
6	9.294 114	18.431 365	0.054 225	0.107 595	1.983 122	0.504 255	6
7	13.476 466	27.725 480	0.036 068	0.074 203	2.057 326	0.486 068	7
8	19.540 876	41.201 946	0.024 271	0.051 175	2.108 500	0.474 271	8
9	28.334 269	60.742 821	0.016 463	0.035 293	2.143 793	0.466 463	9
10	41.084 691	89.077 091	0.011 226	0.024 340	2.168 133	0.461 226	10

续表

年	$(S/P,i,n)$	$(S/R,i,n)$	$(R/S,i,n)$	$(P/S,i,n)$	$(P/R,i,n)$	$(R/P,i,n)$	年
11	59. 572 802	130. 161 781	0. 007 683	0. 016 786	2. 184 920	0. 457 683	11
12	86. 380 562	189. 734 583	0. 005 271	0. 011 577	2. 196 496	0. 455 271	12
13	125. 251 815	276. 115 145	0. 003 622	0. 007 984	2. 204 480	0. 453 622	13
14	181. 615 132	401. 366 961	0. 002 491	0. 005 506	2. 209 986	0. 452 491	14
15	263. 341 942	582. 982 093	0. 001 715	0. 003 797	2. 213 784	0. 451 715	15
16	381. 845 816	846. 324 035	0. 001 182	0. 002 619	2. 216 403	0. 451 182	16
17	553. 676 433	1 228. 169 850	0. 000 814	0. 001 806	2. 218 209	0. 450 814	17
18	802. 830 827	1 781. 846 283	0. 000 561	0. 001 246	2. 219 454	0. 450 561	18
19	1 164. 104 699	2 584. 677 110	0. 000 387	0. 000 859	2. 220 313	0. 450 387	19
20	1 687. 951 814	3 748. 781 809	0. 000 267	0. 000 592	2. 220 906	0. 450 267	20
21	2 447. 530 131	5 436. 733 623	0. 000 184	0. 000 409	2. 221 314	0. 450 184	21
22	3 548. 918 689	7 884. 263 754	0. 000 127	0. 000 282	2. 221 596	0. 450 127	22
23	5 145. 932 099	11 433. 182 44	0. 000 087	0. 000 194	2. 221 790	0. 450 087	23
24	7 461. 601 544	16 579. 114 54	0. 000 060	0. 000 134	2. 221 924	0. 450 060	24
25	10 819. 322 24	24 040. 716 09	0. 000 042	0. 000 092	2. 222 017	0. 450 042	25
26	15 688. 017 25	34 860. 038 33	0. 000 029	0. 000 064	2. 222 081	0. 450 029	26
27	22 747. 625 01	50 548. 055 57	0. 000 020	0. 000 044	2. 222 125	0. 450 020	27
28	32 984. 056 26	73 295. 680 58	0. 000 014	0. 000 030	2. 222 155	0. 450 014	28
29	47 826. 881 58	106 279. 736 8	0. 000 009	0. 000 021	2. 222 176	0. 450 009	29
30	69 348. 978 29	154 106. 618 4	0. 000 006	0. 000 014	2. 222 190	0. 450 006	30
31	100 556. 018 5	223 455. 596 7	0. 000 004	0. 000 010	2. 222 200	0. 450 004	31
32	145 806. 226 9	324 011. 615 2	0. 000 003	0. 000 007	2. 222 207	0. 450 003	32
33	211 419. 028 9	469 817. 842 1	0. 000 002	0. 000 005	2. 222 212	0. 450 002	33
34	306 557. 592 0	681 236. 871 0	0. 000 001	0. 000 003	2. 222 215	0. 450 001	34
35	444 508. 508 3	987 794. 463 0	0. 000 001	0. 000 002	2. 222 217	0. 450 001	35
36	644 537. 337 1	1 432 302. 971	0. 000 001	0. 000 002	2. 222 219	0. 450 001	36
37	934 579. 138 8	2 076 840. 308	0. 000 000	0. 000 001	2. 222 220	0. 450 000	37
38	1 355 139. 751	3 011 419. 447	0. 000 000	0. 000 001	2. 222 221	0. 450 000	38
39	1 964 952. 639	4 366 559. 198	0. 000 000	0. 000 001	2. 222 221	0. 450 000	39
40	2 849 181. 327	6 331 511. 833	0. 000 000	0. 000 000	2. 222 221	0. 450 000	40
41	4 131 312. 924	9 180 693. 165	0. 000 000	0. 000 000	2. 222 222	0. 450 000	41
42	5 990 403. 740	13 312 006. 09	0. 000 000	0. 000 000	2. 222 222	0. 450 000	42
43	8 686 085. 423	19 302 409. 83	0. 000 000	0. 000 000	2. 222 222	0. 450 000	43
44	12 594 823. 86	27 988 495. 25	0. 000 000	0. 000 000	2. 222 222	0. 450 000	44
45	18 262 494. 60	40 583 319. 12	0. 000 000	0. 000 000	2. 222 222	0. 450 000	45
46	26 480 617. 17	58 845 813. 72	0. 000 000	0. 000 000	2. 222 222	0. 450 000	46
47	38 396 894. 90	85 326 430. 89	0. 000 000	0. 000 000	2. 222 222	0. 450 000	47
48	55 675 497. 61	123 723 325. 8	0. 000 000	0. 000 000	2. 222 222	0. 450 000	48
49	80 729 471. 53	179 398 823. 4	0. 000 000	0. 000 000	2. 222 222	0. 450 000	49
50	117 057 733. 7	260 128 294. 9	0. 000 000	0. 000 000	2. 222 222	0. 450 000	50

附录B 将等差变额转化为现值
之因子 $(P/g, i, n)$ 数值表

n	3%	4%	5%	6%	7%	8%	10%	12%	15%	20%	n
2	0.94	0.92	0.91	0.89	0.87	0.86	0.83	0.80	0.76	0.69	2
3	2.77	2.70	2.63	2.57	2.51	2.45	2.33	2.22	2.07	1.85	3
4	5.44	5.27	5.10	4.95	4.79	4.65	4.38	4.13	3.79	3.30	4
5	8.89	8.55	8.24	7.93	7.65	7.37	6.86	6.40	5.78	4.91	5
6	13.08	12.51	11.97	11.46	10.98	10.52	9.68	8.93	7.94	6.58	6
7	17.95	17.06	16.23	15.45	14.71	14.02	12.76	11.64	10.19	8.26	7
8	23.48	22.18	20.97	19.84	18.79	17.81	16.03	14.47	12.48	9.88	8
9	29.61	27.80	26.13	24.58	23.14	21.81	19.42	17.36	14.75	11.43	9
10	36.31	33.88	31.65	29.60	27.72	25.98	22.89	20.25	16.98	12.89	10
11	43.53	40.38	37.50	34.87	32.47	30.27	26.40	23.13	19.13	14.23	11
12	51.25	47.25	43.62	40.34	37.35	34.63	29.90	25.95	21.18	15.47	12
13	59.42	54.45	49.99	45.96	42.33	39.05	33.38	28.70	23.14	16.59	13
14	68.01	61.96	56.55	51.71	47.37	43.47	36.80	31.36	24.97	17.60	14
15	77.00	69.73	63.29	57.55	52.45	47.89	40.15	33.92	26.69	18.51	15
16	86.34	77.74	70.16	63.46	57.53	52.26	43.42	36.37	28.80	19.32	16
17	96.02	85.96	77.14	69.40	62.59	56.59	46.58	38.70	29.78	20.04	17
18	106.01	94.35	84.20	75.36	67.62	60.84	49.64	40.91	31.16	20.68	18
19	116.27	102.89	91.33	81.31	72.60	65.01	52.58	43.00	32.42	21.24	19
20	126.79	111.56	98.49	87.23	77.51	69.09	55.41	44.97	33.58	21.74	20
21	137.54	120.34	105.67	93.11	82.34	73.06	58.11	46.82	34.64	22.17	21
22	148.51	129.20	112.85	98.94	87.08	76.93	60.69	48.55	35.62	22.55	22
23	159.65	138.13	120.01	104.70	91.72	80.67	63.15	50.18	36.50	22.89	23
24	170.97	147.10	127.14	110.38	96.25	84.30	65.48	51.69	37.30	23.18	24
25	182.43	156.10	134.23	115.97	100.68	87.80	67.70	53.11	38.03	23.43	25
26	194.02	165.12	141.26	121.47	104.98	91.18	69.79	54.42	38.69	23.65	26
27	205.73	174.14	148.22	126.86	109.17	94.44	71.78	55.64	39.29	23.84	27
28	217.53	183.14	155.11	132.14	113.23	97.57	73.65	56.77	39.85	24.00	28
29	229.41	192.12	161.91	137.31	117.16	100.57	75.42	57.81	40.31	24.14	29
30	241.36	201.06	168.62	142.36	120.97	103.46	77.08	58.78	40.75	24.26	30
31	253.35	209.95	175.23	147.29	124.66	106.22	78.64	59.68	41.15	24.37	31
32	265.40	218.79	181.74	152.09	128.21	108.86	80.11	60.50	41.50	24.46	32
33	277.46	227.56	188.13	156.77	131.64	111.88	81.49	61.26	41.82	24.54	33
34	289.54	236.26	194.42	161.32	134.95	113.79	82.78	61.96	42.10	24.60	34
35	301.62	244.58	200.58	165.74	138.13	116.09	83.99	62.61	42.36	24.66	35

附录 C   将等差变额转化为等额年金之因子（$R/g, i, n$）数值表

n	1%	2%	3%	4%	5%	6%	7%	8%	10%	12%	15%	20%	25%	30%	35%	40%	45%	50%	n
2	0.50	0.50	0.49	0.49	0.49	0.49	0.48	0.48	0.48	0.47	0.47	0.45	0.44	0.43	0.43	0.42	0.41	0.40	2
3	0.99	0.99	0.98	0.97	0.97	0.96	0.95	0.95	0.94	0.92	0.91	0.88	0.85	0.83	0.80	0.78	0.76	0.74	3
4	1.49	1.48	1.46	1.45	1.44	1.43	1.42	1.40	1.38	1.36	1.33	1.27	1.22	1.18	1.13	1.09	1.05	1.02	4
5	1.98	1.96	1.94	1.92	1.90	1.88	1.86	1.85	1.81	1.77	1.72	1.64	1.56	1.49	1.42	1.36	1.30	1.24	5
6	2.47	2.44	2.41	2.39	2.36	2.33	2.30	2.28	2.22	2.17	2.10	1.98	1.87	1.77	1.67	1.58	1.50	1.42	6
7	2.96	2.92	2.88	2.84	2.81	2.77	2.73	2.69	2.62	2.55	2.45	2.29	2.14	2.01	1.88	1.77	1.66	1.56	7
8	3.45	3.40	3.34	3.29	3.24	3.20	3.15	3.10	3.00	2.91	2.78	2.58	2.39	2.22	2.06	1.92	1.79	1.68	8
9	3.93	3.87	3.80	3.74	3.68	3.61	3.55	3.49	3.37	3.26	3.09	2.84	2.60	2.40	2.21	2.04	1.89	1.76	9
10	4.42	4.34	4.26	4.18	4.10	4.02	3.95	3.87	3.73	3.58	3.38	3.07	2.80	2.55	2.33	2.14	1.97	1.82	10
11	4.90	4.80	4.70	4.61	4.51	4.42	4.33	4.24	4.06	3.90	3.65	3.29	2.97	2.68	2.44	2.22	2.03	1.87	11
12	5.38	5.26	5.15	5.03	4.92	4.81	4.70	4.60	4.39	4.19	3.91	3.48	3.11	2.80	2.52	2.28	2.08	1.91	12
13	5.86	5.72	5.59	5.45	5.32	5.19	5.06	4.94	4.70	4.47	4.14	3.66	3.24	2.89	2.59	2.33	2.12	1.93	13
14	6.34	6.18	6.02	5.87	5.71	5.56	5.42	5.27	5.00	4.73	4.36	3.82	3.36	2.97	2.64	2.37	2.14	1.95	14
15	6.81	6.63	6.45	6.27	6.10	5.93	5.76	5.59	5.28	4.98	4.56	3.96	3.45	3.03	2.69	2.40	2.17	1.97	15
16	7.29	7.08	6.87	6.67	6.47	6.28	6.09	5.90	5.55	5.21	4.75	4.09	3.54	3.09	2.72	2.43	2.18	1.98	16
17	7.76	7.52	7.29	7.07	6.84	6.62	6.41	6.20	5.81	5.44	4.98	4.20	3.61	3.13	2.75	2.44	2.19	1.98	17
18	8.23	7.97	7.71	7.45	7.20	6.96	6.72	6.49	6.05	5.64	5.08	4.30	3.67	3.17	2.78	2.46	2.20	1.99	18
19	8.70	8.41	8.12	7.83	7.56	7.29	7.02	6.77	6.29	5.84	5.23	4.39	3.72	3.20	2.79	2.47	2.21	1.99	19
20	9.17	8.84	8.52	8.21	7.90	7.61	7.32	7.04	6.51	6.02	5.37	4.46	3.77	3.23	2.81	2.48	2.21	1.99	20
21	9.63	9.28	8.92	8.58	8.24	7.92	7.60	7.29	6.72	6.19	5.49	4.53	3.80	3.25	2.82	2.48	2.21	2.00	21
22	10.10	9.70	9.32	8.94	8.57	8.22	7.87	7.54	6.92	6.35	5.60	4.59	3.84	3.26	2.83	2.49	2.22	2.00	22
23	10.56	10.13	9.71	9.30	8.90	8.51	8.14	7.78	7.11	6.50	5.70	4.65	3.86	3.28	2.83	2.49	2.22	2.00	23
24	11.02	10.55	10.10	9.65	9.21	8.80	8.40	8.01	7.29	6.64	5.80	4.69	3.89	3.29	2.84	2.49	2.22	2.00	24
25	11.48	10.97	10.48	9.99	9.52	9.07	8.64	8.23	7.46	6.77	5.88	4.74	3.91	3.30	2.84	2.49	2.22	2.00	25
26	11.94	11.39	10.85	10.33	9.83	9.34	8.88	8.44	7.62	6.89	5.96	4.77	3.92	3.30	2.85	2.50	2.22	2.00	26
27	12.39	11.80	11.23	10.66	10.12	9.60	9.11	8.64	7.77	7.00	6.03	4.80	3.94	3.31	2.85	2.50	2.22	2.00	27
28	12.85	12.21	11.59	10.99	10.41	9.86	9.33	8.83	7.91	7.11	6.10	4.83	3.95	3.32	2.85	2.50	2.22	2.00	28
29	13.30	12.62	11.96	11.31	10.69	10.10	9.54	9.01	8.05	7.21	6.15	4.85	3.96	3.32	2.85	2.50	2.22	2.00	29
30	13.75	13.02	12.31	11.63	10.97	10.34	9.75	9.19	8.18	7.30	6.21	4.87	3.96	3.32	2.85	2.50	2.22	2.00	30
31	14.20	13.42	12.67	11.94	11.24	10.57	9.95	9.36	8.30	7.38	6.25	4.89	3.97	3.32	2.85	2.50	2.22	2.00	31
32	14.65	13.82	13.02	12.24	11.50	10.80	10.14	9.52	8.41	7.46	6.30	4.91	3.97	3.33	2.85	2.50	2.22	2.00	32
33	15.10	14.22	13.36	12.54	11.76	11.02	10.32	9.67	8.52	7.53	6.34	4.92	3.98	3.33	2.86	2.50	2.22	2.00	33
34	15.54	14.61	13.70	12.83	12.01	11.23	10.50	9.82	8.61	7.60	6.37	4.93	3.98	3.33	2.86	2.50	2.22	2.00	34
35	15.98	15.00	14.04	13.12	12.25	11.43	10.67	9.96	8.71	7.66	6.40	4.94	3.99	3.33	2.86	2.50	2.22	2.00	35
40	18.18	16.89	15.65	14.48	13.38	12.36	11.42	10.57	9.10	7.90	6.52	4.97	4.00	3.33	2.86	2.50	2.22	2.00	40
45	20.33	18.70	17.16	15.70	14.36	13.14	12.04	11.04	9.37	8.06	6.58	4.99	4.00	3.33	2.86	2.50	2.22	2.00	45
50	22.44	20.44	18.56	16.81	15.22	13.80	12.53	11.41	9.57	8.16	6.62	4.99	4.00	3.33	2.86	2.50	2.22	2.00	50

n	1%	2%	3%	4%	5%	6%	7%	8%	10%	12%	15%	20%	25%	30%	35%	40%	45%	50%	n
60	26.53	23.70	21.07	18.70	16.61	14.79	13.23	11.90	9.80	8.27	6.65	5.00	4.00	3.33	2.86	2.50	2.22	2.00	60
70	30.47	26.66	23.21	20.20	17.62	15.46	13.67	12.18	9.91	8.31	6.66	5.00	4.00	3.33	2.86	2.50	2.22	2.00	70
80	34.25	29.36	25.04	21.37	18.35	15.90	13.93	12.33	9.96	8.32	6.67	5.00	4.00	3.33	2.86	2.50	2.22	2.00	80
90	37.37	31.79	26.57	22.28	18.87	16.19	14.08	12.41	9.98	8.33	6.67	5.00	4.00	3.33	2.86	2.50	2.22	2.00	90
100	41.34	33.99	27.84	22.98	19.23	16.37	14.17	12.45	9.99	8.33	6.67	5.00	4.00	3.33	2.86	2.50	2.22	2.00	100

参 考 文 献

[1] 钱伯章. 世界能源和可再生能源发展趋势[J]. 节能与环保，2006，(3)：8.

[2] 《世界经济年鉴编辑部》. 世界经济年鉴 2006/2007[M]. 北京：世界经济年鉴编辑委员会，2007.

[3] 孙永祥. 世界能源市场动向和中国、印度面临的挑战[J]. 能源政策研究，2006，(3)：51.

[4] 钱伯章. 温室气体减排和利用进展[J]. 节能与环保，2006，(7)：12.

[5] 中国电力年鉴编辑委员会. 2006 中国电力年鉴[M]. 北京：中国电力出版社，2006.

[6] 孙久文. 城市可持续发展[M]. 北京：中国人民大学出版社，2006.

[7] 高严. 面向 21 世纪电力科学技术讲座[M]. 北京：中国电力出版社，2001.

[8] 顾为车. 中国风电产业发展新战略与风电非并网理论[M]. 北京：化学工业出版社，2006.

[9] 汪集旸. 地热利用技术[M]. 北京：化学工业出版社，2005.

[10] 袁振宏. 生物质能利用原理与技术[M]. 北京：化学工业出版社，2005.

[11] 编委会. 最新全国十大重点节能工程贯彻实施与督导评估评价手册[M]. 北京：中国科技文化出版社，
      2005.

[12] 高阳. 蒸汽喷射泵的原理与应用[J]. 煤气与热力. 2003(8).

[13] 张旭. 热泵技术[M]. 北京：化学工业出版社，2007.

[14] 庄骏. 热管技术及其工程应用[M]. 北京：化学工业出版社，2003.

[15] 周耀烈. 现代企业管理学[M]. 杭州：浙江人民出版社，2000.

[16] 程云喜. 现代企业管理[M]. 郑州：河南人民出版社，2005.

[17] 刘兴倍. 企业管理基础[M]. 北京：清华大学出版社，2006.

[18] 张纯. 电力生产企业现代管理[M]. 江苏：河海大学出版社，1987.

[19] 肖波. 生物质能循环经济技术[M]. 北京. 化学工业出版社. 2006.

[20] 曹源泉，金仁奎. 工业企业能源经济分析. 北京：水利电力出版社，1995.

[21] 李植华. 能源经济[M]. 北京：原子能出版社，1991.

[22] 徐寿波. 能源技术经济学[M]. 长沙：湖南人民出版社，1982.

[23] 《投资项目可行性研究指南》编写组. 投资项目可行性研究指南[M]. 北京：中国电力出版社，2002.

[24] 王又庄. 新编工业企业经济活动分析[M]. 上海：立信会计出版社，1994.